E-marketing
O marketing na internet com casos brasileiros

www.editorasaraiva.com.br

Tania M. Vidigal Limeira

E-marketing
O marketing na internet com casos brasileiros

2ª edição revista e atualizada

Rua Henrique Schaumann, 270
Pinheiros – São Paulo – SP – CEP: 05413-010
PABX (11) 3613-3000

SAC | 0800-0117875
De 2ª a 6ª, das 8h30 às 19h30
www.editorasaraiva.com.br/contato

Diretora editorial	Flávia Alves Bravin
Gerente editorial	Rogério Eduardo Alves
Planejamento editorial	Rita de Cássia S. Puoço
Editores	Jean Xavier
	Patricia Quero
Assistente editorial	Marcela Prada Neublum
Produtores editoriais	Alline Garcia Bullara
	Amanda Maria da Silva
	Daniela Nogueira Secondo
	Deborah Mattos
	Rosana Peroni Fazolari
	William Rezende Paiva
Comunicação e produção digital	Mauricio Scervianinas de França
	Nathalia Setrini Luiz
Suporte editorial	Juliana Bojczuk
Produção gráfica	Liliane Cristina Gomes
Arte e produção	Know-how Editorial
Capa	Know-how Editorial/Victor Bittow
Atualização da 5ª tiragem	ERJ Composição Editorial
Impressão e acabamento	Intergraf Ind. Gráfica Eireli

ISBN 978-85-02-06428-7

CIP-BRASIL. CATALOGAÇÃO NA FONTE
SINDICATO NACIONAL DOS EDITORES DE LIVROS, RJ.

L712e
2.ed.
  Limeira, Tania M. Vidigal (Tania Maria Vidigal) E-marketing / Tania M. Vidigal Limeira. - 2.ed. rev. e atualizada. - São Paulo: Saraiva, 2007.

  Inclui bibliografia
  ISBN 978-85-02-06428-7

  1. Marketing na Internet. 2. Marketing na Internet - Brasil. 3. Comércio eletrônico. 4. Internet na publicidade. 5. Sites da Web - Projetos. 6. Negócios - Recursos de redes de computadores. I. Título.

07-0321
CDD: 658.84
CDU: 658.86/.87

Copyright © Tania M. Vidigal Limeira
2010 Editora Saraiva
Todos os direitos reservados

2ª edição
1ª tiragem: 2007
2ª tiragem: 2009
3ª tiragem: 2010
4ª tiragem: 2015
5ª tiragem: 2015

Nenhuma parte desta publicação poderá ser reproduzida por qualquer meio ou forma sem a prévia autorização da Editora Saraiva. A violação dos direitos autorais é crime estabelecido na lei nº 9.610/98 e punido pelo artigo 184 do Código Penal.

351.359.002.005

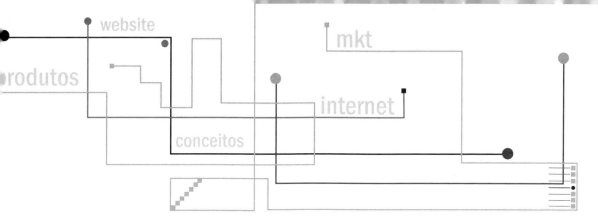

Sobre a autora

Tania M. Vidigal Limeira é formada pela Fundação Getulio Vargas (FGV) — Escola de Administração de Empresas de São Paulo (EAESP), onde concluiu também o mestrado e o doutorado na área de Marketing.

Sua experiência profissional abrange atuações em empresas como Microsoft Informática, SANBRA, Racional Engenharia, Multiplic Empreendimentos e Johnson & Johnson.

Atualmente, é professora de Marketing da FGV-EAESP e professora convidada da Reims School of Management, na França.

É autora do Livro *Comportamento do consumidor brasileiro*. Além desta obra, é também co-autora de *Gestão de marketing* e *Marketing: estratégia e valor*, livros escritos por professores da FGV-EAESP, todos publicados pela Editora Saraiva.

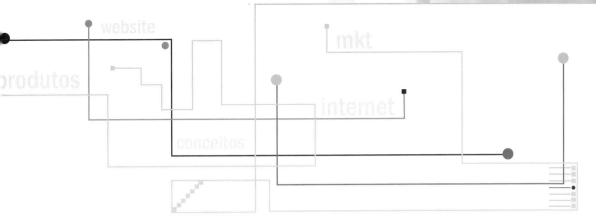

Prefácio da 2ª Edição

A segunda edição do livro E-Marketing: o marketing na internet com casos brasileiros buscou oferecer ao leitor, uma atualização sobre as mudanças e **inovações** mais recentes ocorridas na internet e nas práticas de marketing adotadas pelas empresas em relação à rede mundial de computadores.

Um resumo de cada capítulo deste livro é apresentado a seguir, explicando-se o que foi mantido e o que sofreu atualização.

O Capítulo 1 apresenta os conceitos principais de função de marketing nas empresas, permanecendo inalterado em relação à primeira edição.

O Capítulo 2 explica o que é a internet e como tem sido sua evolução. As tecnologias que integram a rede foram atualizadas, como as de conexão sem fio (Bluetooth, Wi-Fi, Wi-**Max**), a tecnologia VOIP, e o protocolo WAP, para navegação por telefone celular. Também é explicado o surgimento dos blogs, fotologs e podcasts.

O Capítulo 3 trata do comércio eletrônico, tendo sido atualizados os dados que indicam a evolução dos negócios virtuais no mundo e no Brasil.

O Capítulo 4 explica os novos modelos de negócios na internet, bem como o planejamento de marketing e de negócios na internet.

O Capítulo 5, sobre o comportamento dos clientes na internet e como conhecê-los, foi atualizado com dados de pesquisas mais recentes.

O Capítulo 6, sobre a internet como canal de informação e pesquisa, é atualizado com os novos recursos para interação com os internautas, como o RSS (Really Simple Syndication), bem como os serviços e técnicas de pesquisa na internet.

O Capítulo 7 analisa a internet como canal de comunicação interativa, apresentando as novas técnicas de propaganda on-line, como o link patrocinado, a propaganda rich media e o Advergame.

O Capítulo 8 trata da implementação de um website, apresentando novos exemplos de conteúdo, recursos de interatividade como o webcasting e o web call center, bem como os requisitos de usabilidade e acessibilidade.

O Capítulo 9 sobre como vender produtos e serviços na internet, além de detalhar os tipos de modelos de negócios, é atualizado com exemplos e novos sites, como o iTunes Music Store, da Apple, e novos recursos como a assinatura digital.

O Capítulo 10 apresenta cinco novos casos de sites brasileiros, com questões práticas para aplicação dos conceitos discutidos ao longo do livro. Os sites analisados são: Submarino, Saraiva, MercadoLivre, Mercado Eletrônico e iMusica.

O Capítulo 11 apresenta um resumo das conclusões sobre a internet como ambiente de marketing e de negócios.

No final do livro, é apresentado um Glossário, com as definições atualizadas de cerca de 362 termos relacionados às tecnologias que integram e potencionalizam a rede mundial de computadores e seus serviços.

Esperamos que este livro desperte o interesse de novos profissionais e empreendedores em relação às inúmeras oportunidades de relacionamentos e negócios oferecidas pelas novas tecnologias de comunição e informação, como a internet.

A autora.

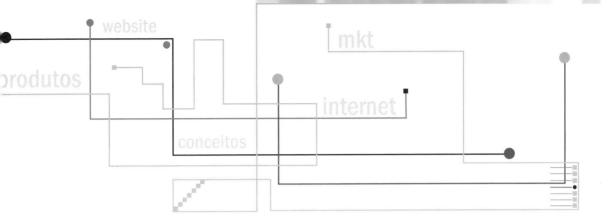

Sumário

PARTE I
Entendendo as mudanças e a nova realidade de negócios

Capítulo 1	**O que é marketing**	*3*
	Objetivos do capítulo	*3*
	Visão geral do capítulo	*3*
1.1	Definição de marketing	*3*
1.2	A função do marketing	*5*
1.3	O plano e as estratégias de marketing	*6*
1.4	Marketing eletrônico ou e-marketing	*9*
	Sites sobre o tema	*11*
Capítulo 2	**Entendendo a internet**	*13*
	Objetivos do capítulo	*13*
	Visão geral do capítulo	*13*
2.1	O que é a internet	*13*
2.2	Histórico da internet	*15*
2.3	Como funciona a internet	*19*
	2.3.1 Estrutura da rede	*20*
	2.3.2 Métodos de acesso	*21*
	2.3.3 Protocolos de comunicação	*24*
	2.3.4 Serviços na internet	*25*
	2.3.5 Endereços e domínios	*26*
2.4	A internet no Brasil	*29*
2.5	O impacto da internet nos negócios	*32*
	Sites sobre o tema	*34*

Capítulo 3   O comércio eletrônico *37*

Objetivos do capítulo *37*

Visão geral do capítulo *37*

3.1   O que é comércio eletrônico *37*

3.2   O comércio eletrônico no mundo *39*

3.3   O comércio eletrônico no Brasil *42*

Sites sobre o tema *48*

Parte II
Planejando seu negócio na internet

Capítulo 4   Planejamento de marketing e de negócios na internet *51*

Objetivos do capítulo *51*

Visão geral do capítulo *51*

4.1   A internet como ambiente de marketing e de negócios *51*

4.2   Os novos modelos de negócios na internet *56*

    4.2.1   Loja virtual *56*

    4.2.2   Infomediário *57*

    4.2.3   *Brokers* ou intermediários de negócios *58*

    4.2.4   Avalistas de confiança *59*

    4.2.5   Capacitadoras de e-business *60*

    4.2.6   Provedores de infra-estrutura ou e-marketplaces *61*

4.3   Os novos sistemas interorganizacionais *62*

4.4   Planejando o marketing na internet *64*

4.5   Planejando um website *67*

4.6   Planejando uma loja virtual *69*

Sites sobre o tema *72*

Capítulo 5   Conhecendo o cliente na internet *73*

Objetivos do capítulo *73*

Visão geral do capítulo *73*

5.1   Como conhecer o cliente *73*

5.2   O estudo do comportamento do cliente *77*

    5.2.1   O modelo de difusão de inovações *81*

5.3   O comportamento do cliente na internet *85*

    5.3.1   As motivações em relação à internet *85*

    5.3.2   As resistências em relação à internet *88*

    5.3.3   A confiança na marca *89*

Sumário

5.3.4 O efeito da experiência de uso *91*

5.3.5 As mudanças de comportamentos *93*

5.3.6 A satisfação em relação aos serviços *96*

5.3.7 Conclusões das pesquisas *98*

5.4 O perfil dos internautas no Brasil *99*

5.4.1 Segmentação dos internautas *104*

Sites sobre o tema *107*

Capítulo 6   A internet como canal de informação e pesquisa *109*

Objetivos do capítulo *109*

Visão geral do capítulo *109*

6.1 Como obter informações na internet *109*

6.1.1 Grupos e fóruns de discussão *111*

6.1.2 Salas de bate-papo *114*

6.1.3 Mensagens instantâneas *115*

6.1.4 E-mail *116*

6.1.5 Mecanismos de busca *117*

6.1.6 Sites de informações e notícias *119*

6.2 Como realizar pesquisa de marketing *122*

6.2.1 Primeira etapa: definição do problema *123*

6.2.2 Segunda etapa: elaboração do plano da pesquisa *124*

6.2.3 Terceira etapa: coleta de dados *128*

6.2.4 Quarta etapa: processamento e análise *128*

6.2.5 Quinta etapa: apresentação dos resultados *128*

6.3 A pesquisa de marketing na internet *128*

6.3.1 Pesquisa sobre o comportamento do consumidor e a
propaganda na internet *131*

6.3.2 Pesquisa de índices de audiência de websites *141*

6.3.3 Serviços para a pesquisa de marketing na internet *144*

Sites sobre o tema *144*

Parte III
Comunicando na internet e criando um website

Capítulo 7   A internet como canal de comunicação interativa *147*

Objetivos do capítulo *147*

Visão geral do capítulo *147*

7.1 As comunidades virtuais *147*

7.2	A comunicação de marketing e a interatividade	*151*
7.3	Planejando a comunicação de marketing	*155*
	7.3.1 Objetivos de comunicação	*156*
	7.3.2 Público-alvo da comunicação	*157*
	7.3.3 Mensagem a ser comunicada	*158*
	7.3.4 Meios de comunicação	*158*
	7.3.5 Plano operacional-tático	*159*
7.4	Como fazer propaganda na internet	*160*
	7.4.1 Formatos de propaganda na internet	*162*
	7.4.2 Seleção dos meios e mensuração dos resultados	*181*
7.5	Agências de propaganda interativa	*188*
	Sites sobre o tema	*189*

Capítulo 8 Implementando um website *191*

	Objetivos do capítulo	*191*
	Visão geral do capítulo	*191*
8.1	Modelos de sites	*191*
8.2	Planejamento, objetivos e público-alvo	*195*
8.3	O conteúdo e a interatividade do site	*197*
	8.3.1 Segmentação do conteúdo	*199*
	8.3.2 Tipos de conteúdo e recursos de interatividade	*201*
8.4	Plano operacional-tático	*211*
	8.4.1 Registro de domínio	*211*
	8.4.2 Hospedagem do site	*212*
	8.4.3 Desenvolvimento do site	*216*
	8.4.4 Política de privacidade	*222*
	8.4.5 Legislação	*224*
8.5	Meios de divulgação e atração de público	*225*
8.6	Orçamento e avaliação de resultados	*226*
	Sites sobre o tema	*227*

PARTE IV
Desenvolvendo negócios na internet

Capítulo 9 Como vender produtos e serviços na internet *231*

	Objetivos do capítulo	*231*
	Visão geral do capítulo	*231*
9.1	Definição do modelo de negócios	*231*

Sumário

9.1.1	Análise de mercado e das oportunidades e riscos	*233*
9.1.2	Tipos de modelo de negócios	*236*
9.2	Definição de objetivos e estratégias	*256*
9.2.1	Estratégia de produtos e serviços	*256*
9.2.2	Estratégia de preços	*259*
9.3	Implementação e gerenciamento da loja virtual	*261*
9.3.1	Financiamento da loja virtual	*261*
9.3.2	Desenvolvimento e hospedagem da loja virtual	*263*
9.3.3	Logística	*266*
9.3.4	Parcerias estratégicas	*268*
9.3.5	Sistemas de pagamentos	*269*
9.3.6	Sistemas de segurança	*271*
9.4	Atraindo e mantendo clientes para a loja virtual	*274*
9.4.1	Mecanismos de busca	*274*
9.4.2	Propaganda na internet	*275*
9.4.3	Propaganda off-line	*278*
9.4.4	E-mail marketing	*279*
9.4.5	Promoções e incentivos	*279*
9.4.6	Programas de fidelidade	*282*
9.4.7	Programas de afiliação	*283*
Sites sobre o tema		*283*

Capítulo 10 Casos de sites brasileiros *285*

Caso 1	Submarino — loja puramente virtual	*285*
Caso 2	Saraiva — livraria virtual	*294*
Caso 3	Mercado livre — portal de negócios	*301*
Caso 4	Mercado eletrônico — portal de negócios business-to-business	*305*
Caso 5	iMusica — loja virtual de música	*309*

Capítulo 11 Conclusões sobre a internet como ambiente de marketing e de negócios ... *315*

Referências *317*

Glossário *327*

PARTE I
Entendendo as mudanças
e a nova realidade de negócios

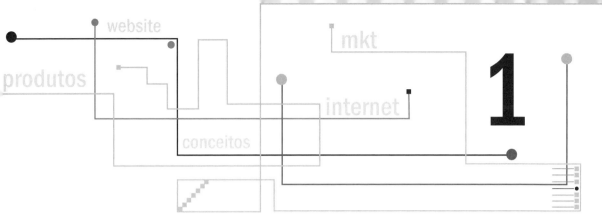

O que é marketing

- **Objetivos do capítulo**

  Depois de concluir este capítulo, você será capaz de:
  1. Definir marketing.
  2. Entender a função de marketing.
  3. Entender o planejamento e as estratégias de marketing.
  4. Definir marketing eletrônico ou e-marketing.

- **Visão geral do capítulo**

  Neste capítulo, discutimos os conceitos centrais da função de marketing para as empresas, seu planejamento e suas estratégias. Os conceitos apresentados neste capítulo serão novamente abordados nos capítulos seguintes, já do ponto de vista da internet.

1.1 DEFINIÇÃO DE MARKETING

O que é marketing? Como se pratica o marketing? O profissional que opta por atuar nessa área deve conhecer com clareza esse conceito.

Marketing é uma palavra em inglês derivada de *market*, que significa **mercado**. É utilizada para expressar a ação voltada para o mercado. Assim, entende-se que uma empresa ou uma pessoa pratica o *marketing* quando tem o mercado como a razão e o foco das suas ações. Por mercado entende-se um conjunto de clientes com renda disponível e uma necessidade específica a ser atendida por uma empresa.

O conceito moderno de marketing surgiu no pós-guerra, na década de 1950, quando o avanço da globalização acirrou a competição entre as empresas e a disputa pelos mercados, trazendo novos desafios. A partir dessa época, para obter receitas e lucros, já não bastava desenvolver e produzir produtos e serviços com qualidade e preço

> **Marketing** é a função empresarial que cria valor para o cliente e gera vantagem competitiva duradoura para a empresa pela gestão estratégica das variáveis controláveis de marketing, a saber: produto, preço, promoção e ponto de distribuição.

competitivos; era preciso entender o cliente, antecipar seus desejos. Isso porque o cliente, diante de múltiplas ofertas, passou a ter poder de escolha, selecionando a alternativa que lhe proporcionasse a melhor relação entre custo e benefício.

As empresas, por sua vez, reconhecendo que a decisão final sobre a compra estava nas mãos dos clientes, passaram a adotar práticas como pesquisa e análise de mercado, adequação dos produtos segundo as características e as necessidades dos clientes, comunicação dos benefícios dos produtos em meios de comunicação de massa, desenvolvimento de promoções de vendas, expansão e diversificação dos canais de distribuição.

Nessa nova realidade, o **marketing** passou a ser entendido como a função empresarial que cria valor para o cliente e gera vantagem competitiva duradoura para a empresa por meio da gestão estratégica do composto de marketing.

É central na definição de marketing a noção de **valor para o cliente,** que pode ser entendido como o resultado da diferença entre os benefícios obtidos com o consumo de um produto ou de um serviço e os custos incorridos pelo cliente na sua compra e no seu uso.

Os custos de um produto podem ser de natureza econômica (preço pago), física (tempo de espera, tempo de deslocamento, esforço físico), emocional ou psicológica (medo, insegurança, risco de vida, constrangimento). O valor decorre, portanto, da relação custo-benefício percebida pelo cliente. Quanto mais benefícios recebidos em relação aos custos incorridos, maior o valor do produto para o cliente.

A **vantagem competitiva,** também um conceito central na definição de marketing, pode ser entendida como uma competência exclusiva da empresa que não pode ser copiada pelos concorrentes e que gera uma posição de mercado superior em relação a estes e duradoura. É alcançada quando a empresa cria valor para o cliente e para os *stakeholders*, os diversos públicos interessados ou afetados direta ou indiretamente pelas ações da empresa, como órgãos governamentais, organismos sociais, partidos políticos, sindicatos de trabalhadores, acionistas, fornecedores e parceiros.

O **composto de marketing,** por sua vez, também conhecido como *marketing mix* ou os "quatro Ps" de marketing, é o conjunto das decisões e das ações específicas da função de marketing, relativas a quatro variáveis, a saber: produto, preço, promoção e ponto de distribuição. O profissional de marketing é o responsável pelas decisões relativas a estas quatro variáveis.

As **decisões de produto** englobam as seguintes atividades: a identificação de oportunidades de lançamento de produtos e de serviços, a adequação deles às necessidades e aos desejos dos clientes, a formulação das estratégias de produto e linhas de produto (por exemplo,

---

Valor para o cliente é a diferença entre os benefícios obtidos com o consumo de um produto e os custos incorridos pelo cliente na sua compra e no seu uso.

Vantagem competitiva é a competência exclusiva da empresa que não pode ser copiada pelos concorrentes e que gera uma posição de mercado superior e duradoura para ela.

Composto de marketing é o conjunto de quatro ferramentas que a empresa utiliza na criação de valor para o cliente.

diferenciação, posicionamento etc.), a administração do ciclo de vida do produto, entre outras.

As **decisões de preço** envolvem a seleção da estratégia de preço que gere vantagem competitiva e diferenciação para cada produto, ou para cada linha dele, e que maximize o retorno para a empresa e para os parceiros do canal de distribuição.

As **decisões de promoção** são aquelas relativas aos investimentos em estratégias e atividades de comunicação (como propaganda, marketing direto, relações públicas, publicidade, eventos, seminários etc.) e promoção de vendas (sorteios, prêmios ao consumidor, descontos de preços, brindes e outros).

As **decisões de ponto de distribuição** englobam a escolha dos canais de vendas e de distribuição, para que o produto esteja no lugar e no momento certos, a fim de que o cliente efetue a compra, satisfazendo a sua necessidade.

Outra definição de marketing bastante usada é a da American Marketing Association (AMA)[1], que explica o marketing como o processo de planejar e de executar a concepção, a precificação, a promoção e a distribuição de idéias, de produtos e de serviços.

1.2 A FUNÇÃO DO MARKETING

Entendendo o que é marketing, pode-se definir a **função do profissional de marketing**. Ele(a) é o(a) responsável pelo planejamento, pela organização e pelo controle das atividades estratégicas e táticas de marketing, visando otimizar o valor para o cliente e, simultaneamente, para o acionista. Apesar de muitos não acreditarem na possibilidade de se atingir um ponto de equilíbrio entre estes dois objetivos, valor para o cliente e para o acionista, considerados conflitantes, o crescimento e a solidez da empresa, em longo prazo, dependem desse equilíbrio.

> **Função do profissional de marketing:** é o(a) responsável pelo planejamento, pela organização e pelo controle das atividades estratégicas e táticas de marketing, visando otimizar o valor para o cliente e, simultaneamente, para o acionista.

As quatro grandes áreas de atividade do profissional de marketing podem ser resumidas:

- **Análise de marketing:** identificar os riscos e as oportunidades de mercado.
- **Planejamento de marketing:** selecionar o mercado-alvo e as estratégias de marketing.
- **Implementação de marketing:** desenvolver o *mix* ou composto de marketing.
- **Controle de marketing:** avaliar os resultados das estratégias e dos programas.

---

[1]   Disponível em: <http://www.ama.org>.

O profissional de marketing, portanto, por meio de seu conhecimento e de sua experiência, deve ser capaz de analisar o mercado com o intuito de identificar oportunidades, com base nas mudanças de comportamento dos clientes e nas necessidades não satisfeitas destes, para assim definir as estratégias e as táticas a serem implementadas, gerando valor para os clientes e para os acionistas.

Figura 1.1 *A função do marketing*

Fonte: adaptada de KOTLER, Philip. *Marketing management*: the millenium edition. New Jersey: Prentice-Hall, 2000.

> **Plano estratégico de marketing** contém a explanação dos objetivos e das estratégias de marketing a serem implementadas para o desenvolvimento de um produto, ou de uma linha de produtos, e dos serviços da empresa.

As atividades da Figura 1.1 estão englobadas no plano de marketing, o qual é realizado anualmente, visando definir os objetivos e as estratégias deste, bem como as táticas e os meios de implementação operacional e de avaliação de resultados.

1.3 O PLANO E AS ESTRATÉGIAS DE MARKETING

O **plano estratégico de marketing** (ver Figura 1.2) contém a explanação dos objetivos e das estratégias de marketing a serem implementadas para o desenvolvimento de um produto, ou de uma linha de produtos, e dos serviços da empresa. **As estratégias de marketing** são as seguintes: segmentação, diferenciação, posicionamento e composto de marketing (produto, preço, promoção, ponto de distribuição).

> **Estratégia de segmentação** é a seleção do público-alvo para o produto ou serviço por intermédio da identificação dos diversos grupos ou segmentos de consumidores, os quais têm necessidades e características similares quando pertencem ao mesmo grupo, mas diferentes em relação a outros grupos.

Após a análise de mercado e a identificação dos riscos e das oportunidades de mercado, o profissional da área estará em condições de definir a primeira estratégia, que é a **estratégia de segmentação,** ou seja, a seleção do público-alvo para o produto ou serviço por intermédio da identificação dos diversos grupos ou segmentos de consumidores, os quais têm necessidades e características similares quando pertencem ao mesmo grupo, mas diferentes em relação a outros grupos.

Cada grupo de consumidores representa uma oportunidade de mercado distinta, para a qual deve ser desenvolvida uma estratégia de marketing específica, isto é, produtos diferenciados, preços adequados, comunicação e distribuição ajustadas às conveniências dos clientes.

Figura 1.2 *O plano de marketing*

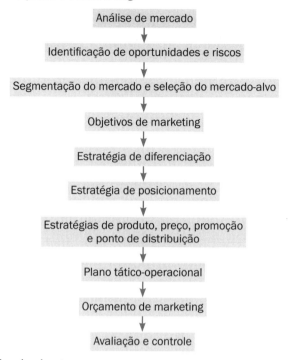

Fonte: elaborada pela autora.

A **segmentação** é realizada com base em alguns fatores: os demográficos, os geográficos, os psicográficos e os comportamentais. A escolha do fator de segmentação depende se o fator explica a diferença de comportamento de consumo de um determinado grupo de consumidores em relação a outros.

> A **segmentação** é realizada com base em fatores demográficos, geográficos, psicográficos e comportamentais.

Sugerimos algumas questões a serem respondidas pelo profissional de marketing, as quais ajudam a entender as diferenças de comportamento entre os consumidores e a identificar o perfil das pessoas mais propensas a decidir pela compra do produto ou do serviço que se deseja lançar. As questões deverão ser elaboradas de acordo com o tipo de produto ou de serviço.

- Fatores demográficos (idade, renda, estado civil, ocupação)
    - Qual a idade e a renda dos consumidores ou clientes potenciais?
    - Qual o tamanho das famílias potenciais consumidoras?
    - Qual o estado civil e o tipo de ocupação dos potenciais consumidores?

- Fatores geográficos (local de moradia ou de compra)
    - Onde os consumidores potenciais estão localizados?

- O comportamento de consumo é diferente em cada área geográfica?
- Que fatores geográficos afetam o comportamento de consumo?

- Fatores psicográficos (valores e estilos de vida)
  - Qual o estilo de vida dos consumidores potenciais?
  - Que atividades de lazer são realizadas pelos consumidores potenciais?
  - Quais são os esportes praticados?
  - Quais valores os consumidores potenciais consideram importantes?
  - Como os valores de cada indivíduo influenciam no comportamento de consumo?

- Fatores comportamentais (hábitos e comportamentos)
  - Quais são os hábitos de consumo dos consumidores potenciais?
  - Qual a quantidade consumida e a freqüência do consumo?
  - Qual a periodicidade do consumo?

> **Estratégia de diferenciação** é o desenvolvimento de um conjunto de características diferenciadas e valorizadas pelo cliente para distinguir o produto ou o serviço em comparação aos dos concorrentes.

Após segmentar o mercado e selecionar o público-alvo para o qual será dirigida a estratégia e a ação de marketing, deve-se definir a **estratégia de diferenciação,** ou seja, o desenvolvimento de um conjunto de características diferenciadas e valorizadas pelo cliente para distinguir o produto ou o serviço em comparação aos dos concorrentes — pois, se o cliente não perceber a diferença nem o valor do produto, este estará fadado ao fracasso.

A diferenciação almejada pode ser alcançada de cinco maneiras, a saber:

- **Preço ou vantagem de custo**: na qual a empresa consegue praticar um preço inferior ao dos concorrentes, com base em uma estrutura de custo baixo, a qual não pode ser imitada pela concorrência. Por exemplo, produtos de setores que exigem economia de escala, como as *commodities* (latas de alumínio, cimento, sucos de laranja).
- **Atributos e benefícios do produto**: neste caso, o produto tem características únicas e exclusivas, difíceis ou impossíveis de serem copiadas pelos concorrentes. Por exemplo: lâmina de barbear Mach 3 da Gillette, com três lâminas; sistema operacional Microsoft Windows, o preferido dos usuários de computadores pessoais.

Capítulo 1 – O que é marketing

- **Serviços agregados**: em que serviços complementares são adicionados aos produtos ou a serviços principais. Por exemplo, o serviço de garantia gratuita para televisores durante três anos.

- **Canal de distribuição**: os varejistas são exclusivos da marca e não vendem produtos concorrentes. Por exemplo, as lojas O Boticário e Vila Romana e as revendedoras Avon.

- **Imagem da marca**: por meio da propaganda e de uma proposição de valor única, é construída para a empresa uma imagem exclusiva e com grande aceitação por parte do consumidor. As marcas Nestlé e Johnson & Johnson são bons exemplos, pois conseguem transmitir ao consumidor uma imagem de qualidade e de confiabilidade.

> **Estratégia de posicionamento** visa criar na mente do consumidor uma posição ou uma imagem positiva para a marca.

Além da estratégia de diferenciação, deve ser definida a **estratégia de posicionamento,** a qual visa criar na mente do consumidor uma posição ou uma imagem positiva para a marca, que seja exclusiva e diferente da elaborada pela concorrência, a fim de obter uma vantagem competitiva.

O posicionamento concretiza-se por meio de uma **proposição de valor**, ou seja, uma declaração que contenha: as características do público-alvo; os benefícios do produto a serem comunicados; a justificativa para os benefícios, que são os atributos do produto que dão credibilidade à promessa de benefício e a descrição da personalidade a ser construída para a marca. A proposição de valor é também denominada **estratégia de conteúdo** ou **proposição única de venda** (*unique selling proposition*) e deve integrar o plano estratégico de comunicação da marca.

Após a definição das estratégias citadas, o profissional de marketing estará em condições de pensar sobre as **estratégias do composto de marketing**: produto, preço, promoção e ponto de distribuição, como já foi exposto. Elas serão discutidas, detalhadamente, nos demais capítulos deste livro.

Em resumo, o desafio para o profissional de marketing é, sempre, muito grande, porque o ambiente competitivo está em permanente mudança; o comportamento e as necessidades dos clientes também evoluem e existem conflitos entre os objetivos empresariais e os diversos interesses dos clientes e *stakeholders*. Cabe a esse profissional buscar o equilíbrio, pautando suas decisões e ações por **princípios éticos,** reconhecendo o **papel social** a ser desempenhado pelas empresas.

1.4 MARKETING ELETRÔNICO OU E-MARKETING

No início, o marketing era uma **atividade de massa**, e o consumidor era predominantemente passivo, isto é, as empresas lançavam produtos e serviços padronizados pela identificação das características e das necessidades da maioria dos clientes, realizando atividades de comunicação e de vendas. Assim, o consumidor não interferia, positiva ou negativamente, nos lançamentos das empresas. Nessa fase, o consumidor não tinha rosto nem nome, sendo apenas mais um em meio a uma multidão.

Com a evolução da economia, da tecnologia e dos padrões de consumo, surge o chamado **marketing diferenciado ou segmentado**, em que as empresas procuram ajustar suas estratégias a grupos de consumidores específicos, customizando suas ofertas de acordo com as exigências e com o perfil deles.

Finalmente, na década de 1990, diversas empresas realizaram o **marketing individualizado ou marketing um a um**, no qual cada cliente é tratado individualmente, em um relacionamento próximo e interativo, podendo delimitar as especificações do produto ou do serviço que melhor atendam às suas vontades.

Tanto no marketing segmentado quanto no individualizado o cliente passou a ter um papel ativo na definição da oferta das empresas, o que exigiu destas a customização e a personalização dos seus produtos e dos meios de comunicação e vendas. Surge, então, o conceito de **marketing interativo:** o conjunto de ações de marketing direcionadas a criar uma interação entre o cliente e a empresa, na qual ele tem um papel ativo, possibilitando a personalização e a customização dos produtos e dos serviços oferecidos por ela.

No início, o marketing interativo era praticado por empresas ou profissionais de serviços, como consultorias e escolas, ou por empresas de marketing direto, que realizam comunicação e venda diretamente aos clientes, sem a intermediação de canais de vendas. Posteriormente, a interatividade foi se ampliando por meio das áreas de atendimento aos clientes, telemarketing e *call centers* — Centrais de Atendimento Telefônico (CAT) —, que atendem às reclamações dos clientes e ouvem suas sugestões.

Com a evolução da tecnologia da informação e da comunicação, especialmente a internet, o marketing interativo evoluiu para o **marketing eletrônico ou e-marketing,** também conhecido como **marketing digital**, conceito que expressa o conjunto de ações de marketing intermediadas por canais eletrônicos — por exemplo, a internet —, em que o cliente controla a quantidade e o tipo da informação recebida.

A expectativa é de que o marketing eletrônico venha a se tornar uma estratégia competitiva, primordial e amplamente adotada pelas empresas.

Nos capítulos seguintes deste livro, será discutido o desenvolvimento da estratégia de marketing para a internet, com o objetivo

---

Marketing interativo é o conjunto de ações de marketing direcionadas para criar uma interação entre o cliente e a empresa, em que o cliente tem um papel ativo, possibilitando a personalização e a customização dos produtos e serviços.

Marketing eletrônico ou e-marketing é o conjunto de ações de marketing intermediadas por canais eletrônicos, como a internet, em que o cliente controla a quantidade e o tipo da informação recebida.

de ela ser implementada pelos profissionais do ramo para aproveitar as oportunidades de negócios que aparecem nesse veículo, ter mais vantagem competitiva e também ganhar a fidelidade dos clientes.

SITES SOBRE O TEMA

AMERICAN MARKETING ASSOCIATION — http://www.ama.org
CENTRO DE ESTUDOS E PESQUISA EM CIBERCULTURA — http://www.facom.ufba.br/ciberpesquisa
MEMÓRIA DA PROPAGANDA — http://www.memoriadapropaganda.org.br
REVISTA DE ADMINISTRAÇÃO DE EMPRESAS — http://www.rae.com.br
REVISTA PROPAGANDA & MARKETING — http://www.propmark.terra.com.br

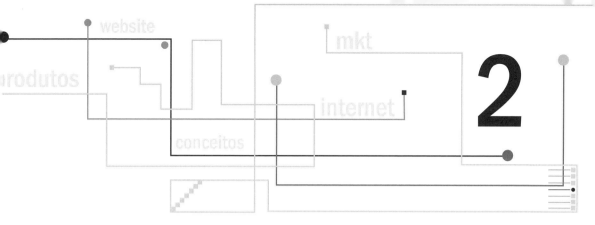

Entendendo a internet

- *Objetivos do capítulo*

  Depois de concluir este capítulo, você deverá ser capaz de:

  1. Definir internet.

  2. Descrever a evolução da internet.

  3. Entender o funcionamento da internet e definir as principais terminologias empregadas nessa área.

  4. Entender a história e o funcionamento da internet no Brasil.

  5. Discutir os impactos da internet nos negócios.

- *Visão geral do capítulo*

  Neste capítulo, conceituaremos o termo internet e abordaremos a sua história e o seu funcionamento, de modo a dar uma visão de contexto para que se possa analisar o comportamento do consumidor na internet e as novas práticas de marketing das empresas. Também será abordado o desenvolvimento da internet no Brasil e o seu impacto nos negócios.

2.1 O QUE É A INTERNET

O nome **internet** é derivado da junção de duas palavras em inglês: *interconnected network*, que significa rede interconectada e designa a rede mundial pública de computadores, interligados por cabos ou tecnologias sem fio (*wireless*). Por meio dessa rede, são transmitidas informações, como textos, sons e imagens, para qualquer computador que esteja conectado à rede. Devido às suas características, a internet tornou-se a primeira mídia em massa a qual permite interação entre pessoas, clientes e empresas a baixo custo e à velocidade da luz.

Já a **World Wide Web**, também conhecida pelas abreviaturas www, w3 ou simplesmente **web**, é a designação de um dos serviços

> **Internet** é derivado da junção de duas palavras em inglês: *interconnected network*, que significa rede interconectada e designa a rede mundial pública de computadores, interligados por cabos ou tecnologias sem fio (*wireless*).

oferecidos na internet, que inclui uma interface de fácil utilização, permitindo acessar os serviços web na rede mundial. Com o seu surgimento, a internet transformou-se em uma rede projetada para facilitar a troca de informações e de idéias entre indivíduos que possuam acesso a um computador conectado à rede.

A internet ainda está no início do seu desenvolvimento, porém ela cresce de forma muito mais rápida que qualquer outra inovação. O avanço da tecnologia com a ampliação da velocidade de transmissão, a chamada banda larga, e a maior difusão de acesso ajudarão a ampliar a utilidade e o uso da internet mundialmente.

Quanto à penetração e à utilização dessa rede, inúmeras são as estatísticas publicadas, e algumas delas apresentam dados bastante díspares. Isso acontece devido ao método empregado para a estimativa em pesquisa e também conforme os objetivos e os interesses de cada organização promotora.

Segundo Tapscott[1], em 1990, existia 1 milhão de pessoas com acesso à internet no mundo; em 1995, esse número aumentou para 20 milhões. No final de 2000, segundo Leiner[2], foram estimadas 288 milhões de pessoas com acesso à internet. Atualmente, já se passou da casa do bilhão de internautas no mundo, segundo dados do Internet World Stats[3] (ver Tabela 2.1).

Tabela 2.1 *Total de usuários da internet em 2007*

	País	Usuários da internet	População	Adoção da internet
1	Estados Unidos	210.080.067	301.967.681	69,6 %
2	China	132.000.000	1.317.431.495	10,0 %
3	Japão	86.300.000	128.646.345	67,1 %
4	Alemanha	50.616.207	82.509.367	61,3 %
5	Brasil	50.490.000	186.771.161	27,0 %
6	Índia	40.000.000	1.129.667.528	3,5 %
7	Reino Unido	37.600.000	60.363.602	62,3 %
8	Coréia do sul	33.900.000	51.300.989	66,1 %
9	França	30.837.592	61.350.009	50,3 %
10	Itália	30.763.848	59.546.696	51,7 %
Total internautas		1.093.529.692	6.574.666.417	16,6 %

Fonte: INTERNET WORLD STATS. *Internet usage and world population statistics.* Jan. 2007. Disponível em: <http://www.internetworldstats.com>.

---

[1] TAPSCOTT, Don. *The digital economy*. New York: MacGraw-Hill,1996.

[2] LEINER, Barry et al. *A brief history of the internet*. Disponível em: <http://www.isoc.org/internet/history/brief.shtml>.

[3] INTERNET WORLD STATS. *Internet usage and world population statistics*. Jan. 2007. Disponível em: <http://www.internetworldstats.com>.

Capítulo 2 – Entendendo a internet

Os Estados Unidos são o país com maior número de usuários da internet, seguido da China. O Brasil ocupa a quinta posição, com 50,4 milhões de pessoas que acessaram a internet pelo menos uma vez, que representam 27% da população brasileira.

O volume de **tráfego na internet** gerado pelos usuários domésticos de todo o mundo, segundo a International Data Corporation (IDC)[4], que era de 180 petabits por dia em 2002, passou de 5.175 petabits em 2007 (um **petabit** é igual a 1 milhão de gigabits). O IDC também estima que eles venham a atingir 60% de todo o tráfego na internet, contra 40% dos usuários corporativos estimados para 2007.

> **Petabit** é igual a 1 milhão de gigabits.

2.2 HISTÓRICO DA INTERNET

Muitos de nós temos a curiosidade de saber como surgiu a internet. A sua história é longa, porém será resumida a seguir com base nos fatos mais importantes.

Em 1957, em plena guerra fria entre os Estados Unidos e a União Soviética, o Departamento de Defesa (DoD) dos Estados Unidos criou a agência **Advanced Research Projects Agency** (**ARPA**), com o intuito de estabelecer a liderança norte-americana em ciência e tecnologia na área militar. A ARPA apoiou diversos projetos no setor de informática, principalmente os assuntos relacionados a redes de computadores e a sistemas operacionais.

Um desses projetos foi a criação de uma rede que pudesse conectar diferentes computadores, a distância, de modo que a informação, a qual trafegava em pacotes separados e roteados entre esses computadores, pudesse fluir independentemente da disponibilidade de qualquer ponto dela — ou seja, caso algum ponto da rede ficasse desconectado, essa não era paralisada como um todo.

Essa referida rede iniciou sua operação em setembro de 1969 e foi denominada **Arpanet**. O primeiro nó da rede foi o computador SDS Sigma 7 (Scientific Data Systems, atualmente Xerox) da Universidade da Califórnia em Los Angeles (UCLA), que se interligou, posteriormente, ao computador SDS 940 do Instituto de Pesquisas de Stanford (SRI), ao computador IBM 360/75 da Universidade da Califórnia em Santa Bárbara (UCSB) e, finalmente, ao computador DEC PDP-10 da Universidade de Utah.

A base do funcionamento dessa rede estava no roteamento de pacotes entre os **Interface Message Processors** (**IMPs**). Cada nó da rede conectava-se a um IMP — um minicomputador Honeywell DDP-516

---

[4] INTERNATIONAL DATA CORPORATION. *Banda larga será grande responsável pelo crescimento da web*. Disponível em: <http://www.idcbrasil.com.br/brasil/release/2003.asp>.

com 12 KB de memória RAM, que possuía um software especialmente desenvolvido para esse fim, feito pela **Bolt Beranek and Newman Inc. (BBN)** —, o qual se conectava aos IMPs de outros nós, interligando-os.

A Arpanet usava um **protocolo** (comando regular) de comunicação chamado **Network Control Protocol/Initial Control Protocol (NCP/ICP)**. Toda parte de hardware e de software da rede evoluiu com o passar do tempo e dois anos depois já havia mais de 15 nós conectados, principalmente de universidades e de centros de pesquisas nos Estados Unidos.

Em 1973, foi realizada a primeira conexão internacional da Arpanet, ligando a College University de Londres ao Royal Radar Establishment, na Noruega. Em 1974, Vinton Cerf e Robert Kahn apresentaram os primeiros estudos sobre um novo protocolo de comunicação, que, mais tarde, seria chamado de **Transmission Control Protocol/Internet Protocol (TCP/IP)**.

O TCP/IP foi utilizado em várias redes e, em 1982, foi adotado como o protocolo de comunicação padrão da Arpanet. Com a sua adoção, a Arpanet passou a interligar-se a diversas outras redes que já usavam esse protocolo, surgindo o termo "internet", definido como um conjunto de redes interconectadas.

Em 1983, quando já havia mais de mil computadores na internet, foi criado o **Internet Activities Board (IAB),** um conselho para nortear a evolução do TCP/IP e da internet. Desde a sua criação, o IAB passou por várias reorganizações e, atualmente, está dividido em Internet Engineering Task Force (IETF), que tem a missão de padronizar o TCP/IP, e em **Internet Research Task Force (IRTF)**, o qual tem o objetivo de pesquisar novas tecnologias nas redes de computadores, aplicando-as na internet.

Outras funções do IAB são as publicações dos documentos sobre a internet, distribuídas pelos **Internet Network Information Centers (Internics)**, e a designação e o registro dos diversos identificadores necessários para o funcionamento da rede, esta parte cabendo à **Internet Assigned Numbers Authority (IANA)** e ao **Internet Registry (IR)**.

Em 1986, a National Science Foundation (NSF) criou a **NSFNET**, uma rede mantida pelo governo norte-americano e formada com a ajuda das empresas IBM, MCI e Merit, inicialmente com um *backbone,* ou infra-estrutura, de velocidade de transmissão de 56 Kbps (kilobites por segundo), interligando diversas universidades e centros de pesquisa aos núcleos de supercomputação nos Estados Unidos. Em 1988, esse *backbone* passou para 1.544 Mbps (milhões de bits, ou megabits, por segundo), chamado T1, e, em 1991, para 44.736 Mbps, denominado T3.

Em 1989, a Arpanet encerrou suas operações e a NSFNET veio a ser o *backbone* da rede das redes. Projetada para ligar cinco supercomputadores de universidades e centros de pesquisa acadêmicos, a NSFNET começou a incluir outras redes distribuídas pelo mundo, ampliando o seu uso para outras finalidades que não a acadêmica.

Capítulo 2 — Entendendo a internet

Assim surgiu a **internet**, que, com a popularidade dos computadores pessoais (PCs, abreviatura de *personal computers*), possibilitou o crescimento exponencial do número de equipamentos, de pessoas e de países conectados.

Em março de 1989, Tim Berners-Lee, pesquisador do Conseil Européen pour la Recherche Nucléaire (CERN), laboratório europeu de pesquisas em física nuclear e de partículas, localizado em Genebra, na Suíça, sugeriu um projeto que pudesse reunir a internet, o hipertexto e a multimídia, criando um padrão para representar dados e informações transmitidos pela internet.

O padrão elaborado foi chamado de **Hypertext Markup Language (HTML),** o qual possibilitava que a uma palavra ou frase fosse anexado um link para outra página ou documento arquivados na internet, no mesmo ou em qualquer outro computador.

> **Hypertext Markup Language (HTML)** possibilitava que a uma palavra ou frase fosse anexado um link para outra página ou documento arquivados na internet no mesmo ou em qualquer outro computador.

Também, para facilitar a troca de informações e de idéias entre os pesquisadores do CERN — considerado o local onde foi elaborada a web —, desenvolveu-se a **World Wide Web**, inicialmente implementada em computadores NeXT. Enquanto, em 1974, Vinton Cerf e Robert Kahn eram considerados os criadores da internet, **Tim Berners-Lee,** em 1989, ficou famoso como o "pai da web".

Alguns meses depois da criação da web, o National Center for Supercomputing Applications (NCSA) iniciou um projeto para criar um software, programa de computador de fácil utilização, para procura de informações disponíveis na web. Em 1993, foi lançada a primeira interface gráfica, também denominada **software navegador** (*browser*), que recebeu o nome de **Mosaic**, desenvolvida por Marc Andreessen, aluno da University of Illinois, sendo distribuída gratuitamente (*freeware*) pela internet.

Até 1990, todo o tráfego de informações na internet era acadêmico, mas, a partir daquele ano, surgiram os primeiros provedores de acesso comercial, os quais foram crescendo em número de equipamentos e conexões. Atualmente, a maior parte das informações que trafega pela rede é de caráter comercial.

Em 1995, o *backbone* da NSFNET foi privatizado e o governo norte-americano deixou de ser o patrocinador da rede, que não pára de crescer, de tal forma que se distingue de outras tantas invenções humanas. Só para se ter uma idéia, a eletricidade (criada em 1873) atingiu 50 milhões de usuários depois de 46 anos de existência; o telefone (1876) levou 35 anos para atingir essa mesma marca; o automóvel (1886), 55 anos; o rádio (1906), 22 anos; a televisão (1926), 26 anos; o forno de microondas (1953), 30 anos; o microcomputador (1975), 16 anos; o celular (1983), 13 anos. A internet (1995), por sua vez, precisou de quatro anos (de 1995 a 1998) para atingir 50 milhões de usuários no mundo.

Nesse mesmo ano, nos Estados Unidos, a internet já estava sendo utilizada pelo governo, por inúmeras empresas e indivíduos como mídia de relevância e impacto. Por exemplo, no ataque a bomba a

Parte I – Entendendo as mudanças e a nova realidade de negócios

um prédio do governo em Oklahoma City, no Estado da Califórnia, a internet foi usada pelo Federal Bureau of Investigation (FBI), órgão norte-americano de investigações, para divulgar fotos dos suspeitos e engajar a população na busca dos culpados e no socorro às vítimas; diversos grupos organizados também divulgaram seus protestos sobre o ocorrido por meio desta mídia.

Em 2000, de acordo com o relatório da Organisation for Economic Co-operation and Development (OECD)[5], existiam 60,5 milhões de servidores internet, também chamados de **computadores hospedeiros** (*hosts*), nos países da Comunidade Econômica Européia e nos Estados Unidos, incluindo todos os computadores com um endereço IP (*Internet Protocol*) e conectados diretamente à internet, com exceção dos que estão conectados a um *firewall* (sistema com bloqueio de acesso externo por software de proteção).

> *Firewall* é um sistema com bloqueio de acesso externo por software de proteção.

Em 2006, uma pesquisa da Internet Systems Consortium (ISC)[6] indicou que existem cerca de 439,2 milhões de computadores hospedeiros no mundo. Desse total, aproximadamente 6,5 milhões são servidores brasileiros, com a terminação ".br". O Brasil ocupa a oitava posição mundial em número de computadores hospedeiros[7], como apresentado na Tabela 2.2.

Tabela 2.2 *Os dez maiores países por número de hospedeiros*

País	Número de hospedeiros
Estados Unidos	279.618.693
Japão	28.321.846
Itália	13.060.369
Alemanha	11.859.131
França	9.166.922
Holanda	8.363.158
Austrália	7.772.888
Brasil	6.508.431
Reino Unido	6.064.860
Polônia	4.367.741

Fonte: COMITÊ GESTOR DA INTERNET NO BRASIL. *Pesquisa de número de hosts.* Disponível em: <http://www.nic.br/indicadores/hosts/2006/index.htm>. Jul. 2006.

---

[5] ORGANISATION FOR ECONOMIC CO-OPERATION AND DEVELOPMENT. E-commerce: impacts and policy challenges. *Economic Outlook 2000.* Disponível em: <http://www.oecd.org/dataoecd/42/48/2087433.pdf>.

[6] INTERNET SYSTEMS CONSORTIUM. *Internet domain survey.* July 2006. Disponível em: <http://www.isc.org/index.pl?/ops/ds/>.

[7] COMITÊ GESTOR DA INTERNET NO BRASIL. *Pesquisa de número de hosts.* Jul. 2006. Disponível em: <http://www.nic.br/indicadores/hosts/2006/index.htm>.

Quanto ao total de sites na internet, em janeiro de 2007 foi registrado um total de 106 milhões de **websites**, segundo pesquisa da Netcraft[8]. Outra medida da dimensão da internet é o número de **páginas web** existentes no mundo, que, conforme o Emarketer[9], era de 2,7 bilhões em 2000, com uma taxa média de crescimento de 5 milhões de páginas por dia. Na América Latina, de um total de 313,5 milhões de páginas web acessadas, 68,4%, ou 214,3 milhões, eram em inglês; 2,4%, ou 7,6 milhões, em espanhol; e 1,4%, ou 4,3 milhões, em português.

Também se avalia o grau de difusão da internet pelo número de **contas de e-mail** (*e-mailboxes*), ou seja, o número de usuários de correio eletrônico, que é a aplicação da internet mais utilizada. Em 2000, foram estimados um total de 514,2 milhões de *e-mailboxes* no mundo[10]. Em 2006, a empresa de pesquisa IDC[11] calculou que cerca de 84 bilhões de e-mails foram enviados diariamente pela internet.

2.3 COMO FUNCIONA A INTERNET

Veremos, neste capítulo, os diversos recursos tecnológicos que compõem a internet, com o intuito de melhor compreender as terminologias empregadas nessa rede e de poder aproveitá-los de maneira eficaz.

Para quem tiver mais interesse sobre as terminologias da internet, existem sites que disponibilizam glossários, os quais podem ser localizados nos endereços apresentados no quadro a seguir.

Quadro 2.1 *Glossários de termos da internet*

Glossários	Endereços
ePaynews.com	http://www.epaynews.com/glossary/index.html
IDGNow	http://idgnow.uol.com.br/AdPortalv5/glossario.aspx?ChannelID=21080115
NetDS	http://www.netds.com.br/portug/glossario.htm
UOL Tecnologia	http://tecnologia.uol.com.br/dicionarios/dicionario-a.jhtm

Fonte: elaborado pela autora.

---

[8] NETCRAFT. *Web server survey*. January 2007. Disponível em: <http://news.netcraft.com/archives/web_server_survey.html>.

[9] EMARKETER. *Latin American e-marketplaces*. June 2001. Disponível em: <http://www.emarketer.com/analysis/elatin_america/20010614_latam.html>.

[10] Ibid.

[11] INTERNATIONAL DATA CORPORATION. *IDC examines the future of e-mail*. 22 Dec. 2005. Disponível em: <http://www.idc.com/getdoc.jsp>.

A internet é definida, de acordo com o Federal Networking Council norte-americano, como um sistema de informação global que: (i) é logicamente ligado por um endereço único baseado no IP ou nas suas extensões subseqüentes; (ii) é capaz de suportar comunicações usando o TCP/IP ou suas extensões subseqüentes e/ou outros protocolos compatíveis ao IP; (iii) provê, usa ou torna acessível, tanto pública quanto privadamente, serviços do mais alto nível produzidos na infra-estrutura descrita[12].

2.3.1 *Estrutura da rede*

> O funcionamento da internet é baseado em uma rede de computadores ligada a outro computador mais potente, denominado **Servidor**.

O funcionamento da internet é baseado em computadores ligados a outro computador mais potente, denominado **servidor**, cuja função é conectar os computadores isolados, formando uma **rede**. Os servidores realizam diversos serviços, como o fornecimento de informações, o acesso a bancos de dados remotos e à internet.

> O computador que acessou a internet ou a rede da sua empresa através de um servidor é designado **Cliente**.

O computador que acessou a internet ou a rede da sua empresa por intermédio de um servidor é designado **cliente**. Assim, quando você se conecta a um site ou a um banco de dados em outro computador, seu sistema é o cliente e o sistema que fornece a informação é o servidor.

> **Intranet** é a denominação de uma rede de computadores interna, pertencente a uma organização privada ou não, que se utiliza da tecnologia e da infra-estrutura de comunicação de dados da internet.

Além da internet, existem outros tipos de rede: a intranet e a extranet. A **intranet** é a denominação de uma rede de computadores interna, pertencente a uma organização privada ou não, que se utiliza da tecnologia e da infra-estrutura de comunicação de dados da internet. A **extranet** é a extensão de uma intranet, que conecta a rede interna da organização a outras intranets, por exemplo, a de seus fornecedores e clientes.

Uma rede formada por computadores localizados em um mesmo espaço físico, limitada a distâncias de até 10km, é chamada de **Local Area Network (LAN)**. Toda rede que interliga computadores distribuídos em áreas geograficamente separadas, ou seja, um conjunto de redes locais interligadas por meios remotos de comunicação, como modems e rádio, é denominada rede de longa distância ou **Wide Area Network (WAN)**.

As várias redes de computadores são conectadas entre si por outros servidores, ampliando, então, a comunicação entre computadores de diferentes redes. A internet é a rede composta por todos estes servidores, e a comunicação entre eles é realizada por meio de linhas

---

[12] LEINER, Barry et al. *A brief history of the internet.* Disponível em: <http://www.isoc.org/internet/history/brief.shtml>.

Capítulo 2 – Entendendo a internet

de transmissão de vários tipos, como linha telefônica, cabos de televisão, linhas de fibra ótica, sinais de microondas ou de satélite.

Além dos servidores, computadores e linhas de transmissão, a internet utiliza-se do *backbone,* que é uma estrutura de hardware e software, conectada por linhas de transmissão de alta capacidade e velocidade, e funciona como a espinha dorsal de uma rede de comunicação, transportando os dados reunidos pelas redes menores que estão a ela conectados.

O *backbone* realiza diretamente a conexão das redes de computadores à internet. Dessa forma, disponibiliza o serviço para os provedores de acesso à internet, e estes, por sua vez, para os servidores das diversas sub-redes. No Brasil, a Embratel, a Global One e a Rede Nacional de Pesquisa (RNP) oferecem essa infra-estrutura.

> **Backbone** é uma estrutura de hardware e software, conectada por linhas de transmissão de alta capacidade e velocidade, e que funciona como a espinha dorsal de uma rede de comunicação.

2.3.2 Métodos de acesso

O acesso à internet pode ser por meio de uma conexão com fio ou sem fio. A **conexão com fio** pode ser por linha telefônica, por cabo Ethernet ou por cabo de televisão, entre outras. A **conexão sem fio** inclui as tecnologias de rádio, de microondas, de satélites e de infravermelho.

> **Conexão com fio** pode ser por linha telefônica, por cabo Ethernet ou por cabo de televisão, entre outras. A **conexão sem fio** inclui as tecnologias de rádio, de microondas, de satélites e de infravermelho.

A conexão por **linha telefônica**, discando o número do local onde está o computador de acesso à rede, chama-se **dial-up**. Para isso, é preciso que as pessoas utilizem os **provedores de acesso à internet**, empresas que oferecem serviços de conexão à rede por meio de ligação telefônica ou outras tecnologias.

As linhas telefônicas analógicas tradicionais têm velocidade de conexão reduzida, variando entre 14,4 Kbps (kilobits por segundo) e 56 Kbps. Para realizar a conexão, cada computador deve ter instalado um **modem**, designação para o conjunto de placa e de software que codifica e descodifica os sinais emitidos do computador para uma linha telefônica, permitindo a comunicação em rede.

Com a tecnologia da rede digital de serviços integrados — Integrated Services Digital Network (ISDN) —, um **serviço telefônico digital**, pode-se aumentar a velocidade de conexão para até 128 Kbps. Fornecido pelas operadoras de telefonia fixa, esse sistema permite a transmisão de dados, voz e vídeo simultaneamente.

Uma tecnologia mais recente de conexão com fio é a **banda larga** (ou *broadband*), que oferece velocidade de conexão superior a 256 Kbps, podendo chegar a 2 Mbps (megabits por segundo). Há diversas tecnologias de banda larga, como DSL, ADSL e *cable modem*. As duas primeiras usam linhas telefônicas para a transmissão, enquanto a última faz uso dos cabos de TV por assinatura.

A tecnologia **Digital Subscriber Line** (**DSL**) apropria-se da linha telefônica para transmitir dados, mas, diferentemente da linha discada, o usuário recebe e envia informações sem ocupar a linha e sem pagar pulsos para isso. A tecnologia **Asymmetric Digital Subscriber Line** (**ADSL**) é uma linha assimétrica, pois trabalha com velocidades diferentes nas duas direções: o usuário envia dados a velocidade de até 640 Kbps e recebe dados a uma velocidade superior a 1,5 Mbps. Ambas as tecnologias exigem a instalação de modem compatível e a assinatura de um provedor de acesso.

Segundo um estudo do DSL Forum[13] em 2006, cerca de 173 milhões de internautas ao redor do mundo acessaram a internet em banda larga pela tecnologia DSL (ver Tabela 2.3). No Brasil, calcula-se que 4 milhões de pessoas acessem a internet por meio dessa tecnologia.

Tabela 2.3 *Internautas usuários de banda larga DSL*

Ranking	País	Usuários	Ranking	País	Usuários
1	China	34.932.000	11	Taiwan	3.882.000
2	Estados unidos	24.459.902	12	Canadá	3.736.036
3	Japão	14.593.800	13	Austrália	2.888.000
4	Alemanha	12.300.000	14	Holanda	2.830.000
5	França	11.980.000	15	Turquia	2.472.887
6	Reino Unido	9.317.000	16	México	2.380.300
7	Itália	8.001.000	17	Polônia	1.667.412
8	Coréia do Sul	5.789.598	18	Índia	1.530.770
9	Espanha	4.811.300	19	Suécia	1.516.400
10	Brasil	4.095.600	20	Bélgica	14.25.800

Fonte: DSL FORUM. *DSL Drives Subscriber Growth.* Disponível em: <http://www.dslforum.org>.

Outra tecnologia de banda larga é a conexão por meio de **cabos de TV por assinatura**, a qual permite o acesso à internet com velocidades similares à da tecnologia DSL. O segredo da conexão está no *cable modem*, que modula sinais analógicos e digitais, podendo ser conectado à caixa receptora de dados da TV por assinatura ou diretamente à placa da rede do computador.

---

[13] DSL FORUM. *DSL Drives Subscriber Growth.* Disponível em: <http://www.dslforum.org>.

A tecnologia de rede **Ethernet**, baseada em cabos telefônicos de par trançado, foi desenvolvida pelo **Palo Alto Research Center** (**PARC**) da empresa Xerox, nos Estados Unidos. Composta por protocolo, por cabeamento e por mecanismos de transmissão específicos, essa tecnologia transmite dados a uma velocidade entre 10 e 100 Mbps. O usuário conecta-se, por meio de linhas de alta velocidade, a redes locais privadas de computadores, as quais, por sua vez, acessam a internet.

A mais nova tecnologia de acesso à internet é a conexão **sem fio**, ou *wireless*. É realizada pelos aparelhos eletrônicos sem fio, nos quais as ondas eletromagnéticas encarregam-se do transporte dos sinais, como nas tecnologias de rádio, microondas, satélites e infravermelhos. Embora a luz infravermelha seja invisível ao olho humano, os dispositivos receptores de infravermelho conseguem detectá-la, respondendo aos seus sinais. Os tipos de transmissão podem ser: de curto alcance (tecnologia Bluetooth), de médio alcance (tecnologias como a Wi-Fi) e de longo alcance (tecnologias de satélite e de telefone celular).

> Mais nova tecnologia de acesso à internet, a conexão **sem fio**, ou **wireless**, é realizada pelos aparelhos eletrônicos sem fio, por meio de ondas eletromagnéticas.

A tecnologia **Bluetooth** oferece conexão sem fio em curtas distâncias, formando uma **Personal Area Network** (**PAN**). Por meio de freqüência de rádio, conecta computadores *desktop*, *notebooks*, celulares e outros dispositivos de transmissão de voz e dados. A taxa média de transmissão entre os aparelhos é de 1 Mbps e a distância máxima entre eles é de 10m. As conexões podem ser ponto-a-ponto ou multiponto. A freqüência utilizada é de 2,4 GHz. O nome dessa tecnologia vem do rei Harald Blatan, que comandou a Dinamarca no século X, apelidado de Bluetooth (dente azul).

A tecnologia sem fio **Wireless Fidelity** (**Wi-Fi**), que permite acessar a internet por ondas de rádio, utiliza o padrão de comunicação IEEE 802.11 e engloba diversas redes com distintas áreas de alcance, velocidades de transferência e freqüências de sinal. O alcance dessa tecnologia mais utilizado em ambientes internos é de 25m, à velocidade de 11 Mbps, e 50m, à de 1 Mbps. Em ambientes externos, o alcance chega a 150m, com 11 Mbps, e 500m, com 1 Mbps de transferência. Para usar o Wi-Fi, é preciso comprar um cartão pré-pago ou assinar um provedor de acesso. É preciso também ter um computador compatível com essa tecnologia ou um cartão de expansão ou uma antena USB instalada no computador. A tecnologia **Worldwide Interoperability for Microwave Access** (**Wi-Max**), que utiliza o padrão IEEE 802.16, oferece acesso de até 70 Mbps em um raio de 50km.

A transmissão sem fio que usa freqüências de rádio é feita por um **ponto de acesso**, geralmente um roteador com antena, o qual funciona como transmissor de rádio. Ele executa as funções de uma estação-base, enviando o sinal e transferindo os dados para os computadores que estejam no alcance do raio de ação, permitindo que o usuário mova-se de um ponto de acesso a outro sem perder a conexão. Esta funcionalidade é denominada *roaming*.

Para acessar as redes locais sem fio, chamadas de **Wireless Local Area Networks** (**WLANs**), o usuário precisar deslocar-se para um *hotspot* ou **Community Access Point Services** (**CAPS**), que são áreas cobertas pelos pontos de acesso, em locais como salas de aeroportos, hotéis, restaurantes, lanchonetes, *cibercafes*, universidades, entre outras. Em 2002, foram contabilizados no mundo pouco menos que 20 mil *hotspots*, segundo o IDC[14]. Em 2006, existiam cerca de 140 mil *hotspots* no mundo segundo a Jiwire[15].

Uma conseqüência imediata da conexão de banda larga foi a rápida difusão da tecnologia de voz sobre protocolo IP, **Voice Over IP (Voip),** que possibilita a conversação telefônica pela internet, para curtas ou longas distâncias, em substituição à linha telefônica tradicional. A adoção dessa tecnologia pelos internautas tem crescido rapidamente, pois pode ser gratuita ou a preços inferiores aos do serviço de telefonia tradicional.

> **Voice Over IP (Voip)** possibilita a conversação telefônica pela internet, para curtas ou longas distâncias, em substituição à linha telefônica tradicional.

A evolução continua com a **telefonia celular**. De simples aparelho de telefone móvel, que evoluiu para receptor de informação escrita, com alguma capacidade de resposta por meio de pequenas mensagens, o celular passou a ser utilizado para a navegação na web, graças ao **Wireless Application Protocol (WAP),** um protocolo de comunicação sem fio. Para isso, o celular deve conter um *microbrowser* adaptado para a tela do telefone.

> O celular passou a ser utilizado para a navegação na web, graças ao **Wireless Application Protocol (WAP)**, um protocolo de comunicação sem fio.

O WAP abriu o caminho para páginas elaboradas em **Wireless Markup Language (WML)**, uma linguagem projetada para gerar conteúdo e interface de usuário para dispositivos pequenos com baixa banda de transmissão (*narrowband*), como celulares e *palms* (computadores de mão), que possuem características básicas em comum.

2.3.3 *Protocolos de comunicação*

Os computadores conectados à internet comunicam-se por meio de um **protocolo**. O protocolo, na informática, tem o mesmo significado do idioma para os seres humanos, isto é, para duas máquinas comunicarem-se, elas devem possuir o mesmo protocolo, assim como as pessoas precisam falar a mesma língua.

---

[14] INTERNATIONAL DATA CORPORATION. *Mercado brasileiro de equipamentos de redes locais wireless.* Disponível em: <http://www.idclatin.com/miami/telas/pagina.asp?>.

[15] Jiwire. Wi-Fi Hotspot Directory. Disponível em: <http://www.jiwire.com>.

Capítulo 2 – Entendendo a internet

A internet é uma rede comutada por pacotes, ou seja, quando as informações são enviadas, elas se dividem em pequenos pacotes, caminham por muitas rotas diferentes ao mesmo tempo e depois são remontadas no local de recepção. Esta é a função dos protocolos.

Os dois protocolos de comunicação mais importantes da internet são **TCP** e **IP.** O TCP fraciona e remonta os pacotes, enquanto o IP é responsável por garantir que os pacotes sejam direcionados ao destino certo. Como operam juntos, o protocolo é conhecido como **TCP/IP**.

Alguns protocolos utilizados na internet:

- **File Transfer Protocol** (**FTP**): é o protocolo-padrão de transferência de arquivos entre computadores, usado para transmitir ou receber arquivos pela internet. É uma maneira mais rápida de transferir dados entre computadores interligados a ela.
- **Transfer Protocol** (**HTTP**): é o conjunto de regras que permite a transferência de informações na web, possibilitando a quem desenvolve suas páginas incluir comandos de acesso a recursos e outros documentos em sistemas remotos, de forma transparente para o usuário.

2.3.4 *Serviços na internet*

Existem diferentes tipos de serviços que integram a internet, como o correio eletrônico, o Internet Relay Chat (IRC), o usenet e a web, entre outros.

O **correio eletrônico** ou e-mail é um serviço bastante popular na internet, que possibilita às pessoas enviarem mensagens escritas por meio de computadores. Cada usuário de e-mail possui um endereço de internet para corresponder-se.

> **Correio eletrônico** ou e-mail é um serviço bastante popular na internet, que possibilita às pessoas enviarem mensagens escritas por meio de computadores.

O **IRC** permite que as pessoas conversem eletronicamente, em tempo real, escrevendo mensagens curtas, umas para as outras, independentemente do local onde estejam localizados seus computadores. Deste serviço origina-se o **chat**, uma das utilizações mais populares da internet, que vem a ser a página a qual reúne usuários conectados simultaneamente para a troca de mensagens em tempo real. Também é conhecido como **sala de bate-papo**.

> **IRC** permite que as pessoas conversem eletronicamente e em tempo real, por mensagens curtas, independentemente do local onde estejam localizados seus computadores.

O **usenet** é um serviço de fórum para debates e troca de opiniões, que permite a formação de diversos grupos de discussão, **newsgroups**, no qual as pessoas podem ler e enviar mensagens sobre quaisquer temas. Existe um grande número deles, organizados por temas e por assuntos específicos.

A **web** refere-se ao serviço da internet que permite a distribuição de documentos, elaborados em páginas e sites web, os quais estão disponíveis em servidores espalhados por todo o mundo. De um

Website é um endereço na rede, constituído por uma coleção de páginas web, cuja porta de entrada é sempre sua home page.

Blog ou weblog é um tipo de website pessoal para divulgar textos, fotos, ou até seu diário particular.

modo mais amplo, inclui a todos os documentos acessíveis por meio de um navegador, com conteúdos e formatos diversos, por exemplo, textos, gráficos, imagens, desenhos, fotos, ilustrações, vídeos e sons.

O **website** é um endereço na rede, constituído por uma coleção de páginas web, cuja porta de entrada é sempre sua home page (página de apresentação ou abertura). A **página web**, por sua vez, é um documento eletrônico em formato HTML com textos, fotos, figuras, vídeos etc.

O **blog** ou weblog é um tipo de website pessoal, ou seja, elaborado por uma pessoa, mesmo sem conhecimento de informática, para divulgar textos, fotos, ou até seu diário particular. Por meio de blogs, as pessoas participam de comunidades on-line e constroem redes de relacionamento. Segundo a empresa Technorati[16], em julho de 2006 existiam 55 milhões de blogs na internet.

Para escrever páginas de web, a linguagem-padrão de programação é a **Hypertext Markup Language** (**HTML**), que é fácil de aprender e utilizar, possibilitando preparar documentos com gráficos e com conexões (links) para outros documentos.

Sendo a web uma rede distribuída de computadores, ela é usada para acessar e fornecer conteúdo em **hipermídia**, isto é, conteúdo que combina as qualidades do hipertexto e da multimídia, conciliando conteúdo estático (textos, imagens e gráficos) e dinâmico (sons, vídeos e animação). Por **hipertexto**, entende-se a escrita de texto não-seqüencial, a qual permite ao usuário fazer a conexão entre informações e documentos por meio de palavras que contêm ligações com outros textos (*hiperlinks*), em um processo semelhante ao do funcionamento do nosso cérebro.

Para acessar os serviços disponíveis na **web**, deve ser instalado no computador um software de navegação, chamado navegador ou *browser*, como o Netscape Navigator e o Microsoft Internet Explorer. Esse software permite ao usuário visualizar o conteúdo dos sites, os arquivos e os documentos indexados e compartilhados na rede.

2.3.5 *Endereços e domínios*

Para ser localizado pelos usuários, cada recurso da web, como páginas, sites, computadores e servidores, deve ter um **endereço IP**, que é um conjunto de números com até 12 dígitos ou 32 bits (4 bytes), isto é, um total de quatro números de 8 bits cada, separados por pontos. Como exemplo, o número 151.43.217.001.

---

[16] TECHNORATI contabilizava dois novos blogs por segundo em julho. *IDG Now*, 7 ago. 2006. Disponível em: <http://idgnow.uol.com.br/internet/2006/08/07/idgnoticia>.

Capítulo 2 – Entendendo a internet

Para que os usuários não precisem memorizar as diversas seqüências de números que identificam os endereços dos sites e páginas web, a internet disponibiliza um serviço de endereçamento por nomes, o **Domain Name System (DNS)**, composto de um banco de nomes de endereços, o qual os traduz para números oficiais do protocolo IP.

Os nomes de endereços da internet são conhecidos como **nomes de domínio,** que identificam a organização à qual um endereço na internet está vinculado. Exemplo: o nome de domínio da empresa IBM no Brasil é ibm.com.br. Para uso do serviço de correio eletrônico, cada usuário tem o seu endereço pessoal exclusivo, formado por usuário@domínio. Exemplo: mgrandi@ibm.com.br.

> **Nomes de domínio** identificam a organização à qual um endereço na internet está vinculado.

A **Uniform Resource Locator (URL)** é o código para localização universal, isto é, o conjunto de caracteres usado para identificar cada nome de domínio. Uma URL contém informação sobre o método de acesso, o servidor que deve ser acessado e o caminho de diretórios ou arquivos que devem ser acessados no servidor. O formato do conjunto de caracteres é **protocolo://www.dominio**. Como exemplo, o nome de domínio **uol.com.br** tem como URL o conjunto de caracteres **www.uol.com.br**.

O Quadro 2.2 mostra algumas categorias de domínios para designar certos tipos de organização. Além disso, o **nome de domínio** geralmente tem duas letras para identificar o país: por exemplo, ".br" (Brasil) ou ".au" (Austrália), exceto para os Estados Unidos, em que tal identificador não é utilizado.

Quadro 2.2 *Algumas categorias de domínios na internet*

Domínio	Tipo de organização
.com	organização comercial
.edu	instituição educacional
.gov	órgão governamental
.mil	organização militar
.net	fornecedores de acesso à rede
.org	organizações sem fins lucrativos
.psi	provedores de serviço internet

Fonte: LISTA de categorias de domínios. Disponível em: <http://registro.br/info/dpn.html>.

Recentemente, foi inaugurado o identificador de domínio ".**eu**" para as organizações européias, cujo objetivo não é substituir os nomes das identidades nacionais como ".es" para a Espanha, e ".fr" para a França, mas criar uma identidade "pan-européia". Espera-se que o registro desse novo domínio cresça com rapidez, visto que já existem cerca de 9 milhões de domínios ".de" (Alemanha) e 6 milhões de ".uk" (Reino Unido).

Também foi aprovado o novo sufixo ".**mobi**" para sites construídos especificamente para acesso por telefone celular. No início de 2006, surgiram os primeiros **wapsites**, ou sites para serem acessados por celulares, criados na linguagem Wirelles Markup Language, baseados quase totalmente em texto, com poucas imagens monocromáticas, sendo parecidos com os primeiros sites da web, que surgiram em 1993. A companhia aérea GOL, por exemplo, possibilita a compra de passagem e a realização de *check-in* por meio dos celulares da Vivo ou da Telemig. O Banco Bradesco oferece o serviço *Mobile Banking*, no qual o cliente realiza a consulta de saldos de conta-corrente e de conta-poupança, entre outras transações.

A **Internet Corporation for Assigned Names and Numbers** (**ICANN**), entidade sem fins lucrativos, criada pelo governo norte-americano, é a responsável pela coordenação e atribuição de nomes de domínios na internet mundialmente.

No Brasil, o Comitê Gestor da Internet autorizou outros nomes de domínio, conforme mostra o Quadro 2.3.

Quadro 2.3 *Outros nomes de domínios no Brasil*

.agr.br	empresas agrícolas e fazendas
.far.br	farmácias e drogarias
.imb.br	imobiliárias
.srv.br	empresas prestadoras de serviços
.ato.br	atores
.bmd.br	biomédicos
.cim.br	corretores
.fnd.br	fonoaudiólogos
.ggf.br	geógrafos
.mat.br	matemáticos e estatísticos
.med.br	médicos
.mus.br	músicos
.not.br	notários
.qsl.br	rádio amadores
.trd.br	tradutores

Fonte: COMITÊ GESTOR DA INTERNET. *Nomes de domínios no Brasil.* Disponível em: <http://www.nic.br/dominios/tabela_b.htm>.

Por identificarem empresas, organizações, produtos e serviços, os **nomes de domínio** equivalem a marcas de propriedades de em-

Capítulo 2 – Entendendo a internet

presas. Por exemplo, a empresa Yahoo! é dona dos nomes de domínio Yahoo.com e Geocities.com.

Nos Capítulos 8 e 9 deste livro, será abordado o processo de construção e manutenção de um website e de uma loja virtual, quando aplicaremos, na prática, os termos e conceitos aqui descritos.

2.4 A INTERNET NO BRASIL

Quando surgiu a internet no Brasil e como ela funciona atualmente? Àqueles interessados em conhecer a evolução da internet, este tópico apresentará um breve resumo, explicando o papel dos órgãos governamentais no desenvolvimento da internet no Brasil.

O **Ministério da Ciência e Tecnologia** (**MCT**) é o responsável pela formulação da Política Nacional de Informática (PNI) e da legislação que regula o setor de Tecnologia de Informação e da internet. Na década de 1990, o MCT realizou uma mudança significativa na política até então vigente, promovendo o fim da reserva de mercado para a informática em outubro de 1992, a reforma da proteção comercial, que removeu barreiras não-tarifárias, e a instituição de um programa de redução do nível das alíquotas do imposto de importação.

Para dar suporte à indústria instalada no País e criar o ambiente de atratividade para o capital externo, foi sancionada a Lei n. 8.248/91, de Incentivos Fiscais em Informática, regulamentada em 1993.

Em relação à internet, até 1988 as universidades brasileiras conectavam-se às redes internacionais de pesquisa por intermédio da **Bitnet** (uma contração da expressão "Because it's Time Network"), que é uma rede de correio eletrônico.

> **Bitnet**, contração da expressão "Because it's Time Network", é uma rede de correio eletrônico.

Com o objetivo de implantar no Brasil uma rede de pesquisa que interligasse as principais universidades, órgãos governamentais e não-governamentais e instituições de pesquisa, o Ministério da Ciência e Tecnologia formou um grupo para discutir o tema. O grupo era composto por representantes do Conselho Nacional de Desenvolvimento Científico e Tecnológico (CNPq), da Financiadora de Estudos e Projetos (Finep), da Fundação de Amparo à Pesquisa do Estado de São Paulo (Fapesp), da Fundação Carlos Chagas Filho de Amparo à Pesquisa do Estado do Rio de Janeiro (Faperj) e da Fundação de Amparo à Pesquisa do Rio Grande do Sul (Fapergs).

Como resultado da união desse grupo, formado em 1989, surgiu o projeto da **Rede Nacional de Pesquisa** (**RNP**), cujo lançamento ocorreu em setembro do mesmo ano.

O modelo de prestação de serviços de redes operado pela RNP foi concebido para dar suporte à introdução da tecnologia de redes internet no País e também sua difusão e sua capilarização pelo apoio à implantação de redes estaduais. O período de 1991 a 1993 foi dedicado à montagem da espinha dorsal ou *backbone* da **Fase I** da RNP.

Em 1993, ela já atendia a 11 estados do País, com conexões a velocidades de 9,6 a 64 Kbps.

O período de 1994 a 1996 foi dedicado à montagem da espinha dorsal da **Fase II** da RNP, com uma infra-estrutura bem mais veloz. Nesse período, a RNP passou por uma redefinição de seu papel, deixando de ser um *backbone* restrito ao meio acadêmico para estender seus serviços de acesso a todos os setores da sociedade. Em maio de 1995, teve início a abertura da **internet comercial** no País.

Entre os anos 1996 e 1998, a RNP realizou melhorias em sua infra-estrutura, ampliando a capilaridade e a velocidade de suas linhas. Em outubro de 1997, ela deu início à **Fase III** do projeto, denominada **RNP2**, que objetivou o desenvolvimento de uma **nova geração de redes internet**, interligando todo o País em uma rede acadêmica de alto desempenho conectada à rede norte-americana, Internet2.

> Internet2 é uma iniciativa norte-americana voltada para o desenvolvimento de tecnologias e aplicações avançadas de redes internet para a comunidade acadêmica e de pesquisa.

A **Internet2** é uma iniciativa norte-americana voltada para o desenvolvimento de tecnologias e aplicações avançadas de redes internet para a comunidade acadêmica e de pesquisa. A iniciativa envolve mais de 180 universidades norte-americanas, além de agências do governo e indústrias, e visa ao desenvolvimento de aplicações — como telemedicina, bibliotecas digitais, laboratórios virtuais, entre outras — que não são viáveis com a tecnologia internet atual.

O objetivo final da iniciativa Internet2 não é somente a criação de pesquisas voltadas para a área acadêmica, mas também a transferência, ao setor comercial, das tecnologias desenvolvidas e testadas ao longo da execução dos projetos.

Em março de 2000, a RNP e a University Corporation for Advanced Internet Development (Ucaid) assinaram o **Memorandum of Understanding** (**MoU**), que garantiu a participação do Brasil na rede norte-americana Internet2. Em maio do mesmo ano, foi inaugurado o novo *backbone* **RNP2**, o qual interliga todos os 26 estados brasileiros e o Distrito Federal. Em janeiro de 2001, a RNP passou a operar um link internacional de 155 Mbps, conectado ao principal *backbone* da Internet2, o Abilene.

Em novembro de 2005, a RNP inaugurou a nova infra-estrutura da rede, com a tecnologia de rede óptica, elevando a capacidade de comunicação entre os nós do *backbone* para até **10 gigabits** por segundo (quase 40 mil vezes mais rápida do que uma conexão doméstica de 256 Kbps).

O novo *backbone* interliga cerca de 240 instituições de ensino e pesquisa e atende a mais de 1 milhão de usuários em todos os estados do Brasil. Esta infra-estrutura dá suporte a projetos nacionais de pesquisa científica e inovação nas mais diversas áreas: biotecnologia, genômica, astronomia, física de altas energias, climatologia, ciências da saúde etc. (ver Figura 2.1).

Figura 2.1 *Mapa do* backbone *da internet brasileira*

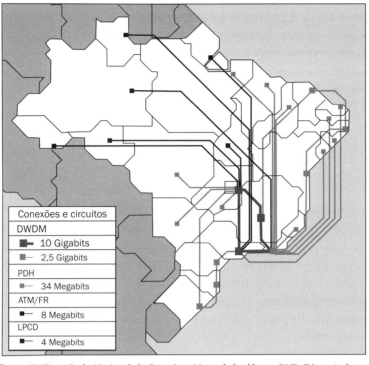

Fonte: RNP — Rede Nacional de Pesquisa. *Mapa do* backbone *RNP*. Disponível em: <http://www.rnp.br>.

Atualmente, a **RNP** é um programa de informática da Secretaria de Política de Informática do Ministério da Ciência e Tecnologia (Sepin/MCT). Esse programa prevê a manutenção de uma rede acadêmica nacional que seja, ao mesmo tempo, uma infra-estrutura de alto desempenho para comunicação entre instituições de ensino e de pesquisa e um laboratório para testes e desenvolvimento de aplicações e tecnologias de rede avançadas.

Além da RNP, dois outros órgãos do governo desempenharam papel importante no desenvolvimento da internet no Brasil: o Comitê Gestor da Internet (CG) e a Fapesp.

Em maio de 1995, uma Portaria assinada pelos ministros das Comunicações e da Ciência e Tecnologia criou o **CG**, que tinha as seguintes atribuições principais: fomentar o desenvolvimento de serviços da internet no Brasil; recomendar padrões e procedimentos técnicos e operacionais para a internet no Brasil; coordenar a atribuição de endereços na internet, o registro de nomes de domínios e a interconexão dos *backbones*; coletar, organizar e disseminar informações sobre os serviços na internet.

A **Fapesp**, por sua vez, foi o órgão contratado pelo CG para operacionalizar o registro dos nomes de domínios e atribuir endereços IP no Brasil, diretamente do órgão gestor de nomes e endereços na internet mundial, o InterNIC, com sede nos Estados Unidos. Por meio do sistema **Registo.Br**, gerenciado pela Fapesp, uma pessoa conectada à internet consegue registrar no site http://www.registro.br um domínio brasileiro (.br).

Em 2005, o CG criou uma entidade civil, sem fins lucrativos, denominada **Núcleo de Informação e Coordenação do Ponto BR** (**NIC.br**). Desde então, o NIC.br é o órgão responsável pela execução do registro de nomes de domínio e pela alocação de endereços IP, assumindo a gestão do **Registro.br.**

> NIC.br é o órgão responsável pela execução do registro de nomes de domínio e pela alocação de endereços IP, assumindo a gestão do **Registro.br.**

O número de domínios registrados no País tem crescido aceleradamente desde 1996. Em 2000, a taxa de crescimento aumentou ainda mais e, apenas no primeiro semestre, foram registrados 124 mil novos nomes de domínio, levando o total para 310 mil em agosto daquele ano. Em dezembro de 2006, havia 1.029.103 nomes de domínio registrados no Brasil. Quanto aos domínios, existem 61 diferentes tipos de primeiro nível, sendo 24 para pessoas jurídicas, 5 para pessoas físicas e 32 para profissionais liberais.

2.5 O IMPACTO DA INTERNET NOS NEGÓCIOS

Don Tapscott foi um dos primeiros autores a refletir a respeito do impacto das novas Tecnologias da Informação e da Comunicação (TIC) sobre a atividade empresarial e os modelos de negócios em geral.

Tapscott[17] afirma que, desde o final do milênio, o mundo está presenciando o nascimento de uma nova era, chamada *Age of Networked Intelligence*, ou a Era da Inteligência em Rede, na qual surge uma nova economia, uma nova política e uma nova sociedade, baseadas no "networking of human intelligence through technology"; ou seja, na nova era, não predominam máquinas inteligentes, mas indivíduos que, por intermédio de redes, podem combinar sua inteligência, seu conhecimento e sua criatividade para criar riqueza e desenvolvimento social.

A nova economia, que surge com esta nova era, é denominada **economia digital**, porque a informação, em todas as suas formas, torna-se digital, reduzida a **bits**, isto é, códigos binários formados pela combinação dos números um e zero, armazenados em computadores, que circulam na velocidade da luz por meio de redes de computadores.

---

[17] TAPSCOTT, 1996

Na velha economia, o fluxo da informação era físico, ou seja, o meio de circulação da informação baseava-se em pessoas ou objetos físicos, como dinheiro, cheque, livros, revistas, relatórios, cartas, discos, partituras, faturas, notas fiscais, bilhetes de passagens aéreas, mapas, fotografias, filmes, malas-diretas, folhetos, anúncios, reuniões, vendedores, telefonemas, transmissão televisiva etc.

Qual a mudança essencial, portanto, trazida pela TIC e pela internet? É a de que a informação separa-se do seu meio físico de transporte e rompe o modo tradicional de comunicação e de formação da cadeia de valor. Isto é, na velha economia, a comunicação não podia ser rica (*rich*) e de alta cobertura (*reach*), simultaneamente; com a TIC e a internet, pode.

E qual o impacto na **cadeia de valor,** entendida como o processo formado pelas atividades agregadoras de valor, causado pela informação que une essas atividades e pelos agentes envolvidos (clientes, fornecedores, canais)? Tapscott assevera que a informação define a relação entre as partes da cadeia de valor, sendo a base da vantagem competitiva. A TIC e a internet vão alterar a estrutura das relações vigentes porque quebram o poder fundamentado apenas na exclusividade de acesso e de domínio da informação. E este impacto será maior nos setores nos quais a informação tem alta participação na estrutura de custo, ou no qual o produto tem grande conteúdo de informação, ou quando a distribuição é alto componente do custo — portanto, as atividades, as funções, os produtos e os serviços cujo único valor agregado é a informação perdem vantagem competitiva.

> **Cadeia de valor** é o processo formado pelas atividades agregadoras de valor, causado pela informação comum às atividades e aos agentes envolvidos e que define a relação entre as partes da cadeia de valor, sendo a base da vantagem competitiva.

Quando a informação torna-se digital e em rede, as tradicionais barreiras à entrada de novos concorrentes são eliminadas e nem uma indústria está protegida. A concorrência pode surgir de qualquer parte. Como exemplo, os bancos americanos opuseram-se à compra pela Microsoft do software Intuit de gestão de finanças pessoais, por temerem que a Microsoft se tornasse um banco, na medida em que o software possibilitaria que as pessoas e as empresas pagassem suas contas e efetuassem investimentos eletronicamente.

Esta nova economia é também chamada de **economia do conhecimento**, porque a inteligência é aplicada a tudo o que é produzido e na forma como é feito, isto é, os produtos cada vez mais têm como conteúdo o conhecimento e tornam-se mais "inteligentes", com microprocessadores embutidos. Como exemplo, automóveis com *chips* que se comunicam com satélites e informam as condições de temperatura ambiente, previsão do tempo, consumo do automóvel, direção a ser seguida etc.

Além disso, nessa economia do conhecimento, o trabalho torna-se cada vez mais um *knowledge work*, trabalho que requer conhecimento, aplicação de esforço intelectual em lugar de força física. E a nova organização é uma rede de equipes distribuídas que agem como clientes e fornecedores entre si. Oito em cada dez novos postos de trabalho surgem nos setores de uso intensivo da informação.

A estrutura da nova economia digital está em processo acelerado de mudança, com o surgimento de novos setores pela convergência das Tecnologias de Informação e de Comunicação, revolucionando o mercado de computadores, software, telefonia celular, transmissão de dados por cabo e por tecnologia sem fio e a **indústria de conteúdo** (televisão, cinema, teatro, música, livros, revistas e jornais).

> **Convergência** é a capacidade do uso de uma mesma plataforma de rede de telecomunicações para o transporte de diferentes serviços, como telefonia, vídeo, música, editoração e internet.

A **convergência** pode ser definida como a capacidade do uso de uma mesma plataforma de rede de telecomunicações para o transporte de diferentes serviços, como telefonia, vídeo, música, editoração e internet[18].

Na nova economia, as empresas necessitam de novas estratégias e estruturas, não apenas reengenharia ou reorganização. Isso porque as atuais Tecnologias de Informação e de Comunicação possibilitam que se construam outras formas de relacionamento entre clientes, empresas, indivíduos, organizações e governos.

Pode-se concluir que a velocidade das mudanças estruturais da nova economia faz as empresas repensarem continuamente seus negócios, mercados e produtos. Na nova economia, ser grande não é o fator crítico de sucesso, mas, sim, a **inovação**, a agilidade e o aprendizado organizacional.

A acelerada difusão da rede internet e das tecnologias de hardware e software a ela associadas cria oportunidades de negócios, tanto nos mercados organizacionais, os negócios business-to-business, quanto nos mercados de consumo, os business-to-consumer.

SITES SOBRE O TEMA

COMITÊ GESTOR DA INTERNET — http://www.cgi.br
GLOSSÁRIO DE TELECOMUNICAÇÕES E INFORMÁTICA — http://www.sulcom.com.br/g/glossario_de_telecomunicacoes_e_info.shtml

---

[18] QUINTELLA, H.; CUNHA, A. *A convergência tecnológica e a percepção de valor nos serviços de telecomunicações.* Disponível em: <http://www.comciencia.br/reportagens/2004/08/11.shtml>.

INTERNATIONAL DATA CORPORATION — http://www.idcbrasil.com.br
MINISTÉRIO DA CIÊNCIA E TECNOLOGIA — http://www.mct.gov.br
REGISTRO.BR — http://www.registro.br
REDE NACIONAL DE PESQUISA — http://www.rnp.br

3

O comércio eletrônico

- **Objetivos do capítulo**

  Depois de concluir este capítulo, você deverá ser capaz de:

  1. Definir o que é comércio eletrônico.

  2. Entender as dimensões do comércio eletrônico no Brasil e no mundo.

- **Visão geral do capítulo**

  Neste capítulo, iremos discutir o que é comércio eletrônico e analisar a sua evolução até os dias atuais, para entender as possibilidades de desenvolvimento de negócios na internet.

3.1 O QUE É COMÉRCIO ELETRÔNICO

O **comércio eletrônico** ou e-commerce é uma aplicação da internet que se expandiu aceleradamente desde o ano 2000 e que deve desenvolver-se a taxas elevadas nos próximos anos. Muito ainda, porém, terá de ser feito para tirar o maior proveito de todas as suas potencialidades e das oportunidades por ele oferecidas.

A definição de comércio eletrônico, segundo a Organisation for Economic Co-operation and Development[1], engloba a realização de negócios por meio da internet, incluindo a venda não só de produtos e serviços físicos, entregues off-line, isto é, por meios tradicionais, mas de produtos como os softwares, que podem ser digitalizados e entregues on-line, por meio da internet.

---

[1] ORGANISATION FOR ECONOMIC CO-OPERATION AND DEVELOPMENT. E-commerce: impacts and policy challenges. *Economic Outlook 2000.* Disponível em: <http://www.oecd.org/dataoecd/42/48/2087433.pdf>.

E-commerce envolve a realização de trocas de produtos, serviços e informações entre diferentes agentes.

O **e-commerce** envolve a realização de trocas de produtos, de serviços e de informações entre diferentes agentes, a saber (ver Quadro 3.1):

- trocas entre consumidores (consumer-to-consumer — **C2C**), como ocorrem nos leilões virtuais;
- trocas entre consumidores e empresas e vice-versa (consumer-to-business — **C2B ou B2C**), por exemplo, a realização de compras em lojas virtuais, ou atendimento ao cliente on-line;
- trocas entre consumidores e governo e vice-versa (consumer-to-government — **C2G ou G2C**), como o pagamento de taxas e impostos, a solicitação de serviços públicos, as reclamações etc.
- trocas entre empresas (business-to-business — **B2B**), como a venda de produtos agrícolas ou fornecimento de matérias-primas para indústrias;
- trocas entre empresas e governo e vice-versa (business-to-government — **B2G ou G2B**), por exemplo, venda de produtos e serviços para órgãos do governo em licitações públicas;
- trocas entre órgãos de governo (government-to-government — **G2G**), como a coordenação de políticas e programas entre os diversos níveis de governo.

Quadro 3.1 *Exemplos de aplicações de comércio eletrônico*

	Governo	Empresa	Consumidor
Governo	G2G *Ex.* coordenação	G2B *Ex.* informação	G2C *Ex.* informação
Empresa	B2G *Ex.* aquisição	B2B *Ex.* e-commerce	B2C *Ex.* loja virtual
Consumidor	C2G *Ex.* imposto	C2B *Ex.* comparação de preços	C2C *Ex.* leilão

Fonte: ORGANISATION FOR ECONOMIC CO-OPERATION AND DEVELOPMENT. E-commerce: impacts and policy challenges. *Economic Outlook 2000*. Disponível em: <http://www.oecd.org/dataoecd/42/48/2087433.pdf>.

Comércio eletrônico inclui os processos que envolvem consumidores, fornecedores e parceiros de negócios.

O **comércio eletrônico** inclui os processos que envolvem consumidores, fornecedores e parceiros de negócios, como vendas, marketing, recepção de pedidos, entregas, serviços ao consumidor e administração de programas de fidelidade.

Outro conceito é o de **e-business**, que engloba não só o e-commerce mas também outros processos organizacionais; são exemplos disso: produção, administração de estoques, desenvolvimento de produtos, administração de riscos, finanças, desenvolvimento de estratégias, administração do conhecimento e recursos humanos.

Capítulo 3 – O comércio eletrônico

Entendemos, portanto, que o **e-business** abrange a realização de toda a cadeia de valor dos processos de negócio em um ambiente eletrônico, enquanto o e-commerce restringe-se às transações comerciais de compra e venda.

> **E-business** abrange a realização de toda a cadeia de valor dos processos de negócio em um ambiente eletrônico.

3.2 O COMÉRCIO ELETRÔNICO NO MUNDO

Existem diversas estimativas sobre o volume de negócios do comércio eletrônico no mundo, as quais variam de acordo com o método de pesquisa utilizado. Apresentamos, a seguir, os dados divulgados pelas principais organizações internacionais de pesquisa, visando mostrar um panorama da evolução desse comércio mundialmente.

Segundo pesquisa da Forrester Research[2], o comércio eletrônico mundial alcançou receitas totais de US$ 6,7 trilhões em 2004, representando 8,6% do total do comércio mundial de produtos e de serviços, incluindo o mercado empresarial (B2B) e o de consumo (B2C). Nos Estados Unidos, o comércio eletrônico gerou receitas de US$ 3,1 trilhões, representando 13,3% do comércio total no país. Na região da América Latina, as receitas on-line foram de US$ 81,8 bilhões, representando 2,4% do total do comércio na região (ver Tabela 3.1).

Tabela 3.1 *Comércio eletrônico mundial por região (em dólares)*

	Receitas em 2004	% do total do comércio
Total	**US$ 6,7 trilhões**	**8,6%**
Estados Unidos	US$ 3,1 trilhões	13,3%
Ásia — Pacífico	US$ 1,6 trilhões	8,0%
Japão	US$ 880 bilhões	8,4%
Europa Ocidental	US$ 1,5 trilhões	6,0%
Alemanha	US$ 386 bilhões	6,5%
Reino Unido	US$ 288 bilhões	7,1%
América Latina	US$ 81,8 bilhões	2,4%

Fonte: FORRESTER RESEARCH. *Global e-commerce approaches hypergrowth.* Disponível em: <http://www.forrester.com/ER/Research/Brief/Excerpt/0,1317,9229,FF.html>

De acordo com a referida pesquisa, o comércio eletrônico mundial continua bastante concentrado, visto que 85% dos negócios on-line são efetuados por apenas 12 países. Os Estados Unidos

---

[2] FORRESTER RESEARCH. *Global e-commerce approaches hypergrowth.* Disponível em: <http://www.forrester.com/ER/Research/Brief/Excerpt 0,1317,9229,FF.html>.

destacam-se quanto ao volume de negócios, pois totalizaram 47% das receitas mundiais on-line em 2004.

O maior mercado no comércio eletrônico é o de negócios entre empresas, chamado **business-to-business** (**B2B**), que representa cerca de 90% do total das receitas realizadas por elas, com um volume de US$ 6,1 trilhões em 2004. A expectativa é de que continue com a taxa de crescimento elevada, visto que muitas empresas migrarão as suas operações com fornecedores dos sistemas privados de rede Electronic Data Interchange (EDI), ou Intercâmbio Eletrônico de Dados, para a internet.

Um dos segmentos de negócios B2B é o realizado por intermédio dos **e-marketplaces,** ou mercados eletrônicos, sites que promovem o relacionamento entre compradores e vendedores de um setor de mercado, região geográfica ou área específica de interesse, visando à realização de negócios. Os e-marketplaces oferecem informações, serviços comerciais e infra-estrutura segura para transações comerciais on-line.

Um bom exemplo de e-marketplace é o **Covisint**, uma bolsa de mercadorias eletrônica para a indústria automobilística, constituída, em 2000, pelas empresas DaimlerChrysler, Ford Motor, General Motors, Nissan e Renault. Seu conjunto de serviços inclui leilões, catálogos, gerenciamento de cotação e desenvolvimento de produtos. Segundo o relatório da empresa Boston Consulting Group (BCG)[3], a receita total dos 700 e-marketplaces existentes nos Estados Unidos atingiu US$ 9 bilhões em 2005.

O mercado de vendas ao consumidor final (business-to-consumer — **B2C**), apesar de representar a menor parcela do total do comércio eletrônico (US$ 689 bilhões ou 10% do total), cresceu rapidamente e atraiu muitos varejistas. Segundo a empresa Forrester Research[4], sem incluir as vendas de passagens aéreas e reservas de hotéis, as vendas totais B2C atingiram US$ 269 bilhões no mundo, em 2004. Além disso, a pesquisa feita pelos consumidores na internet influenciou vendas off-line, no varejo tradicional, no montante de US$ 378 bilhões.

Nos Estados Unidos, o comércio eletrônico B2C atingiu receitas totais de US$ 86,3 bilhões em 2005, crescendo 24,6% em relação ao ano anterior e representando 2,3% do total das vendas do varejo norte-americano, segundo o Censo daquele país[5]. Incluindo as vendas

> **E-marketplaces,** ou mercados eletrônicos, são sites que promovem o relacionamento entre compradores e vendedores, visando à realização de negócios.

---

[3] BOSTON CONSULTING GROUP. *The B2B opportunity*: creating advantage through e-marketplaces. Disponível em: <http://faculty.darden.virginia.edu/GBUS885-00/files/b2b.pdf>.

[4] FORRESTER RESEARCH. *Online retail's ripple effect*. Disponível em: <http://www.forrester.com/ER/Press/Release/0,1769,404,FF.html>.

[5] CENSUS BUREAU OF THE DEPARTMENT OF COMMERCE. *Retail e-commerce sales for the fourth quarter of 2005*. Disponível em: <http://www.census.gov/mrts/www/data/html/05Q4.html>.

Capítulo 3 – O comércio eletrônico

de passagens aéreas e as dos leilões virtuais, as receitas totais on-line atingiram US$ 172 bilhões naquele ano e a previsão para 2010 é um total de US$ 329 bilhões, segundo a Forrester Research[6].

Um exemplo de empresa virtual é a **EBay.com**, fundada em 1995, a qual foi uma das primeiras a oferecer uma infra-estrutura para que os consumidores e as empresas realizassem trocas por meio de **leilões** na internet. Em 2006, a empresa obteve receitas de US$ 6,0 bilhões e lucro líquido de US$ 1,1 bilhão, com cerca de 180 milhões de usuários[7].

A maior loja virtual do mundo é a **Amazon**, que iniciou suas operações em 1995, oferecendo 1 milhão de títulos de livros e CDs de música pela internet. Em 2003, obteve pela primeira vez lucro líquido, no valor de US$ 35,7 milhões, com receita global de US$ 5,2 bilhões. Em 2005, obteve receita de US$ 8,4 bilhões e lucro de US$ 359 milhões. Atualmente, comercializa uma linha diversificada de produtos, como livros, CDs, DVDs, softwares, videogames, aparelhos eletrônicos, móveis, entre outros[8].

Segundo pesquisa da ACNielsen[9], em 2005, cerca de 627 milhões de pessoas no mundo eram **compradores ativos** de lojas virtuais, o que representa algo em torno de 10% da população mundial. A Europa e a América do Norte apresentaram o maior número de consumidores on-line, sendo a Alemanha, a Áustria e o Reino Unido os líderes, com 95% dos internautas efetuando compras pela rede.

Os itens mais comprados pela internet mundialmente são: **livros** (34%), **vídeos/DVDs/jogos** (22%), **passagens/reservas aéreas** (21%) e **roupas/acessórios/calçados** (20%). Essas porcentagens significam que mais de 135 milhões de pessoas compraram DVDs e/ou videogames, 131 milhões fizeram reservas aéreas e 125 milhões compraram artigos de vestuário/acessórios/calçados. Na América Latina, os livros e os equipamentos eletrônicos, como máquinas fotográficas, são os favoritos nas compras on-line.

Na maioria das compras feitas pela internet no mundo, os recursos mais utilizados para pagamento foram o **cartão de crédito,** com 59% do total dos pagamentos, e a **transferência bancária,** com

> Na maioria das compras feitas pela internet no mundo, os recursos mais utilizados para pagamento foram o **cartão de crédito**, com 59% do total dos pagamentos, e a **transferência bancária**, com 23%.

---

[6] FORRESTER RESEARCH. *A five-year forecast and analysis of US online retail sales.* Disponível em: <http://www.forrester.com/Research/Document/Excerpt/0,7211,37626,00.html>.

[7] YAHOO FINANCE. *eBay, Inc. Income Statement.* Annual Data 2005. Disponível em: <http://finance.yahoo.com>.

[8] YAHOO FINANCE. *Amazon Income Statement.* Annual Data 2005. Disponível em: <http://finance.yahoo.com>.

[9] ACNIELSEN. *Pesquisa de opinião do consumidor on-line 2005.* Disponível em: <http://www.acnielsen.com.br/imprensa/7nov05_nac.htm>.

> **PayPal** é um sistema eletrônico de pagamentos que emite e recebe pagamentos de um indivíduo ou empresa com um endereço de e-mail verificável.

23%. Na América do Norte, o cartão de crédito (69% do total) ainda é o recurso mais usado — o PayPal (29%) fica em segundo lugar e o cartão de débito, em terceiro (22%). O **PayPal** é um sistema eletrônico de pagamentos que emite e recebe pagamentos de um indivíduo ou empresa com um endereço de e-mail verificável.

3.3 O COMÉRCIO ELETRÔNICO NO BRASIL

Em 1996, surgiu na internet brasileira uma das primeiras lojas virtuais do País, a **Booknet**, para comercializar 120 mil títulos de livros brasileiros e mais de 4 milhões de títulos estrangeiros, além de CDs e vídeos. Em 1999, ela foi adquirida pela empresa virtual **Submarino.com**, que faturou R$ 574,2 milhões em 2005, atendendo 2,6 milhões de pedidos e um total de 1,3 milhão de clientes[10] (ver Figura 3.1). A **Americanas.com**, site da rede varejista de mesmo nome, surgiu em 2000 e tornou-se a maior loja virtual brasileira, com faturamento de R$ 864,8 milhões em 2005, incluindo também as vendas do site Shoptime[11].

Figura 3.1 Site da loja virtual Submarino

Fonte: SUBMARINO.COM. Disponível em: <http://www.submarino.com.br>.

---

[10] VALOR ONLINE. *Receita bruta do Submarino cresce 59% em 2005*. Disponível em: <http://www.valoronline.com.br/valoronline/Geral/empresas/internet>.

[11] LOJAS AMERICANAS. *Resultados financeiros de 2005*. Disponível em: <http://ri.lasa.com.br/site/informacoesfinanceiras/relatoriosanuaistrimestrais_resultado.php>.

Capítulo 3 – O comércio eletrônico

O **comércio eletrônico B2C** no Brasil teve um crescimento constante e acelerado nos últimos anos. De acordo com a Câmara Brasileira de Comércio Eletrônico (Camara-e.net)[12], em 2006, o volume de vendas on-line de automóveis, de pacotes turísticos e de bens de consumo, nas lojas e leilões virtuais, atingiu R$ 13,3 bilhões, valor 34% superior ao movimentado em 2005 (R$ 9,9 bilhões) e que corresponde a 3,5% do varejo total no País.

A venda de **automóveis** representou 48% do total das transações on-line, atingindo um total de R$ 6,4 bilhões, com aumento de 25% em relação a 2005. As montadoras e as revendedoras de veículos foram responsáveis por 52% desse total. Já o segmento de **turismo** (passagens aéreas e hotéis) cresceu 38%, chegando a um total de R$ 2,5 bilhão. As vendas de **bens de consumo** movimentaram, em 2006, R$ 4,4 bilhões, crescendo 57% em relação a 2005.

O valor do *ticket* médio nas compras on-line aumentou para R$ 313,00[13]. Os produtos mais comprados pela internet são livros, CDs e DVDs, representando 50% do total comprado; os eletroeletrônicos e eletrodomésticos representam 27%; e os computadores e acessórios de informática, 11%[14]. Das vendas realizadas na internet, cerca de 47% utilizaram cartões de crédito, 35% utilizaram boleto bancário, 14% realizaram o pagamento na entrega e 9% o fizeram por meio de transferências eletrônicas de fundos[15].

Segundo dados do E-bit[16], o faturamento on-line no período de Natal de 2006 (de 15 de novembro a 23 de dezembro) atingiu seu recorde e chegou a R$ 810 mihões. Em comparação ao Natal de 2005, o crescimento foi de 76%. No *ranking* dos produtos mais vendidos, os títulos de CDs e DVDs lideraram as vendas (17%); em seguida vieram os os eletrônicos (15%) e os livros e revistas (13%).

De acordo com a pesquisa do Ibope[17], o Brasil é o oitavo mercado de **livros** na web — 45% dos internautas ouvidos fizeram a última compra de livros pela web; porcentagem acima da taxa média global

---

[12] CÂMARA BRASILEIRA DE COMÉRCIO ELETRÔNICO. *Varejo on-line atinge volume de R$ 13,3 bi em 2006*. Disponível em: <http://www.camara-e.net>.

[13] Ibid.

[14] COMITÊ GESTOR DA INTERNET NO BRASIL. *Pesquisa sobre o uso das Tecnologias da Informação e Comunicação (TIC)*. Disponível em: <http://www.nic.br/indicadores/usuarios/rel-ecom-02.htm>.

[15] CREDICARD ITAÚ. *Pesquisa de indicadores do mercado de meios eletrônicos de pagamento*. Disponível em: <http://www.itau.com.br/imprensa/confira.htm?sParam=midia/lernoticia.asp?id_noticia=3995>.

[16] E-BIT. *Vendas pela internet atingem R$ 4,4 bi em 2006*. Disponível em: <http://www.ebit.com.br>.

[17] IBOPE//NETRATINGS. *Web Brasil 3º trimestre 2005*. Disponível em: <http://www.ibope.com.br>.

(34%) e superior a dos Estados Unidos (28%). Isso porque, no País, a venda ainda é concentrada na classe média, que acessa a internet, diferentemente dos Estados Unidos, com um público leitor maior e uma venda pulverizada. Além disso, o Brasil ocupa a sexta posição no mercado de vídeos, DVDs e jogos. Pelos dados, 28% dos consumidores brasileiros fizeram a última compra desses produtos virtualmente, taxa maior que a dos Estados Unidos. No caso dos vestuários e calçados, esses são produtos de baixo apelo entre os internautas no Brasil.

A Revista Info[18] publicou a estimativa do volume de negócios dos maiores sites de e-commerce B2C no Brasil, em 2004, como apresentado na Tabela 3.2. Entre os dez primeiros colocados, quatro são de venda de automóveis e quatro, de varejistas virtuais.

> Alguns dos maiores sites no mercado B2C no Brasil são de propriedade de empresas industriais e comerciais, que adotam a **estratégia de multicanal**, ou seja, vendem seus produtos por meio de lojas tradicionais e lojas virtuais.

Alguns dos maiores sites no mercado B2C no Brasil são de propriedade de empresas industriais e comerciais, que adotam a **estratégia de multicanal,** ou seja, vendem seus produtos por meio de lojas tradicionais e lojas virtuais, como as redes Magazine Luiza, Ponto Frio, Americanas, Lojas Colombo, Livraria Saraiva e Brasoftware.

Tabela 3.2 *Os maiores sites por transações B2C no Brasil, em 2004*

	Empresa	Ramo de atividade	Transações (US$ milhares)
1	General Motors www.chevrolet.com.br	Automotivo	720.868,6
2	Volkswagen www.volkswagen.com.br	Automotivo	420.984,5
3	Visanet www.visanet.com.br	Serviços	320.754,7
4	Fiat www.fiat.com.br	Automotivo	301.886,8
5	Gol Linhas Aéreas www.voegol.com.br	Transportes	170.574,6
6	Submarino www.submarino.com.br	Varejo	136.188,7
7	Magazine Luiza www.magazineluiza.com.br	Varejo	56.603,8
8	Ponto Frio www.pontofrio.com.br	Varejo	40.873,2
9	ShopTime www.shoptime.com.br	Varejo	32.452,8
10	Carsale www.carsale.com.br	Automotivo	31.437,9

Fonte: OS 100 maiores nomes do e-commerce no Brasil. *Revista Info*, São Paulo, Abril, n. 230, maio 2005.

---

[18]   OS 100 maiores nomes do e-commerce no Brasil. *Revista Info*, São Paulo, Abril, n. 230, maio 2005.

O segmento de **internet banking,** que é a realização de transações financeiras on-line, como depósitos, investimentos e pagamento de contas, já é quase tão popular no Brasil quanto nos Estados Unidos, e está alcançando um nível de penetração comparável ao das transações por telefone e outros canais tradicionais. O principal fator responsável pelo desenvolvimento foi o grande investimento que os bancos fizeram em tecnologia.

De acordo a Federação Brasileira de Bancos (Febraban)[19], havia 26,3 milhões de clientes de *internet banking* no País em 2005. Seu uso cresceu 217% nos últimos cinco anos. Das 35 bilhões de transações bancárias, cerca de 5,8 bilhões foram realizadas pela internet, representando 16,5% do total. Nos bancos Bradesco, Itaú, Banco do Brasil e Caixa Econômica Federal, o volume de contas-correntes cadastradas no internet banking atingiu 22,7 milhões em 2005, o que representa 39,2% da média de 57,9 milhões de correntistas dos quatro bancos.

O portal da Caixa Econômica Federal recebeu 518,3 milhões de acessos em 2005, superando em 1,42% os 511 milhões de acessos em 2004. Do total de 1,9 bilhão de visitas ao portal da instituição em 2005, a área de informações sobre o FGTS (saldo, extrato e alteração de endereço, entre outros) foi uma das mais acessadas, com aproximadamente 108 milhões de cliques.

O Banco do Brasil é o líder em contas cadastradas na Internet, com 7,9 milhões, o que representa 34,5% do total de 22,9 milhões de correntistas do banco em 2005. Em março de 2006, o Banco do Brasil anunciou a integração de sua rede de auto-atendimento bancário pelo celular com todas as operadoras de telefonia do País, bem como a expansão de seus serviços de **mobile banking**. O objetivo é que o *mobile banking* supere o *internet banking,* com o aumento das transações realizadas pelo celular. Os correntistas com celulares GSM ou CDMA, que possuem as tecnologias Wap2, Simbrowsing e Brew, têm acesso aos seguintes serviços: consultas de extratos e saldos, transferências entre contas do banco, pagamentos de títulos e convênios, recarga de celular pré-pago e empréstimos, entre outros[20].

O **segmento B2B**, que representa a soma das transações entre empresas, atingiu, em 2006, R$ 352,3 bilhões, valor 32% superior

> *Internet banking*
> é a realização de transações financeiras on-line. De acordo a Federação Brasileira de Bancos (Febraban), havia 26,3 milhões de clientes de *internet banking* no País em 2005.

---

[19] FEBRABAN. *O setor bancário em 2005.* Disponível em: <http://www.febraban.org.br/Arquivo/Servicos/Dadosdosetor/2006/item01.asp>.

[20] IDG NOW. *Banco do Brasil quer 3 milhões de clientes no celular em um ano.* Disponível em: <http://idgnow.uol.com.br/telecom/2006/03/23/idgnoticia>.

ao movimentado em 2005. As vendas realizadas por **portais proprietários** das empresas alcançaram R$ 278,8 bilhões, enquanto as realizadas nos e-marketplaces independentes chegaram a R$ 73,5 bilhões, no mesmo período, segundo a Câmara Brasileira de Comércio Eletrônico[21].

Pesquisa feita pela PriceWaterhouseCoopers[22], em 2000, mostrou que o Brasil concentra 60% do comércio eletrônico latino-americano. A pesquisa também revelou que 7% dos executivos entrevistados acreditam que o e-commerce vai remodelar totalmente o mercado na região; 48% crêem que este impacto será significativo; 37% apostam em um impacto moderado; e 7% não acreditam em impacto algum.

De acordo com estudo da consultoria Symnetics[23], a venda de **produtos industriais** representou a maior parte (70%) do mercado B2B no Brasil em 2000. Serviços gerais e logística contaram com, aproximadamente, os 30% restantes. A consultoria também concluiu que 37% dos portais B2B servem à indústria de construção, 18% são dedicados à indústria têxtil e os 45% restantes dividem-se em: automóveis (9%), metais (9%), mineração (9%), químicos/petroquímicos (9%) e bens de consumo não duráveis (9%).

O Quadro 3.2 apresenta o *ranking* dos maiores sites B2B no Brasil, por volume de transações on-line, em 2004, segundo a *Revista Info*[24].

A internet também se tornou um importante canal de relacionamento dos cidadãos com o governo. No mês de agosto de 2005, mais de 4,4 milhões de brasileiros visitaram sites do setor público em suas residências, segundo o Ibope//NetRatings[25]. Esse número equivale a 37,1% do total de internautas domiciliares, um dos porcentuais mais altos do mundo. Nos Estados Unidos, por exemplo, 33,1% dos internautas visitaram sites governamentais nesse período.

O **setor público** brasileiro movimentou, no ano de 2005, cerca de R$ 4 bilhões em compras públicas realizadas integralmente pela internet, segundo apuração do projeto e-Licitações, divulgado pela Câmara Brasileira de Comércio Eletrônico. O volume de transações

---

[21] CÂMARA BRASILEIRA DE COMÉRCIO ELETRÔNICO. *Índice de B2B on-line.* Disponível em: <http://www.camara-e.net/interna.asp>.

[22] PRICEWATERHOUSECOOPERS. *Six forces shape the future of business.* July. 2000. Disponível em: <http://www.pwcglobal.com>.

[23] SYMNETICS. *B2B portal rating Brazil.* Dec. 2000. Disponível em: <http://symnetics.com.br>.

[24] OS 100 maiores nomes do e-commerce no Brasil. *Revista Info*, São Paulo, Abril, n. 230, maio 2005.

[25] IBOPE//NETRATINGS. *Web Brasil.* 3º trimestre 2005.

aumentou cerca de 215% em relação ao ano anterior, cuja movimentação foi de R$ 1,27 bilhão. Em 2005, as compras pela internet representaram 3,5% do valor total comprado em bens e serviços pelos governos federal, estaduais e municipais. Em 2004, o valor das compras públicas na internet representou apenas 1,2% do montante total de produtos e serviços comprados[26].

Quadro 3.2 *Os maiores sites por transações no mercado B2B no Brasil, em 2004*

1 — Ford	16 — Carbocloro
2 — General Motors	17 — Itautec Philco
3 — Genexis	18 — Rhodia
4 — TV Globo	19 — Siemens
5 — Ticket Serviços	20 — GDC Alimentos
6 — Petróleo Ipiranga	21 — Officer
7 — Toyota	22 — Officenet
8 — Basf	23 — Alcoa
9 — Salutia	24 — Votorantim Celulose e Papel
10 — Goodyear	25 — Weg
11 — VB Serviços	26 — ADP Brasil
12 — Gol	27 — Bematech
13 — Natura	28 — Furukawa
14 — Camargo Corrêa Cimentos	29 — International Paper
15 — GlaxoSmithKline	30 — GE Plastics

Fonte: OS 100 maiores nomes do e-commerce no Brasil. *Revista Info*, São Paulo, Abril, n. 230, maio 2005.

O Decreto n. 5.450/2005, publicado em 1º de julho de 2005 pelo governo federal, regulamenta que todas as compras e as contratações de bens e serviços comuns sejam realizadas por meio da modalidade de **licitação pregão**, preferencialmente em sua versão eletrônica — o pregão eletrônico. Esta modalidade, ressalte-se, só pode ser utilizada para compras de bens e serviços *comuns*, ou seja, aqueles que podem ser oferecidos por diversos fornecedores e comparados entre si.

Nos capítulos seguintes, discutiremos os vários modelos de negócios que estão sendo implementados pelas empresas na internet; também mostraremos como devem ser o planejamento e a implementação para se obter uma loja virtual de sucesso.

---

[26] CÂMARA BRASILEIRA DE COMÉRCIO ELETRÔNICO. *Compras públicas on-line em* Disponível em: <http://www.camara-e.net/interna.asp>.

SITES SOBRE O TEMA

ASSOCIAÇÃO BRASILEIRA DE E-BUSINESS — http://www.ebusinessbrasil.com.br

CÂMARA BRASILEIRA DE COMÉRCIO ELETRÔNICO — http://www.camara-e.net

FORRESTER RESEARCH — http://www.forrester.com

ORGANISATION FOR ECONOMIC CO-OPERATION AND DEVELOPMENT — http://www.oecd.org

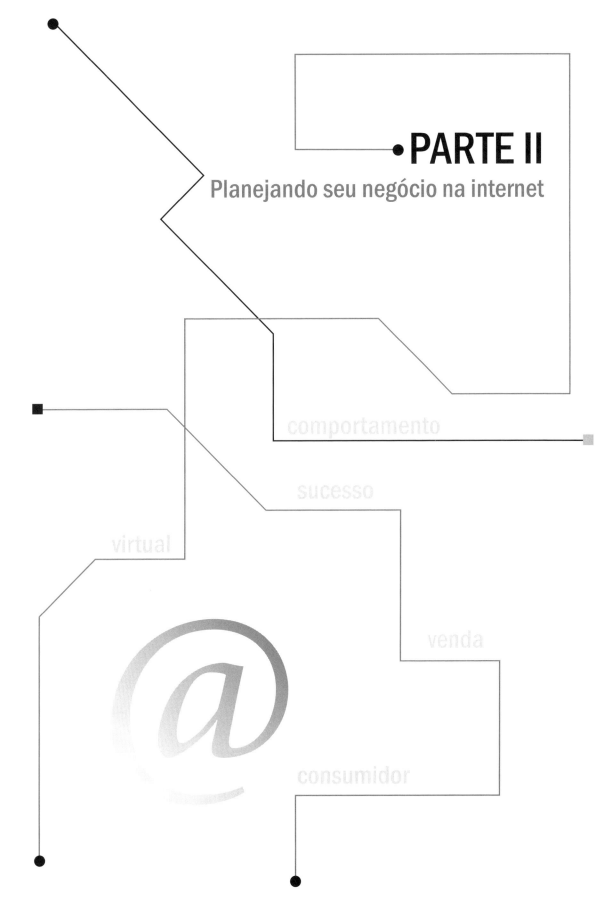

PARTE II
Planejando seu negócio na internet

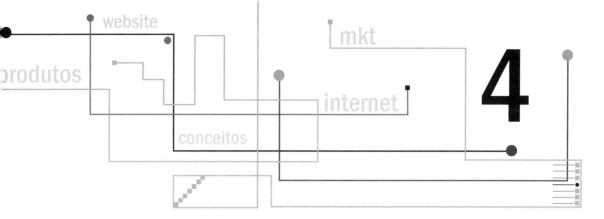

Planejamento de marketing e de negócios na internet

- *Objetivos do capítulo*

  Depois de concluir este capítulo, você deverá ser capaz de:

  1. Entender a internet como um ambiente de marketing e de negócios.
  2. Definir os novos modelos de negócios que surgiram por influência da internet e das Tecnologias de Informação e Comunicação.
  3. Entender o planejamento de marketing na internet.
  4. Entender o planejamento de um website.
  5. Entender o planejamento de uma loja virtual.

- *Visão geral do capítulo*

  Este capítulo discutirá como realizar o planejamento das atividades de marketing e o desenvolvimento de negócios na internet.

4.1 A INTERNET COMO AMBIENTE DE MARKETING E DE NEGÓCIOS

Neste tópico, serão sintetizadas as principais mudanças provocadas pela internet no modo como as empresas definem seus negócios, realizam o seu marketing, estabelecem relacionamento com seus clientes e conquistam vantagem competitiva.

A internet é um ambiente mediado por computador, no qual se realizam comunicações, relacionamentos e, principalmente, transações entre empresas e seus clientes; ou seja, realizam-se inúmeras atividades de marketing que têm o potencial de modificar e intensificar as relações entre empresas e clientes, aumentando o grau de satisfação dos participantes e os resultados positivos para a empresa, embora ela ainda necessite entender as características específicas desse novo ambiente, como condição para otimizar seus resultados.

Diversos pesquisadores têm analisado o papel da internet no marketing. Hoffman e Novak, por exemplo, em trabalho divulgado em 1996[1], analisaram as implicações para o marketing do chamado **Computer-mediated environment (CME)**, ou ambiente mediado pelo computador, no qual a web é considerada a primeira implementação global.

Segundo esses autores, a web, devido às suas características, torna-se um novo canal e uma nova mídia de marketing, com o potencial de mudar radicalmente o modo como as empresas desenvolvem negócios e relacionamentos com seus clientes. Com base na web, as **comunicações de marketing** adquirem vários aspectos novos, a saber:

- A comunicação não ocorre na forma tradicional de um para muitos, mas, sim, de **muitos para muitos.** Ou seja, o cliente não apenas se comunica com a empresa fornecedora mas também com outros clientes e com os concorrentes da empresa fornecedora.

- A informação e o conteúdo não são transmitidos diretamente de um emissor para um receptor, mas por meio de um **ambiente mediador**, criado para ser vivenciado pelo emissor e pelo receptor simultaneamente. O computador e a internet exercem influência importante na comunicação, e não podem ser controlados pelas empresas.

- Este ambiente oferece interatividade de duas maneiras: a **interatividade com o meio**, em que os usuários podem participar modificando a forma e o conteúdo do ambiente em tempo real; e a **interatividade por intermédio do meio**, em que ocorre a comunicação interpessoal de um para um ou de muitos para muitos, com os usuários enviando e recebendo respostas em tempo real.

- O usuário, quando está interagindo com e na web, está, ao mesmo tempo, em dois ambientes: o físico imediato, aquele no qual ele está presente, e o ambiente virtual da web. Surge, então, o conceito de **telepresença**, que vem a ser o grau em

---

[1] HOFFMAN, Donna L.; NOVAK, Thomas P. Marketing in hypermedia computer-mediated environments: conceptual foundations. *Journal of Marketing*, v. 60, n. 3, p. 50-68, July 1996.

que o usuário sente-se envolvido na web, chegando a desligar-se mentalmente do ambiente físico concreto e a transportar-se para o mundo virtual. Essa telepresença é indispensável para a eficácia da comunicação pela internet.

- Ao interagir na web, o usuário se auto-orienta e escolhe a sua forma de navegação, adquirindo mais liberdade de escolha e mais **controle sobre o processo de comunicação**. Além disso, a forma de comunicação típica dos ambientes medidados por computador é a falta de estrutura, havendo uma anarquia deliberada, permitindo ao receptor a decisão sobre o caminho a seguir.

- O ambiente da web não é uma simulação do mundo real, mas uma alternativa a ele, denominado **mundo virtual**, no qual competem pela atenção do usuário as atividades experienciais e hedonistas, como navegar pelos sites, e as atividades utilitárias, por exemplo, pesquisa e compra. Para os usuários, portanto, a web é, principalmente, um **meio de informação, comunicação** e **entretenimento**.

- O usuário precisa adquirir **habilidades para interagir** com os desafios colocados pelo ambiente da web. No entanto, o grau de uso da web é muito influenciado pela **autoconfiança do usuário** em ser capaz de controlar o processo de interação e vice-versa: quanto mais experiência, maior é a percepção de autoconfiança e de controle.

- A web possibilita a comunicação em tempo real, isto é, a **sincronicidade** nas comunicações, entendida como a identidade de tempo entre o emissor e o receptor, quando o tempo de resposta é imediato, similar ao da comunicação face a face.

As características citadas da web são fatores que condicionam o modo de realizar o marketing pela internet. Dessa forma, precisam ser bem-entendidas para que se utilize toda a sua potencialidade como meio de criação de relacionamento com os clientes e de realização de negócios.

A **interatividade,** por exemplo, é uma característica da comunicação bilateral ou multilateral, entre dois ou mais indivíduos, que anteriormente só era possível na comunicação face a face. Esta marca da internet permite romper com o modelo tradicional da comunicação de marketing por meio da mídia de massa, na qual o cliente é passivo. Além disso, abre um universo de potencialidades para o aumento da eficácia da comunicação de marketing.

A **interatividade por intermédio do meio** pode ser definida como a interação ocorrida entre pessoas pelo meio de comunicação; assim, este atua apenas como um condutor, conectando o emissor e

> **Interatividade** é uma característica da comunicação bilateral ou multilateral, entre dois ou mais indivíduos, que anteriormente só era possível na comunicação face a face.

Interatividade com o meio é a possibilidade de os usuários modificarem a forma e o conteúdo do ambiente mediador em tempo real.

o receptor. A importância de um meio como a web depende do seu grau de contribuição ou de inteferência no processo de transmissão das mensagens.

Já a **interatividade com o meio** é a possibilidade de os usuários modificarem a forma e o conteúdo do ambiente mediador em tempo real. Como exemplo, tanto as empresas quanto os consumidores podem adicionar conteúdo ao ambiente da web, por intermédio de criação de sites e páginas web. Um bom recurso é a elaboração de **blogs** pessoais e a participação em sites de comunidades virtuais, como o **Orkut** (ver Figura 4.1).

A interatividade possibilitada pela web permite aprofundar o relacionamento entre as empresas e os seus consumidores em diversas das etapas do programa de marketing, como na criação e no desenvolvimento de produtos e serviços, na pesquisa sobre o comportamento, expectativas e desejos dos clientes, na avaliação da qualidade dos programas de marketing, na customização de produtos e serviços, na negociação de prazos e condições de pagamento, na comunicação de marketing, entre outras atividades empresariais.

Figura 4.1 *Home page do site Orkut*

Início | Participar do orkut | Mídia | Ajuda

o **orkut** é uma comunidade online que conecta pessoas através de uma rede de amigos confiáveis.

Proporcionamos um ponto de encontro online com um ambiente de confraternização, onde é possível fazer novos amigos e conhecer pessoas que têm os mesmos interesses. Participe do orkut para ampliar o diâmetro do seu círculo social.

quem você conhece?

Fonte: ORKUT. Disponível em: <http://www.orkut.com>.

Telepresença é um conceito que define que a comunicação pela internet, por meio de sites e páginas web, precisa ser atraente, dinâmica e surpreendente, a fim de conquistar o maior envolvimento do usuário.

A **telepresença** é outro conceito importante, porque representa um desafio para o profissional de marketing; ou seja, a comunicação pela internet, por meio de sites e páginas web, precisa ser atraente, dinâmica e surpreendente, a fim de conquistar o maior envolvimento do usuário e despertar nele a vontade de adquirir e usar o produto que está sendo divulgado.

Capítulo 4 — Planejamento de marketing e de negócios na internet

Quanto ao conceito de **controle sobre o processo de comunicação**, percebe-se, sendo o ambiente da web interativo, um controle pelo usuário antes impossível no modelo de comunicação passiva tradicional; tal controle é decorrente da percepção do usuário sobre a sua habilidade em ajustar o ambiente da web às suas características, necessidades e objetivos, bem como da sua percepção sobre como o ambiente da web responde aos seus *inputs*. Como já foi dito, quanto mais controle, mais autoconfiança e poder de decisão e de escolha.

Quanto ao papel da internet no marketing, Angehrn[2] considera a criação de quatro espaços virtuais para o desenvolvimento de atividades de marketing, a saber:

- Espaço virtual de **informação**: a empresa divulga informações para seus clientes e parceiros e também coleta informações do mercado, incluindo clientes, parceiros e concorrentes.

- Espaço virtual de **comunicação**: estabelecem-se a comunicação interativa e os relacionamentos entre empresas e clientes.

- Espaço virtual de **distribuição**: realiza-se a entrega de produtos e serviços que podem ser digitalizados, ou seja, de forma eletrônica, como livros, jornais, revistas, fotografias, serviços de consultoria, aconselhamento, treinamento etc.

- Espaço virtual de **transação**: realizam-se negociações e fechamento de vendas — funciona como lojas virtuais.

> **Internet** é um recurso estratégico que desempenha dois papéis principais: o de canal de marketing e o de ambiente de negócios.

Com base nesses conceitos, entende-se que a **internet** é um recurso estratégico que desempenha dois papéis principais: o de canal de marketing e o de ambiente de negócios.

A internet pode ser utilizada como **canal de marketing** de dois modos: primeiro, como canal de divulgação de informações da empresa, por e-mails, por páginas ou sites ou por propaganda na web, sem nenhuma interatividade com os usuários; segundo, como canal interativo de troca de informações e de serviços com os clientes, também por e-mails e websites.

No **ambiente de negócios**, a empresa utiliza a internet para implementar um modelo de negócios on-line, quando ela usa a internet para vender seus produtos ou seus serviços, gerando assim receitas e lucros.

Os capítulos seguintes vão discutir o uso da internet para o marketing e para o desenvolvimento de negócios, com base nessas dimensões analisadas.

---

[2] ANGEHRN, A.A. Designing mature internet business strategies: the ICDT model. *European Management Journal*. Oxford, Blackwell, v. 15, n. 4, p. 361-369, Aug. 1997.

4.2 OS NOVOS MODELOS DE NEGÓCIOS NA INTERNET

A internet e as Tecnologias de Informação e Comunicação trouxeram inúmeras oportunidades para novos negócios. Nesse sentido, Hartman e Sifonis[3] identificaram seis **modelos de negócios**, entendidos como o modo de a empresa organizar-se para criar valor (os quais estão sendo adotados com o intuito de se conseguir novas oportunidades):

- loja virtual;
- infomediário;
- *brokers* ou intermediários de negócios;
- avalistas de confiança;
- capacitadoras de e-business;
- provedores de infra-estrutura ou e-marketplaces.

A seguir, procuraremos resumir o que cada um desses tipos de negócios significa.

4.2.1 *Loja virtual*

Loja virtual é o modelo da empresa que realiza vendas pela internet para seus clientes, oferecendo produtos, serviços e informações.

O modelo da **loja virtual** é o da empresa que realiza vendas pela internet para seus clientes, oferecendo produtos, serviços e informações, tanto no mercado business-to-business (mercado organizacional) quanto no business-to-consumer (mercado consumidor). Esse tipo de empresa deve, entre outras coisas:

- atrair público para a sua loja;
- criar oferta atraente e exclusiva, de modo a gerar a compra por parte do cliente;
- atender às expectativas do cliente, quanto a prazo de entrega, a preço justo e à qualidade de produto e serviço;
- coordenar rede de parceiros que alavancam negócios e colaboram na criação de relacionamento com os clientes;
- gerenciar múltiplos relacionamentos, assim como formá-los e dissolvê-los rapidamente;
- possuir uma infra-estrutura flexível, robusta e planejada para crescer em pouco tempo;
- inovar continuamente produtos e serviços.

Exemplos de empresas que atuam com esse modelo de negócios são a Amazon, a Dell, a Submarino e a Livraria Saraiva.

---

[3]   HARTMAN, A.; SIFONIS, J. *Net ready*: strategies for success in the economy. New York: McGraw-Hill, 2000.

Figura 4.2 *Site da Livraria Saraiva*

Fonte: LIVRARIA SARAIVA. Disponível em: <http://www.saraiva.com.br>.

4.2.2 Infomediário

Também conhecidos como agregadores de conteúdo, *gateways* ou portais, são empresas que atuam como intermediárias na distribuição e na venda de conteúdo (informações, jogos, música, vídeos, etc.), que adicionam valor aos usuários e aos clientes. São sites de grande tráfego e que funcionam como porta de entrada na internet, atraindo bastante público pela oferta gratuita de conteúdo e outros serviços — por exemplo, acesso à internet, ferramenta de busca, e-mail, notícias, jogos on-line, fóruns de debate, grupos de discussão, salas de bate-papo (*chats*), entre outros.

Também atuam como parceiros das lojas virtuais, participando de programas de afiliação dessas lojas, isto é, indicam clientes para elas e recebem um pagamento por cada usuário indicado (*referral fees*), ou comissões sobre as intermediações e as vendas realizadas pelos usuários indicados (*transaction fees*). Outra fonte de receita é a venda de propaganda no site, como banners, patrocínios ou links patrocinados.

O valor agregado por um portal e o seu poder de mercado está na quantidade de usuários que consegue atrair e indicar para outros sites, bem como na quantidade e no tipo de parcerias que estabelece com outros sites e empresas fornecedoras de produtos e conteúdos.

Exemplos de portais de conteúdo são os seguintes: Yahoo!, Google, UOL, Terra e MSN.

> **Infomediário** são empresas que atuam como intermediárias na distribuição e na venda de conteúdo (informações, jogos, música, vídeos, etc.), também conhecidos como agregadores de conteúdo, *gateways* ou portais.

Há também os sites de entretenimento on-line, como os de games (www.bananagames.com.br) e os de comunidades, por exemplo, o já referido orkut (www.orkut.com).

Figura 4.3 *Website Google*

Fonte: GOOGLE. Disponível em: <www.google.com.br>.

4.2.3 Brokers ou *intermediários de negócios*

Brokers não produzem nem têm a posse de produtos, dependendo de parcerias para fechar negócios.

Essas empresas virtuais facilitam as transações de negócios aproximando compradores e vendedores, em geral atuando como *buyer advocates*, defensores dos clientes. Ao contrário das lojas virtuais, que possuem estoque para vender, os **brokers** não produzem nem têm a posse de produtos, dependendo de parcerias para fechar negócios. Os meios de gerar receitas são as comissões sobre intermediações, transações e negócios efetuados ou sobre a venda de propaganda no site, por exemplo.

Seu público-alvo são os membros de comunidades de negócios, integrantes de setores industriais os quais fazem parte de uma dada cadeia de valor. As competências indispensáveis que um intermediário deve ter são: operação eficiente de processos, como recebimento de pedidos, faturamento, entrega, cobrança; construção e gerenciamento de parcerias; capacidade de agregar fornecedores, clientes e informações.

Há quatro tipos de *brokers*:

- **Intermediários de compra**: como a CompareNet.com e a PackageNet.com, que oferecem serviços para grupos de compradores, reduzindo os custos e aumentando a eficiência dos processos de procura e transação.
- **Intermediários de venda**: como Autobytel.com, que presta serviços para grupos de vendedores.

Capítulo 4 – Planejamento de marketing e de negócios na internet

- **Intermediários de transação**: como a Travelocity.com, que presta serviços para compradores e vendedores simultaneamente, facilitando o relacionamento e a concretização do negócio entre ambos; outro exemplo são os leilões virtuais, como o Ebay.

- **COINS ou Comunidades de interesse**: como a empresa VerticalNet.com, que presta serviços para compradores e vendedores de uma área particular de interesse e negócio; também são conhecidos como *brokers* verticais.

Exemplos de empresas no Brasil que adotam o modelo de intermediários de negócios são os sites de leilões, por exemplo, o MercadoLivre (www.mercadolivre.com.br) e o Arremate (www.arremate.com.br), os quais facilitam as trocas entre vendedores e compradores, principalmente as pessoas físicas e as pequenas empresas.

Como exemplo do modelo de negócios denominado COINS, a empresa VerticalNet.com implementou diversos sites para que comunidades de interesse distintas, as chamadas *vertical trade communities,* pudessem realizar seus negócios e transações. Por exemplo: os sites Chemical (www.chemicalonline.com), Food (www.foodonline.com), Water (www.wateronline.com) e Power (www.poweronline.com).

Outras empresas virtuais atuantes no modelo de COINS são a Chemdex (www.chemdex.com), que reúne 130 fornecedores de produtos e serviços para pesquisa científica, e a Neoforma (www.neoforma.com), que possui 13 mil fornecedores de suprimentos para hospitais e médicos e 70 mil compradores de 7.500 organizações de saúde.

Exemplos de empresas no Brasil que adotam o modelo de COINS são os sites Webmotors (www.webmotors.com.br), como intermediário no mercado de automóveis, o Planeta Imóvel (www.planetaimovel.com.br), facilitando negócios no mercado imobiliário, e o Mercador (www.mercador.com), que reúne compradores e vendedores do setor de varejo e supermercados.

4.2.4 *Avalistas de confiança*

Para atrair e reter clientes, uma empresa virtual, às vezes, apóia-se nos **avalistas de confiança,** empresas que viabilizam uma atitude de confiança entre vendedores e compradores, oferecendo um ambiente seguro e "auditável", no qual se pode estabelecer consentimentos, permissões e acordos explícitos entre os dois lados, para que eles possam realizar trocas de valores com segurança e privacidade garantidas.

São dois os tipos de avalistas de confiança: o chamado avalista de pagamentos e o avalista de confiança, propriamente dito.

> **Avalistas de confiança** são empresas que viabilizam uma atitude de confiança entre vendedores e compradores, oferecendo um ambiente seguro e "auditável".

Avalista de pagamentos é a empresa que garante transações de pagamento seguras, reduzindo o risco de fraudes tanto para compradores quanto para vendedores.

O **avalista de pagamentos,** como a Verifone, a Verisign e a Paypal, é a empresa que garante transações de pagamento seguras, reduzindo o risco de fraudes tanto para compradores quanto para vendedores. Estas empresas oferecem sistemas de pagamento com avançada tecnologia de segurança, como criptografia, e *expertise* sobre avaliação de riscos.

Outro exemplo é a Visanet, que oferece aos lojistas virtuais o serviço "Comércio Eletrônico Seguro Visa", em que os pagamentos com cartão de crédito são garantidos pela Visa.

Já o **avalista de confiança**, como o TradeSafe/AmbironTrustWave, é uma organização que oferece um ambiente autenticado e de confiança, no qual compradores e vendedores podem realizar transações seguras. Estas empresas têm tecnologia, procedimentos e imagem de confiança, de modo a possibilitar que uma relação fidedigna se estabeleça entre comprador e vendedor.

Como exemplo, pode-se citar a organização não-lucrativa TRUSTe (www.truste.org), destinada a ajudar empresas a fazer negócios na internet e estabelecer relacionamentos baseados em confiança. Ela fornece a sua marca (*trustmark*) para os websites, os quais devem seguir suas normas de segurança e de privacidade.

Esses intermediários ajudam as empresas a enfrentarem sua maior dificuldade, que é reter os clientes de modo lucrativo. Suas fontes de receita são as taxas por licenciamento de tecnologia (*licensing fees*) ou taxas por serviços prestados (*subscription fees*).

Capacitadoras de e-business são organizações que criam e mantêm uma infra-estrutura na qual provedores de produtos e serviços podem realizar negócios.

4.2.5 *Capacitadoras de e-business*

As **capacitadoras de e-business** são organizações que criam e mantêm uma infra-estrutura na qual provedores de produtos e serviços podem realizar negócios, de modo seguro e confiável, na internet. Oferecem tecnologia para e-commerce e serviços como suporte técnico, manutenção de software e hardware, gerenciamento de centros de processamento, redes corporativas e *call centers* e serviços de gerenciamento de logística.

A fonte de receita dessas capacitadoras está nas taxas de licenciamento de tecnologia (*licensing fees)* e nas taxas por transação (*transaction fees*). Nesse ramo, atuam as empresas Federal Express, AuctionServices e DoubleClick.

A AuctionServices (www.auctionservices.com) presta serviços para empresas que desejam abrir leilões on-line, como o desenvolvimento e a hospedagem de sites; a Federal Express (www.fedex.com) oferece serviços de logística para seus clientes; e a DoubleClick (www.

doubleclick.com) licencia seu software de gestão de propaganda na internet para anunciantes, como Procter&Gamble e Unilever.

4.2.6 Provedores de infra-estrutura ou e-marketplaces

Os provedores de infra-estrutura para negócios on-line, também designados **e-marketplaces** ou **e-marketmakers,** são aqueles que agregam comunidades de interesse em torno de uma infra-estrutura comum por meio da internet, disponibilizando serviços que viabilizam as transações entre compradores e vendedores de uma dada área de interesse, a fim de possibilitar a redução dos custos de transação e dos preços de aquisição.

Estas empresas agregam todos os serviços, produtos e tecnologias que os modelos de negócio citados anteriormente oferecem, por exemplo: agregar informação, conhecimento, tecnologia e redes de compradores e vendedores; gerenciar e validar *trust*; ofertar tecnologia de software e de hardware com infra-estrutura para e-commerce; ofertar serviços que viabilizam operações de e-commerce (ver Figura 4.4).

> Os provedores de infra-estrutura para negócios on-line, também designados **e-marketplaces** ou **e-marketmakers,** são aqueles que agregam comunidades de interesse em torno de uma infra-estrutura comum por meio da internet, disponibilizando serviços que viabilizam as transações entre compradores e vendedores.

Figura 4.4 *Como funciona um e-marketplace*

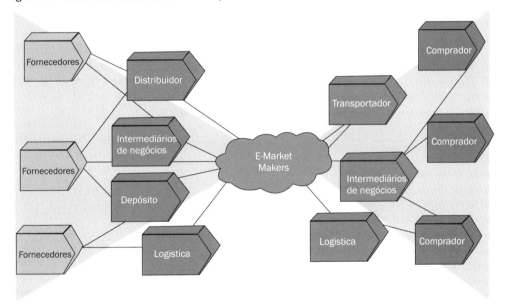

Fonte: adaptada de GEPPERT, Luigi. *E-marketplaces*: new models. Disponível em: <http://www.deeds-ist.org/Downloaddocs/GL-Paper.pdf>.

Como exemplo está a empresa Chrome.com (www.chrome.com), que facilita as transações business-to-business entre clientes e revendedores de automóveis por intermédio de serviços oferecidos por uma rede de empresas participantes: bancos, empresas de crédito, seguradoras, entre outras.

A infra-estrutura da Chrome.com engloba mais de 5.600 revendas de automóveis, 250 *brokers* de automóveis, 1.200 fornecedores de crédito, 30 bancos comerciais, 500 administradores de frotas e 250 contas de *leasing*. Sua fonte de receita está nas *transaction fees* sobre as vendas dos carros, nos *subscription fees* pagos pelos membros-participantes da rede e nas *licensing fees*, pelo licenciamento de sua tecnologia de e-commerce para outros sites.

No Brasil, exemplos de provedores de infra-estrutura para e-commerce são as companhias Embratel, Mercado Eletrônico e Aerochain.

A Embratel (www.embratel.com.br) oferece o serviço de comércio eletrônico B2B para empresas que desejam implantar um e-marketplace privado para venda e compra de produtos e de serviços.

A empresa virtual Mercado Eletrônico (www.me.com.br) fornece software, presta serviços e mantém um ambiente eletrônico em que compradores e consumidores trocam dados e fazem negócios. Em 2005, o site do Mercado Eletrônico gerou receitas de R$ 25 bilhões, com 38 mil fornecedores e cerca de 28 mil transações diárias entre cotações e pedidos de compras. Esse resultado foi 56% superior ao de 2004, quando a empresa transacionou R$ 16 bilhões. Aproximadamente 300 empresas de grande e médio portes responderam pela maior parte das compras.

A Aerochain (www.aerochain.com) é uma iniciativa da empresa brasileira Embraer, que visa estabelecer uma plataforma eletrônica comum com o intuito de a indústria de aviação realizar trocas comerciais entre fornecedores e clientes do setor. O objetivo é gerar economias de transação e eficiência de comercialização para as empresas atuantes no setor.

Na Figura 4.5, são ilustrados os processos envolvidos no comércio eletrônico, viabilizados pelos provedores de infra-estrutura ou e-marketplaces.

4.3 OS NOVOS SISTEMAS INTERORGANIZACIONAIS

Conforme Klein, Pigneur e Schmid[4], as Tecnologias de Informação e Comunicação são alavancas para um redesenho das relações interorganizacionais, ou seja, a implementação de novas formas de relacionamento com seus clientes, parceiros, fornecedores e concorrentes.

---

[4] KLEIN, S.; PIGNEUR, Y.; SCHMID, B. *Electronic markets*: importance and meaning for Switzerland Bern: Swiss Science Council, 1996.

Figura 4.5 *Processos envolvidos no comércio eletrônico*

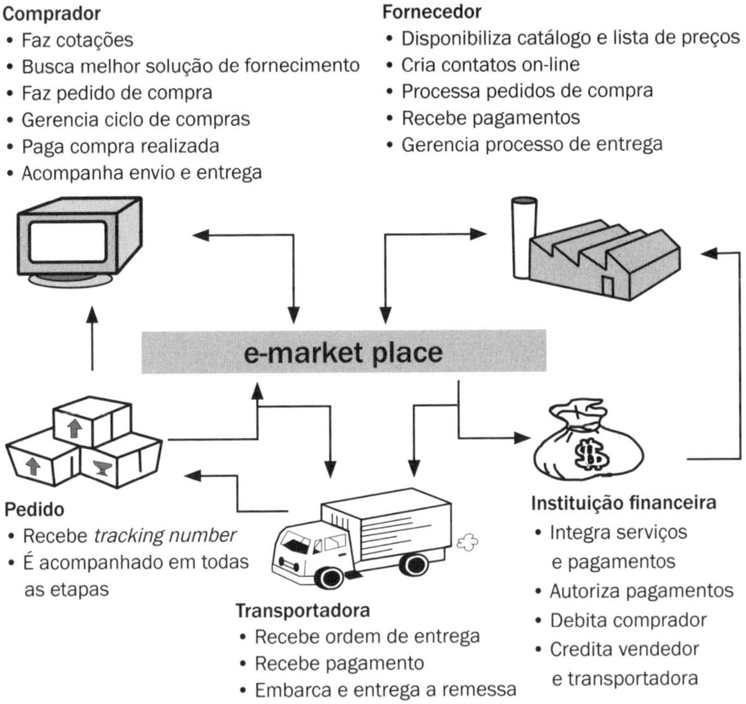

Comprador
- Faz cotações
- Busca melhor solução de fornecimento
- Faz pedido de compra
- Gerencia ciclo de compras
- Paga compra realizada
- Acompanha envio e entrega

Fornecedor
- Disponibiliza catálogo e lista de preços
- Cria contatos on-line
- Processa pedidos de compra
- Recebe pagamentos
- Gerencia processo de entrega

e-market place

Pedido
- Recebe *tracking number*
- É acompanhado em todas as etapas

Transportadora
- Recebe ordem de entrega
- Recebe pagamento
- Embarca e entrega a remessa

Instituição financeira
- Integra serviços e pagamentos
- Autoriza pagamentos
- Debita comprador
- Credita vendedor e transportadora

Fonte: BCOMB. Disponível em: <http://www.bcomb.com.br>.

Assim, na visão desses autores, três são as classes para categorizar os novos sistemas interorganizacionais, a saber:

- **Sistemas virtuais**: surgem quando uma comunidade de participantes de um dado mercado decide adotar padrões comuns de atuação visando evitar o domínio de padrões proprietários. Esta, ao concordar quanto ao padrão a ser adotado, implementa-o em seu próprio sistema.

- **Plataformas industriais**: é a iniciativa de um ou mais participantes de um setor de negócio em estabelecer uma plataforma eletrônica comum para a indústria. O objetivo é obter economias de transação, economias de escala e eficiência de comercialização para os participantes de toda a comunidade. Este conceito equivale ao de *provedores de infra-estrutura* anteriormente comentado.

- **Fóruns eletrônicos de acesso a mercado**: ambientes apoiados por computador no qual um intermediário ou facilitador desempenha muitas funções essenciais de mercado, como identificação de vendedores e compradores, combinação, negociação, disponibilização de saldos de contas, intermediação de seguros e créditos e avaliação de produtos e serviços. A intenção é a promoção de mercados imparciais e competitivos. Este conceito equivale ao de *broker*, citado anteriormente.

Nas seções a seguir, será discutido o planejamento de marketing e de negócios para que empresa possa selecionar e construir seu modelo de negócios ou de atuação na internet a fim de ser bem-sucedida.

4.4 PLANEJANDO O MARKETING NA INTERNET

Como discutido anteriormente, a web tornou-se um novo canal e uma nova mídia de marketing e de realização de negócios, com o potencial de mudar radicalmente o modo como as empresas desenvolvem negócios e relacionamentos com seus clientes.

Neste tópico, será visto apenas o uso da internet como **canal de informação** e **comunicação de marketing**, discutindo-se como planejar a atuação da empresa na internet por meio do uso de sites e páginas web de terceiros, visando à comunicação com seus clientes atuais e potenciais.

No tópico seguinte, será detalhado um exemplo de empresa que deseja implementar um **website** para divulgação de informações sobre seus produtos, comunicação e relacionamento com seus clientes e parceiros, porém sem a efetivação de vendas. E, em seguida, será mostrado o planejamento de uma **loja virtual**, o modelo de negócios de venda pela internet.

O roteiro do Quadro 4.1 sugere um conjunto de atividades que devem ser cumpridas para realizar o **plano estratégico de marketing**, o qual vem a ser o planejamento do conjunto de decisões e ações de marketing a serem realizadas para que a empresa alcance seus objetivos de negócios.

> **Plano estratégico de marketing** é o planejamento do conjunto de decisões e ações de marketing a serem realizadas para que a empresa alcance seus objetivos de negócios.

Depois desse roteiro, será detalhado o roteiro para o **plano de comunicação na internet** (ver Quadro 4.2), que é parte integrante do plano estratégico de marketing e que descreve o conjunto de decisões e ações específicas para a comunicação da empresa ou do produto na internet.

> **Plano de comunicação na internet** é parte integrante do plano estratégico de marketing e descreve o conjunto de decisões e ações específicas para a comunicação da empresa ou do produto na internet.

Para visualizar a aplicação prática dos roteiros, será usado como exemplo o caso de uma empresa que atua no mercado de bens de consumo vendendo aparelhos eletrodomésticos, como ferros, fornos de microondas e fogões, para donas de casa no território nacional. Neste caso, a direção da empresa, inicialmente, deverá decidir se pretende continuar a investir naquele mercado e quais serão os seus objetivos de negócios para os anos seguintes.

Capítulo 4 – Planejamento de marketing e de negócios na internet

Quadro 4.1 *Roteiro para o plano estratégico de marketing*
(com base no exemplo do fabricante de eletrodomésticos)

Etapas	Exemplos de decisões
Objetivos de marketing	Vendas em unidades físicas e monetárias por linha de produto, participação de mercado, margem de contribuição, índice de retenção e fidelidade de clientes, número de clientes novos.
Estratégia de diferenciação de produto e posicionamento	Exemplo de estratégia de diferenciação de produto: lançar um número determinado de produtos, que sejam diferenciados em relação à concorrência e que atendam às exigências e às necessidades de um ou mais segmentos de donas de casa. Exemplo de estratégia de posicionamento: posicionar os produtos como modernos, práticos e funcionais, de qualidade superior à concorrência, para as donas de casa que desejam renovar sua cozinha e obter praticidade e economia durante o uso.
Estratégia de preço	O preço pode ser posicionado como igual, inferior ou superior à concorrência.
Estratégia de canal de vendas	Distribuir os produtos por meio dos canais de lojas de departamento, lojas de eletrodomésticos e supermercados.
Estratégia de comunicação	Comunicar, pelos veículos de massa como televisão e revistas femininas, o lançamento dos produtos; o tema da comunicação deve enfatizar os benefícios dos produtos, com base no posicionamento definido; distribuir cartazes e folhetos nas lojas; comunicar **em sites da internet, como portais e lojas virtuais**.
Detalhamento do plano operacional de marketing	Indicar quando serão iniciadas as vendas para os lojistas e o abastecimento das lojas; qual o programa de treinamento dos vendedores das lojas; quando será iniciada a propaganda para o consumidor; quantos anúncios serão veiculados; quais os incentivos a serem oferecidos aos consumidores e aos vendedores; qual o programa de assistência técnica; **em que websites e lojas virtuais será feita a propaganda dos produtos; quanto deverá ser pago por isso.**
Definição dos investimentos e orçamentos	Detalhar os orçamentos para as despesas de vendas, promoções e propaganda e os investimentos em desenvolvimento de produtos.
Definição dos meios de avaliação e controle	Definir quais pesquisas serão realizadas para obter os resultados de intenção de compra, ou grau de satisfação do consumidor; que relatórios serão utilizados para medir vendas e participação de mercado.

Fonte: elaborado pela autora.

Imaginemos que a empresa acredite que o mercado cresça nos próximos anos, devido ao aumento projetado para a economia e para a renda das famílias, e defina como objetivos o crescimento de vendas e o de participação no mercado em que atua. Para atingi-los, a empresa investe no lançamento de produtos para as donas de casa, seu público atual. Esta é a decisão da **estratégia de negócios**, que engloba a decisão do **público-alvo** e do tipo de **produto** a ser investido.

A partir da decisão estratégica de negócios, o profissional de marketing pode elaborar o plano estratégico de marketing para atingir as finalidades definidas, segundo o roteiro a seguir.

Como se pode verificar pelo roteiro apresentado, a empresa decidiu que a estratégia de comunicação para o lançamento dos produtos deverá incluir a **comunicação por meio de websites e lojas virtuais**. Cabe, então, ao profissional de marketing, detalhar o plano operacional de comunicação na internet. Observe-se o roteiro a seguir.

Quadro 4.2 *Roteiro para o plano de comunicação na internet*
(no caso de comunicação por meio de websites e lojas virtuais de terceiros)

Etapas	Exemplos de decisões
Objetivos de comunicação	Qual o **alcance da comunicação**: quantas pessoas deverão ser expostas à comunicação? Qual a **audiência** esperada para cada anúncio? Quantos *ad views* são esperados? Qual o **custo por mil** impressões desejado? Qual a **taxa de cliques** (*click-trough rate*) desejada? Quantas indicações de **novos clientes potenciais** são esperadas? Que **imagem** se espera que o cliente tenha da empresa? Que grau de **lembrança da marca** se espera alcançar?
Público-alvo da comunicação	Qual o **perfil do público** a ser atingido (faixa etária, nível de renda, tipo de ocupação, nível educacional, estilos de vida, estado civil, personalidade etc.)?
Mensagem a ser comunicada	O que deverá ser **comunicado** sobre os produtos, com base no posicionamento de marca/produto ou empresa?
Meios de comunicação (mídia)	Que tipos de **website** e de **lojas virtuais** deverão ser selecionados para veicular a comunicação? Qual o perfil do público de cada website e cada loja virtual? Será feita comunicação por **e-mail**?

(continua)

Capítulo 4 – Planejamento de marketing e de negócios na internet

(continuação)

Plano operacional-tático	Que empresa será contratada para **criar** as peças de comunicação (textos, anúncios)? Qual a **quantidade** e o tamanho dos anúncios a serem veiculados? Qual a **duração** da campanha de comunicação? Que tipo de **interatividade** será estabelecida com o cliente? Quais as **respostas** para as perguntas mais freqüentes dos clientes? E como será feita a resposta aos **e-mails** recebidos? Que **incentivos** adicionais serão oferecidos aos clientes? Quanto será pago para os **intermediários** por cliente indicado e por venda realizada?
Orçamento	Qual o montante dos **gastos** a serem realizados na produção e na veiculação da comunicação?
Meios de mensuração e avaliação de resultados	Que **relatórios de pesquisas** serão obtidos para medir os resultados? Quais serão os **indicadores** de resultados a serem medidos e controlados?

Fonte: elaborado pela autora.

O roteiro anterior orienta o planejamento de comunicação na internet por meio de websites e lojas virtuais de terceiros. As respostas às perguntas formuladas podem ser obtidas pela pesquisa direta do profissional de marketing nos sites selecionados, ou institutos de pesquisa sobre a internet, ou ainda por meio de consultoria e assessoria externas, de empresas como agências de propaganda especializadas na internet.

A eficácia de um plano de marketing e de comunicação dependerá da qualidade das informações coletadas para subsidiar as decisões. Para isso, muitas empresas investem em **inteligência de marketing,** que é um processo contínuo de coleta de informações e aquisição de pesquisas e de instrumentos de análise para obter as respostas certas no momento certo, as quais vão embasar as decisões estratégicas.

> **Inteligência de marketing** é um processo contínuo de coleta de informações e aquisição de pesquisas e de instrumentos de análise.

No Capítulo 7, será discutida a implementação de um plano de comunicação de marketing pela internet, com o intuito de ajudar na obtenção das respostas às perguntas anteriormente formuladas.

4.5 PLANEJANDO UM WEBSITE

Nesta seção, detalharemos um exemplo de empresa que deseja implementar um website para a **divulgação** de informações sobre seus produtos e **comunicação** com seus clientes e parceiros, porém sem a efetivação de vendas.

Para exemplificar o planejamento de um **website**, como **canal de informação e comunicação interativa**, usaremos o exemplo anterior, de uma empresa que atua no mercado de bens de consumo vendendo aparelhos eletrodomésticos, como ferros, fornos de microondas e fogões, para donas de casa no território nacional.

Nesse caso, a direção da empresa decidiu que a estratégia de comunicação para o lançamento de produtos incluirá a criação e a implementação do website institucional da empresa. Cabe, então, ao profissional de marketing, detalhar o **plano operacional de implementação de um website institucional**, conforme Quadro 4.3, que integra o plano de marketing da empresa.

Quadro 4.3 *Roteiro para o planejamento de um website institucional*
(no caso de comunicação por meio de website da própria empresa)

Etapas	Exemplos de decisões
Objetivos de comunicação	Qual o **alcance** da comunicação: quantas pessoas serão expostas ao site? Qual a **audiência** esperada para o site? Qual o número de *page views* desejado para o site? Que tipo de **resposta** dos clientes é esperada? Que tipo de **interatividade** a empresa pretende obter dos clientes? Que tipo de **relacionamento** a empresa espera construir com os clientes ou outros públicos por meio do site? Quantas indicações de **novos clientes potenciais** são esperadas? Que **imagem** se espera que o cliente tenha da empresa? Que grau de **lembrança da marca** se espera alcançar?
Público-alvo da comunicação	Qual o **perfil do público** a ser atingido (faixa etária, nível de renda, tipo de ocupação, nível educacional, estilos de vida, estado civil, personalidade etc.)? Devem ser atingidos **outros públicos**, como órgãos da imprensa, entidades e representantes do governo, concorrentes, parceiros, fornecedores, vendedores, funcionários, acionistas, investidores?
Conteúdo a ser comunicado	O que deve ser comunicado sobre a empresa, os produtos, a tecnologia, os parceiros, os canais de vendas, para cada segmento de público? Que tipo de **informações** e **dados** serão fornecidos (textos, documentos, imagens, fotos, ilustrações, filmes, vídeos, sons etc.)? Que tipo de **serviços** serão oferecidos (e-mails, FAQs, salas de *chat*, ferramenta de busca etc.)? Que tipo de **links** serão oferecidos com outros sites e páginas web? Que tipo de **informações** serão coletadas do público? Quais são os **provedores de conteúdo** que fornecerão dados para o site? Que tipo de **interatividade** será estabelecida com o cliente? Quais as **respostas** às perguntas mais freqüentes dos clientes?
Meios de divulgação do website e de atração de público	Como será a **divulgação** do site para os diversos públicos? Que **incentivos** serão oferecidos aos clientes para atraí-los ao site e garantir seu retorno?

(continua)

(*continuação*)

Plano operacional-tático	Que empresa ou equipe será contratada para criar, implantar, manter e gerenciar o website?
	Qual será o provedor de acesso à internet?
	Qual será o provedor de hospedagem do site?
	Qual será o nome de domínio a ser registrado?
	Que tecnologia de informação e comunicação será implantada?
	Qual a infra-estrutura necessária para implementar o site?
	Serão utilizados *cookies*?
	Qual a política de privacidade?
	Qual a política de segurança do site e os sistemas a serem implantados?
	Será implantado um sistema de criptografia?
	Será construído e mantido um banco de dados de clientes e de usuários cadastrados?
	O que será oferecido para os clientes se cadastrarem no site?
	Que incentivos adicionais serão oferecidos aos clientes para retornarem ao site ou indicarem o site para seus amigos?
	Como será feita a resposta aos e-mails recebidos?
	Qual o perfil da equipe para gerenciar o site?
Investimentos e Orçamentos	Qual o montante dos gastos a serem realizados na construção, implementação, manutenção e atualização do site?
Meios de avaliação de resultados	Que relatórios de pesquisas serão obtidos para medir os resultados?
	Quais serão os indicadores de resultados a serem medidos e controlados?

Fonte: elaborado pela autora.

A implementação eficaz de um website institucional depende da qualidade do planejamento realizado. Além disso, a aprovação dos investimentos necessários, pela direção da empresa e seus acionistas, dependerá da qualidade do plano.

Para elaborar o plano para um website, o profissional de marketing precisa assumir o papel de coordenador de uma equipe de profissionais especializados em cada tipo de atividade, que irá ajudá-lo a tomar as decisões certas quanto à tecnologia, aos procedimentos, aos investimentos, às projeções etc.

No Capítulo 8, será discutida a implementação desse plano, de modo a ajudar os profissionais na obtenção das respostas às perguntas formuladas.

4.6 PLANEJANDO UMA LOJA VIRTUAL

Nesta seção, será exemplificado o planejamento de uma **loja virtual**, o modelo de negócios de venda pela internet.

Por se tratar de um **novo modelo de negócios**, o planejamento de uma loja virtual é um completo **plano estratégico de negócios** ou *business plan*, que inclui as etapas de análise de mercado, avaliação das oportunidades e riscos, definição dos objetivos do negócio e formulação de todas as estratégias e planos operacionais de uma empresa.

Assim, integra o plano estratégico de negócios não só o plano de marketing, como os das outras áreas funcionais, por exemplo, finanças, logística, recursos humanos, produção, tecnologia e outros. Para elaborar esse plano, o empreendedor precisará de uma equipe de especialistas em cada área funcional, para ajudá-lo neste desafio.

O roteiro a seguir fornece orientação para a elaboração do plano (ver Quadro 4.4).

Quadro 4.4   *Roteiro para o plano estratégico de negócios (loja virtual)*

Etapas	Exemplos de decisões
Análise do mercado e do negócio	Quem são os **clientes** potenciais (quais suas necessidades, problemas e características)?
	Quem são os **concorrentes** atuais e potenciais (características, produtos, tecnologias, pontos fortes e fracos)?
	Quais as **tecnologias** disponíveis ou em desenvolvimento pelos concorrentes, parceiros e pela empresa?
	Qual a disponibilidade de **recursos humanos** qualificados?
	Qual o *know-how* necessário para desenvolver o negócio?
	Quais os potenciais **parceiros** de negócios (canais de vendas, fornecedores, parceiros tecnológicos etc.)?
	Qual o **cenário** tecnológico, econômico, financeiro, político, cultural e social?
	Como este novo negócio se **integra** com os negócios atuais da empresa? Qual a **sinergia**?
	Quais os **conflitos** potenciais com os clientes, parceiros e fornecedores atuais?
	Qual o montante de **investimentos** necessários e de **retornos** esperados para o negócio?
Análise de competências e fraquezas	Quais as **competências** atuais da empresa (capital, recursos humanos, tecnologia, capacidade produtiva, parcerias, conhecimento, ativos fixos, crédito, acionistas etc.)?
	Quais as **fraquezas** da empresa (recursos humanos, tecnologia, capital, capacidade produtiva, parcerias, conhecimento etc.)?

(continua)

(continuação)

Identificação de oportunidades e riscos	Quais as **oportunidades** de mercado (novos negócios ainda não explorados, demanda não satisfeita, novos clientes, crescimento da demanda, novas tecnologias, novos produtos, margens e retornos esperados)?
	Quais os **riscos** possíveis em cada tipo de negócio/oportunidade (novos concorrentes, cenário econômico, escassez de capital ou recursos humanos, cenário político, conflitos com os canais e parceiros atuais etc.).
Definição do negócio, do mercado e dos segmentos de mercado	Qual o **negócio** de melhor oportunidade? (Definir o negócio: Quem é o cliente? Que necessidade será atendida? Com qual tecnologia? Com qual produto ou serviço? Qual o volume de investimentos necessários? Qual margem e retorno sobre o investimento?)
	Quais os diversos **segmentos do mercado** (exitem grupos de clientes com características distintas exigindo produtos e serviços distintos, que podem ou não ser atendidos pela empresa)?
Seleção do público-alvo	Qual o **público-alvo (segmento de público)** escolhido para o negócio a ser desenvolvido (quais suas características)?
Objetivos de negócios e de marketing	Quais os **objetivos** de vendas, receitas, participação de mercado, retenção e fidelização de clientes, lucratividade, rentabilidade, retorno sobre o investimento?
Seleção das estratégias	Definir a **estratégia** de marketing, de tecnologia, de produção e de logística, financeira e de recursos humanos.
Detalhamento dos programas (planos operacionais)	Detalhar o **plano operacional** de marketing, de desenvolvimento tecnológico, de produção e logística, financeiro e de recursos humanos.
Definição dos investimentos e orçamentos	Definir os **investimentos** em ativos fixos, em recursos humanos, em marketing, em capacidade produtiva e logística, em pesquisa e desenvolvimento, em sistemas de informação etc.
Definição dos meios de avaliação e controle	Quais os indicadores a serem mensurados?
	Quais as pesquisas a serem desenvolvidas?
	Qual o sistema de coleta e análise de dados?

Fonte: elaborado pela autora.

Como se pode depreender desse roteiro, o plano estratégico de negócios engloba a definição do negócio, das estratégias e dos investimentos, decisões estas que devem ser tomadas pela direção da empresa e pelos investidores, sejam eles grandes, médios, pequenos ou individuais.

A direção da empresa e os investidores têm a expectativa de que o empreendedor, por intermédio do processo de planejamento estratégico para o novo negócio, identifique a melhor oportunidade de mercado, selecione as melhores estratégias e calcule os investimentos necessários, assim como o retorno sobre o investimento; portanto, é um grande desafio.

A aprovação dos investimentos necessários, pela direção da empresa e seus investidores, dependerá da qualidade do plano. Assim, no Capítulo 9, será discutida a implementação deste plano de negócios para uma loja virtual, a fim de facilitar a obtenção das respostas às perguntas formuladas e de entender as alternativas estratégicas possíveis de serem adotadas.

SITES SOBRE O TEMA

CENTRO DE TECNOLOGIA DE INFORMAÇÃO APLICADA — http://www.eaesp.fgvsp.br
E-COMMERCE.ORG — http://www.e-commerce.org.br
IBOPE//NETRATINGS — http://www.ibope.com.br
INTERNATIONAL DATA CORPORATION — http://www.idcbrasil.com.br/brasil
INTERNET ADVERTISING BUREAU — http://www.iab.net
INTERNET SOCIETY — http://www.isoc.org

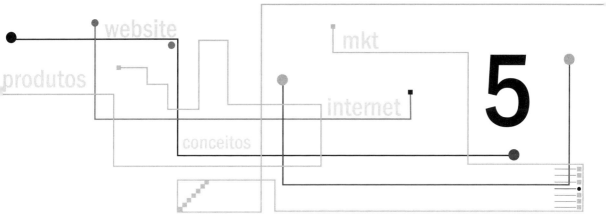

Conhecendo o cliente na internet

- *Objetivos do capítulo*

  Depois de concluir este capítulo, você será capaz de:
  1. Entender a importância de conhecer o cliente ou o consumidor.
  2. Descrever as ferramentas que auxiliam estudos sobre o comportamento do consumidor na internet.
  3. Entender o comportamento do cliente na internet.
  4. Definir o perfil dos usuários da internet.

- *Visão geral do capítulo*

  Neste capítulo, vamos tratar da importância de saber quem é o cliente, como ele pensa, sente e age. Veremos as ferramentas de marketing usadas para conhecer o comportamento dos clientes. Conheceremos os resultados das pesquisas recentes sobre o impacto da internet nos clientes, ressaltando suas atitudes em relação à rede mundial de computadores. Vamos saber qual é o perfil das pessoas que usam a internet atualmente.

5.1 COMO CONHECER O CLIENTE

Como vimos no capítulo anterior, o trabalho do profissional de marketing inicia-se com a elaboração do **plano de marketing**, no qual se definem os objetivos, as estratégias e os programas de marketing a serem implementados. A primeira atividade do plano de marketing é a **análise do mercado**, e esta se inicia com o estudo do **cliente**.

Para conhecer o cliente de um produto ou de um negócio, devem ser obtidas respostas a determinadas perguntas, conforme as exemplificadas no Quadro 5.1. As perguntas serão feitas pela identificação dos aspectos do cliente, os quais podem estar relacionados à compra e ao uso do produto ou serviço em questão.

Quadro 5.1 *Perguntas e respostas sobre os clientes — exemplo prático*

Perguntas para se conhecer o cliente	Respostas a serem obtidas por meio de pesquisa (Exemplo: público jovem)
Quem é o cliente?	Jovens entre 18 e 24 anos.
Que tipo de necessidade, desejo ou problema o cliente quer realizar ou resolver?	Procuram atividades de lazer e entretenimento, econômicas, divertidas e diferenciadas.
Quais as características do cliente (pessoa física)? Demográficas (idade, faixa de renda, tamanho da família, estado civil, profissão, localização da residência, local de trabalho etc.) Psicográficas (qual seu estilo de vida: gosta de viajar, pratica esportes, gosta de ler, assiste televisão, navega na internet etc.; quais suas opiniões sobre política, saúde, educação, cultura, poupança, papel do governo, papel do pai na família etc.)	Jovens de 18 a 24 anos, com renda familiar acima de 10 salários mínimos, residentes em grandes centros urbanos, estudantes universitários, solteiros, que gastam, em média, R$ 50,00 por fim de semana em atividades de lazer e entretenimento. Praticam esportes e gostam de atividades ao ar livre, viajam, pelo menos, um final de semana por mês, freqüentam praias ou piscinas habitualmente, gostam de atividades sociais, ouvem músicas nacionais e estrangeiras, identificam-se com cantores e artistas populares, andam sempre em turma e navegam diariamente na internet. Os sites que mais visitam são: UOL, Bananagames e Futeboltotal.
Quantos são os clientes?	Existem no Brasil 2 milhões de jovens com estas características (hipótese a ser confirmada por pesquisa).
Como decidem sobre atividades de lazer e entretenimento?	Escolhem as atividades e os locais de entretenimento e lazer por meio de programas de televisão, pesquisando na internet, lendo revistas de música e de esportes. Os amigos exercem influência na escolha.

Fonte: elaborado pela autora.

Para encontrar as respostas, o profissional de marketing coleta **dados primários**, por meio da elaboração de um projeto de pesquisa dirigido ao seu objetivo específico, ou **dados secundários**, originados por pesquisas conduzidas por outras organizações, imprensa ou institutos de pesquisa.

Um exemplo de coleta de dados secundários é o **Instituto Brasileiro de Geografia e Estatística** (**IBGE**), o qual realiza diversas pesquisas, cujos dados são utilizados pelas empresas para análise e quantificação do mercado. Algumas dessas pesquisas são o Censo Populacional, a Pesquisa Nacional por Amostra de Domicílios (PNAD) e a Pesquisa de Orçamentos Familiares (POF). A Tabela 5.1 e o Gráfico 5.1 trazem uma pequena amostra dos dados divulgados pelo IBGE.

Gráfico 5.1 *Posse de bens nos domicílios*

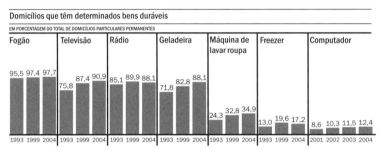

Fonte: IBGE. *Pesquisa Nacional por Amostra de Domicílios*. 2004. Disponível em: <http://www.ibge.gov.br>.

Pelos dados divulgados na Tabela 5.1, sabemos que 76% das famílias brasileiras têm **renda mensal** de até 10 salários mínimos. Do total da **despesa média mensal familiar** (R$ 1.778,00), cerca de 61,5% são gastos com alimentação, habitação e transporte. O Gráfico 5.1 mostra que 12,4% dos domicílios brasileiros têm computador (aproximadamente 6 milhões de domicílios).

Além do IBGE, existem diversas empresas especializadas em **pesquisa de marketing**, com capacidade para fazer estudos sobre qualificação e quantificação de mercado, análises sobre o comportamento dos consumidores, estimativas de potencial de consumo por segmento da população, entre outras. A **Associação Brasileira de Empresas de Pesquisa** (**ABEP**) e a **Sociedade Brasileira de Pesquisa de Mercado** (**SBPM**) informam os nomes e os endereços das empresas de pesquisa sediadas no Brasil.

Outra prática cada vez mais importante para o conhecimento dos clientes é a construção e a utilização de **bancos de dados dos clientes** da empresa. Existem sistemas de computação (software) bastante eficazes para auxiliar o profissional de marketing no chamado **database marketing**, que vem a ser a coleta, o armazenamento, o tratamento e a utilização dos dados dos clientes, para apoio às decisões e à implementação de programas de marketing.

Na seção a seguir, serão apresentados conceitos e ferramentas de pesquisa de marketing utilizados em estudos sobre o comportamento dos clientes.

Tabela 5.1 *Número de famílias e faixa de renda familiar*

Rendimento monetário e não-monetário médio mensal familiar e despesa monetária e não-monetária média mensal familiar, por classes de rendimento, com indicação de características das famílias — Brasil

	Classes de rendimento monetário e não-monetário mensal familiar (R$)										
	Total	Até 400	Mais de 400 a 600	Mais de 600 a 1.000	Mais de 1.000 a 1.200	Mais de 1.200 a 1.600	Mais de 1.600 a 2.000	Mais de 2.000 a 3.000	Mais de 3.000 a 4.000	Mais de 4.000 a 6.000	Mais de 6.000
Rendimento total	1.789,66	260,21	491,25	770,79	1.086,70	1.366,31	1.766,63	2.411,04	3.413,65	4.815,21	10.897,52
Despesa total	1.778,03	454,70	658,18	920,69	1.215,33	1.494,43	1.914,35	2.450,03	3.270,20	4.445,42	8.721,91
Tamanho médio da família (pessoas)	3,62	3,34	3,53	3,68	3,73	3,72	3,70	3,80	3,72	3,72	3,63
Número de famílias	48.534.638	7.949.351	6.747.421	10.181.484	3.528.908	5.086.643	3.349.073	4.571.410	2.416.195	2.236.892	2.467.262
Distribuição das famílias (%)	100%	16,38	13,90	20,98	7,27	10,48	6,90	9,42	4,98	4,61	5,08

Fonte: IBGE. *Pesquisa de Orçamentos Familiares.* 2002-2003. Disponível em: <http://www.ibge.gov.br>.

5.2 O ESTUDO DO COMPORTAMENTO DO CLIENTE

Conhecer o cliente é a base para um programa de marketing bem-sucedido no mundo real e também no virtual. Assim, pode-se dizer que o planejamento e a implementação das estratégias e programas de marketing devem ser precedidos pelo **estudo do comportamento do consumidor,** disciplina acadêmica e ciência aplicada, que abrange o estudo dos agentes de compra e dos processos de troca, visando entender como os indivíduos tomam decisões de troca de seus recursos, como tempo, dinheiro e esforço, por bens de consumo.

Para ajudar neste desafio, os estudiosos do marketing elaboraram um abrangente **modelo de comportamento do consumidor**, conforme apresentado nas Figuras 5.1 e 5.2, o qual engloba tanto os aspectos cognitivos do **processo de decisão do consumidor** quanto os emocionais. Tal modelo é amplamente difundido pela literatura de marketing e utilizado na prática profissional.

> **Estudo do comportamento do consumidor** é uma disciplina acadêmica e ciência aplicada, que abrange o estudo dos agentes de compra e dos processos de troca, visando entender como os indivíduos tomam decisões de troca de seus recursos (tempo, dinheiro e esforço) por bens de consumo.

Figura 5.1 *O comportamento do consumidor — modelo genérico*

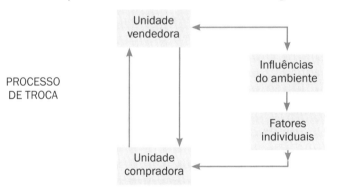

Fonte: adaptado de MOWEN, John C.; MINOR, Michael. *Comportamento do consumidor*. São Paulo: Printice-Hall, 1999.

O conceito de comportamento do consumidor pode ser entendido como **processos de troca** entre os agentes participantes, o vendedor e o comprador, envolvidos na aquisição, no consumo e no pós-consumo de bens, serviços, experiências e idéias, conforme apresentado por Mowen e Minor[1].

Como observamos na Figura 5.1, o comportamento do consumidor é influenciado não só por fatores de natureza pessoal, como personalidade, características demográficas, valores e hábitos, mas também por fatores ambientais, situacionais e de marketing. Como **fatores**

---

[1] MOWEN, John C.; MINOR, Michael. *Comportamento do consumidor*. São Paulo: Prentice-Hall, 1999.

ambientais, temos, por exemplo, a cultura, a classe social, o grupo de referência, a família, a economia e a tecnologia. As **influências ou estímulos de marketing** são os fatores do composto de marketing (produto, preço, ponto de distribuição e promoção) que estão no controle da empresa e que agem como estímulos para provocar as respostas dos consumidores. Os **fatores situacionais** são, por exemplo, o ambiente físico, o tempo e as circunstâncias do momento da decisão.

> O comportamento do consumidor engloba o **processo de decisão de compra,** que pode ser dividido em três estágios interligados: o *input,* o estágio de decisão e o *output.*

O comportamento do consumidor engloba o **processo de decisão de compra,** que pode ser dividido em três estágios interligados: o *input,* o estágio de **decisão** e o *output,* conforme mostra a Figura 5.2.

O primeiro estágio, *input,* são as influências externas que interferem nas decisões do consumidor. Essas são os estímulos de marketing e os fatores do ambiente, os quais influenciarão as decisões e os comportamentos dos clientes quanto à compra e ao uso de produtos[2].

O segundo estágio é a **decisão de compra,** que se refere a como os consumidores tomam suas decisões e fazem suas escolhas de compra, segundo os estímulos recebidos na etapa anterior.

A decisão de compra pode ser dividida em quatro etapas. A primeira etapa é o **reconhecimento de uma necessidade,** que pode vir de estímulos internos, como fome ou cansaço, ou externos, como a propaganda.

Depois de reconhecida a necessidade, os consumidores iniciam a segunda etapa, que é a **busca de informações** sobre como satisfazer essa necessidade. Os consumidores podem procurar essas informações em várias fontes: as internas, isto é, as informações retidas na memória, as externas, como consulta a amigos e familiares, ou fontes independentes, como profissionais especializados.

Com base nas informações coletadas, os consumidores vão para a terceira etapa, que é a **avaliação de alternativas,** comparando as diversas maneiras de satisfazer sua necessidade. Ao longo dessa etapa, os consumidores tentam identificar a alternativa que lhes proporcionará o melhor valor.

Depois das três passagens, a etapa final é a **tomada de decisão,** entendida como a escolha de uma opção entre mais de uma alternativa possível.

Os **fatores psicológicos** inerentes a cada pessoa, como personalidade, atitudes, motivação, percepção e aprendizado, bem como suas experiências anteriores, afetam todo o processo de decisão de compra, como verificado na Figura 5.2.

---

[2] SCHIFFMAN, L. G.; KANUK, L. L. *Consumer behavior.* 7th ed. New Jersey: Prentice-Hall, 2000.

Figura 5.2 *O processo de decisão de compra*

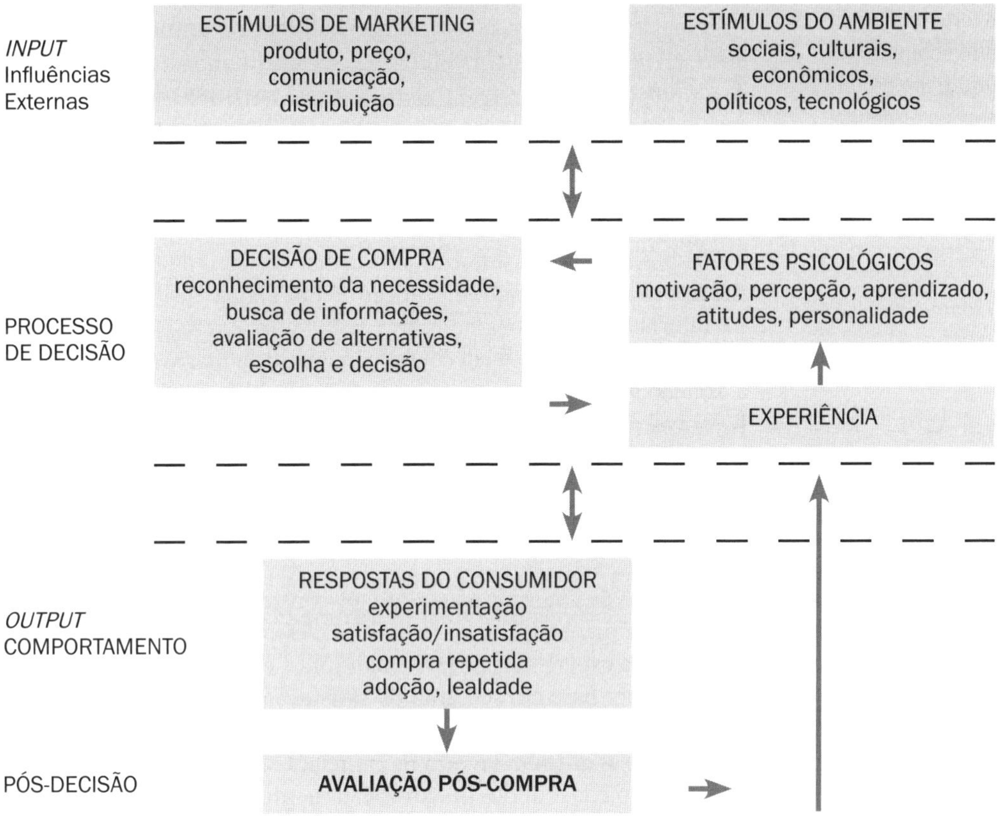

INPUT Influências Externas	**ESTÍMULOS DE MARKETING** produto, preço, comunicação, distribuição	**ESTÍMULOS DO AMBIENTE** sociais, culturais, econômicos, políticos, tecnológicos
PROCESSO DE DECISÃO	**DECISÃO DE COMPRA** reconhecimento da necessidade, busca de informações, avaliação de alternativas, escolha e decisão	**FATORES PSICOLÓGICOS** motivação, percepção, aprendizado, atitudes, personalidade **EXPERIÊNCIA**
OUTPUT COMPORTAMENTO	**RESPOSTAS DO CONSUMIDOR** experimentação satisfação/insatisfação compra repetida adoção, lealdade	
PÓS-DECISÃO	**AVALIAÇÃO PÓS-COMPRA**	

Fonte: adaptada de SCHIFFMAN, L. G.; KANUK, L. L. *Consumer behavior*. 7th ed. New Jersey: Prentice-Hall, 2000.

O terceiro estágio, *output*, refere-se às respostas ou às reações do consumidor após a decisão de compra, englobando dois tipos de comportamento: a **compra** e a **avaliação pós-compra**. A compra implica a escolha do que comprar, onde, quanto e quando comprar. Os consumidores decidem também como pagar a compra.

Podem ser identificados três tipos de comportamento de compra: a experimentação, a compra repetida e o compromisso de longo prazo. A **experimentação** representa uma fase exploratória, na qual o consumidor tenta avaliar um produto por meio do uso concreto, comprando uma pequena quantidade e sem nenhum compromisso de repetição. Se a primeira experiência de uso for satisfatória, o consumidor tende a repetir a compra.

A **compra repetida** ao longo do tempo está associada ao conceito de lealdade à marca, atitude do consumidor que as empresas procuram encorajar, já que possibilita mais participação de mercado e mais vendas.

Parte II – Planejando seu negócio na internet

> **Lealdade à marca é o forte compromisso em recomprar no futuro um produto/serviço preferido, causando assim um comportamento de compra repetido.**

A **lealdade à marca** é o forte compromisso em recomprar no futuro um produto/serviço preferido, causando assim um comportamento de compra repetido, devido a influências situacionais e aos esforços de marketing da empresa.

Consumidores leais tendem a pagar mais pela marca porque percebem um valor único e exclusivo que nenhuma outra pode fornecer. Esse valor único pode derivar da **confiança na marca** ou do sentimento favorável de **afeição** quando a usam[3].

Segundo Moorman, Zaltman e Deshpande, "**confiança na marca** é a disposição do consumidor em confiar na habilidade da marca de desempenhar sua declarada função"[4]. Em algumas situações, como na internet, a confiança na marca reduz a incerteza e a sensação de vulnerabilidade, pois o cliente acredita naquela marca em questão. E a **afeição à marca** é o potencial de induzir uma resposta emocional favorável no consumidor.

O **compromisso de longo prazo** refere-se à decisão do consumidor de manter-se leal e estabelecer um vínculo de longo prazo com a marca e a empresa, em troca de mais benefícios recebidos e mais satisfação.

Depois de comprar o produto, os consumidores avaliam, formal ou informalmente, o resultado obtido. Eles consideram se estão satisfeitos com a experiência de fazer a compra e com o uso do produto ou serviço. Com base em seu grau de **satisfação** ou **insatisfação**, decide se abandona o produto ou se repete a compra. A adoção do produto, a lealdade e as **atitudes** favoráveis em relação à marca são exemplos de respostas do consumidor ou **comportamentos pós-compra**.

Como resultado final do processo de decisão de compra, o consumidor espera otimizar o valor obtido pela compra e pelo consumo do produto ou serviço. Aqui utilizamos o conceito de **valor** como o definido por Kotler[5], isto é, a diferença entre o conjunto de benefícios esperados e o custo total para o consumidor obter e usar o produto ou serviço.

Os modelos descritos anteriormente têm sido bastante utilizados pelos profissionais de marketing para elaborar pesquisas sobre o consumidor. E são uma ferramenta que orienta sobre qual tipo de conhecimento deve-se procurar obter a respeito do cliente potencial para o produto ou a empresa.

---

[3] CHAUDHURI, A.; HOLBROOK, M. B. The chain of effects from brand trust to brand affect to brand performance: the role of brand loyalty. *Journal of Marketing*, v. 65, p. 81-93, Apr. 2001.

[4] MOORMAN, C.; ZALTMAN, G.; DESHPANDE, R. Relationships between providers and users of market research: the dynamics of trust within and between organizations. *Journal of Marketing Research*, v. 29, p. 314-328, Aug. 1992.

[5] KOTLER, Philip. *Administração de marketing*. 10. ed. São Paulo: Prentice-Hall, 2000.

5.2.1 O modelo de difusão de inovações

Outro instrumento também bastante utilizado é o **modelo de difusão de inovações,** que descreve os passos seguidos pelo cliente na decisão de experimentar e adotar um novo produto ou serviço, por exemplo uma inovação tecnológica, como a internet.

A definição de **inovação** está relacionada à capacidade de um novo produto provocar rupturas nos padrões de comportamento dos clientes. Usando esta abordagem, identificam-se três tipos de inovações: inovação contínua, inovação dinâmica e inovação descontínua.

A **inovação contínua** envolve o lançamento de um produto existente modificado, isto é, com novos atributos e características. Este tipo de inovação é a que exerce o menor impacto nos padrões de comportamento do cliente. Como exemplos, uma nova versão do software Microsoft Office e um modelo atual de um carro de marca existente, como o Gol.

A **inovação dinâmica** envolve o lançamento de um produto implicando algum tipo de mudança de comportamento do cliente, porém sem alterar, significativamente, os padrões vigentes. Percebemos isso nos lançamentos das fraldas descartáveis, dos fornos de microondas, dos CD players e dos DVDs.

A **inovação descontínua**, por sua vez, envolve a introdução de produtos totalmente novos que requerem a adoção de novos padrões de comportamento e também, em muitos casos, a construção de nova infra-estrutura e novos modelos de negócios. A internet é um exemplo de inovação descontínua, assim como foi a introdução do primeiro avião, do automóvel, do telefone e da televisão.

Vários são os pesquisadores que procuraram entender os fatores que levam o consumidor a adotar ou a resistir a uma inovação tecnológica. Este campo de estudo é conhecido como **difusão de inovações**.

Os pesquisadores procuraram identificar as características das pessoas em relação às inovações. Rogers[6], por exemplo, concluiu que o comportamento do público na adoção de um novo produto, especialmente de uma inovação tecnológica, pode ser classificado em cinco tipos:

- **Inovadores**: são os primeiros a adotarem a inovação. Em geral, são pessoas que aceitam correr o risco de adquirir um produto ainda não difundido em troca de ser o primeiro a usufruir os possíveis benefícios, ou aprender algo novo, ou, ainda, pelo *status* e pela diferenciação decorrentes do uso do produto.

> O **modelo de difusão de inovações** descreve os passos seguidos pelo cliente na decisão de experimentar e adotar um novo produto ou serviço.

> **Inovação** está relacionada à capacidade de um novo produto provocar rupturas nos padrões de comportamento dos clientes.

---

6   ROGERS, Everett M. *Diffusion of Innovations*. 4th ed. New York: Free Press, 1995.

Devido a seu perfil arrojado, sendo percebidos como extravagantes, não têm credibilidade suficiente para atuar como grupo de referência. Entretanto, a empresa deve identificá-los, a fim de realizar teste de produto, obtendo *feedback* para ajustes no produto e correções no plano de lançamento para o mercado mais amplo. Em geral, este grupo representa 2,5% do público.

Primeiros adotantes: é o grupo que desempenha o papel de formador de opinião, grupo de referência e agente de mudança, tendo grande importância para acelerar a difusão do produto.

- **Primeiros adotantes:** este grupo desempenha o papel de formador de opinião, grupo de referência e agente de mudança, tendo grande importância para acelerar a difusão do produto. Quase sempre são pessoas que têm credibilidade e respeito em função de seu notório saber ou especialização, maior poder aquisitivo e posição social de maior visibilidade. A empresa deve identificar essas pessoas e realizar um trabalho de apoio, esclarecimento, incentivo e educação. Representam 13,5% do público.

- **Maioria inicial**: são os segmentos de elevado poder aquisitivo que se apóiam nas propagandas do produto e nas opiniões dos primeiros adotantes. É o grupo responsável pelo maior volume a ser adquirido, tornando-se o cliente típico do produto. A estratégia de marketing deve objetivar a conquista da fidelidade deste grupo, mantendo-os permanentemente satisfeitos. Representam 34% do público.

- **Maioria tardia**: compondo 34% do público, tendem a ser mais céticos e conservadores e, em geral, têm menor poder aquisitivo. São menos sensíveis aos apelos da inovação e esperam pela queda de preços ou pressão dos amigos para iniciar o consumo do produto.

- **Retardatários**: são os últimos a adotarem uma inovação, representando 16% do público. Trata-se de pessoas idosas, de baixo poder aquisitivo, ou residentes em áreas rurais, distantes da região urbana. Pouco contribuem para o desempenho das vendas do produto, não merecendo ser alvo de ações de marketing dirigidas.

Não adotantes: aquele segmento de público que rejeitou o novo produto.

A essas cinco categorias de comportamento deve-se acrescentar uma sexta, que é a dos **não adotantes** (aquele segmento de público que rejeitou o novo produto), pois evidências empíricas indicam não ser realista supor que uma dada população completa vai adotar toda e qualquer inovação.

Outros autores, como Bagozzi e Lee[7], estudaram o processo de resistência e adoção de inovações. Para eles, a **resistência a inovações**

---

[7] BAGOZZI, Richard P.; LEE, K. Consumer resistance to and acceptance of innovations. *Advances in Consumer Research*, Provo, Utah, Association for Consumer Research, v. 26, p. 218-224, 1999.

Capítulo 5 – Conhecendo o cliente na internet

é entendida como um caso específico da resistência genérica a mudanças. E a **adoção de uma inovação** representa a superação das resistências que inevitavelmente ocorrem. A **resistência do consumidor** pode ser ativa ou passiva, provocada por fatores como: princípios religiosos; princípios de conduta adotados pelo grupo de referência; valores familiares; conceitos de identidade; hábitos; atitudes; aversão ao risco, entre outras.

Mick e Fournier[8] realizaram pesquisa nos Estados Unidos com consumidores de produtos tecnológicos, por exemplo, computadores, impressoras e DVDs, e identificaram oito principais **paradoxos da tecnologia**, conforme Quadro 5.2. Também identificaram as estratégias adotadas pelos consumidores para lidar com tais paradoxos, como se pode verificar no Quadro 5.3.

> **A resistência do consumidor** pode ser ativa ou passiva, provocada por fatores como: princípios religiosos; princípios de conduta adotados pelo grupo de referência; valores familiares; conceitos de identidade; hábitos; atitudes; aversão ao risco, entre outras.

Quadro 5.2 *Oito paradoxos centrais da tecnologia*

Paradoxo	Descrição
Controle/Caos	A tecnologia pode facilitar a ordem e o controle das tarefas e situações, mas também pode provocar desordem, descontrole, medo e revolta.
Liberdade/ Escravidão	A tecnologia pode facilitar a independência e reduzir restrições à realização das metas almejadas, mas também pode provocar submissão e dependência.
Novo/Obsoleto	A tecnologia pode trazer novos benefícios decorrentes do avanço do conhecimento, mas também pode estar ultrapassada no momento em que se torna acessível ao consumidor.
Competência/ Incompetência	A tecnologia pode trazer sentido de competência e inteligência, mas também pode provocar sentimentos de incompetência e ignorância, em decorrência da complexidade e dificuldade de uso.
Eficiência/ Ineficiência	A tecnologia possibilita mais rapidez e menos esforço para a realização de certas tarefas, mas também pode requerer mais tempo e mais esforço.
Satisfação/Criação de Necessidades	A tecnologia pode facilitar a satisfação de desejos e necessidades, mas também pode tornar conscientes desejos e necessidades ainda não reconhecidos.
Integração/ Isolamento	A tecnologia pode facilitar a interação entre pessoas, como pode também provocar a separação entre as pessoas.
Engajamento/ Desengajamento	A tecnologia pode facilitar o envolvimento e a motivação das pessoas, como pode provocar acomodação, passividade e falta de conexão.

Fonte: MICK, D. G.; FOURNIER, S. Paradoxes of technology: consumer cognizance, emotions, and coping strategies. *Journal of Consumer Research*, Chicago, University of Chicago Press, v. 25, p. 123-143, Sep. 1998.

---

[8]   MICK, D. G.; FOURNIER, S. Paradoxes of technology: consumer cognizance, emotions, and coping strategies. *Journal of Consumer Research*, Chicago, University of Chicago Press, v. 25, p. 123-143, Sep. 1998.

O conceito de **paradoxo tecnológico** revela que a tecnologia é constituída de pólos opostos, isto é, tem ao mesmo tempo a capacidade de realizar e de não realizar os propósitos e metas esperados. Os resultados opostos podem ocorrer em momentos alternados, dependendo do contexto. Conseqüentemente, a natureza paradoxal da tecnologia gera conflito, ambivalência, ansiedade e *stress*, fazendo que os consumidores adotem estratégias comportamentais e psicológicas de reação para lidar com estes sentimentos negativos.

As **estratégias de reação** podem ser de dois tipos: as de resistir e as de enfrentar; além disso, podem ser adotadas antes da decisão de compra ou após a compra. Os consumidores têm consciência dos paradoxos tecnológicos e já vivenciaram, em maior ou menor intensidade, sentimentos de ansiedade, angústia, frustração e medo diante de situações desagradáveis e imprevistas, decorrentes do uso de novos produtos.

Quadro 5.3 *Estratégias comportamentais para lidar com os paradoxos da tecnologia*

Estratégias comportamentais	Efeitos emocionais
Antes da compra — resistir	
Ignorar	Evitar informações sobre a nova tecnologia ou produto.
Recusar	Declinar da oportunidade de possuir o novo produto.
Adiar	Adiar e depois, eventualmente, possuir o novo produto.
Antes da compra — enfrentar	
Pré-testar	Usar o produto emprestado de alguém ou não assumir a posse definitiva antes do fim do prazo da garantia de retorno.
Decisão heurística	Comprar o modelo mais sofisticado, ou o mais básico, ou o mais barato, ou o mais conhecido, ou a marca de confiança.
Decisão ampliada	Pesquisar detalhadamente e comprar o produto mais adequado à sua necessidade, de modo calculado.
Garantia ampliada	Fazer contrato de garantia ou seguro que lhe dê o máximo de segurança contra problemas durante o uso.
Após a compra — resistir	
Negligenciar	Demonstrar indiferença temporária com a posse do novo produto.
Abandonar	Descontinuar o uso do novo produto ou não mandar consertar o defeito ocorrido.
Distanciar-se	Estabelecer regras restritivas quanto ao uso do novo produto ou guardá-lo em lugar de difícil acesso.
Após a compra — enfrentar	
Acomodação	Mudar preferências e rotinas de acordo com os requisitos do novo produto.
Parceria	Estabelecer com o novo produto uma relação próxima e compromissada, com vínculo afetivo.
Dominação	Dominar o novo produto, aprendendo tudo sobre sua forma de operar, vantagens e desvantagens.

Fonte: MICK; FOURNIER, 1998.

Capítulo 5 – Conhecendo o cliente na internet

Conceitos como os descritos anteriormente têm sido bastante usados em pesquisas sobre o comportamento do cliente na internet. O profissional de marketing pode se basear nessas pesquisas para entender melhor as ações e as reações dos seus clientes. O tópico a seguir apresenta um resumo de algumas dessas pesquisas.

5.3 O COMPORTAMENTO DO CLIENTE NA INTERNET

Várias pesquisas sobre o comportamento do consumidor objetivaram entender o que faz uma pessoa adotar a internet, isto é, tornar-se um usuário freqüente e habitual, enquanto outras são resistentes e não se interessam em usá-la. As conclusões de alguns desses estudos são apresentadas a seguir, de modo a auxiliar o profissional de marketing na compreensão do comportamento dos seus clientes em relação à internet.

5.3.1 As motivações em relação à internet

Um estudo baseado na **teoria das gratificações**, visando explicar as atitudes favoráveis (motivações) e desfavoráveis (resistências ou preocupações) dos consumidores em relação aos meios de comunicação, concluiu que as **motivações** ou **resistências** em relação à internet são determinadas pelo tipo de uso e pelas características demográficas dos usuários[9]. Foram identificadas cinco motivações no que se refere à internet, conforme vamos detalhar.

> **Motivações** ou **resistências** em relação à internet são determinadas pelo tipo de uso e pelas características demográficas dos usuários.

O primeiro fator motivacional é o **escapismo social**, que consiste no desejo de escapar da realidade pela realização de atividades prazerosas e agradáveis. Esta motivação relaciona-se com uma das características da web, que é ser um meio gratificante de **entretenimento**, propiciando sensações e emoções positivas, diversão e deleite estético. Dois outros benefícios da internet estão relacionados a este fator emocional, que são o **companheirismo** e a **superação da solidão**.

O segundo fator é a satisfação das necessidades de **informação e educação**, de modo fácil, rápido e a baixo custo.

O terceiro fator é **o controle e a interação**, visto que a web permite ao usuário o controle sobre o meio, podendo decidir o que vai ver, quando, como, onde e com quem. Além disso, a interatividade da web permite a customização e a personalização da experiência, o que leva à gratificação do internauta.

O quarto fator motivacional é a **socialização**, pois a web é facilitadora das comunicações e das relações interpessoais, possibilitando a socialização com amigos e outras pessoas de interesses similares.

---

[9] KORGAONKAR, P.; WOLIN, L. D. A multivariate analysis of web usage. *Journal of Advertising Research*, v. 39, n. 2, p. 53-68, Mar./Apr. 1999.

O quinto fator é o **econômico**, referente à necessidade de **adquirir bens**. Essa motivação é intensificada na compra comparada de bens de alto valor, quando o consumidor precisa coletar informações e comparar preços antes de tomar sua decisão. Outro tipo de motivação econômica é a possibilidade de adquirir bens gratuitos, como informações, imagens, vídeos e entretenimentos variados.

Korgaonkar e Wolin concluíram que aqueles indivíduos que adotaram a internet e se tornaram *heavy-users* são os que demonstraram atitudes favoráveis pela percepção de que a web pode realizar as motivações anteriormente mencionadas.

Ainda sobre as motivações e as atitudes dos consumidores na internet, a empresa Júpiter[10] identificou que os internautas dão mais valor à internet pelo seu benefício de **utilidade**, enquanto veículo de informação, do que pelo benefício de entretenimento. Do total dos entrevistados, 48% consideraram a internet muito útil e 36% valorizaram-na como meio de entretenimento (ver Gráfico 5.2).

Gráfico 5.2 *A internet e a função de utilidade*

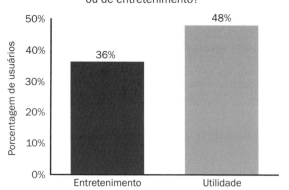

Fonte: JUPITER RESEARCH. Inside the mind of the online consumer: increasing advertising effectiveness. *Jupiter Consumer Survey*, v. 8, 19 Aug. 1999. Disponível em: <http://www.jupiterresearch.com>.

Quando indagados sobre os tipos de atividades que realizavam na internet mensalmente, os entrevistados mencionaram, com mais freqüência, o uso da ferramenta de busca para pesquisa de produtos e informação sobre eventos locais, o que corresponde ao benefício de utilidade/informação. Poucas pessoas responderam que procuravam atividades de entretenimento, como participar de jogos (ver Gráfico 5.3).

---

[10] JUPITER RESEARCH. Inside the mind of the online consumer: increasing advertising effectiveness. *Jupiter Consumer Survey*, v. 8, 19 Aug. 1999. Disponível em: <http://www.jupiterresearch.com>.

Gráfico 5.3 *Tipos de atividades na internet*

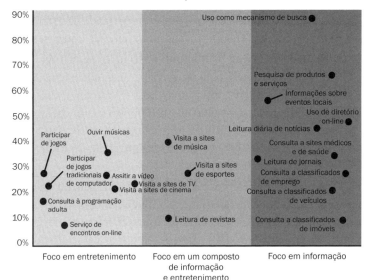

Fonte: JUPITER RESEARCH, 1999.

Com o objetivo de entender as atitudes e as crenças dos consumidores em relação à **propaganda na internet**, um estudo foi realizado com consumidores de origem hispânica nos Estados Unidos[11], utilizando um modelo que relaciona as funções da propaganda — informação sobre produtos, papel social e prazer hedonístico — e os efeitos sociais da propaganda — a economia, o materialismo, a corrupção de valores e a falsidade[12].

Os pesquisadores segmentaram os entrevistados em três grupos, de acordo com o interesse ou a ausência de interesse em relação à propaganda na internet, a saber: aqueles que acham os anúncios um aborrecimento e os evitam; aqueles que prestam atenção aos anúncios; e aqueles que clicam nos anúncios.

As **pessoas que evitam os anúncios** na internet têm convicções negativas quanto ao papel social da propaganda e a vêem como

> Pessoas que evitam os anúncios na internet têm convicções negativas quanto ao papel social da propaganda.

---

[11] KORGAONKAR, P.; SILVERBLATT, R.; O'LEARY, B. Web advertising and hispanics. *Journal of Consumer Marketing*, United Kingdom, Emerald Group Publishing, v. 18, n. 2, p. 134-152, 2001.

[12] POLLAY, R. W.; MITTAL, B. Here's the beef: factors, determinants, and segments in consumer criticism of advertising. *Journal of Marketing*, v. 57, p. 98-114, July 1993.

promotora de corrupção de valores e falsidade. Essas convicções são alimentadas pelas notícias sobre fraudes, pornografia infantil e problemas quanto à privacidade publicadas pela imprensa. Assim, os usuários evitam os sites com anúncios aborrecidos ou conteúdo de baixa qualidade, pouca variedade e excesso de complexidade. Esse comportamento é mais comum entre os jovens *heavy-users* da internet.

Tanto as **pessoas que prestam atenção na propaganda** quanto **aquelas que clicam nela** consideram a propaganda eficiente para atrair a atenção e induzir o usuário a clicar no anúncio. Esses segmentos de público foram os de renda mais baixa e com menor grau de escolaridade. Eles têm atitudes e convicções positivas quanto à propaganda na internet e a avaliam como um meio de informação útil e interessante.

> **Atitudes favoráveis ou desfavoráveis** dos consumidores são fatores influenciadores do comportamento em relação à propaganda na internet.

Os resultados indicam que as **atitudes favoráveis ou desfavoráveis** dos consumidores são fatores influenciadores do comportamento em relação à propaganda na internet. Além disso, para a propaganda ser atraente, deve informar sobre as características do produto, oferecer entretenimento e ser dirigida a consumidores com interesses e atitudes comuns sobre a internet.

5.3.2 *As resistências em relação à internet*

Uma pesquisa[13] identificou dois tipos de resistências demonstradas pelos consumidores em relação à internet, a saber:

- a preocupação com a **segurança e a privacidade transacional**, referente a fraudes e ao mau uso de informações financeiras pessoais, como as do cartão de crédito;
- a preocupação com a **privacidade não transacional,** referente ao mau uso por terceiros de informações pessoais, aos vírus de computador indesejáveis, ao recebimento de e-mails sem permissão, ao excesso de propaganda, entre outros aspectos.

Outra pesquisa[14] evidenciou que tanto usuários quanto não usuários preocupam-se com a segurança e a privacidade. Essa preocupação está associada ao medo de fraudes e de prejuízos financeiros. Os não usuários e os usuários esporádicos (*light-users*) são mais resistentes à internet, pois vários deles tiveram más experiências, como

---

[13] KORGAONKAR; WOLIN, 1999.

[14] GEISSLER, G.; ZINKHAN, G. Consumer perceptions of the world wide web: an exploratory study using focus groups interviews. *Advances in Consumer Research*, Provo, Utah, Association for Consumer Research, v. 25, p. 386-392, 1998.

buscar informações e não as encontrar, ou perder dados. Assim, consideraram a comunicação e a informação pela web menos confiáveis do que as divulgadas por outros meios.

Para os consumidores que estão avaliando a possibilidade de realizar compras e pagamentos pela internet, mais importantes são a **segurança das informações** e a **política de devolução** de mercadorias por parte das empresas vendedoras, caso esses produtos não correspondam às expectativas deles.

> Para os consumidores que estão avaliando a possibilidade de realizar compras e pagamentos pela internet, mais importantes são a **segurança das informações** e a **política de devolução** de mercadorias por parte das empresas vendedoras.

Uma pesquisa realizada pela consultoria E-Bit, em 2000, revelou as razões que levam o internauta brasileiro a não fazer compras pela rede. Do total de entrevistados, 18,6% apontaram a falta de segurança como fator decisivo para a desistência da compra on-line e 9,8%, a demora na entrega como empecilho para a compra virtual[15].

A avaliação do consumidor sobre os **riscos** envolvidos no processo de compra é um fator tradicionalmente conhecido, principalmente pelas empresas de marketing direto e vendas por catálogo ou telefone. No ambiente da internet, esses riscos são naturalmente percebidos pelos consumidores, o que pode provocar resistência de adoção e realização da compra.

Os **riscos** a serem avaliados pelos consumidores têm cinco naturezas distintas, a saber:

- **risco de tempo**: quando o consumidor percebe que vai perder tempo navegando na internet pela dificuldade em encontrar o que precisa;
- **risco associado ao vendedor**: quando percebe que o site é falso ou a empresa não é idônea, temor que é reforçado pela inexistência ou desconhecimento quanto à localização física, o que não permitiria contato pessoal em caso de problemas;
- **risco de segurança**: associado à possibilidade de ser vítima de algum crime pelo mau uso de suas informações pessoais por estranhos;
- **risco associado à marca**: referente à possível má qualidade do produto ou serviço;
- **risco de privacidade**: associado à possível venda para terceiros ou mau uso de suas informações pessoais.

5.3.3 *A confiança na marca*

A **confiança na marca** é um fator essencial para viabilizar as relações de troca, em geral, e na internet, em especial[16]. Para serem

---

[15]   JIMENES, Carla. Internautas ainda resistem às compras virtuais. *O Estado de S. Paulo*, São Paulo, 30 nov. 2000.

[16]   HOFACKER, Charles F. *Internet marketing*. New York: John Wiley, 2001.

bem-sucedidas na internet, as empresas devem ser capazes de criar um sólido sentimento de confiança nos clientes.

Os consumidores, antes de realizar a compra na internet, precisam confiar em três fatores: os mecanismos do processo de venda; a integridade e a justiça das pessoas envolvidas no processo de compra e venda; e a capacidade de a empresa ou instituição cumprir sua promessa de entregar o produto ou serviço conforme combinado.

Se o consumidor confiar na empresa, ele se sentirá à vontade para percorrer o processo de compra, atendendo a todos os requisitos, como dar informações pessoais, fornecer dados para pagamento com cartão de crédito etc. Portanto, as empresas devem desenvolver relacionamentos baseados na confiança de seus clientes[17]. Mas como uma empresa pode criar confiança pela internet, se nem a empresa nem o consumidor se conhecem?

Geralmente, os consumidores dão crédito às marcas de produtos que eles já conhecem e nas quais eles têm confiança. Assim, se uma empresa não possui uma marca reconhecida e que transmita confiabilidade no mundo real, ela não será bem-sucedida no ambiente virtual.

Ward e Lee[18] estudaram as relações entre **confiança na marca,** busca de informações e experiência de uso da internet. Analisaram os dados publicados pela pesquisa do Georgia Institute of Technology[19] e concluíram que os consumidores, especialmente os que têm pouca experiência de uso da internet, fazem suas escolhas apoiando-se em marcas conhecidas e pelas quais já formaram anteriormente uma atitude de confiança.

> **Marcas conhecidas** tornam-se meios para a redução da incerteza do processo de decisão de compra.

Com a proliferação dos varejistas virtuais, aumenta a incerteza dos consumidores em relação aos produtos e às marcas anunciados. No cenário de riscos da web, as **marcas conhecidas** tornam-se meios para a redução da incerteza do processo de decisão de compra. Portanto, mesmo que a procura de informações sobre produtos na web seja relativamente de baixo custo, os autores concluem que o sucesso das empresas exigirá a construção de uma imagem de marca confiável na mente dos consumidores.

Os autores citam um estudo da empresa Ernst & Young[20] no qual 69% das pessoas entrevistadas declararam que as marcas são

---

[17] HARTMAN; SIFONIS, 2000.

[18] WARD, Michael R.; LEE, Michael J. Internet shopping, consumer search and product branding. *Journal of Product and Brand Management*, MCB University Press, v. 9, n. 1, p. 6-20, 2000.

[19] GEORGIA INSTITUTE OF TECHNOLOGY. *GVU´s www user survey*. Graphics, visualization and utilization center. 1998. Disponível em: <http://www.gvu.gatech.edu>.

[20] ERNST & YOUNG. *Internet shopping special report*. Jan. 1998. Disponível em: <http://www.ey.com/shopping.html>.

importante fator influenciador de suas decisões de compra na web. A quantidade de informações disponíveis na internet não é suficiente para que o consumidor tome decisões de compra, devido à incerteza do ambiente da web. Logo, os consumidores apóiam-se na confiança que têm em suas marcas de preferência.

Além disso, para construir credibilidade entre os clientes, uma empresa virtual pode se apoiar nos **intermediários de confiança**, ou seja, organizações que oferecem um ambiente on-line seguro, no qual se estabelecem permissões e acordos explícitos entre vendedores e compradores para que realizem trocas de valores com garantia de segurança e privacidade.

5.3.4 *O efeito da experiência de uso*

A **experiência de uso** é um meio de reduzir as resistências e as atitudes desfavoráveis em relação à internet e aos sites. Uma pesquisa revelou que a maioria dos *heavy-users* — aqueles usuários com experiência de internet, que a acessam por mais de uma hora por dia — tem atitude favorável em relação à compra pela internet, considerando-a um meio que oferece conveniência, mais opções e preços reduzidos[21].

> A **experiência de uso** é um meio de reduzir as resistências e as atitudes desfavoráveis em relação à internet e aos sites.

Os **heavy-users** da internet costumam ter atitudes mais positivas em relação à web, por exemplo: encontrar gratificação ao usá-la como entretenimento e escape da realidade; considerá-la útil para obter informação rapidamente e a baixo custo; valorizar suas características interativas; usá-la para atividades sociais e conversas com amigos; achar gratificação na compra, principalmente em produtos considerados caros. Em geral, os *heavy-users* são pessoas que tendem a ter um grau maior de escolaridade e maior renda do que os não usuários ou os *light-users*[22].

> *Heavy-users* da internet costumam ter atitudes mais positivas em relação à web.

Os *heavy-users* que realizam compras pela web para fins relacionados a trabalho ou a negócios têm as seguintes características: são mais propensos a aceitar as restrições de segurança e privacidade; interessam-se mais em comprar por razões de economia e conveniência; gostam do ambiente rico em informações; valorizam as características de interatividade e sociabilidade da web; são pessoas mais idosas e com maior faixa de renda.

Já os *heavy-users* que usam a web para fins de entretenimento e sociabilidade são mais jovens, de menor nível educacional e de

---

[21] GEISSLER; ZINKHAN, 1998.
[22] KORGAONKAR; WOLIN, 1999.

menor renda. Esses usuários encontram gratificação realizando vários tipos de atividade na web, sem precisar pagar por isso. Esta é uma razão por que empresas prestadoras de serviços têm dificuldade em persuadir esse público a pagar por serviços na web.

Aqueles que usam a web para escapismo da realidade, entretenimento e busca de informações são os que passam mais horas na internet e realizam mais compras, pela possibilidade de preços atrativos e incentivos monetários.

Outra pesquisa[23] objetivou investigar as diferenças entre os **usuários inexperientes** e os **experientes** no que diz respeito à apreciação do valor informacional e de entretenimento da web. O estudo revelou que a experiência de uso é um importante fator influenciador das atitudes em relação à web. Isto é, os ***heavy-users*** tendem a ser entusiásticos e a valorizar a informação e o entretenimento obtidos nesse veículo. Os resultados também indicaram que tanto os usuários com fins utilitários quanto aqueles com fins hedonísticos valorizam os aspectos informacionais e de entretenimento da web.

> ***Heavy-users*** tendem a ser entusiásticos e a valorizar a informação e o entretenimento obtidos nesse veículo.

Uma terceira pesquisa[24] procurou investigar as atitudes dos usuários da web em avaliar favorável ou desfavoravelmente o conteúdo dos sites, relacionando as avaliações à experiência dos usuários. Foram usados três fatores para avaliação dos sites pelos entrevistados, a saber: **entretenimento** — a capacidade de o site ser divertido, imaginativo, excitante; **informação** — a capacidade de oferecer conhecimento útil e ser interativo; e **organização** — como o site organiza e apresenta o conteúdo, como conduz o usuário durante a experiência e se propicia facilidade de navegação, sem confusão e perda de tempo.

De acordo com os resultados, os usuários demonstraram atitude favorável aos sites que foram mais bem avaliados nos aspectos de informação e organização, como os sites dell.com e amazon.com, ou entretenimento, como o site pillsbury.com. Os índices de atitude favorável foram mais altos para os sites percebidos como de valor pelos usuários, ou seja, os sites que proporcionam experiências positivas e oferecem informações relevantes, organizadas e envolventes.

---

[23] HAMMOND, K.; McWILLIAM, G.; DIAZ, A. N. Fun and Work on the web: differences in attitudes between novices and experienced users. *Advances in Consumer Research*, Association for Consumer Research, Provo, Utah, v. 25, p. 372-378, 1998.

[24] CHEN, Q.; WELLS, W. D. Attitude toward the site. *Journal of Advertising Research*, Cambridge University Press, Cambridge, v. 39, n. 5, p. 27-37, Sep./ Oct. 1999.

5.3.5 *As mudanças de comportamentos*

Outro aspecto da internet, que pode tornar sua adoção mais demorada, é o fato de ela exigir mudanças de comportamentos e hábitos por parte do público. Uma pesquisa[25] revelou que os entrevistados consideraram que o uso da internet influenciou **mudanças de comportamentos,** como: mudar de carreira ou tipo de trabalho; comprar um PC e um modem; aprender a navegar na internet; trabalhar mais produtivamente; melhorar a administração do tempo; realizar compras pela internet; reduzir o tempo assistindo à televisão e lendo livros; efetuar menos telefonemas. Essa pesquisa também indicou que a internet tem o **potencial de mudar ou reforçar as atitudes** em relação às marcas, bem como o comportamento de consumo, especialmente quando o consumidor está procurando um produto específico, cuja compra exige um envolvimento maior, como um carro novo.

> Internet tem o **potencial de mudar ou reforçar as atitudes** em relação às marcas, bem como o comportamento de consumo.

As empresas que vendem produtos e serviços por meio da internet têm expectativa de mudar os hábitos dos consumidores quanto às compras. Várias pesquisas têm investigado essa questão, como as descritas a seguir.

Pesquisa da Pew Research Center[26] sobre o impacto da internet nos hábitos da população americana mostrou que, em média, 70 milhões de americanos estão conectados à internet diariamente, cerca de 63% do total da população com idade igual ou superior a 18 anos. O acesso a e-mail é a atividade mais realizada por 35 milhões de pessoas, enquanto as compras pela internet são realizadas diariamente por 4 milhões de pessoas, ou 5,7% do total dos internautas. Dados da pesquisa indicam que 83 milhões de indivíduos já compraram pela internet, ao menos uma vez (ver Gráfico 5.4).

Outra pesquisa da Pew[27], realizada com adolescentes entre 12 e 17 anos, revelou que a internet tem um papel importante na vida desses jovens. Cerca de 92% deles adquiriram o hábito de escrever e-mails e 74% enviam mensagens instantâneas, entre outras atividades, visando à diversão, à socialização e à informação. Cerca de 31% dos adolescentes já compram pela internet (ver Tabela 5.2).

---

[25] GEISSLER; ZINKHAN, 1998.

[26] PEW RESEARCH CENTER. *Internet & American life project tracking survey.* Disponível em: <http://www.pewinternet.org/pdfs/Internet_Status_2005.pdf.>.

[27] PEW RESEARCH CENTER. *Internet & American life project teens and parents survey.* June 2001. Disponível em: <http://www.pewinternet.org/pdfs/PIP_Teens_Report.pdf>.

Gráfico 5.4 *Atividades realizadas pelos americanos na internet*

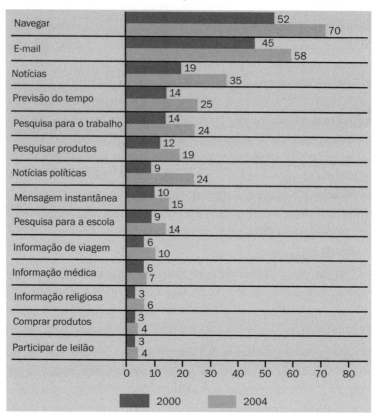

Fonte: PEW RESEARCH CENTER. *Internet & American life project tracking survey*. Disponível em: <http://www.pewinternet.org/pdfs/Internet_Status_2005.pdf.>.

Tabela 5.2 *O que os adolescentes americanos fazem on-line*

E-mail	92%
Navegar	84%
Site de Entretenimento	83%
Mensagem Instantânea	74%
Informações sobre hobbies	69%
Notícias	68%
Jogar games	66%
Pesquisar produtos	66%
Música online	59%
Chat	55%
Download de música	53%
Resultados de jogos	47%

(*continua*)

Capítulo 5 – Conhecendo o cliente na internet

(*continuação*)

Site de clubes	39%
Expressar opiniões	38%
Comprar algo	31%
Sites de leilões	31%

Fonte: PEW RESEARCH CENTER. *Internet & American life project teens and parents survey*. June 2001. Disponível em: <http://www.pewinternet.org/pdfs/PIP_Teens_Report.pdf>.

Pesquisa da Datamonitor[28] sobre a internet na Europa revelou que a compra por esse veículo na região deve apresentar grande crescimento nos próximos anos. A empresa atribui isso ao ganho de experiência dos usuários, isto é, haveria uma relação direta entre o grau de experiência que o usuário tem com a internet e as compras que ele realiza por meio dela.

Segundo esse relatório, dois fatores podem inibir o crescimento das compras: o primeiro é a sempre citada questão da **segurança**; o segundo é o fato de que, ao ganhar **mais experiência,** o consumidor, embora tenda a comprar mais, torna-se **mais exigente** em relação aos produtos e aos serviços oferecidos pela rede.

> Ao ganhar **mais experiência,** o consumidor, embora tenda a comprar mais, torna-se **mais exigente** em relação aos produtos e aos serviços oferecidos pela rede.

Outros quatro fatores merecem ser destacados:

- o primeiro é que, apesar de navegarem na internet no local de trabalho, a maior parte do tempo, os consumidores na verdade efetuam suas compras em casa, e as empresas devem levar isso em conta;

- o segundo é que quase 30% da população européia demonstrou interesse em utilizar serviços *Wireless Application Protocol* (WAP), isto é, fazer compras por meio de aparelhos sem fio, o que pode revelar uma grande demanda potencial para essa nova tecnologia;

- o terceiro é que, ao contrário de outras pesquisas, esta afirma que o consumidor on-line na Europa é bastante fiel, isto é, em média, 90% das pessoas que compraram um produto ou serviço de um determinado site demonstraram interesse em comprar algo mais neste novamente;

- o quarto fator é que o mais importante para o consumidor é a **conveniência,** já que os consumidores on-line da Europa

---

[28] DATAMONITOR. The next generation consumer. *Datamonitor Impact Brief*. May 2000. Disponível em: <http://www.datamonitor.com>.

são em sua maioria *"cash rich, time poor"*, isto é, com muito dinheiro e pouco tempo, preferindo conveniência acima de preço e velocidade.

De acordo com a pesquisa *The face of the web*, realizada pela Ipsos[29] com jovens de 16 países, cerca de 54% dos jovens que usam a internet têm como principal motivação a busca de informações sobre produtos e serviços, e apenas 50% do total dos jovens internautas compram pela internet. Segundo a pesquisa, as compras na internet por parte dos adolescentes e jovens devem crescer gradualmente, porque pessoas nessa idade ainda preferem a **gratificação imediata** de comprar o que querem pessoalmente nas lojas, em vez de pedir um produto pela internet e esperar dias ou até semanas para recebê-lo.

Pesquisa da PriceWaterhouseCoopers (2001)[30] revelou que aproximadamente 77% dos usuários da internet nos Estados Unidos usam um software de busca para ajudá-los no processo de compra pela internet. Nessa pesquisa, quando indagados sobre qual a funcionalidade mais importante para facilitar a compra na internet, 43% responderam que é uma boa **ferramenta de busca,** enquanto 40% consideram uma boa disponibilidade de informação sobre os produtos. Sobre as funcionalidades que aumentam a probabilidade de compra na internet, as respostas foram as seguintes: 44% dizem que são as imagens detalhadas dos produtos, 39% dizem que é a disponibilidade do produto, 34%, a existência de um guia comparativo de produtos e 25%, os serviços oferecidos ao cliente.

5.3.6 *A satisfação em relação aos serviços*

De acordo com a Knowledge Systems Research[31], 58% dos usuários da internet nos Estados Unidos estão muito satisfeitos ou satisfeitos com o serviço que recebem. No entanto, 25% acreditavam ainda haver alguns problemas sérios na compra on-line, como falta de informação adequada, falta de um telefone para contato, lentidão de resposta e falta de coordenação entre diferentes áreas da empresa.

A referida pesquisa ainda mostrou que, para 72% dos entrevistados, o fator mais importante do serviço ao consumidor na internet

---

[29] IPSOS. *The face of the web*. 2001. Disponível em: <http://www.ipsosinsight. com>.

[30] PRICEWATERHOUSECOOPERS, *Turning shoppers online*. Mar. 2001. Disponível em: <http://www.pwcglobal.com>.

[31] KNOWLEDGE SYSTEMS RESEARCH. *Satisfied eShoppers in the US*. Mar. 2001. Disponível em: <http://www.emarketer.com/estatnews/estats/ecommerce_b2c/ 20010330_andersen_consume_opinion.html>.

Capítulo 5 – Conhecendo o cliente na internet

é a capacidade de as empresas resolverem problemas rapidamente. E a maioria dos respondentes consideram o e-mail a melhor forma de comunicação entre o internauta e a empresa.

Um estudo realizado pela consultoria Ernst & Young, envolvendo 12 países, inclusive o Brasil, mostrou que o internauta está mais satisfeito com o varejo on-line. O destaque foi a venda virtual de roupas, de cosméticos, de artigos esportivos, de flores e de brinquedos[32].

Em uma pesquisa realizada pelo Georgia Institute of Technology[33], 46% das pessoas entrevistadas declararam ter dificuldade em encontrar as informações de que necessitam na web — especialmente aqueles inexperientes em termos de uso da internet. E 38% afirmaram que não compram pela internet porque acham difícil avaliar a qualidade do produto.

De acordo com pesquisa do instituto Roper Starch Worldwide[34], feita nos Estados Unidos com pessoas acima de 18 anos, a grande quantidade de informações disponível na internet tem causado *stress* nos usuários. Eles reclamam que, em vez de conseguirem as informações que procuram, acabam recebendo links para uma série de sites inúteis, além de inúmeros banners e materiais promocionais desinteressantes. A pesquisa também revelou que está se tornando mais comum os internautas simplesmente desistirem de sua procura na internet para saírem perguntando às pessoas de seu convívio se elas podem indicar um lugar que elas conheçam, a fim de que eles achem o que precisam.

Segundo esse estudo, as pessoas teriam um sentimento ambíguo a respeito da tecnologia: se, por um lado, ela facilita a procura de informações, por outro, comparada aos velhos catálogos de produto, produz um sentimento de **sobrecarga de informação,** que ocorre quando milhares de links aparecem como resultado de uma simples busca.

> Um sentimento de **sobrecarga de informação** ocorre quando milhares de links aparecem como resultado de uma simples busca.

Outros resultados da pesquisa revelam como os usuários sentem-se com essa sobrecarga de informação na internet:

- 36% afirmam que gastam mais de duas horas por semana procurando na web informações de que precisam;
- 71% ficam frustrados quando procuram informações detalhadas na web;

---

[32] TEIXEIRA, Patrícia. Grandes marcas conquistam novos clientes na web. *Jornal da Tarde*, São Paulo, 22 fev. 2001.

[33] GEORGIA INSTITUTE OF TECHNOLOGY, 1998.

[34] ROPER STARCH WORLDWIDE. *New "Web Rage" phenomenon*: internet users feel technology contributes to and alleviates stress. New York, 18 Dec. 2000.

- 46% dizem que obter informações incorretas durante uma busca na internet é muito frustrante;
- 86% sentem que a busca na internet poderia ser mais eficiente.

5.3.7 Conclusões das pesquisas

Pelos resultados das pesquisas sintetizadas neste tópico, podemos concluir o seguinte sobre o comportamento do consumidor em relação à internet:

- As **atitudes favoráveis** ou **desfavoráveis** dos consumidores são fatores influenciadores do comportamento em relação à internet.

> **Atitudes favoráveis ou desfavoráveis** dos consumidores são fatores influenciadores do comportamento em relação à internet.

- A **experiência** é um fator importante para a formação de atitude favorável ou desfavorável em relação à internet e aos sites web, confirmando a teoria de que as atitudes em relação a produtos e marcas podem ser aprendidas por meio de experiências, comunicação ou informação, entre outras situações.

> **Experiência** é um fator importante para a formação de atitude favorável ou desfavorável em relação à internet e aos sites web.

- É fator crítico de sucesso o desenvolvimento de atitudes de **confiança na marca** e de **afeição pela marca** por parte dos consumidores, especialmente em situações de incerteza, como na internet, em que o consumidor sente-se vulnerável.

- A porcentagem de usuários que efetuam compras pela internet é ainda reduzida, porque exige, além da **mudança de hábitos**, a criação de um vínculo de confiança, sendo esta adquirida no relacionamento com as marcas tradicionais, e não automaticamente transferida para a relação intermediada pela internet.

- A superação das **resistências** em relação à internet, decorrentes da incerteza e do sentimento de vulnerabilidade, depende das experiências pessoais ou de terceiros adquiridas com a internet, as quais, em vários casos, foram negativas ou frustrantes, assim como da divulgação boca a boca, que tem reforçado a percepção de insegurança por divulgar fraudes e quebra de privacidade.

- Os resultados de vendas e lucros na internet têm sido limitados devido não a custos de acesso ou a restrições tecnológicas, mas ao desconhecimento, por parte das empresas, do **perfil psicográfico** dos usuários, isto é, suas motivações e estilos de vida. Isso resulta na incapacidade de oferecer uma proposição de valor satisfatória para o consumidor.

- As convicções, atitudes, **motivações** e experiências dos indivíduos são fatores determinantes do comportamento em relação à internet. Portanto, o desconhecimento desses fatores torna as empresas incapazes de criar e oferecer soluções que gratifiquem e encantem os consumidores a ponto de fazê-los superar seus medos e inseguranças quanto aos riscos e aos possíveis prejuízos decorrentes do ambiente abstrato e desconhecido da internet.

5.4 O PERFIL DOS INTERNAUTAS NO BRASIL

Diversas empresas de pesquisa têm estudado o perfil do usuário da internet, de modo a levantar dados que permitam conhecer os clientes e auxiliar as empresas nas decisões de marketing nesse veículo. Além disso, vários **websites**, como os portais e outros sites de conteúdo, têm divulgado o perfil dos seus usuários com o intuito de orientar as empresas na decisão de marketing.

> Vários **websites**, como os portais e outros sites de conteúdo, têm divulgado o perfil dos seus usuários com o intuito de orientar as empresas na decisão de marketing.

A seguir, serão apresentados alguns dados resultantes dessas pesquisas no Brasil, os quais servem de exemplo de informações úteis para o profissional de marketing.

Com base nos dados da pesquisa do Ibope//NetRatings[35], no segundo trimestre de 2006, cerca de 32,5 milhões de brasileiros tiveram acesso à internet. Segundo a referida pesquisa, 51,8% dos internautas eram homens e 48,2%, mulheres. Veja o perfil dos internautas no Gráfico 5.5.

Gráfico 5.5 *Perfil dos internautas brasileiros por sexo*

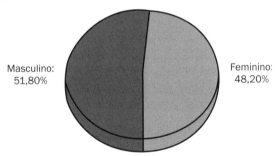

Fonte: IBOPE//NETRATINGS. *Perfil do internauta.* 2º trimestre de 2006. Disponível em: <http://www.nic.br/indicadores/usuarios/tab02-05.htm>.

Os dados da Tabela 5.3 mostram o porcentual de adoção da internet pela população com 16 anos ou mais, que mora em domicílios com linhas telefônicas fixas. Verifica-se que 60% dos homens e 49% das mulheres acessaram a internet nos seis meses anteriores à pesquisa. Quanto à faixa etária, acessaram a internet 78% dos jovens entre 16 e 24 anos, 63% da população entre 25 e 34 anos, 53% da população

---

[35] IBOPE//NETRATINGS. *Perfil do internauta.* 2º trimestre de 2006. Disponível em: <http://www.nic.br/indicadores/usuarios/tab02-05.htm>.

entre 35 e 49 anos, 33% da população entre 50 e 64 anos e 15% da população acima de 65 anos. Esses dados revelam que a internet é um veículo utilizado pelo público mais jovem, até 49 anos.

Quanto ao nível de escolaridade, acessaram a internet 31% das pessoas com até o ensino médio completo, 66% das pessoas com superior incompleto e 88% das pessoas com superior completo. Sobre as atividades realizadas por meio da internet nos seis meses anteriores à pesquisa, verificou-se que 75% dos internautas usaram e-mail, 53% usaram mensagem instantânea, 38% ouviram rádio virtual, 36% viram conteúdo audiovisual (vídeos) e 35% realizaram *chat*.

Tabela 5.3 *Adoção da internet pela população acima de 16 anos*

Perfil dos usuários		% da população
Sexo	Masculino	60%
	Feminino	49%
Faixa etária	De 16 a 24 anos	78%
	De 25 a 34 anos	63%
	De 35 a 49 anos	53%
	De 50 a 64 anos	33%
	Acima de 65 anos	15%
Escolaridade	Até 2º grau completo	31%
	Superior incompleto	66%
	Superior completo/Pós	88%
Atividades	E-mail	75%
	Mensagem instantânea	53%
	Ouviu rádio via web	38%
	Conteúdo audiovisual	36%
	Chat	35%
Total		**32,5 milhões**

Fonte: IBOPE//NETRATINGS. *Perfil do internauta.* 2º trimestre de 2006.

O Comitê Gestor da Internet[36] publicou a pesquisa TIC Domicílios, que mediu a **penetração e o uso da internet** em domicílios no Brasil. As entrevistas foram realizadas em 8.540 domicílios e com indivíduos com 10 anos de idade ou mais. Os resultados permitiram a apresentação dos indicadores por 15 regiões e áreas metropolitanas, por classe social, por instrução, por idade e por sexo.

---

[36] COMITÊ GESTOR DA INTERNET, 2005.

Em relação ao **uso do computador**, a pesquisa mostra que:

- 55% da população brasileira nunca utilizou um computador;
- 16,6% da população possui um computador em casa;
- 13,8% da população brasileira usa computador diariamente.

Quanto ao **uso da internet**, a pesquisa indica que 21,4% dos domicílios brasileiros têm acesso à internet. Outros dados são os seguintes:

- 41% da população utiliza a internet para atividades educacionais;
- 32% da população a utiliza para fins pessoais;
- 26% da população a utiliza para trabalho;
- 12,6% da população utiliza algum serviço de Governo Eletrônico.

Considerando as faixas de renda domiciliar, têm acesso à internet cerca de 56,7% dos domicílios com renda mensal de R$ 1.801,00 ou mais, enquanto apenas 5,7% dos domicílios com renda mensal de até R$ 300 tem acesso à internet (ver Tabela 5.4).

Tabela 5.4 *Domicílios com acesso à internet*

TOTAL DOS DOMICÍLIOS		21,4%
	ATÉ R$ 300	5,7%
	R$ 301 – R$ 500	7,2%
RENDA FAMILIAR	R$ 501 – R$ 1.000	12,6%
	R$ 1.001 – R$ 1.800	29,5%
	R$ 1.801 ou mais	56,7%

Fonte: COMITÊ GESTOR DA INTERNET. *Pesquisa sobre o uso das Tecnologias da Informação e da Comunicação.* Ago./set. 2005. Disponível em: <http://www.nic.br/indicadores/usuarios/index.htm>.

Sobre a freqüência de acesso à internet, 39,7% dos internautas o fazem diariamente e 40,3% pelo menos uma vez por semana (ver Tabela 5.5).

Tabela 5.5 *Freqüência de acesso à internet*

Diariamente	Pelo menos uma vez por semana	Pelo menos uma vez por mês	Menos do que uma vez por mês
39,7%	40,3%	14,0%	6,0%

Fonte: COMITÊ GESTOR DA INTERNET, 2005.

Na Tabela 5.6, verifica-se o número de **horas semanais** que os usuários gastam com a internet. Cerca de 83,4% dos usuários gastam até 10 horas semanais na internet.

Tabela 5.6 *Número de horas semanais gastas na internet*

Menos de 1h	Entre 1h e 5h	Entre 6h e 10h	Entre 11h e 15h	Entre 16h e 20h	Mais de 21h
24,8%	45,5%	13,1%	4,6%	3,4%	8,6%

Fonte: COMITÊ GESTOR DA INTERNET, 2005.

> **O uso do computador** e da internet no País estão relacionados ao nível socioeconômico do indivíduo ou das famílias e à região onde vive.

Os dados da pesquisa reforçam que o **uso do computador** e da internet no País estão relacionados ao nível socioeconômico do indivíduo ou das famílias e à região onde vive. Utilizam o computador e a internet cidadãos de famílias com alto poder aquisitivo, que moram em regiões ricas. Além disso, pessoas mais jovens usam mais o computador e a internet que pessoas mais velhas[37].

Quanto à realização de **compras por meio da internet**, a pesquisa mostra que apenas 6,3% da população já comprou algum produto ou serviço na internet, o que representa 20% das pessoas que utilizaram a internet. Os produtos mais comprados foram os seguintes: filmes e música em CDs: 17,9%; equipamentos eletrônicos: 14,4%; livros, revistas ou jornais (entregues digitalmente): 14,1%; livros, revistas ou jornais (entregues fisicamente): 13,3%; produtos para a casa/eletrodomésticos: 12,6%; computadores e equipamentos de informática: 11,7%.

Das pessoas que já utilizaram a internet, 80% nunca realizaram uma compra por este meio. Os motivos declarados para não utilizar a internet para a compra de produtos são:

- preocupação com os riscos do comércio eletrônico (36%);
- preferência em avaliar o produto de forma pessoal/*in loco* (27%);
- preocupação em usar seu cartão de crédito na internet (13,5%);
- falta de confiança no produto que vai receber (12,8%);
- preocupação em fornecer informações pessoais (9,6%).

O padrão de uso do comércio eletrônico distribui-se nos segmentos sociais de maneira semelhante ao uso da internet: pessoas

---

[37] COMITÊ GESTOR DA INTERNET. *CGI divulga indicadores inéditos sobre a internet no país*. Disponível em: <http://www.cg.org.br/releases/2005/rl-2005-07.htm>.

Capítulo 5 – Conhecendo o cliente na internet

de famílias e regiões mais ricas compram mais na internet do que pessoas de famílias e regiões mais pobres. Além disso, pessoas mais jovens compram mais do que pessoas mais velhas.

Comparando o **uso da internet** entre brasileiros, espanhóis e americanos, a pesquisa Web Brasil, realizada pelo Ibope[38], mostrou que, no Brasil, há uma concentração de uso em cinco categorias de websites (comunidades, e-mail, portais, instituições financeiras e ferramentas de busca), os quais respondem por 53,2% do total do tempo gasto na web. Na Espanha e nos Estados Unidos, as cinco categorias de sites mais visitados respondem, respectivamente, por 39,8% e 30,4% do tempo total (ver Tabela 5.7).

Os sites de **comunidades** são os preferidos pelos brasileiros (20,5% do total do tempo gasto na internet pelo usuário domiciliar). Os sites de **jogos on-line** já respondem por 4% do tempo total de uso no nosso País, contra 7,2% nos Estados Unidos e 3,8% na Espanha.

Nos Estados Unidos, os sites de **leilões** e **classificados on-line,** uma importante fonte de informação de preços, representam 5% do tempo total, contra apenas 1,5% no Brasil e 2,7% na Espanha.

Tabela 5.7 *Principais categorias de websites visitadas pelos internautas*

Porcentual sobre o tempo total de exposição — 1° trimestre de 2005					
Brasil		Estados Unidos		Espanha	
Comunidades	20,5%	E-mail	7,7%	E-mail	10,9%
E-mail	11,3%	Jogos on-line	7,2%	Fabricantes de software	8,5%
Portais de interesse geral	10,5%	Portais de interesse geral	6,6%	Ferramentas de busca	8,4%
Instituições financeiras	6,2%	Classificados e leilões	5,0%	Portais de interesse geral	6,9%
Ferramentas de busca	4,7%	Ferramentas de busca	3,9%	Comunidades	5,1%

Fonte: IBOPE//NETRATINGS. *Web Brasil.* 1º trimestre 2005. Disponível em:<http://www.ibope.com.br>.

---

[38] IBOPE//NETRATINGS. *Web Brasil.* 1º trimestre 2005. Disponível em: <http://www.ibope.com.br>.

Uma outra categoria de site que apresentou significativo crescimento no País foi a de **música,** que atingiu um total de 5,6 milhões de visitantes únicos no mês de dezembro de 2005, em conseqüência do aumento da oferta de sites legalizados de música, da maior disponibilidade da banda larga e da popularização de tocadores de MP3.

5.4.1 Segmentação dos internautas

Os dados das pesquisas também permitem realizar a segmentação dos clientes. Para a eficácia do processo de transmissão e recepção de informações, bem como das estratégias de marketing, a **segmentação dos clientes** torna-se um fator crítico de sucesso.

A **segmentação de mercado** é uma decisão estratégica de marketing que permite às empresas identificarem o perfil de cada grupo de clientes e, assim, implementarem ações de marketing que criem vantagem competitiva. No ambiente da internet, a segmentação continua vital para o sucesso das empresas.

Várias tentativas têm sido feitas pelas empresas nesta direção. Um estudo[39] identificou seis diferentes segmentos de consumidores on-line: **simplificadores, surfadores, negociadores, conectadores, rotineiros e esportistas.** Cada segmento é definido pelo comportamento on-line dos seus membros, considerando variáveis como tempo gasto on-line, número de páginas normalmente visitadas e tipos de sites visitados.

O segmento dos **simplificadores** representa as pessoas que gostam de informações sobre os produtos facilmente disponíveis, serviços confiáveis e entrega rápida, respondendo positivamente à qualquer sinal que indique que é mais fácil fazer negócio on-line do que off-line. Não gostam de receber e-mails que não pediram nem de salas de bate-papo ou propagandas intrusivas, que forçam a compra por impulso. Para sites cujo potencial de lucro depende do número de transações realizadas, o segmento dos simplificadores é o mais atraente, pois é responsável por mais de 50% de todas as transações on-line. No entanto, esse segmento é composto de indivíduos exigentes, difíceis de satisfazer e de manter.

Os **surfadores** são apenas 8% de toda a população na internet, porém respondem por 32% de todo o tempo consumido on-line. Usam a internet para diversos fins, como exploração, compras e entretenimento, mas se movem muito rapidamente entre vários sites, procurando novas experiências on-line. Para atrair e reter consumidores

---

Para a eficácia do processo de transmissão e recepção de informações, bem como das estratégias de marketing, a **segmentação dos clientes** torna-se um fator crítico de sucesso.

Um estudo identificou seis diferentes segmentos de consumidores on-line: **simplificadores, surfadores, negociadores, conectadores, rotineiros e esportistas.**

---

[39] McKINSEY Company. Segmenting the e-market. *The McKinsey Quarterly 2000*, n. 4. Disponível em: <http://www.mckinseyquarterly.com/article>.

desse segmento, um site precisa ter uma forte marca na internet, visual moderno e atraente, ser constantemente atualizado e ter uma ampla gama de produtos e de serviços.

Os **negociadores** são aqueles que valorizam um bom negócio, sendo os maiores visitantes de sites de leilão, por exemplo. Gostam de procurar bons preços, de ter controle sobre as transações efetuadas e de um senso de participar de uma comunidade, como a que a empresa eBay oferece. Para atrair e reter negociadores, o site precisa satisfazer o lado emocional do consumidor, oferecendo serviços como *newsletter*, salas de bate-papo e livrarias.

> **Negociadores** são aqueles que valorizam um bom negócio, sendo os maiores visitantes de sites de leilão, por exemplo.

Os **conectadores** utilizam a internet basicamente para se relacionar com outras pessoas, por meio de serviços de e-mail, mensagens eletrônicas e sites que permitem o envio grátis de cartões eletrônicos. São, normalmente, novos na internet, e poucos já efetuaram algum tipo de compra. O programa de marketing deve focar a formação dos hábitos desse segmento de maneira a torná-lo mais atraente, como os simplificadores.

Os **rotineiros** usam a internet primariamente pelo conteúdo, quase sempre notícias e informações financeiras, e gastam mais de 80% do seu tempo on-line nos seus dez sites favoritos.

> **Rotineiros** usam a internet primariamente pelo conteúdo, quase sempre notícias e informações financeiras.

Os **esportistas** possuem o mesmo comportamento dos rotineiros, mas freqüentam sites de esportes e de entretenimento. Para eles, o conteúdo é entretenimento, de maneira que os sites devem ser coloridos, atrativos e interativos, por exemplo, o site da ESPN.com., que é um dos preferidos desse segmento.

Segundo essa pesquisa, gerar receita nos dois últimos segmentos mencionados anteriormente é um grande desafio. Uma maneira óbvia, porém talvez a mais difícil, é cobrar pela visita a determinadas partes do site, tornando os usuários seus assinantes. Outras opções incluem a venda de links para lojas virtuais (o site é remunerado quando seu usuário clica no link que o conecta a outro site), ou o uso de propaganda voltada a influenciar o consumidor a fazer compras off-line dos produtos anunciados.

Hofacker[40] segmenta os usuários da internet em dois grupos, com base em dois tipos de motivações ou fins almejados: os **surfadores hedonistas** e os **pesquisadores práticos**.

No primeiro grupo estão aqueles que navegam na internet com o propósito de ter uma experiência semelhante àquela de assistir a um filme ou a um evento esportivo, ou ouvir música, no sentido do entretenimento, de passatempo prazeroso ou escapismo, fuga dos problemas e do tédio cotidiano. Para eles, a internet funciona como um mecanismo de escape, não havendo um plano de navegação

---

[40] HOFACKER, 2001.

predeterminado, e a escolha dos sites se dá pela possibilidade de obter uma experiência prazerosa. Neste caso, a vivacidade do site, com imagens e sons, é muito importante, bem como a qualidade da interação com os outros navegadores.

No segundo grupo, o dos **pesquisadores práticos**, estão aqueles cujo uso é instrumental e racional. A internet é vista como um instrumento para obter o que desejam, seja produtos, seja serviços, informação, treinamento, relacionamento ou contatos diversos. Na medida em que têm um objetivo determinado, sua atitude em relação à internet é equivalente à do trabalho, baseada na relação custo/benefício.

No Brasil, a empresa Ibope[41] realizou a seguinte segmentação do público de internautas, com base em amostra de 2.130 indivíduos:

- **os cuidadosos** (28%): informados, tendem a se preocupar mais com finanças e alimentação;
- **os típicos** (23%): representam o perfil médio dos internautas.
- **os caseiros** (20%): mais *light-users* da web, dedicam mais tempo à casa e consideram-se religiosos tradicionais;
- **os despreocupados** (18%): mais *heavy-users* da web, não se importam muito com saúde ou alimentação;
- **os reacionários** (11%): o menor grupo, são mais machistas e preferem ser conduzidos.

Gráfico 5.6 *Segmentação dos internautas brasileiros*

Fonte: Adaptado de IBOPE. *Segmentação dos internautas brasileiros.* Jun. 2001. Disponível em: <http://www.ibope.com.br>.

No próximo capítulo, analisaremos como as empresas podem utilizar a internet para transmitir informações, obter conhecimento sobre seus clientes e, assim, implementar ações de marketing bem-sucedidas.

---

[41] IBOPE. *Segmentação dos internautas brasileiros.* Jun. 2001. Disponível em: <http://www.ibope.com.br>.

SITES SOBRE O TEMA

ABEP — http://www.abep.org
EMARKETER — http://www.emarketer.com
IBGE — http://www.ibge.gov.br
IBOPE — http://www.ibope.com.br
JUPITER RESEARCH — http://www.jupiterresearch.com
SBPM — http://www.sbpm.org.br

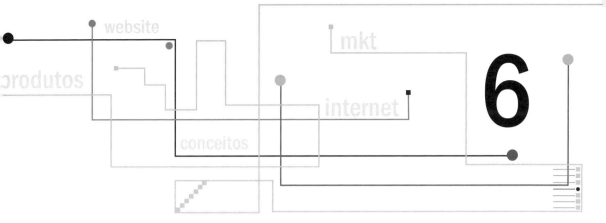

A internet como canal de informação e pesquisa

- *Objetivos do capítulo*

    Depois de concluir este capítulo, você deverá ser capaz de:
    1. Entender a importância da internet como meio de obtenção de informações e realização de pesquisas.
    2. Definir pesquisa de marketing.
    3. Entender como se processa a pesquisa de marketing na internet.

- *Visão geral do capítulo*

    Neste capítulo, analisaremos o uso da internet como meio de obter informações de mercado e realizar pesquisas de marketing que possam permitir a identificação de oportunidades de negócios e embasar as decisões do profissional dessa área.

6.1 COMO OBTER INFORMAÇÕES NA INTERNET

A internet é, por excelência, um canal de **comunicação interativa** entre seus usuários. Com a difusão mundial da internet, o fluxo de informações entre as empresas e seus clientes está sendo invertido, isto é, as empresas passam a enfatizar a troca permanente de informações com seus clientes, e não apenas a transmissão unilateral de informações para eles.

Nesse contexto, o conjunto de informações sobre os clientes passa a ser um fator competitivo estratégico, exigindo a criação de métodos e sistemas de coleta de informações e de obtenção de *feedback* do cliente em tempo real, pela internet. Isso influencia substancialmente o modo como uma empresa deve pensar em cada interação com o cliente.

Um exemplo desse novo tipo de difusão de informações multilaterais, potencializada pela internet, é a existência de sites que visam criar um espaço de discussão aberta e de divulgação de **reclamações e problemas** que os consumidores possam ter em relação a empresas e a instituições, como os sites Howtocomplain (howtocomplain. com) e Complaints (complaints.com). No Brasil, há o site Reclameaqui (www.reclameaqui.net), entre outros.

Outra forma de comunicação potencializada pela internet é a que ocorre entre indivíduos que têm interesses em comum e que se comunicam por meio de **grupos de discussão** ou *newsgroups*, isto é, um serviço na internet que funciona como um quadro de avisos sobre determinado assunto, em que os visitantes lêem as mensagens deixadas por outras pessoas e deixam suas opiniões e comentários. Com mais de 250 mil *newsgroups* existentes atualmente no mundo, há pelo menos um para cada *hobby*, profissão e estilo de vida, o que pode constituir uma grande fonte de informação para o pesquisador de marketing. Outro exemplo são os **blogs** ou sites pessoais elaborados pelos internautas para se comunicarem e formarem comunidades ou redes de relacionamento na internet.

Para Rapp e Martin[1], as empresas, para serem bem-sucedidas na internet, precisam repensar seu modo de interagir com os clientes. O Quadro 6.1, a seguir, elaborado pelos autores, descreve as fontes de informação sobre o cliente, por meio da internet.

> **Grupos de discussão** ou *newsgroups* são um serviço na internet que funciona como um quadro de avisos sobre determinado assunto.

Quadro 6.1 *As fontes de informação sobre o cliente na internet*

Fontes tradicionais de informação sobre o cliente	Fontes de informação sobre o cliente na internet
Pesquisa de mercado (grupos de foco, levantamentos quantitativos, pesquisa sindicalizada paga).	Consultas do cliente em tempo real Sistemas de Posicionamento Geográfico (GPS).
Feedback do cliente (cartas, caixas de sugestões, *call centers* de atendimento ao cliente).	Salas de bate-papo on-line, quadros de avisos eletrônicos (*bulletin boards*), sites de usuários de produtos, fóruns de discussão on-line e *blogs*. Rastreamento do comportamento do cliente na internet por meio de *cookies* ou softwares específicos, inseridos nos *browsers* dos internautas.

(continua)

---

[1] RAPP, Stan; MARTIN, Chuck. *Max-e-marketing in the net future.* New York: McGraw-Hill, 2000.

Capítulo 6 – A internet como canal de informação e pesquisa

(*continuação*)

Diálogos com os vendedores.	Análise em tempo real das transações de vendas on-line.
Análise de dados pelo processamento computadorizado de lotes de informações sobre transações.	Análise de informações em tempo real sobre transações de vendas e consultas dos clientes.
Malas diretas impressas e enviadas por correio.	Envio de e-mail personalizado com a permissão do cliente.

Fonte: adaptado de RAPP, Stan; MARTIN, Chuck. *Max-e-marketing in the net future.* New York: McGraw-Hill, 2000.

Para obter informações sobre clientes, parceiros e concorrentes, as quais serão muito úteis para embasar o planejamento de marketing, o profissional dessa área pode utilizar diversos recursos oferecidos pela internet, como os descritos a seguir.

6.1.1 *Grupos e fóruns de discussão*

Participar de grupos ou fóruns de discussão na internet é um meio rico de obter informações sobre os mais variados temas de interesse do profissional de marketing, principalmente sobre seus clientes e concorrentes.

Os grupos de discussão oferecidos por meio da rede usenet são chamados de **newsgroups.** Para participar de um desses grupos, o usuário precisa instalar no computador um software para leitura de mensagens (*newsreader*), fornecido pelo provedor do serviço.

> Os grupos de discussão oferecidos por meio da rede usenet são chamados de *newsgroups.*

Os documentos escritos pelos participantes de um grupo de discussão são distribuídos pelo **news server**, ou servidor de notícias, que é um computador que arquiva esses documentos em um banco de dados, operado por provedores de serviços, universidades, empresas etc. O protocolo utilizado pelo software *newsreader* para se comunicar com o servidor *news server* é o **Network News Transfer Protocol (NNTP)**.

Um exemplo de grupo de discussão é o localizado no endereço http://members.fortunecity.com/nnqweb, cujo objetivo é divulgar e distribuir informações sobre a **usenet** e os grupos de discussão nos Estados Unidos e na Europa.

O serviço de grupos de discussão na usenet, que se expandiu na década de 1980, está sendo substituído pelos **fóruns de discussão** (web fóruns ou *message boards*) oferecidos a partir de 1995 em sites.

Os **fóruns de discussão** são tecnicamente distintos, mas funcionalmente similares aos *newsgroups* da rede usenet. Sendo um serviço

> **Fóruns de discussão** são tecnicamente distintos, mas funcionalmente similares aos *newsgroups* da rede usenet.

oferecido por diversos sites na internet, eles são acessados por meio dos softwares navegadores (*browsers*) e permitem compartilhar informações ou comunicar-se com pessoas que desejem discutir assuntos em comum.

Os fóruns podem ter ou não um **moderador**. O moderador de um grupo é a pessoa que tem algumas prerrogativas, sendo elas: verificar o conteúdo das mensagens e e-mails recebidos para determinar se eles serão reenviados pelo sistema para os outros usuários; incluir ou modificar as propriedades do grupo; autorizar ou não a entrada de novos membros no grupo.

> Os fóruns podem ser **públicos**, quando aparecem no diretório de grupos do site que oferece o serviço, ou **privados**, quando não são divulgados e não aparecem nesse diretório.

Os fóruns podem ser **públicos,** quando aparecem no diretório de grupos do site que oferece o serviço, ou **privados,** quando não são divulgados e não aparecem nesse diretório. Como exemplo, o site japonês **2channel** (2ch.net) é o maior web fórum do mundo, com 600 grupos de discussão em diversos temas, mais de 10 milhões de visitantes e 2,5 milhões de **mensagens** (*posts*) por dia. Esse web fórum japonês, diferentemente dos americanos, permite a participação de forma anônima, sem que a pessoa precise se registrar no site. Nos Estados Unidos, um dos maiores web fóruns é o **Gaia** (gaiaonline. com), com cerca de 3 milhões de usuários registrados.

No Brasil, um web fórum popular é o **Grupos.com**, o qual possui mais de 1 milhão de membros, divididos em 25 mil grupos, que trocam 25 milhões de e-mails mensalmente. Esse site brasileiro permite a criação de grupos de discussão por e-mail gratuitamente, sendo que cada grupo pode utilizar ferramentas para a comunicação entre seus membros, como o bate-papo, fórum, mural, mensagem instantânea, enquetes e outras. Um usuário cadastrado no site pode criar um novo grupo ou participar de grupos já existentes. Cada grupo tem um endereço eletrônico (por exemplo, teste@grupos.com.br) escolhido pela pessoa que o cria, a qual também pode convidar outras pessoas a participarem dele. Por isso, quando um e-mail é enviado para o endereço do grupo (teste@grupos.com.br), a mensagem é redistribuída para todos os seus membros, ou seja, cada membro recebe cópia da mensagem em questão.

O Yahoo! Grupos é outro serviço gratuito que permite a participação em grupos de discussão por meio do website ou de um programa de e-mail (ver Figura 6.1). O portal UOL também oferece o serviço de web fórum.

Figura 6.1 *Site do Yahoo! Grupos*

Fonte: YAHOO! GRUPOS. Disponível em: <http://br.groups.yahoo.com>.

Outro exemplo de como as empresas podem obter informações por meio de web fóruns é o site CifraClub (forum.cifraclub.terra.com.br/forum/11/81633), no qual estava publicado, em outubro de 2006, um fórum sobre o tema: Qual foi a melhor promoção e o melhor salgadinho da Elma Chips? (ver Quadro 6.2). Nesse caso, o fabricante pode saber as opiniões de seus consumidores sobre seus produtos.

Quadro 6.2 *Exemplo de fórum de discussão na internet*

Fórum CifraClub/ Qual foi a melhor promoção e o melhor salgadinho da Elma Chips?
Autor mensagem: indivíduo
Enviado: 14/mar/05 00:16
eu completei a coleção de tazos looney tunes e animaniacs e os caps do pokemon, mas gostei daquela vez que tinha umas figurinhas da copa de 90 ou 94 não lembro não tenho mais elas e o melhor salgadinho com certeza é o Ruffles churrasco!!!
KaTy
Enviado: 14/mar/05 00:17
não gosto de ruffles não, fandangos eh bom, pingo de ouro tb.

(*continua*)

(continuação)

Danillo

Enviado: 14/mar/05 00:20

com certeza a promoção dos Tazos Looney Tunes e Animaniacs foi a melhor, porque durou um tempão e só se via moleque batendo tazo nos recreios da escola.

o melhor salgadinho, eu acho o Cheetos de requeijão.

Paulo

Enviado: 14/mar/05 00:23

A minha preferida foi os tazos, mas os primeiros... acho q era os looney tunes...

eu era viciado naquilo, tinha até um fichário deles pra guardar os bagulho huahuahahu!!!

Depois veio os outros, mas eram mó chatos...

Fonte: CIFRACLUB. Disponível em: <http://forum.cifraclub.terra.com.br/forum/11/ 81633>.

> Os sites que oferecem grupos de discussão devem comunicar claramente o seu **termo do serviço,** que são condições para o uso dos serviços disponíveis.

Os sites que oferecem grupos de discussão devem comunicar claramente o seu **termo do serviço,** que é o conjunto de condições para o uso dos serviços proporcionados pelo site, incluindo suas **políticas de privacidade** e **anti-spam** (*spam* são os e-mails enviados pelas empresas para divulgar um produto ou serviço sem a autorização do destinatário). Isso porque a motivação de um grupo de discussão é promover a troca de experiências e dados, aproximar pessoas com interesses em comum e incrementar a comunicação dos seus membros, entre outras; os grupos de discussão não são criados para o envio de propaganda, e quase a totalidade dos usuários desaprova essa atitude das empresas.

> *Spam* são os e-mails enviados pelas empresas para divulgar um produto ou serviço sem a autorização do destinatário.

6.1.2 Salas de bate-papo

> Sala de bate-papo ou *chat* é ponto de encontro ao qual os usuários da web recorrem para conversar em tempo real com outros internautas.

Outro recurso da internet para obter informações de clientes, usuários e concorrentes é a **sala de bate-papo** ou *chat,* ponto de encontro ao qual os usuários da web recorrem para conversar em tempo real com outros internautas, em salas temáticas criadas por provedores de serviços, portais e outros websites.

Segundo Nogueira[2], as salas de bate-papo são formas eletrônicas de salas de discussão em grupo no qual os participantes trocam

---

[2]   NOGUEIRA, Claudia M. *Busca de informações na internet e no processo de decisão de compras.* Dissertação (Mestrado) — Escola de Administração de Empresas de São Paulo/Fundação Getulio Vargas, São Paulo, 2001, 193 p.

mensagens em tempo real. São reuniões virtuais que têm sido utilizadas para uma variedade de propósitos, por exemplo: centro de comunicação livre entre consumidores; atendimento ao cliente (o cliente pode falar com algum representante da empresa); e salas de discussão especializadas em temas, como esportes, alimentação, investimentos financeiros, entre outros. Esse recurso é freqüentemente utilizado para que a empresa possa reunir clientes em seu site e discutir assuntos de interesse para um determinado segmento de público.

A autora ainda ressalta que o bate-papo on-line é um meio de atendimento em tempo real para os usuários e visitantes de alguns sites. Pesquisa publicada pela Jupiter Research[3] revelou que 30% dos clientes efetuam compras após interagirem com os sites por esse meio, e 80% dos clientes que entram em contato pela sala de bate-papo solicitam informações sobre produtos.

O **site UOL** é um dos que mais atraem usuários para suas salas de bate-papo. Por exemplo, às 11 horas do dia 8 de fevereiro de 2006, havia 3.018 salas disponíveis e 15.678 pessoas, no total, participando delas. O assinante do UOL pode abrir sua própria sala de bate-papo, com capacidade para receber até 50 convidados. O público visitante do site também pode conversar diariamente com acadêmicos, artistas, atletas, celebridades e outras personalidades em destaque.

Esse serviço do UOL foi um dos primeiros a viabilizar a conversa com vídeo, o "videopapo", que utiliza a tecnologia do Netmeeting, da Microsoft. Recentemente, passou a oferecer o bate-papo por celular, em que o assinante pode escolher entre duas tecnologias de acesso — WAP ou SMS —, as quais têm formas de tarifação e uso diferentes.

6.1.3 *Mensagens instantâneas*

Outro tipo de serviço oferecido pelos portais e websites é a **mensagem instantânea,** que consiste na troca de mensagens, possibilitando às pessoas comunicarem-se em tempo real na web. Por meio desse serviço, o profissional de marketing pode participar de grupos de discussão, enviar e receber mensagens de um grupo de usuários do seu interesse e relacionamento.

> O serviço de **mensagem instantânea**, que consiste na troca de mensagens, possibilitando às pessoas comunicarem-se em tempo real na web.

Os sites de mensagem instantânea mais populares em todo o mundo são os seguintes: MSN Messenger, AOL Instant Messenger, Yahoo! Messenger, Skype, Google Talk e ICQ. Veja um exemplo na Figura 6.2.

---

[3] JUPITER RESEARCH. *Improving contact center efficiencies*: identifying the role of chat -based service. 9 Oct. 2001. Disponível em: <http://www.jupiterresearch.com>.

Figura 6.2 *Home page do site MSN Messenger*

Fonte: MSN MESSENGER. Disponível em: <http://messenger.msn.com/download>.

> **Voip** torna possível estabelecer conversações telefônicas pela internet em substituição à linha do serviço telefônico tradicional.

Recentemente, esses sites começaram a oferecer serviços de conferência na web e voz sobre IP (Voip). A tecnologia **Voip** torna possível estabelecer conversações telefônicas pela internet em substituição à linha do serviço telefônico tradicional. Essa capacidade permite a redução dos custos de telefone e fax, pois converge serviços de dados, voz, fax e vídeo e também constrói novas infra-estruturas para aplicações de e-commerce. Os programas mais utilizados no Brasil são o Skype, o VoxFone e o Voipwebfone.

6.1.4 E-mail

> **E-mail** ou **correio eletrônico** é um dos meios mais importantes de comunicação empresarial e de marketing atualmente.

O **e-mail** ou **correio eletrônico** é um dos meios mais importantes de comunicação empresarial e de marketing atualmente. Enviar e responder e-mails com certa freqüência pode ser decisivo para obter informações e *feedback* dos clientes, criar relacionamento duradouro e desenvolver um negócio. É uma mídia bastante utilizada para transmitir texto, áudio, vídeo, foto e até animações, a um baixo custo.

O e-mail pode ser uma forma de comunicação bastante eficaz se enviado para o público certo. Se mal utilizado, o e-mail torna-se um grande problema, inunda desnecessariamente a caixa postal de quem o recebe e acaba por prejudicar a imagem de quem o envia[4]. Portanto,

---

[4] NOGUEIRA, 2001.

o envio de e-mail com a finalidade de obter informações, realizar pesquisa ou divulgação de produtos da empresa deve ser feito com a expressa permissão do receptor. Este conceito é a base do chamado **marketing de permissão**.

Diversos provedores de serviço na internet, portais e outros sites oferecem e-mail gratuitamente, como o MSN Hotmail, Gmail e o Yahoo!. Este último oferece gratuitamente 1GB (gigabyte) de espaço para arquivar as mensagens, além de proteção anti-spam e antivírus para arquivos recebidos e enviados. O Ibestmail também é um provedor de e-mail gratuito que oferece 120MB de espaço para armazenar as mensagens e os arquivos do usuário.

6.1.5 Mecanismos de busca

Os **mecanismos de busca (*search engines*)** são softwares para auxiliar os usuários da web na pesquisa de informações, páginas e sites. Utilizam programas automáticos, chamados *bots* (robôs) ou *spiders* (aranhas), para pesquisar páginas e sites.

> Os **mecanismos de busca (*search engines*)** são softwares para auxiliar os usuários da web na pesquisa de informações, páginas e sites.

Esses mecanismos examinam todas as páginas encontradas a fim de indexar as informações e identificar links para páginas novas. Utilizam diferentes partes da página para tentar identificar o seu conteúdo. Quando uma **palavra-chave** é consultada em um mecanismo de busca, geralmente se obtém um grande número de resultados, mas eles nem sempre são relevantes.

Segundo pesquisa da Nielsen//NetRatings[5], em dezembro de 2005, o número total de buscas on-line totalizou 5,1 bilhões em cerca de 60 sites nos Estados Unidos. Os dois maiores sites são o Google, com 48,8%, e o Yahoo!, com 21,4% do total das buscas.

De acordo com Nogueira[6], existem tipos diferentes de mecanismos de busca, conforme a classificação da empresa ZDNET, a saber:

- **Mecanismos de uso genérico:** são os mais conhecidos e utilizados para buscas de websites sobre assuntos gerais, como educação, esportes, alimentação, viagens etc., e também blogs ou arquivos de imagens, som e vídeo. São formados por grandes bancos de dados. Os mais conhecidos internacionalmente são o **Google**, o **AltaVista**, o **Yahoo!** e o **MSN**. No Brasil, também é bastante utilizado o **UOL Busca**, que localiza conteúdos específicos, como notícias, imagens, vídeos, músicas e preços, entre mais de 3 bilhões de páginas da internet.

---

[5] NIELSEN//NETRATINGS. *On-line search grow 55 percent year-over-year.* Dec. 2005. Disponível em: <http://www.netratings.com/pr/pr_060209.pdf>.

[6] NOGUEIRA, 2001.

Vários portais, principalmente aqueles com grande quantidade de conteúdo, como o do jornal *O Estado de S.Paulo* e do *Valor Econômico*, oferecem mecanismos de busca para localização de conteúdo em seu próprio site.

- **Meta busca:** trata-se de uma ferramenta que realiza a procura por meio de vários bancos de dados e elimina a redundância entre as informações que encontrou. Utiliza-se de outras ferramentas de busca para achar o que o usuário precisa. Por exemplo, o MetaMiner utiliza-se de 10 alternativas de serviços de busca para que o usuário faça pesquisas. Além disso, ele pode escolher em qual dessas possiblidades quer fazer sua procura.

- **Diretórios de busca:** os mais conhecidos mundialmente são o Google e o Yahoo!. O Google oferece acesso a mais de 1,3 bilhão de páginas e responde a mais de 100 milhões de consultas por dia. O Yahoo! tem 180 milhões de usuários e está organizado em 14 categorias principais, divididas em subcategorias, possibilitando pesquisar websites, blogs, notícias, imagens, fotos, músicas em formato MP3, mapas, endereços, entre outros. A divisão dos diretórios em assuntos otimiza o tempo de quem busca e garante resultados mais específicos e detalhados.

- **Diretórios temáticos e mecanismos de busca especiais:** os diretórios temáticos buscam assuntos específicos como arte, carreiras, computação, governos, saúde, educação, entretenimento etc. Os mecanismos de busca especiais são destinados a procurar pessoas ou localidades, por exemplo. Tanto os diretórios como as buscas especiais são especializações da internet e podem ser encontrados no site www.zdnet.com/searchiq/hotlist.

O site **Bondfaro** é um exemplo de mecanismo de busca especializado em preços de produtos comercializados pelos diversos varejistas virtuais. Seu objetivo é auxiliar os internautas a decidir sua compra entre centenas de lojas e milhares de produtos à venda.

Um novo serviço oferecido pelos portais de conteúdo e sites de busca é o **Really Simple Syndication** (**RSS**), em que o usuário recebe, contínua e automaticamente, as informações atualizadas dos seus sites e assuntos favoritos, sem precisar acessá-los.

Para usar o referido serviço, é necessário copiar um programa **agregador de conteúdo** (*feed reader*), disponível gratuitamente nesses sites, sendo os mais conhecidos: Active Web Reader (www.deskshare.com/awrc.aspx), InstantaNews (www.milestone-ti.com.br), RssReader (www.rssreader.com), Pluck (www.pluck.com), Thunderbird (br.mozdev.org/thunderbird) e Bloglines (www.bloglines.com).

Em geral, os agregadores de conteúdo funcionam como os programas de e-mail. A tela do computador fica dividida em três partes.

Meta busca é uma ferramenta que realiza a busca por meio de vários bancos de dados e elimina a redundância entre as informações que encontrou.

Bondfaro é um exemplo de mecanismo de busca especializado em preços de produtos comercializados pelos diversos varejistas virtuais.

Do lado esquerdo, estão as fontes de informação, organizadas em pastas, por temas; do lado direito, estão os títulos das notícias. O usuário clica no título que lhe interessa e na caixa inferior aparece um resumo da notícia. Se clicar nesse resumo, é possível ler a notícia completa no próprio agregador ou no navegador (web *browser*)[7].

Os sites que oferecem esse serviço expõem o símbolo rss 🔊 ou o símbolo XML. A Figura 6.3 mostra a página do portal UOL (rss.uol.com.br), que disponibiliza esse serviço.

Figura 6.3 *Serviço RSS do portal UOL*

Fonte: PORTAL UOL. Disponível em: <http://rss.uol.com.br>.

6.1.6 Sites de informações e notícias

Existem inúmeros websites de empresas especializadas em pesquisas e análises econômicas, setoriais e de mercado, que proporcionam, gratuitamente ou não, informações úteis para a análise de mercado. Diversas dessas empresas enviam, sem custo ao cliente, *newsletters* por e-mail, com notícias e dados atualizados sobre elas.

O **profissional de marketing** deve identificar na internet os melhores sites de pesquisa e divulgação de informações e dados úteis para sua área de atuação. Para localizar os sites de interesse, as ferramentas de busca, como o UOL Busca e o Google, são bastante úteis.

> O **profissional de marketing** deve identificar na internet os melhores sites de pesquisa e divulgação de informações e dados úteis para sua área de atuação.

---

[7] ARIMA, Kátia. Filtre só o que interessa na web. *O Estado de S.Paulo*. 30 maio 2005. Disponível em: <http://www.link.estadao.com.br/index.cfm?id_conteudo=3865>.

No Quadro 6.3, há uma lista de alguns dos sites que divulgam informações e análises de setores, de mercado e sobre a internet.

Quadro 6.3 *Lista de sites de informações e notícias*

Empresa	Endereço na internet	Área de conteúdo
ABC Interactive	http://www.abcinteractiveaudits.com	Auditoria de audiência de sites
ABEMD	http://www.abemd.org.br	Marketing direto na internet
ABEP	http://abep.org.br	Dados sobre empresas de pesquisa
Agência Estado	http://www.ae.com.br	Notícias sobre economia e internet
AMI	http://www.ami.org.br	Notícias sobre mídia interativa
B2B Magazine	http://www.b2bmagazine.com.br	Dados sobre e-commerce
BCG	http://www.bcg.com	Análises de mercado
Businessweek	http://www.businessweek.com	Análise sobre a internet
Camara-e	www.camara-e.net	Dados sobre e-commerce
Comitê Gestor	http://www.cg.org.br	Dados da internet no Brasil
Comscore	http://www.comscore.com	Pesquisa de propaganda na internet
Datamonitor	http://www.datamonitor.com	Pesquisa sobre a internet
Doubleclick	http://www.doubleclick.net	Pesquisa de propaganda na internet
Ebit	https://www.ebitempresa.com.br	Dados sobre e-commerce
Elab	http://elab.vanderbilt.edu	Pesquisa sobre varejo na internet
eMarketer	http://www.emarketer.com	Pesquisa sobre a internet
E-tailing	http://www.e-tailing.com	Pesquisa sobre varejo na internet
Epaynews	http://www.epaynews.com	Dados sobre pagamento eletrônico
Forrester	http://www.forrester.com	Pesquisa sobre a internet
Gartner	http://www.gartner.com	Pesquisa sobre a internet
Harris Interactive	http://www.harrisinteractive.com	Pesquisa na internet
IAB	http://www.iab.net	Dados sobre propaganda on-line
IBGE	http://www.ibge.gov.br	Dados sobre população e economia
IBM	http://www.ibm.com/iac	Pesquisa sobre a internet
Ibope	http://www.ibope.com.br	Pesquisa na internet
IDC	http://www.idc.com	Pesquisa sobre a internet
IMD	http://www.imd.com.br/	Auditoria de audiência de sites

(continua)

(continuação)

IntelliQuest	http://www.intelliquest.com	Pesquisa na internet
Jupiter Research	http://www.jupiterresearch.com	Pesquisa sobre a internet
Link	http://link.estadao.com.br/	Notícias sobre tecnologia e internet
Marketingpower	http://www.marketingpower.com/	Notícias sobre marketing
McKinsey	http://www.mckinseyquarterly.com	Pesquisa sobre a internet
MIT	http://www.mit.edu/research/	Pesquisa sobre internet
Nielsen//NetRatings	http://www.nielsennetratings.com/	Pesquisa sobre a internet
Network Wizards	http://www.nw.com	Estatísticas sobre a internet
Patricia Seybold	http://www.psgroup.com	Pesquisa sobre a internet
PEW	http://www.pewinternet.org	Pesquisa sobre a internet
Shop.org	http://www.shop.org	Dados sobre e-commerce
ZDNet	www.zdnet.com	Artigos sobre tecnologia e internet
The Industry Standard	http://www.thestandard.com.br/	Pesquisa sobre a internet
Wikipedia	http://en.wikipedia.org	Enciclopédia on-line

Fonte: elaborado pela autora.

Quanto às empresas de pesquisa de marketing, a Esomar, organização sem fins lucrativos que reúne as empresas de pesquisa de marketing, publicou em seu site a lista das maiores empresas de pesquisa no mundo, em 2003, conforme Tabela 6.1.

Tabela 6.1 *As maiores empresas de pesquisa de marketing no mundo*

Ranking 2003	Empresas	País de origem	Receita US$ milhões
1	VNU N.V.	Holanda	3.048,3
2	Taylor Nelson Sofres Plc.	Reino Unido	1.585,1
3	IMS Health Inc.	EUA	1.361,8
4	The Kantar Group	Reino Unido	1.002,1
5	GfK Group	Alemanha	873,6
6	Ipsos Group S.A.	França	644,6
7	Information Resources Inc.	EUA	554,3
8	Westat Inc.	EUA	361,6
9	Synovate	Reino Unido	357,7
10	NOP World	Reino Unido	335,6

Fonte: ESOMAR. *Top 25 research companies*. Ago. 2004. Disponível em: <http://www.esomar.org>.

No Brasil, a lista e os endereços das empresas de pesquisa de marketing podem ser obtidos no site da Associação Brasileira de Empresas de Pesquisa (ABEP).

6.2 COMO REALIZAR PESQUISA DE MARKETING

Nesta seção, apresentaremos alguns conceitos importantes para melhor compreensão do que é uma pesquisa de marketing, os seus diversos tipos e as etapas de sua realização, antes de iniciarmos a apresentação das formas de realizar pesquisa na internet.

Pode-se definir a **pesquisa de marketing** como a identificação, a coleta, a análise e a disseminação de informações, de modo objetivo e sistemático, visando minimizar o risco das decisões de marketing, as quais são direcionadas à solução de problemas e à identificação das oportunidades do setor.

Essa pesquisa deve seguir um procedimento científico para que os dados obtidos tenham validades interna e externa, e para que as decisões de marketing possam ser tomadas com baixa margem de erro.

A **validade interna** da pesquisa significa a possibilidade de estabelecer uma relação de causa e efeito entre um estímulo e a resposta do objeto de estudo. A **validade externa** é obtida quando os dados levantados podem ser generalizados da amostra pesquisada para a população-alvo, ou, então, projetados do presente para o futuro.

Portanto, a pesquisa de marketing é uma área de especialização na função de marketing, exigindo bastante conhecimento e experiência do profissional, nos campos de estatística, psicologia e sociologia.

Um projeto de pesquisa de marketing contém cinco etapas, conforme apresentado na Figura 6.4.

> **Validade interna** da pesquisa é a possibilidade de estabelecer uma relação de causa e efeito entre um estímulo e a resposta do objeto de estudo.

Figura 6.4 *As etapas da pesquisa de marketing*

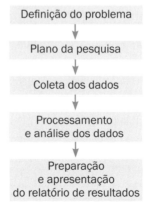

Fonte: elaborada pela autora.

6.2.1 Primeira etapa: definição do problema

Na primeira etapa do projeto de pesquisa, o profissional de marketing deve identificar qual a decisão de marketing a ser tomada, com base em uma determinada situação de mercado. A definição do problema gerencial estabelece o curso do projeto de pesquisa como um todo, e a má definição do problema compromete o resto do projeto. Também deve ser definido o problema da pesquisa.

Não se deve confundir problema gerencial com problema da pesquisa. O **problema gerencial** é o ponto de partida da pesquisa e vem a ser a decisão que o gerente de marketing precisa tomar e o objetivo a ser alcançado por ele com esta decisão. O **problema da pesquisa** refere-se às perguntas que o pesquisador deve responder e o modo como estas respostas devem ser obtidas.

> **Problema da pesquisa** refere-se às perguntas que o pesquisador deve responder e o modo como estas respostas devem ser obtidas.

O Quadro 6.4 traz alguns exemplos de problemas gerenciais e da pesquisa.

Quadro 6.4 *Exemplos de problema gerencial e de pesquisa*

Problema gerencial	Problema da pesquisa
As vendas do produto estão decrescentes há quatro meses, e o gerente de marketing deve decidir se continua a investir no produto, ou se retira o produto do mercado.	Determinar as causas da queda das vendas do produto, avaliando o comportamento dos consumidores em relação ao produto e se houve mudança na preferência dos consumidores.
As vendas do produto estão abaixo da meta, e o gerente de marketing deve decidir se realiza uma promoção de vendas, ou se faz propaganda do produto na televisão.	Determinar as causas da queda das vendas do produto, verificando se o consumidor está satisfeito com o preço e o desempenho do produto, se o consumidor se lembra da marca e se tem imagem favorável.
O preço do produto concorrente foi reduzido em 15%, e o gerente de marketing deve decidir se reduz o preço do produto da empresa, ou se o mantém.	Determinar a preferência do consumidor em relação ao produto da empresa *versus* o concorrente e verificar se a redução de preço do concorrente vai provocar a redução do consumo do produto da empresa.
Os engenheiros da empresa desenvolveram duas alternativas de produto, e o gerente de marketing deve decidir qual das duas deve ser lançada no mercado.	Determinar a preferência do consumidor em relação às duas alternativas de produto, identificando qual delas irá gerar maior satisfação do consumidor.

Fonte: elaborada pela autora.

A pesquisa de marketing requer traduzir o problema gerencial em variáveis a serem medidas, isto é, o problema gerencial deve ser traduzido em um problema de pesquisa de marketing. Portanto, ela envolve o **diagnóstico** das necessidades de informação e a **seleção de variáveis** relevantes sobre as quais informações válidas e confiáveis serão coletadas e analisadas.

Ainda na primeira etapa, o profissional de marketing deve avaliar se o custo da informação a ser obtida é compensado pelos ganhos esperados com a decisão a ser tomada. Existem situações em que o custo de se obter a informação torna-se maior do que o ganho esperado com esta informação disponível. Nesse caso, é preferível pensar bem sobre a melhor solução — às vezes, utilizar os dados que já possui, mesmo imprecisos ou insuficientes, traz mais vantagens.

Uma alternativa para calcular o ganho a ser obtido pela pesquisa é estimar o custo de uma decisão errada, que pode ser, por exemplo, o volume de vendas perdido para a concorrência durante certo período de tempo ou os custos adicionais de mudança, quando se toma a decisão errada.

> O **plano da pesquisa** contém os objetivos, as hipóteses, a metodologia, as fontes de informação, a amostra, os questionários, o cronograma e o orçamento da pesquisa.

6.2.2 *Segunda etapa: elaboração do plano da pesquisa*

Em seguida à definição do problema gerencial e do problema da pesquisa, o profissional de marketing deve elaborar o **plano da pesquisa**, o qual contém os objetivos, as hipóteses, a metodologia, as fontes de informação, a amostra, os questionários, o cronograma e o orçamento da pesquisa. Trata-se de um plano para a condução da pesquisa de marketing, com a especificação dos procedimentos necessários para obter as informações requeridas pelo problema.

Como as decisões gerenciais são aquelas que possibilitam atingir objetivos de marketing, o plano de pesquisa inicia-se com a definição dos **objetivos da pesquisa**, que deverão estar alinhados com os objetivos de marketing. Os objetivos são as principais informações a serem obtidas, ou as questões principais a serem respondidas pela pesquisa. Como exemplo, no caso da decisão sobre a manutenção do produto ou a retirada do produto do mercado, os pontos centrais a serem respondidos estão resumidos a seguir:

Problema da pesquisa

Determinar as causas da queda das vendas do produto, avaliando o comportamento dos consumidores em relação ao produto.

Objetivos da pesquisa

Determinar quais as causas da queda das vendas do produto, identificando quem são os consumidores que deixaram de comprar o produto, por que motivos deixaram de comprá-lo e quais produtos concorrentes os consumidores passaram a comprar.

Capítulo 6 – A internet como canal de informação e pesquisa

Em seguida, são definidas as **hipóteses da pesquisa**, que são as possíveis respostas para cada questão estabelecida. As hipóteses constituem uma orientação para a busca da informação, mas não é necessário que toda questão tenha uma hipótese correspondente. Isso ocorrerá somente se for possível estabelecer *a priori* uma relação de causa e efeito entre duas variáveis, como exemplificado:

Hipótese da pesquisa
As vendas do produto estão decrescentes porque o consumidor prefere consumir o produto do concorrente, que tem preço menor e oferece benefícios adicionais.

Definidos os objetivos e as hipóteses da pesquisa, o profissional de marketing deve escolher a **metodologia,** que é a definição do modo como os dados e as informações serão coletados e analisados.

> **Metodologia** é a definição do modo como os dados e as informações serão coletados e analisados.

A primeira decisão referente à metodologia é saber se serão coletados **dados primários,** gerados sob encomenda da empresa, com o fim de abordar um problema específico, ou **dados secundários,** aqueles coletados por terceiros, com outros fins que não o problema específico de pesquisa em questão.

As **pesquisas de dados primários** podem ser de dois tipos — exploratório e conclusivo —, como segue:

> **Dados primários** são gerados sob encomenda da empresa com o fim de abordar um problema específico. **Dados secundários** são aqueles coletados por terceiros com outros fins que não o problema específico de pesquisa em questão.

Pesquisa exploratória
É a pesquisa baseada em pequenas amostras, sem quantificação de dados, visando obter compreensão inicial do problema de marketing, formular hipóteses e direcionar estudos posteriores.
Os dados obtidos não podem ser projetados para o futuro nem generalizados para o universo, visto que a amostra não é representativa da população estudada.
É a metodologia utilizada para investigar, com profundidade, assuntos íntimos e delicados, relativos ao comportamento de consumo, e também para pré-testes de idéias, conceitos de produto e de propaganda, por exemplo.

As técnicas de **pesquisa exploratória** podem ser:

Discussões em grupo ou grupos de foco: pequeno grupo, de 8 a 12 pessoas, com um moderador, permitindo explorar sensações, sentimentos, expectativas, opiniões, atitudes, hábitos, preconceitos etc. Técnica rápida e de baixo custo. É uma técnica de pesquisa exploratória muito utilizada.

(continua)

(continuação)

Técnicas projetivas: técnica de entrevista que usa um meio indireto de perguntar, permitindo ao entrevistado projetar-se em uma terceira pessoa ou em uma dada situação (*role-playing*). As técnicas utilizadas são: completar frases, desenhar, contar história, entre outras.

Entrevista em profundidade: entrevista individual, com questionário de perguntas abertas, para investigar motivações, atitudes, crenças e preconceitos.

Pesquisa conclusiva é aquela que visa obter medidas quantificáveis das características, comportamentos, atitudes e opiniões dos clientes e outros objetos de estudo.

Pesquisa conclusiva

É o tipo de pesquisa, que visa obter medidas quantificáveis das características, comportamentos, atitudes e opiniões dos clientes e outros objetos de estudo (concorrentes ou formadores de opinião, por exemplo).

Fazendo uso de análise estatística, permite a quantificação de dados e a generalização dos resultados para a população estudada, já que a amostra é representativa do universo.

Há dois tipos de **pesquisa conclusiva**, quais sejam:

Pesquisa descritiva: pesquisa conclusiva usada para descrever um fato, determinar sua freqüência de ocorrência, ou estabelecer relações entre duas variáveis.

Pesquisa causal: pesquisa conclusiva cujo principal objetivo é obter evidências de relações de causa e efeito, com base em experimentos controlados. Permite testar hipóteses. Requer um ambiente de pesquisa planejado, estruturado e controlado.

As técnicas de **pesquisa descritiva** englobam os seguintes tipos:

Levantamento (*survey*): por meio de uma amostra representativa da população, descreve e mede comportamentos (variáveis) em um dado momento. Em geral, usa-se um questionário estruturado. É o método mais popular de coleta de dados.

Observação: é o segundo tipo de metodologia descritiva, com registro de padrões comportamentais de pessoas ou eventos de forma sistemática. Ressalte-se que o observador não se comunica com as pessoas, enquanto elas são observadas.

Painel ou estudos longitudinais: por meio de uma amostra representativa, mede comportamentos (variáveis) ao longo do tempo; uma auditoria, em que um observador coleta dados examinando registros físicos ou faz uma análise de dados de estoque. São exemplos desta técnica a pesquisa Nielsen de varejo e a pesquisa Ibope de audiência.

(continua)

Capítulo 6 – A internet como canal de informação e pesquisa

(*continuação*)

Análise de conteúdo: descrição sistemática, objetiva e quantitativa do conteúdo de uma comunicação, para análise de propagandas, notícias impressas e respostas abertas (com o uso de computadores).

A técnica de **pesquisa causal** é a **experimentação,** método de investigação científica pelo qual se pode estabelecer uma relação de causa e efeito entre variáveis, controlando a variável-causa, enquanto se observa seus efeitos sobre a variável-resposta. São exemplos desta técnica: duas lojas de supermercado com vendas sendo mensuradas; uma das lojas contém um novo produto e a outra, não.

> **Experimentação** é um método de investigação científica pelo qual se pode estabelecer uma relação de causa e efeito entre variáveis, controlando a variável-causa, enquanto se observa seus efeitos sobre a variável-resposta.

Com base na técnica de pesquisa a ser utilizada, deve-se decidir a **amostragem,** que é o processo de selecionar ou sortear amostras de uma população para inferir conhecimento sobre o todo. A amostra da pesquisa é qualquer parte da população escolhida para estudo, como homens casados, com 40 anos ou mais, consumidores de cigarros, residentes na cidade de São Paulo.

> **Amostragem** é o processo de selecionar ou sortear amostras de uma população para inferir conhecimento sobre o todo.

A definição da amostra da pesquisa requer três decisões:

- **Unidade amostral:** Quem ou o que será pesquisado?
- **Tamanho da amostra:** Quantas pessoas devem ser pesquisadas?
- **Procedimento amostral:** Como as pessoas devem ser selecionadas?

Há dois tipos de amostra:

Amostra probabilística: quando todos os membros da população têm chance (probabilidade), conhecida e diferente de zero, de serem elecionados para compor a amostra. Nesse caso, pode-se calcular o erro amostral: em que medida os valores das variáveis obtidos na amostra diferem dos valores da população.

Amostra não-probabilística: quando não há probabilidade conhecida de qualquer membro da população fazer parte da amostra. Tipos dessa amostra: amostra por conveniência, quando se selecionam os participantes que dão informações com mais facilidade; amostra por julgamento, quando o pesquisador usa sua avaliação para selecionar os participantes.

Um método de seleção de amostra probabilística bastante utilizado é a **discagem aleatória de dígitos** (*Random Digital Dial* — RDD), que consiste na discagem de combinação aleatória de números, até que um número válido de telefone seja atendido pelo usuário.

Definida a amostra da pesquisa, o profissional de marketing deve decidir sobre a elaboração dos questionários a serem utilizados, o cronograma da pesquisa e o orçamento, com a previsão dos gastos totais do projeto.

Com todas essas definições concluídas, pode-se começar a pesquisa com a coleta, o processamento, a análise e a apresentação dos dados, que compõem a terceira, a quarta e a quinta etapas do projeto, respectivamente.

> A **coleta de dados** deve ser realizada seguindo o plano da pesquisa, e com a realização de auditoria durante o desenvolvimento dos trabalhos de campo.

6.2.3 *Terceira etapa: coleta de dados*

A terceira etapa é a **coleta de dados,** a qual deve ser realizada seguindo o plano da pesquisa (amostra e metodologia), e com a realização de auditoria durante o desenvolvimento dos trabalhos de campo. Existem diversas empresas especializadas no trabalho de coleta de informações, com equipes contratadas e treinadas para este trabalho.

> **Processamento e a análise** dos dados coletados ocorre quando se interpretam os dados obtidos e se estabelecem as relações de causa e efeito.

6.2.4 *Quarta etapa: processamento e análise*

Esta etapa inclui o **processamento e a análise** dos dados coletados, quando se interpretam os dados obtidos e se estabelecem as relações de causa e efeito. Para o processamento, são utilizados programas de computador específicos para esta finalidade. A análise dos dados é feita por profissionais experientes, que se utilizam de metodologias próprias, baseadas em seu conhecimento, ou padronizadas, amplamente utilizadas pelos profissionais da área.

6.2.5 *Quinta etapa: apresentação dos resultados*

Nesta etapa, realiza-se a elaboração e a apresentação do relatório final, com a análise e as conclusões da pesquisa, visando comunicar o que é relevante para a tomada de decisão de marketing.

Na próxima seção, apresentaremos as pesquisas que podem ser feitas por meio da internet, com base nas metodologias e nos procedimentos até então discutidos.

6.3 *A PESQUISA DE MARKETING NA INTERNET*

A internet está criando oportunidades para a realização de pesquisas de marketing. Nos últimos anos, surgiram institutos especializados em pesquisa na internet, como a empresa Media Metrix (www.comscore.com), e empresas já tradicionais em pesquisa, como a Ipsos (www.ipsos.com.br), a ACNielsen (www.acnielsen.com.br), a Opinia (www.opinia.com) e o Ibope (www.ibope.com.br), que vêm investindo em novas metodologias específicas para a internet. Algumas dessas empresas e suas metodologias estão resumidas neste tópico.

Sobre o impacto da internet na pesquisa de marketing, Carl McDaniel[8] afirma que ela mudou os modelos tradicionais de pesquisa, com o surgimento de novas técnicas e metodologias. Segundo o autor, cada vez mais a pesquisa pela internet vai ser utilizada em função dos seguintes fatores:

- melhora a capacidade de as empresas responderem rapidamente às necessidades do consumidor e à mudança nos mercados;
- faz que estudos de acompanhamento de tendências e outros tipos de pesquisa sejam mais fáceis de se utilizar e produzam resultados mais frutíferos;
- diminui drasticamente o trabalho e o tempo na realização de diversas pesquisas, com conseqüente diminuição de custo.

O autor considera que a grande controvérsia existente no ramo da pesquisa exploratória é o rápido crescimento das discussões em grupo ou os grupos de foco conduzidos pela internet. Algumas empresas de pesquisa defendem que essa metodologia pode substituir perfeitamente as discussões em grupo tradicionais.

As vantagens dessa nova metodologia seriam: a ausência de barreiras geográficas, a redução de custos, os resultados mais rápidos e o fato de os entrevistados ficarem mais abertos e serem mais sinceros, por não terem um entrevistador cara a cara, em contato direto com eles. As desvantagens seriam: a interação entre os membros fica prejudicada, não há a possibilidade de se avaliar aspectos não-verbais, o cliente pesquisado tem sua participação diminuída, a segurança é prejudicada (é difícil saber, com certeza, quem está no computador, participando da pesquisa) e a atenção não é a mesma, pois o participante pode fazer outras coisas, enquanto participa.

Com a experiência acumulada e as novas metodologias que vêm sendo criadas, podem ser minimizadas essas desvantagens atuais no uso da internet como meio de realização de pesquisas de marketing.

A internet tem sido utilizada para a realização das seguintes pesquisas:

- **Pesquisa de dados secundários**: coleta de dados e informações sobre os mais variados assuntos, nos diversos sites de empresas de pesquisa e outros sites de conteúdo.
- **Pesquisas exploratórias**: realização de discussões em grupo pela internet, por empresas especializadas em pesquisa, por meio de salas de bate-papo fechadas, pequenos grupos de 10 ou 12 internautas; nesses casos, as perguntas do moderador

---

[8]   McDANIEL, Carl. *Internet research*: the technology of the future. Arlington: University of Texas, 2001.

> Através da **tecnologia de voz sobre IP (Voip)** são realizadas pesquisas de entrevistas ou grupos de foco, com base no recurso de teleconferência, em que os participantes conversam e ouvem uns aos outros.

do grupo aparecem em um lado da tela do *browser* e as respostas dos participantes surgem no outro lado da tela, em tempo real.

Com a **tecnologia de voz sobre IP (Voip),** possibilitando a transmissão de voz por meio da internet, são realizadas pesquisas de entrevistas ou grupos de foco, com base no recurso de teleconferência, em que os participantes conversam e ouvem uns aos outros.

- **Pesquisas conclusivas**: são realizados diversos levantamentos com amostras representativas do segmento de internautas que tenham interesse no projeto, por intermédio de questionários enviados por e-mail ou anexados ao site da empresa de pesquisa. Também são realizadas várias pesquisas de painel, com amostra fixa de internautas, que respondem a questionários.

- **Estudos de observação**: são possíveis por intermédio dos *cookies*, pequenos programas instalados no computador do internauta que monitora a sua navegação na internet, registrando todos os sites e páginas visitados.

- **Auditorias**: são realizadas para pesquisar dados de tráfego e da audiência dos sites, páginas e anúncios na internet.

- **Análise de conteúdo**: descrição do conteúdo de uma comunicação na internet (anúncios, páginas e sites).

Nas pesquisas conclusivas pela internet, admitem-se três modelos de amostragem: **amostra irrestrita**, quando qualquer internauta pode responder ao questionário; **amostra com restrições**, quando os internautas participantes são selecionados com base em certos critérios de quotas; e a **amostra recrutada**, quando são previamente selecionados internautas por telefone, e-mail etc.

Um exemplo de pesquisa conduzida totalmente pela internet foi o estudo realizado em parceria entre o Webmotors, site especializado em automóveis, e a Fundação Instituto de Pesquisas Econômicas da Universidade de São Paulo (Fipe-USP), para averiguar hábitos, comportamentos e avaliação geral dos automóveis pelos consumidores.

A pesquisa mencionada teve como base 10 mil formulários preenchidos pela internet, durante um mês. Como parte dos cuidados para garantir a precisão dos dados, um dos procedimentos adotados foi considerar apenas os questionários completos e permitir o preenchimento de um questionário por pessoa[9].

---

[9]   PREÇO supera conforto na opinião dos internautas. *Folha de S.Paulo*, São Paulo, 8 abr. 2001. Disponível em: <http://www1.folha.uol.com.br/fsp/veiculos/cv0804200103.htm>.

6.3.1 *Pesquisa sobre o comportamento do consumidor e a propaganda na internet*

Diversos institutos de análise de marketing realizam pesquisas exploratórias e conclusivas pela internet. Como exemplo, vêm descritos a seguir os trabalhos realizados pelas empresas Ibope, Ipsos e Opinia.

6.3.1.1 Ibope

O **Ibope**[10] foi o primeiro instituto de pesquisa de mercado da América Latina, fundado em 1942. Atualmente, são 11 empresas, atuando em 16 países. A seguir, estão resumidos os principais trabalhos realizados pelo Grupo Ibope.

> **Ibope** foi o primeiro instituto de pesquisa de mercado da América Latina, fundado em 1942. Atualmente, são 11 empresas, atuando em 16 países.

Ibope//NetRatings

Empresa formada pela *joint venture* entre o Ibope e a Nielsen//NetRatings, especializada em medição de audiência na internet. Com o auxílio de um software instalado nos computadores de um **painel de internautas** representativo da população domiciliar com acesso à web, a empresa detalha o comportamento dos internautas e, ao mesmo tempo, mede a **audiência domiciliar**. O acesso à web feito no local de trabalho ainda não é mensurado.

Os participantes do painel são recrutados aleatoriamente por telefone (método RDD) e participam da pesquisa com o incentivo de um sistema de acumulação de pontos, que são trocados por prêmios. A formação dos painéis procura retratar o perfil médio do público que acessa a internet no País.

A amostra da pesquisa é balizada pelos resultados de penetração da internet no Brasil, fornecidos pelo estudo Global Internet Trends (GNetT), e realizada segundo padrões utilizados pela Nielsen//NetRatings em todos os países nos quais o serviço é prestado. A metodologia com aferição constante do universo de internautas garante uma amostra representativa e atualizada.

Os dados dos computadores dos internautas são coletados e enviados, em tempo real, para a central de processamento na Califórnia, nos Estados Unidos.

Outros serviços oferecidos pelo Ibope são descritos na relação a seguir.

---

[10] IBOPE. *Pesquisas.* Disponível em: <http://www.ibope.com.br>.

Web Brasil

O relatório Web Brasil foi desenvolvido para empresas que necessitam acompanhar as principais tendências de uso da internet no País e conhecer os principais indicadores mundiais em suas áreas de atuação. Reúne diversos dados trimestrais dos painéis de audiência de internet no Brasil e em mais 11 países, além de levantamentos telefônicos representativos do universo nacional de internautas. Esse conjunto de informações possibilita uma radiografia dos **hábitos de navegação** dos internautas.

> O objetivo dos relatórios trimestrais Web Brasil é fornecer subsídios para a **construção de estratégias de internet**.

O objetivo dos relatórios trimestrais Web Brasil é fornecer subsídios para a **construção de estratégias de internet.** Para tanto, o relatório fornece os seguintes dados:

- **Panorama do acesso no Brasil e no mundo**: dados sobre o número de internautas em cada país, a intensidade de uso (horas navegadas), distribuição do acesso (casa, trabalho, locais públicos etc.), atividades realizadas na rede, tipo de acesso (banda larga ou linha discada), intenção de acesso entre quem ainda não instalou a internet no domicílio, entre outros.

- **Perfil do usuário brasileiro**: número de usuários domiciliares e intensidade de uso, por sexo, idade, escolaridade e ocupação.

- **Categorias mais acessadas na internet**: número de visitantes, de visitas repetidas e tempo total de uso domiciliar para 16 diferentes categorias de sites (portais, notícias e informações; entretenimento; comércio; finanças; educação; carreira etc.).

- **Perfil do acesso domiciliar**: o perfil do público e os indicadores mundiais para as categorias de uso de internet mais importantes.

- **Principais sites por faixa etária**: sites que apresentam os maiores índices de visitação/afinidade com as crianças, com os adolescentes e com os adultos.

Global Internet Trends (GNetT)

É uma pesquisa trimestral realizada por telefone, com amostragem de mil residências em dez países, utilizando a metodologia RDD, que seleciona números de telefones domiciliares com base nos prefixos da rede de telefonia fixa. Proporciona informações sobre as **tendências da internet**, identificando oportunidades e ameaças de mercado. Levanta dados sobre o uso da web, acesso *wireless* (sem fio) e tendências de utilização.

Capítulo 6 – A internet como canal de informação e pesquisa

As principais métricas apresentadas no GNetT são as seguintes:

- número de pessoas com acesso à internet;
- número de domicílios com acesso à internet;
- demografia dos domicílios;
- locais de acesso (domicílio/trabalho);
- uso da internet;
- formas de acesso à internet no domicílio;
- penetração de PCs, telefones fixos e móveis no domicílio;
- penetração de PCs, telefones fixos e móveis por indivíduo;
- posse e uso de computadores, celulares, internet, banda larga;
- evolução no número de usuários de cada um desses produtos.

Netview

Realizada pelo Ibope//NetRatings, o Netview é uma pesquisa de painel que tem como foco o mercado brasileiro, fornecendo informações sobre as atividades realizadas pelos internautas e relatórios sobre a **receptividade aos anúncios** de banners. Para as empresas, trata-se de um instrumento para subsidiar a expansão de negócios na web e também para avaliar a atuação da concorrência.

As informações fornecidas são obtidas com a utilização de um software instalado no computador, na residência do colaborador. Esta sistemática possibilita o levantamento de informações, por exemplo, medição de tráfego e audiência dos sites; perfil demográfico (idade, sexo, renda, escolaridade e ocupação) da audiência; *ranking* dos sites; gráficos de tendência de mercado; exposição e resposta do público aos anúncios de banners; *ranking* de anunciantes. Com os dados coletados, são emitidos relatórios mensais, repassados ao cliente pela internet.

Os participantes dos painéis do Netview são recrutados aleatoriamente por telefone.

Target Group Index

A pesquisa Target Group Index é um estudo realizado pelo Ibope em parceria com a Kantar Media Research, que reúne informações sobre 200 categorias de produtos, 3 mil marcas e 800 veículos de comunicação, visando oferecer elementos de consumo de produtos e de mídia, atividades diárias, opiniões e atitudes dos consumidores em uma só base de dados. Além disso, é possível comparar diferentes mercados e avaliar o desempenho de marcas globais, já que o estudo é realizado em 57 países, com o mesmo questionário e igual metodologia.

O software do Target Group Index gera mais de 1 bilhão de combinações de dados.

Internet POP

A pesquisa Internet POP levanta informações sobre a importância atribuída à posse de TV por assinatura, de telefone celular e de formas de acesso à internet, ou seja, intenção de contratação de acesso rápido, entre outras questões.

A 17ª Pesquisa Internet POP foi realizada entre abril e maio de 2005, com 17.123 entrevistas, em nove regiões metropolitanas: São Paulo, Rio de Janeiro, Belo Horizonte, Recife, Porto Alegre, Salvador, Fortaleza, Distrito Federal e Curitiba.

A amostra da pesquisa é representativa dos moradores da área em estudo, sendo selecionada em dois estágios. No primeiro estágio, os setores censitários foram escolhidos, de modo probabilístico, por meio do método **Probability Proportional to Size** (**PPS**), tomando a população como base. No segundo estágio, a seleção dos entrevistados, no setor censitário, foi feita utilizando-se quotas proporcionais, em função das variáveis: sexo, idade e condição de atividade. Alguns setores com grande presença de edifícios ou condomínios foram pesquisados por telefone. Nesse caso, a seleção do domicílio ocorreu por meio da lista telefônica ou, na falta dessa, por seleção aleatória de números telefônicos.

A 17ª edição da Pesquisa Internet POP traz as seguintes informações:

- posse de telefone fixo, telefone celular e TV por assinatura;
- presença de computador em casa e no trabalho;
- presença de computador com acesso à internet em casa e no trabalho;
- provedores de acesso utilizados com mais freqüência no domicílio;
- forma de acesso à internet (discado ou banda larga);
- intenção de adquirir acesso à banda larga nos próximos seis meses;
- uso de internet e locais onde possa acessá-la;
- sitema de telefonia Voip — conhecimento e utilização.

Ibope eSurvey

O **Ibope eSurvey** realiza pesquisas sobre e pela internet, por um painel com mais de 100 mil internautas, fornecendo informações para a tomada de decisões em marketing.

Ibope eSurvey realiza pesquisas sobre e pela internet, por um painel com mais de 100 mil internautas, fornecendo informações para a tomada de decisões em marketing.

A empresa Global Market Insite (GMI)[11] fornece ao Ibope eSurvey o licenciamento do Net-MR, um software que gerencia o processo operacional de pesquisas feitas pela internet, supervisionando desde a coleta de dados até a elaboração de relatórios e análises.

Os serviços oferecidos pela empresa são:

- pesquisas sindicalizadas: painéis ou outros tipos;
- *tracking* de perfis de mercado e hábitos de consumo;
- testes de conceito, embalagem, produto, marca e preço;
- pré-teste e avaliação de campanha promocional;
- levantamentos de opiniões dos internautas;
- relatórios *web shoppers* sobre a evolução da internet no Brasil e dos hábitos de consumo dos internautas;
- *web payment*: avaliação do comportamento dos internautas em relação à utilização de cartões de crédito no pagamento de compras pela internet.

6.3.1.2 Ipsos

O Grupo Ipsos[12], fundado na França em 1975, está entre os maiores no *ranking* mundial de institutos de pesquisa, com presença nos principais países de cada continente. As áreas de especialidade do grupo são as pesquisas de marketing e de propaganda.

O Ipsos atua no Brasil com seis divisões em áreas distintas de especialidade: *Ipsos Insight*, especializada em modelos mercadológicos e estratégia de posicionamento; *Ipsos ASI*, com pesquisas sobre avaliação da eficácia publicitária, oferece diagnóstico para a melhoria da comunicação e a otimização dos investimentos; *Ipsos Marplan*, referência em pesquisa de mídia com os Estudos Marplan, que analisa os hábitos de mídia e consumo; *Ipsos Loyalty*, que mede a satisfação de clientes por meio de um modelo analítico levando em consideração o processo global de satisfação e lealdade do cliente; *Ipsos Novaction & Vantis*, especializada em previsão de demanda por meio de testes simulados de mercado e metodologia de modelagem; e a *Ipsos Public Affairs*, que atua em pesquisa de opinião pública.

No Quadro 6.5 estão resumidas algumas das pesquisas sobre a internet realizadas pela empresa.

---

[11] GLOBAL MARKET INSITE. *Soluções integradas para inteligência de mercado*. Disponível em: <http://pt.gmi-mr.com/company>.

[12] IPSOS. *Produtos e serviços*. Disponível em: <http://www.ipsos.com.br>.

Quadro 6.5 *Pesquisas Ipsos para a internet*

Ipsos Next Internet: pesquisa que avalia a eficácia da propaganda interativa, na fase de pré ou pós-lançamento da marca. É um teste que reproduz o ambiente no qual uma propaganda interativa funciona, inserido em um site de conteúdo, enquanto o internauta navega em seu próprio computador. Esta metodologia mede a eficácia de comerciais interativos no ambiente natural de navegação dos internautas — em seus próprios lares, em seus próprios computadores, em um site da internet. A pesquisa é realizada on-line, por meio de servidores próprios, com software desenvolvido para acompanhamento em tempo real.

Ipsos Web Satisfactor: pesquisa que mede a satisfação do usuário com o website. Mede o resultado da experiência real vivida pelo usuário em relação a um site determinado. Ajuda a definir o que priorizar no desenvolvimento e na otimização de um website e elaborar uma estratégia competitiva. A metodologia utiliza uma combinação de entrevistas on-line e telefônicas.

Ipsos Website Efficiency: pesquisa com internautas, por meio da internet, para medir e acompanhar a eficácia de um website. Identifica a atratividade, os pontos fortes e fracos, o perfil dos visitantes e outras dimensões, para avaliar o poder de comunicação de um website. A pesquisa pode ser feita, pontual ou continuamente, com o método de *tracking*. As questões pesquisadas são as seguintes: facilidade de navegação; interesse no conteúdo; desejo de retorno; qualidade de informação oferecida pelo site e avaliação global do site.

Ipsos Web Workshop: a metodologia consiste em um levantamento de expectativas e percepções sobre websites por técnica de discussão em grupo, combinada com navegação em site individual. Nas duas etapas, a empresa-cliente pode observar o desenrolar das discussões e ver o que cada um dos entrevistados faz na tela do computador, por meio de um software proprietário que grava o processo de navegação passo a passo.

Ipsos Web Eye-Tracking: pesquisa que verifica a capacidade de atração e de impacto de elementos visuais em websites, por intermédio do registro do movimento dos olhos do internauta sobre a tela do computador, durante a navegação. O equipamento Eye-Tracker (desenvolvido pela *Perception Research Services* (PRS), empresa com a qual a Ipsos tem uma *joint venture*) detecta, por meio da emissão de raios infravermelhos na direção dos olhos dos entrevistados, quais os elementos e as mensagens mais freqüentemente percebidos ou ignorados pelos internautas. O resultado é o registro quantitativo da consideração dada pelo internauta aos diferentes campos, conteúdos e imagens que compõem o website.

Fonte: IPSOS. *Pesquisas.* Disponível em: <http://www.ipsos.com>.

Capítulo 6 – A internet como canal de informação e pesquisa

Na área de pesquisa de propaganda, a empresa Ipsos ASI[13] detém metodologia para a avaliação da eficácia publicitária em cada estágio do processo e em cada mídia. A seguir, estão resumidas outras pesquisas da Ipsos nessa área.

Ipsos DotCom Monitor

O DotCom Monitor é um estudo ininterrupto de monitoramento, composto por módulos que refletem os efeitos das atividades de marketing de uma marca de site na internet. Foi desenhado para fornecer informações de marca, propaganda e imagem, permitindo entender em profundidade o desenvolvimento das marcas na internet e o efeito de uma ampla variedade de atividades comerciais, de marketing e de propaganda.

Por meio da pesquisa semanal contínua, são elaboradas análises sobre a evolução da internet, as quais permitem catalogar os internautas, comparar informações de um banco de dados e compreender melhor como evoluem a internet e as marcas.

A análise conjunta das marcas e da imagem percebida pelos usuários e potenciais usuários permite a quantificação da "Saúde das Marcas", ou, ainda, do valor do *Brand Equity* (conhecimento, atração, utilização e preferência) de cada marca monitorada.

Ipsos Continuous Brand Tracking (Ipsam)

Pesquisa contínua, desenhada para fornecer informações baseadas nos indicadores de performance de marca, de propaganda e de imagem, que permitirão entender, em profundidade, o desenvolvimento das marcas no mercado e o efeito da variedade de atividades comerciais de marketing e de propaganda.

6.3.1.3 Opinia

No Brasil, a empresa Opinia[14], divisão da iBest Company, é um instituto de pesquisas on-line com 60 mil internautas cadastrados. Estes podem avaliar produtos e serviços de empresas de 13 categorias, como bancos, planos de saúde, provedores pagos, provedores gratuitos, telefonia fixa, celular e de longa distância, portais, investimentos on-line, livrarias, lojas de música e vídeo, lojas de software e shoppings virtuais.

Qualquer internauta pode participar das pesquisas do Opinia, desde que se cadastre no site informando o número de CPF, para identificação e controle. O site utiliza mecanismos antifraude que,

---

[13] IPSOS ASI. *Pesquisas.* Disponível em: <http://www.ipsos.com.br>.

[14] OPINIA. *Pesquisas.* Disponível em: <http://www.opinia.com>.

dentre outras funções, evita respostas múltiplas de um mesmo internauta, por meio da identificação do seu CPF. Além disso, ele dispõe de técnicas para identificar e desconsiderar opiniões e opinadores tendenciosos. A metodologia foi desenvolvida pela Pontifícia Universidade Católica do Rio de Janeiro (PUC/RJ), que também orientou as análises da qualidade da amostra, preparação dos questionários e testes de validação do questionário.

As amostras da pesquisa são definidas de acordo com o perfil desejado, e as principais fontes de recrutamento são parcerias com os principais portais brasileiros, que representam cerca de 60% dos endereços eletrônicos com domínio nacional, e listagens próprias das suas bases de consumidores, que respondem a uma pesquisa de satisfação ou a um teste de conceito.

O Opinia oferece diversos serviços de pesquisa, os quais aparecem resumidos no Quadro 6.6:

Quadro 6.6 *Serviços de pesquisa oferecidos pelo Opinia*

Canal Opinia: funciona como um elo de comunicação entre o consumidor e a empresa, em que os internautas levam suas dúvidas, críticas, elogios e sugestões. As empresas, por sua vez, têm o direito de resposta. Toda opinião recebida é colocada à disposição das empresas, as quais poderão ou não responder. As opiniões dos consumidores e as respectivas respostas são publicadas no site.

Opinia Monitor: é o espaço em que internautas podem, por meio de questionários estruturados, expressar suas opiniões sobre as empresas que lhes prestam um serviço em um conjunto de categorias predeterminadas. O resultado agregado de cada avaliação individual é exposto no site e em relatórios personalizados para as empresas assinantes deste serviço. O internauta pode avaliar as empresas pelos questionários elaborados, disponibilizados no site. Os resultados agregados das avaliações são apresentados em forma de *ranking* de empresas de cada categoria. Os *rankings*, geral e detalhado, são calculados em função do número de respostas e do peso de cada quesito na avaliação geral.

Pesquisas de Marketing Ad Hoc: projetos de pesquisa sob medida, por meio da internet, de acordo com a necessidade individual de cada empresa. Todas as etapas do projeto (definição do problema, planejamento e coleta de dados, processamento e tratamento estatístico dos dados e análise gerencial dos resultados) são feitas com uso da tecnologia à disposição do instituto, aliada a uma metodologia de acordo com as normas dos principais organismos internacionais de pesquisa de marketing.
São oferecidas pesquisas conclusivas em que uma amostra aleatória de internautas é recrutada por e-mail e estimulada a responder um questionário, que posteriormente será submetido à crítica e à consistência. Um dos principais diferenciais do Opinia Ad-Hoc é o

(continua)

(continuação)

acesso à base de internautas obtida por intermédio de parcerias com os principais provedores de acesso e portais. O benefício é a facilidade para representar os internautas, cobrindo diferentes perfis regionais e culturais. Além disso, como as pesquisas são realizadas de forma eletrônica, eliminando etapas operacionais, a resposta é disponibilizada aos clientes em prazos curtos, de 7 a 12 dias úteis em média, permitindo tomadas de decisão rápidas.

Opinia Information Store: loja virtual de pesquisas prontas.

Opinia Pesquisas Off-line: levantamentos de dados em pontos de fluxo face a face com o consumidor, utilizando computadores de mão e questionários inteligentes.

Fonte: OPINIA. *Pesquisas*. Disponível em: <http://www.opinia.com>.

6.3.1.4 Outras empresas de pesquisas

Além das empresas especializadas em pesquisa, muitos websites a realizam na internet para identificar o perfil dos usuários e avaliar a eficácia da propaganda on-line. Como exemplo, os portais já referidos Yahoo! e UOL fazem constantes pesquisas, de modo a subsidiar suas decisões e ações, visando atrair clientes anunciantes pela divulgação do perfil dos seus usuários.

Também existem diversas empresas de pesquisa nos Estados Unidos que publicam relatórios sobre o comportamento do consumidor na internet e outros dados interessantes. A seguir são apresentadas algumas delas.

O **Grupo Nielsen** é integrado pelas empresas Nielsen//NetRatings, Nielsen Media Research e ACNielsen, que são subsidiárias do grupo VNU, um dos maiores grupos de informação, publicação e pesquisa no mundo.

> **Grupo Nielsen** é integrado pelas empresas Nielsen// NetRatings, Nielsen Media Research e ACNielsen, que são subsidiárias do grupo VNU.

A **Nielsen//NetRatings** oferece um conjunto de pesquisas sobre o comportamento dos consumidores na internet, as audiências dos websites e diversos indicadores de performance das propagandas on-line, com uma base total de 225 mil internautas colaboradores em 26 países, usando metodologia de painel e amostragem baseada na técnica RDD.

Os serviços oferecidos pela Nielsen//NetRatings incluem a mensuração de audiência de sites (NetView) e de anúncios (AdRelevance), o sistema @Plan para planejamento e compra de mídia on-line e o serviço de pesquisa de comportamento dos internautas e de dados sobre comércio eletrônico (MegaPanel).

A **Nielsen Media Research** realiza pesquisas de audiência de televisão em 107 milhões de domicílios americanos, metade da população mundial, e fornece dados sobre 85% dos investimentos em propaganda no mundo.

A **ACNielsen** fornece dados de auditoria de vendas de lojas de varejo e de consumo de diversas categorias de produtos, inclusive no Brasil.

A empresa **Stanford Research Institute (SRI)** realiza na internet a pesquisa **Values and Lifestyles (VALS)**, para segmentação psicográfica da população adulta americana, bem como diversos outros estudos de mercado.

A empresa **Forrester** realiza periodicamente a pesquisa chamada **Technographics** sobre o perfil psicográfico dos usuários da internet, de modo a identificar os segmentos mais propensos a adotar novos produtos tecnológicos e que são mais entusiasmados em relação à internet.

> A **Forrester** realiza periodicamente a pesquisa chamada **Technographics** sobre o perfil psicográfico dos usuários da internet.

A pesquisa **GVU WWW User Surveys** (www.gvu.gatech.edu/user_surveys), realizada desde 1994 pelo **Georgia Institute of Technology's Graphics, Visualization & Usability Center**, também é feita periodicamente com usuários da internet nos Estados Unidos e na Europa, para avaliar seus hábitos e suas atitudes em relação aos websites e aos serviços na internet.

A pesquisa **NUA Internet Surveys** (www.nua.com/surveys) é realizada periodicamente para levantar estatísticas sobre o uso da internet em vários países.

Outras empresas que realizam pesquisas pela internet são: a **Millward Brown IntelliQuest** (www.intelliquest.com), o **NPD Group** (www.npd.com), a **Research International** (www.research-int.com), a **Greenfield On-line Research** (www.greenfieldcentral.com) e a **Harris Interactive** (www.harrisinteractive.com), entre outras. Tais empresas realizam pesquisas por meio de painéis fixos de usuários ou amostras específicas, selecionadas, com base nos estudos em desenvolvimento, para seus clientes.

Um exemplo de empresa que pesquisa a **propaganda na internet** é a Dynamic Logic (www.dynamiclogic.com), integrante do grupo Millward Brown. Essa empresa realiza os seguintes estudos: avaliação do impacto na imagem de marca das campanhas de propaganda on-line; identificação dos anúncios mais eficazes; avaliação das sinergias na utilização simultânea de diversas mídias.

A Figura 6.5 apresenta um exemplo de perguntas de múltipla escolha que compõem um questionário on-line para pesquisa com internautas.

Figura 6.5 *Exemplo de perguntas que compõem um questionário on-line*

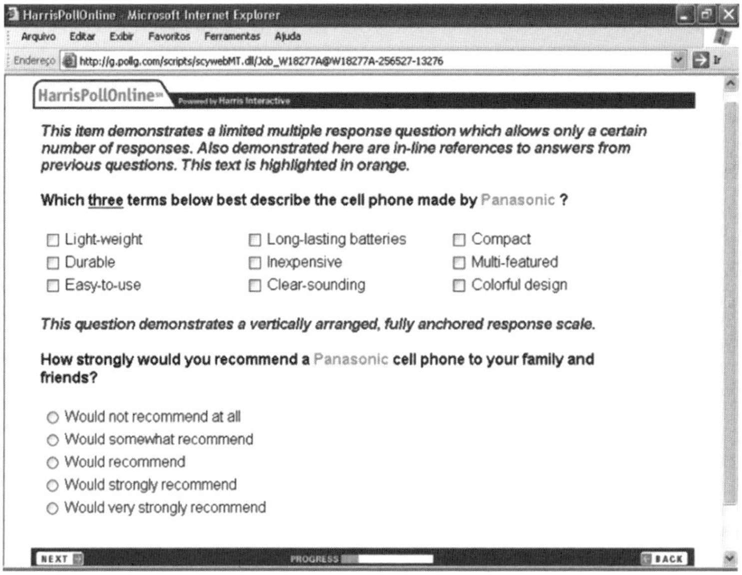

Fonte: HARRIS INTERACTIVE. *Harris poll on-line demonstration survey*. Nov. 2004. Disponível em: <http://survey.harrispollon-line.com/w14975.htm>.

6.3.2 *Pesquisa de índices de audiência de websites*

Uma área importante de pesquisa na internet é a medição e a auditoria dos índices de audiência e cobertura dos websites, realizada no Brasil por institutos de pesquisa como o Media Metrix, o Ibope//NetRatings e o Instituto de Mídia Digital (IMD).

É um campo da pesquisa na internet que gera bastante polêmica em relação às metodologias utilizadas, já que os resultados de audiência, quando divulgados, impactam o potencial de desenvolvimento de negócios e receitas dos sites envolvidos.

O **Ibope//NetRatings** mede a audiência da internet pela metodologia de painel, em residências onde há telefone. A seleção da amostra é aleatória e utiliza o método RDD, que visa a um grande rigor na escolha dos internautas estudados. A primeira fase consiste de uma entrevista por telefone, por um questionário bastante abrangente. Ainda nessa fase, são usados recursos para que seja garantida a aleatoriedade da amostra, que é composta de famílias com computadores monitorados por um software desenvolvido pela Nielsen//NetRatings.

Na segunda fase, cada pessoa tem uma senha de identificação (*login*), e sua navegação na internet é acompanhada passo a passo. Os dados coletados na pesquisa vão diretamente para os computadores da central da empresa, para processamento e posterior divulgação.

A empresa **Media Metrix,** uma divisão da comScore Networks, também realiza medição de audiência e tráfego na internet em todo o mundo, com a metodologia de painel. A empresa fornece às agências de publicidade, às empresas de mídia, aos varejistas virtuais e às empresas de tecnologia os dados de audiência e cobertura dos websites, incluindo mais de 21 mil sites.

Tanto o Ibope//NetRatings quanto o Media Metrix medem a audiência por amostragem, por meio de um software instalado no computador do internauta. No Ibope, são 2,3 mil residências e quase 6 mil pessoas pesquisadas. O Media Metrix tem 13 mil usuários, sendo 5 mil ativos.

Alguns especialistas criticam a metodologia dessas pesquisas em relação à abrangência da amostra, alegando que o sistema não seria eficiente para captar o movimento de sites que não estão ligados aos grandes portais.

> **Auditoria da audiência:** técnica que visa medir e certificar a veracidade da medição da audiência de um website, por meio de um instituto verificador, reconhecido como independente e idôneo.

Quanto à **auditoria da audiência** dos sites, essa técnica visa medir e certificar a veracidade da medição da audiência de um website, por meio de um instituto verificador, reconhecido como independente e idôneo, e com base em métricas aprovadas por um órgão internacional de normatização, como o International Federation of Audit Bureaux of Circulation (IFABC) — ou Federação Internacional de Birôs de Auditoria e Circulação —, e o Internet Advertasing Bureau (IAB) — ou Birô de Propaganda na Internet.

No Brasil, o Instituto Verificador de Circulação (IVC), que audita a circulação de jornais e revistas impressos, procurou oferecer esse serviço para os portais e sites de conteúdo, com o uso do software WebTrends, criado pela empresa de mesmo nome e um conhecido aplicativo para medir o tráfego de um site ou portal. A iniciativa não foi bem-sucedida devido aos altos custos para os websites, decorrentes da aquisição do software.

O **Instituto de Mídia Digital (IMD)**, uma divisão da empresa de tecnologia Digirati, oferece o serviço de auditoria de sites com uma tecnologia de segunda geração, denominada Isee1 ("I see one" ou "Eu vejo um"), que possibilita identificar o usuário com precisão e em conformidade com os padrões internacionais.

Anteriormente, com a tecnologia de primeira geração, a auditoria da audiência era feita sobre os arquivos de *logs* (relatórios) dos servidores web, que não incluía dados completos e permitia sua manipulação com facilidade. A identificação de um usuário era feita por meio do endereço IP, que podia ser usado por dezenas de internautas, gerando informações distorcidas.

Para resolver isso, a nova tecnologia, integrando *cookies* e *tags*, identificou o usuário com uma marcação Isee1-ID, fazendo que ele se tornasse único para qualquer site auditado. Assim, era possível saber quem estava acessando o site por clicar um banner ou por mecanismos de busca, ou ainda diretamente, isto é, digitando a URL do site no navegador. Essa tecnologia permite calcular quantos visitantes únicos acessaram todos os sites auditados em um mês.

No Gráfico 6.1, um exemplo de dados da auditoria da IMD mostra o número total de internautas por hora, nos sites brasileiros auditados, indicando que a audiência dos sites é maior no período das 12h às 15h.

Gráfico 6.1 *Auditoria de websites — número de usuários por hora*

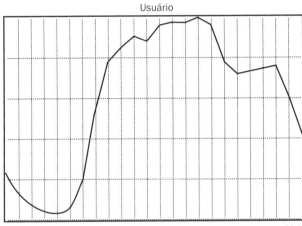

Observação: gráfico baseado nos acessos dos websites auditados pelo IMD.
Fonte: Instituto de Mídia Digital. Auditoria de sites. Disponível em: <http://www.imd.com.br>.

As métricas fornecidas por essa pesquisa são:
- **unique visitor**: pessoa com um único endereço IP que entra no site; se ela voltar a acessar o site no mesmo dia, essa nova visita não é contada;
- **tempo de permanência no site**: é calculado o tempo médio que o usuário permanece no site;
- **page impression**: quantidade de páginas solicitadas, sendo eliminadas aquelas não solicitadas pelo usuário, como *frames*, *chats*, *refreshs* e *pop-ups*;
- **page view:** quantidade de páginas vistas pelo usuário;
- **alcance:** porcentagem de visitantes únicos que acessaram o site no mês.

Page view: quantidade de páginas vistas pelo usuário.

Alcance: porcentagem de visitantes únicos que acessaram o site no mês.

Nos Estados Unidos, as três maiores empresas de auditoria na internet são: a ABC Interactive (www.abcinteractiveaudits.com), a BPA WorldWide (www.bpaww.com) e a I/PRO (www.ipro.com).

6.3.3 *Serviços para a pesquisa de marketing na internet*

Surgiram também empresas de serviços on-line criadas para dar suporte à pesquisa de marketing pela internet, como a WebSurveyor (www.websurveyor.com), a Surveyview (www.surveyview.com) e a Survey System (www.surveysystem.com). Essas empresas oferecem serviços de elaboração de questionário padrão ou customizado, aplicação do questionário com amostras de internautas, ferramentas estatísticas para processar e analisar os resultados e também sistemas de computador que calculam automaticamente a amostra, gerenciando a aplicação do questionário e as respostas dos participantes.

Já existem diversas empresas que oferecem software para pesquisas on-line (*web survey*), por exemplo: Apian Software, Creative Research Systems, Perseus Development, Research Systems, Saja Software, Survey Crafter e a WebSurveyor Corp.

A empresa DoubleClick (www.doubleclick.net), por exemplo, proporciona soluções para que anunciantes e agências de propaganda façam o gerenciamento das campanhas de propaganda on-line, com avaliação de resultados nos principais indicadores, como audiência, alcance e taxa de cliques. A sua tecnologia Dynamic Advertising Reporting and Targeting System (Dart) permite que os anunciantes e as agências controlem e centralizem a definição do público-alvo, a seleção dos websites e os resultados das campanhas on-line.

As iniciativas das empresas apresentadas revelam as diversas mudanças provocadas pela internet na pesquisa de marketing e também os novos recursos disponibilizados para a realização de pesquisas e coletas de informação por intermédio da internet.

SITES SOBRE O TEMA

ABEP — http://www.abep.com.br
ACNIELSEN — http://www. www.acnielsen.com.br
ALTAVISTA — http://www.altavista.com
BONDFARO — http://www.bondfaro.com.br
COMSCORE — http://www.comscore.com
FORRESTER — http://www.forrester.com
IBOPE — http://www.ibope.com.br
IMD — http://www.imd.com.br
IPSOS — http://www.ipsos.com.br
IVC — http://www.circulacao.org.br
NIELSEN//NETRATINGS — http://www.nielsen-netratings.com
OPINIA — http://www.opinia.com

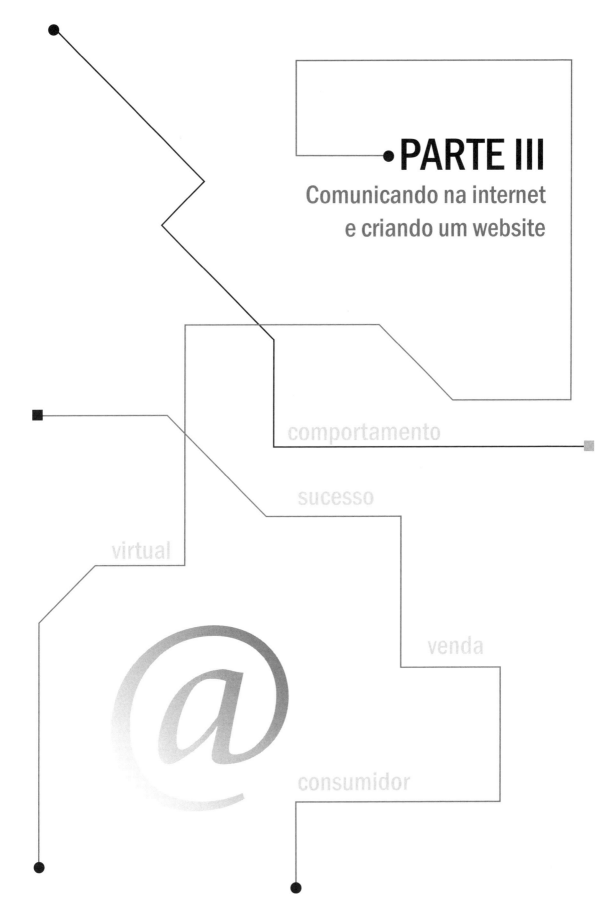

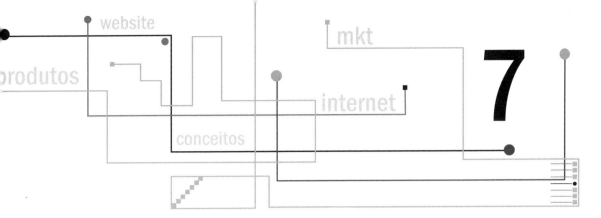

A internet como canal de comunicação interativa

- *Objetivos do capítulo*

    Depois de concluir este capítulo, você deverá ser capaz de:

    1. Definir o que são comunidades virtuais.

    2. Entender a interatividade na comunicação de marketing.

    3. Entender como fazer propaganda na internet.

- *Visão geral do capítulo*

    Neste capítulo, serão discutidas as diversas formas de comunicação de marketing pela internet. Apresentaremos o conceito de comunidade virtual e detalharemos as etapas de lançamento e sustentação de um website, como ferramenta de comunicação e relacionamento com clientes e parceiros. Abordaremos ainda os principais aspectos da propaganda na internet.

7.1 AS COMUNIDADES VIRTUAIS

Um dos impactos do novo modelo de comunicação e de relacionamento criado pela internet é o surgimento das **comunidades virtuais,** ou seja, grupos de pessoas que compartilham interesses e desejos comuns e cuja integração ocorre por meio da internet.

Ao analisar o conceito historicamente, Muniz e O´Guinn[1] revelam que **comunidade** é um conceito central nas ciências sociais,

> **Comunidade virtual** é aquela ligada ao compartilhamento de interesses e desejos comuns aos grupos de participantes, cuja integração ocorre por meio da internet.

---

[1] MUNIZ JR., A. M.; O`GUINN, T. C. Brand community. *Journal of Consumer Research*, Chicago, v. 27, p. 412-432, Mar. 2001.

podendo ser definida como um rede de relações sociais marcada por vínculos emocionais e de reciprocidade.

De acordo com os autores, as comunidades têm três características gerais:

- a consciência compartilhada de si, que implica um senso de identidade entre seus membros e a percepção das diferenças em relação aos indivíduos não-integrantes da comunidade;
- a presença de rituais e tradições compartilhadas, que reproduzem e perpetuam valores e padrões de comportamento;
- o senso de responsabilidade moral, isto é, um sentimento de dever e de obrigação com a comunidade e seus membros.

> **Comunidade de marca** é uma comunidade especializada, baseada em um conjunto estruturado de relações sociais entre os usuários admiradores de uma marca.

Desse conceito deriva o de **comunidade de marca,** definida como uma comunidade especializada, baseada em um conjunto estruturado de relações sociais entre os usuários admiradores de uma marca. Ela desempenha um papel importante no desenvolvimento de uma marca de produto, na construção da sua imagem e do seu valor, na medida em que reúne consumidores leais, que possuem fortes vínculos afetivos com esta.

Para entender o grande envolvimento dos participantes nas comunidades virtuais, Lévy[2] explica que o conceito **virtual** refere-se a algo que "pode vir a ser", algo que se aproxima do possível e que se mostra em estado de potência, pronto para se tornar realidade concreta — ou seja, na percepção dos internautas, o virtual não se opõe ao real, mas, sim, ao atual, podendo se tornar concreto pela vontade dos participantes.

Para muitos, a realidade virtual substitui a realidade material concreta, como fonte de prazer e realização, e a expectativa de que os acontecimentos virtuais possam se materializar traz estímulo e engajamento.

> Uma das formas de participação em comunidades virtuais é por meio de um **avatar,** ou seja, um ícone escolhido pelo internauta para representá-lo.

Uma das formas de participação em comunidades virtuais é por meio de um **avatar** (ou *av*), ou seja, um ícone (desenho, figura, símbolo, personagem) escolhido pelo internauta para representá-lo. Os sites de comunidades e de web fóruns oferecem várias opções de ícones.

As comunidades virtuais criam seus próprios sites na internet, podendo exercer influência positiva ou negativa sobre a formação da imagem da marca e os resultados de negócios das empresas. Nesse sentido, Hagel e Armstrong[3] consideram um dos fatores-chave para a expansão dos negócios na web o surgimento das comunidades virtuais, baseadas na motivação de **socialização** por parte dos usuários, o que possibilita incrementar a característica de interatividade dessa mídia.

---

[2]   LÉVY, Pierre. *O que é o virtual?* São Paulo: Editora 34, 1996.

[3]   HAGEL, J.; ARMSTRONG, A. G. *Net gain*: expanding markets through virtual communities. Cambridge: Harvard Business School Press, 1997.

Verifica-se, assim, a formação de comunidades virtuais de bairros e cidades, que integram pessoas com afinidades em comum, para trocar idéias e experiências. O site do bairro da Mooca (www.portaldamooca.com.br), em São Paulo, por exemplo, traz informações históricas, fotos, endereços e serviços de utilidade pública de interesse dos moradores, além de letras de músicas e receitas da culinária italiana[4].

Outro exemplo é o site de relacionamento **orkut** (www.orkut.com), lançado em janeiro de 2004, que alcançou rapidamente grande popularidade mundial por oferecer, gratuitamente, a oportunidade de fazer amigos pela internet. No Brasil, o sucesso foi tanto que, após um ano, os internautas brasileiros representavam o maior grupo de membros do site, com 42% do total, contra 23% dos americanos.

> **Orkut** é um site de relacionamento lançado em janeiro de 2004, que alcançou rapidamente grande popularidade mundial por oferecer, gratuitamente, a oportunidade de fazer amigos pela internet.

Em nosso País, diversos websites, como os portais, os sites de conteúdo e as lojas virtuais, têm estimulado a formação das comunidades virtuais entre seus usuários, oferecendo infra-estrutura na web, como e-mails grátis, salas de bate-papo, fóruns, grupos de discussão, promoções de ofertas especiais para os usuários cadastrados etc. Assim, surgem as comunidades Yahoo!, UOL, Hotmail, Fulano, Beltrano, entre outras, que se tornam **meios de expressão** e de representação de um segmento de pessoas que se identificam com certo estilo de vida, conjunto de valores, atitudes, opiniões e posturas.

Dados da pesquisa Ibope//NetRatings[5] indicam que cerca de 20,5% do tempo dos brasileiros na internet é gasto em sites de relacionamento. Além disso, 68,1% dos internautas residenciais brasileiros entram nesse tipo de sites e passam mais tempo usando esse serviço do que acessando os e-mails.

O site **Fulano** (www.fulano.com.br), lançado em julho de 1999, surgiu com o objetivo de promover o desenvolvimento e a interação de comunidades virtuais, oferecendo diversos serviços, como demonstrado no Quadro 7.1.

Quadro 7.1 *Serviços para as comunidades virtuais — site fulano*

- **Flerte Fulano:** com o Flerte Fulano você pode finalmente descobrir se aquela pessoa especial também tem uma queda por você.

- **Opiniões:** aqui você vai criticar, sugerir, elogiar e também ler as experiências dos outros fulanos sobre os mais variados serviços e produtos.

(continua)

---

[4] MAIA, M. C. As comunidades virtuais da região. *O Estado de S.Paulo*, São Paulo, 10 ago. 2000.

[5] IBOPE//NETRATINGS. Web Brasil. 1º trimestre 2005. Disponível em: <http://www.ibope.com.br>.

(continuação)

- **Ping-Pong:** página pessoal na qual você preenche suas características para que os outros fulanos possam conhecê-lo melhor. Mas se você não quiser entregar todo o ouro, tudo bem: os campos são de preenchimento opcional.

- **Interfone:** sem ter que fazer download de qualquer software, o interfone possibilita a comunicação em tempo real entre os fulanos que estão no site.

- **Fulano WAP:** nesta área, você vai ficar por dentro de como acessar o Fulano usando seu celular WAP.

- **Busque Fulanos:** como o próprio nome diz, esta área é destinada para que você possa buscar fulanos com os mesmos interesses que os seus (ou não!), para se comunicar.

- **Busca na web:** depois de conhecer a busca na web do Fulano, você nunca mais vai parar em algum site que não tenha nada a ver! Além de ser o buscador mais rápido do oeste, ele traz os resultados em ordem de relevância.

Fonte: FULANO. Disponível em: <http://www.fulano.com.br>.

O site de relacionamento **Beltrano** (www.beltrano.com.br), lançado em dezembro de 2004, oferece gratuitamente um espaço que reúne pessoas com interesses comuns e dispostas a se relacionar e a trocar informações. Entre os serviços oferecidos estão: criar comunidades, ver fotos dos amigos e escrever comentários, participar de salas de bate-papo. Recentemente, passou a oferecer o acesso por telefone celular, na plataforma WAP. O site não cobra pelo acesso, mas o usuário paga pela navegação feita por meio do telefone celular.

Os portais como o Yahoo! também desenvolvem sua estratégia de comunicação com os internautas baseada no conceito de comunidades. A seguir, um resumo sobre o **Yahoo! Leilões** e sua comunicação com os usuários.

Yahoo! Leilões

Bem-vindo à comunidade do Yahoo! Leilões. Na comunidade do Yahoo! Leilões você tem a oportunidade de encontrar colecionadores, compradores e novos amigos entre os milhões de visitantes do Yahoo!

Os leilões são uma nova forma de comprar e de conhecer pessoas interessadas nas mesmas coisas que você. O Yahoo! Leilões é um ambiente gratuito e cheio de informações para colecionadores iniciantes e experientes trocarem idéias e se divertirem, compartilhando suas paixões e suas histórias.

(continua)

Capítulo 7 – A internet como canal de comunicação interativa

(continuação)

> Quem não é colecionador terá o prazer de participar de uma comunidade amigável para comprar e vender qualquer coisa. Participe do Yahoo! Leilões e consulte a página sobre a nossa fascinante comunidade de colecionadores.

> Muitos dos nossos amigos da comunidade do Yahoo! Leilões são grandes colecionadores, com sites magníficos reunindo conhecimento e histórias sobre suas coleções ao longo dos anos. Com o surgimento da internet, os colecionadores passaram a fazer sites e a descobrir seus amigos em comum, algumas vezes, sem que soubessem, na mesma cidade! Por isso tudo não deixe de conferir nosso Guia de Colecionadores.

Fonte: YAHOO! LEILÕES. Disponível em: <http://help.yahoo.com/help/br/auct/>.

Como vimos nesses exemplos, a comunicação por meio da internet entre a empresa e seus clientes e parceiros deve procurar desenvolver um relacionamento contínuo com as diversas comunidades virtuais.

7.2 A COMUNICAÇÃO DE MARKETING E A INTERATIVIDADE

Diversas pesquisas revelam que, para os internautas, a principal função da internet é ser um meio de **informação, comunicação e entretenimento.** Portanto, para o profissional de marketing, a comunicação com o cliente pela internet, visando torná-lo fiel usuário dos produtos e serviços da empresa, representa uma grande oportunidade — mas tem sido, ao mesmo tempo, um enorme desafio. E por quê? Devido, entre outros fatores, à **sobrecarga de informação**, isto é, cada pessoa é exposta a um enorme volume de informações, acima de sua capacidade de processamento, retenção e utilização.

> Para os internautas, a principal função da internet é ser um meio de **informação, comunicação** e **entretenimento.**

Para discutir as maneiras mais eficazes de enfrentar este desafio, vamos rever alguns conceitos básicos sobre a comunicação de marketing e sua função no processo de construção de valor para os clientes e os *stakeholders* da empresa.

A **comunicação de marketing** é uma das quatro áreas integrantes do composto de marketing e abrange o conjunto de ações integradas de comunicação e promoção, que têm como principais objetivos:

> **Comunicação de marketing** é uma das quatro áreas integrantes do composto de marketing e abrange o conjunto de ações integradas de comunicação e promoção.

- posicionar a marca na mente do consumidor;
- comunicar uma mensagem única, consistente, compreensível e crível sobre o produto/marca;
- construir uma imagem de marca diferenciada e duradoura na mente do consumidor;
- oferecer informações e incentivos para o consumidor adquirir o produto ou serviço da empresa;

- gerar atitude favorável dos diversos segmentos de público para as iniciativas da empresa.

Além da propaganda, as outras atividades de comunicação de marketing são: vendas, promoções de vendas, marketing direto, relações públicas, publicidade, *merchandising*, atendimento aos clientes, telemarketing, patrocínio de eventos.

Antes da difusão da internet, a forma tradicional de comunicação de marketing era a de **um para muitos**, isto é, a empresa comunicava uma mensagem padronizada para um grande número de pessoas, que recebiam a comunicação de forma passiva, sem haver nenhuma interação. Nesse processo, a empresa detinha total controle sobre o conteúdo da mensagem.

Com a internet, a mudança mais significativa está na possibilidade de **interatividade**. Esta característica da internet permite romper com o modelo tradicional da comunicação de marketing por meio da mídia de massa, em que o cliente é passivo, já que passa a existir a comunicação de **um para um** e de **muitos para muitos**.

Surge um universo de potencialidades para o aumento da eficácia da comunicação de marketing. Ao mesmo tempo, o **consumidor** passa a ter em suas mãos um meio de interagir com as empresas, com liberdade e autonomia, aumentando o seu controle sobre o processo, o seu nível de envolvimento e, também, suas exigências.

> **Fotolog**, ou **flog**, é um site no qual os internautas podem publicar imagens e fotos digitais.

Como exemplo, ocorre mundialmente a proliferação dos **web blogs**, ou blogs, que são websites pessoais, escritos por qualquer internauta, como meio de expressar livremente suas opiniões e idéias sobre qualquer assunto. Sendo aberto à participação de qualquer pessoa e fácil de acessar e de atualizar, pode ser lido e comentado publicamente por amigos ou pessoas desconhecidas. O **fotolog,** ou **flog,** é um site no qual os internautas podem publicar imagens e fotos digitais.

> **Podcast** é o arquivo de áudio (sons e músicas) que pode ser baixado de websites para ser ouvido em computadores ou tocadores de música digital portáteis.

Os blogs passaram a ser utilizados com fins profissionais e comerciais por pessoas que querem divulgar seus trabalhos e tornarem-se conhecidas. Como exemplo, dos 25 milhões de usuários cadastrados no site de relacionamento MySpace (www.myspace.com), cerca de 400 mil são bandas de música de diferentes estilos, que divulgam suas músicas gratuitamente, visando conquistar um número grande de fãs. Depois de conhecidas, essas bandas poderão cobrar pelo download de suas músicas. Chama-se **podcast** o arquivo de áudio (sons e músicas) que pode ser baixado de websites para ser ouvido em computadores ou tocadores de música digital portáteis, como o **iPod** da Apple.

A Figura 7.1 mostra um exemplo de fotolog de um ilustrador divulgando seus desenhos.

Capítulo 7 – A internet como canal de comunicação interativa

Figura 7.1 *Fotolog para divulgação pessoal*

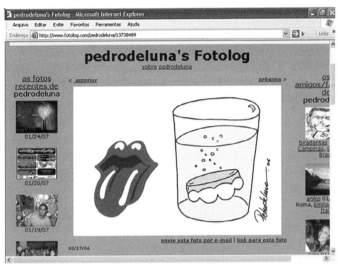

Fonte: FOTOLOG. Disponível em: <www.fotolog.com>.

Além disso, diversos sites de conteúdo, sites de busca e provedores de acesso oferecem o serviço gratuito de publicação e hospedagem de **blogs,** permitindo aos usuários publicarem textos e imagens na internet, sem a necessidade de conhecimento técnico. Os sites que oferecem esse serviço são: MSN Spaces (spaces.msn.com), UOL Blog (blog.uol.com.br), Blogger (www.blogger.com.br), Fotolog (www.fotolog.com) e Flogbrasil (flogbrasil.terra.com.br), entre outros (ver Figura 7.2).

> Diversos sites de conteúdo, sites de busca e provedores de acesso oferecem o serviço gratuito de publicação e hospedagem de **blogs**.

Figura 7.2 *Primeira página do site Blogger*

Fonte: BLOGGER. Disponível em: <http://blogger.com.br>.

> A **interatividade** da internet vai exigir mudanças significativas na forma de relacionamento das empresas com seus clientes, a começar pela necessidade de conhecer melhor as necessidades e as preferências de cada cliente.

A **interatividade** da internet vai exigir mudanças significativas na forma de relacionamento das empresas com seus clientes, a começar pela necessidade de conhecer melhor as necessidades e as preferências de cada cliente, criar formas de customizar e personalizar os produtos e os serviços oferecidos e disponibilizar atendimento durante 24 horas por dia e 7 dias por semana.

Como exemplo, no site institucional da Natura (www.natura.net), empresa fabricante de cosméticos, a abordagem de comunicação é baseada no conceito de comunidades. Na primeira página do site, a empresa sugere que o visitante integre-se em uma comunidade. Para isso, ele precisa clicar em "Comunidades Natura".

A Figura 7.3 demonstra a comunicação do site Natura.net, dirigido às diversas comunidades.

Figura 7.3 *Site Natura.net com foco em comunidades*

- A **Natura.net** foi criada para agregar informações e serviços personalizados de acordo com os interesses e as necessidades dos diversos públicos que se relacionam conosco, e com cada indivíduo nos diversos papéis que possam assumir ao longo de sua relação com a Natura. Para ter acesso a essas vantagens, é importante que você esteja cadastrado na natura.net. Ao longo do tempo, estaremos conhecendo você melhor e ampliando nossa relação, na medida em que você fizer parte das nossas diversas comunidades.

- **Comunidade Clientes**
  Nesta comunidade, você poderá identificar o produto adequado para suas necessidades com a consultoria virtual, localizar consultores e consultoras em sua região, fazer pedidos de produtos on-line, acessar dicas e informações de seu interesse na área de bem estar bem.

(continua)

(continuação)

- **Comunidade Jornalistas**
  Você, profissional de imprensa, poderá obter informações e arquivos oficiais exclusivos sobre a Natura, sua história, seus produtos, serviços e indicadores, bem como contatar diretamente nossa assessoria de imprensa.

- **Comunidade Profissional de Saúde**
  Você, profissional de saúde, poderá acessar artigos técnicos sobre nossos produtos e conceitos, conhecer detalhes de pesquisas exclusivas, consultar diretamente nossos especialistas, cadastrar-se em nossa base de profissionais de saúde para futuros contatos.

- **Comunidade Consultores Natura**
  Você que é consultor ou consultora Natura poderá enviar seus pedidos, consultar estoques e seus títulos, acessar informações de interesse para sua atividade.

- **Comunidade Força de Vendas**
  Você que é membro da força de vendas poderá acessar as informações sobre seu setor e gerência, conhecer novidades e lançamentos de sua região, interagir com sua equipe on-line.

- **Comunidade Colaborador Natura**
  Você que é colaborador Natura poderá navegar pelos sites e conteúdo de interesse das áreas internas da Natura, utilizar os serviços on-line disponíveis para você.

Fonte: NATURA.NET. Disponível em: <http://www.natura.net>.

7.3 PLANEJANDO A COMUNICAÇÃO DE MARKETING

Conhecendo as características e os requisitos desse novo ambiente de marketing que é a internet, o profissional pode elaborar o **plano de comunicação de marketing,** que é parte integrante do plano estratégico de marketing e que deve conter o conjunto de decisões e ações específicas para a comunicação da empresa ou do produto por meio da internet.

> O **plano de comunicação de marketing** é parte integrante do plano estratégico de marketing e que deve conter o conjunto de decisões e ações específicas para a comunicação da empresa ou do produto por meio da internet.

Neste capítulo, usaremos como exemplo o caso de uma empresa que decidiu que a estratégia de comunicação para o lançamento dos produtos deve incluir a comunicação por meio de websites de terceiros.

Veja a seguir o roteiro resumido para o plano de comunicação na internet:

- objetivos de comunicação;
- público-alvo da comunicação;
- mensagem a ser comunicada;
- meios de comunicação (mídia);
- plano operacional-tático, orçamentos e meios de avaliação de resultado.

No Capítulo 4 deste livro, foi observado com mais detalhes o roteiro do plano de comunicação de marketing na internet. Nos tópicos a seguir, detalharemos a elaboração deste plano.

7.3.1 Objetivos de comunicação

> A primeira tarefa na elaboração do plano de comunicação de marketing na internet é a definição do **objetivo de comunicação**, que deve ser coerente com os objetivos de marketing.

A primeira tarefa na elaboração do plano de comunicação de marketing na internet é a definição do **objetivo de comunicação,** que deve ser coerente com os objetivos de marketing. No caso da empresa de produtos eletrodomésticos (ferros, fornos e fogões) que vai lançar um novo produto, os objetivos de marketing seriam gerar um determinado volume de vendas e de participação de mercado para a nova linha de produtos. Assim, os objetivos de marketing e de comunicação poderiam ser os descritos como no Quadro 7.2.

Quadro 7.2 *Exemplos de objetivos*

Objetivos de marketing
Atingir determinado volume de vendas e de participação de mercado para a nova linha de produtos.

Objetivos de comunicação
Com as donas de casa, alcançar 80% de lembrança de marca (*brand awareness*), 70% de preferência pela marca e 50% de intenção de compra.
Com os revendedores, atingir 80% de conhecimento da marca e 80% de intenção de compra.
Com os órgãos de imprensa e com os formadores de opinião, atingir 80% de conhecimento da marca e opinião favorável em relação aos produtos.
Com os funcionários, atingir 100% de conhecimento do produto e de motivação para venda.

Fonte: elaborado pela autora.

A seguir, alguns exemplos de **objetivos de comunicação:**

- **Tornar a marca conhecida e lembrada** (*brand awareness*) pelo público-alvo no momento da compra.
- **Criar imagem para a marca**: quando o público-alvo não percebe diferenças entre a marca da empresa e a do concorrente, ou quando será lançado um novo produto cuja imagem é inexistente, já que as pessoas o desconhecem.
- **Mudar a imagem da marca**: se o público-alvo tem uma imagem negativa e desfavorável à marca, a comunicação deve mudá-la.
- **Mudar hábitos de consumo**: se o público-alvo tem baixo consumo ou compra o produto esporadicamente, ou o usa de modo errado, a comunicação pode fazer alterações no comportamento do público.

Capítulo 7 — A internet como canal de comunicação interativa

- **Criar motivação para a compra do produto**, oferecendo estímulos e incentivos que rompam a inércia do público.
- **Criar motivação para a repetição da compra**, fidelizando o cliente.

E as vendas? **Venda** é o objetivo final de marketing, que só pode ser alcançado se forem atingidos cada um dos objetivos específicos dos 4 P′s de marketing (preço, produto, praça e promoção). Se esses objetivos forem alcançados, as **metas de vendas** do produto vão ser alcançadas.

No caso da **comunicação pela internet**, objetivos adicionais devem ser estabelecidos, respondendo às perguntas a seguir:

- Qual o alcance da comunicação? Quantas pessoas (visitantes únicos) devem ser expostas à comunicação na internet?
- Qual a audiência esperada para cada anúncio? Quantos *page views* são esperados?
- Qual o custo por mil impressões (CPM) desejado?
- Qual a taxa de cliques (*click-trough rate*) desejada?
- Quantas indicações de novos clientes potenciais (referências ou *referrals*) são esperadas?
- Que respostas são esperadas dos internautas (e-mails etc.)?

7.3.2 Público-alvo da comunicação

Como se pôde observar pelos exemplos anteriores, o profissional de marketing deve definir objetivos de comunicação quantitativos e mensuráveis para cada segmento de **público-alvo.** Portanto, devem ser definidos com clareza os públicos-alvo da comunicação.

> O profissional de marketing deve definir objetivos de comunicação quantitativos e mensuráveis para cada segmento de **público-alvo.**

Para a definição do público-alvo, o profissional de marketing deve responder à seguinte pergunta: qual o perfil do público a ser atingido (faixa etária, nível de renda, tipo de ocupação, nível educacional, estilos de vida, estado civil, personalidade etc.)? Em geral, a empresa precisa comunicar-se com mais de um público, como nos exemplos a seguir, no Quadro 7.3.

Quadro 7.3 *Exemplos de público-alvo*

Públicos-alvo da comunicação
Donas de casa de 30 a 59 anos, com renda familiar entre 5 e 15 salários mínimos, que buscam qualidade e preço justo, residentes nas dez maiores capitais brasileiras (**clientes**).
Revendedores de eletrodomésticos localizados nas dez maiores capitais brasileiras (**canais de vendas**).

(continua)

Parte III — Comunicando na internet e criando um website

(continuação)

Jornalistas, decoradores e arquitetos das dez maiores capitais brasileiras (**formadores de opinião**).
Funcionários da empresa nas áreas de vendas e atendimento a clientes (**público interno**).

Fonte: elaborado pela autora.

7.3.3 Mensagem a ser comunicada

> A terceira etapa do plano de comunicação na internet é a definição do **conteúdo da comunicação** ou a **mensagem** a ser passada para cada público-alvo, com base no posicionamento da marca.

Definidos os objetivos e os públicos-alvo, a terceira etapa do plano de comunicação na internet é a definição do **conteúdo da comunicação** ou a **mensagem** a ser passada para cada público-alvo, com base no posicionamento da marca. Para esse caso, seguem também alguns exemplos.

Quadro 7.4 *Exemplos de mensagem de comunicação*

Mensagem a ser comunicada.
Para as **donas de casa**, comunicar que a nova linha de produtos é a mais moderna e econômica, com *design* inovador, diversas cores e um dispositivo especial que economiza energia elétrica. Informar também que os novos produtos custam 10% a menos que os outros e podem ser comprados nas lojas de eletrodomésticos e na internet.
Para os **canais de vendas**, comunicar o lançamento da nova linha de produtos, enfatizando suas características diferenciadoras, o preço inferior e o grande investimento em propaganda, o que vai gerar vendas rápidas e bons lucros para os revendedores.

Fonte: elaborado pela autora.

Com base na mensagem a ser comunicada, a agência de propaganda fará o trabalho de criação do conceito da campanha e a produção das peças de comunicação (anúncios, filmes, *jingles* e *spots* de rádio, folhetos, cartazes, websites etc.).

No caso da propaganda pela internet, a agência cria os diversos elementos de propaganda com base nas várias alternativas de formatos de anúncios, como banners, patrocínios, e-mails etc., as quais serão detalhadas na seção a seguir.

7.3.4 Meios de comunicação

Nesta etapa, o profissional de marketing e a agência de propaganda vão selecionar os **meios de comunicação (mídia)**, entre as alternativas de mídia tradicional (televisão, rádio, jornal, revista, *outdoor*, cinema etc.) e a internet, levando em conta as características do público-alvo e os objetivos de comunicação.

Para a **propaganda na internet,** o profissional de mídia da agência necessita selecionar os websites e as páginas web em que serão veiculados os anúncios da campanha de um cliente. A seleção dos meios de comunicação será apoiada por dados de **pesquisa de audiência** e de penetração e cobertura no público-alvo selecionado. Também são analisados os dados de comportamento dos consumidores em relação à mídia, como freqüência de leitura de revistas e jornais, websites preferidos, seções dos sites mais visitadas etc. O objetivo é selecionar os veículos que atinjam o maior número de pessoas do público-alvo ao menor custo por pessoa atingida.

> Para a **propaganda na internet,** o profissional necessita selecionar os websites e as páginas web em que serão veiculados os anúncios da campanha de um cliente.

Os profissionais de mídia das agências são os responsáveis pela análise das alternativas, com base nos dados de pesquisa, e pela recomendação das melhores alternativas para as empresas anunciantes. No Capítulo 6 deste livro, foram exemplificados estudos de pesquisa de mídia, como os realizados pelas empresas Ibope e Nielsen.

Além da propaganda na mídia tradicional ou na internet, o plano de comunicação inclui outras atividades de comunicação, como vendas, promoções de vendas e relações públicas.

7.3.5 *Plano operacional-tático*

Depois de tomadas todas as decisões estratégicas, o profissional de marketing vai detalhar o plano operacional para cada atividade de comunicação a ser implementada, incluindo orçamentos, pessoas responsáveis, cronogramas de atividades e os meios de avaliação e controle de resultados.

Para elaborar o plano operacional, o profissional de marketing deve responder às seguintes perguntas, entre outras:

- Que empresa será contratada para criar e produzir as peças de comunicação (textos, anúncios, banners, e-mails etc.)?
- Qual a quantidade e o tamanho dos anúncios a serem veiculados?
- Qual a duração da campanha de comunicação?
- Que tipo de interatividade será estabelecida com o cliente?
- Quais as respostas para as perguntas mais freqüentes dos clientes? Como será feita a resposta aos e-mails recebidos?
- Que incentivos adicionais serão oferecidos aos clientes?
- Quanto será pago para os intermediários por cliente indicado e por venda realizada?
- Que empresa será contratada para gerenciar as respostas e o atendimento aos clientes?

- Qual o montante dos gastos a serem realizados na produção e na veiculação da comunicação?

- Que relatórios de pesquisas serão obtidos para medir os resultados?

- Quais serão os indicadores de resultados a serem medidos e controlados?

> Propaganda, que é a forma de comunicação persuasiva dirigida a um público-alvo, transmitida por meio de veículos de comunicação (mídia), com a identificação clara do patrocinador.

7.4 COMO FAZER PROPAGANDA NA INTERNET

A ferramenta de comunicação de marketing mais utilizada é a **propaganda,** que é a forma de comunicação persuasiva dirigida a um público-alvo, transmitida por meio de veículos de comunicação (mídia), com a identificação clara do patrocinador. E a **propaganda on-line** é uma das utilizações da internet que mais tem crescido em volume de investimentos das empresas, devido ao seu importante papel para a construção de imagem de marca.

De acordo com a empresa ZenithOptimedia[6], o total dos investimentos em propaganda on-line no mundo atingiu US$ 18,5 bilhões em 2005, representando 4,6% de todos os investimentos em propaganda, que foi de US$ 397 bilhões. Estima-se que os investimentos totalizem US$ 34,1 bilhões em 2008, só para propaganda na internet (ver Tabela 7.1). Em 1994, quando esta começou, não se imaginava que em dez anos os volumes de investimentos alcançariam o montante de bilhões de dólares tão rapidamente.

Tabela 7.1 *Investimentos mundiais em propaganda por tipo de mídia (valores em US$ bilhões)*

	2005	2006	2007	2008
Televisão	149,9	158,9	167,1	177,6
Jornais	118,9	123,0	126,8	131,1
Revistas	52,8	54,6	56,9	59,4
Rádio	34,2	35,3	36,4	37,7
Internet	18,5	24,0	29,1	34,1
Outdoor	21,7	23,2	25,0	26,8
Cinema	1,6	1,7	1,9	2,0
Total	397,9	421,2	443,5	468,9

Fonte: ZENITH OPTIMEDIA. *Advertising expenditure forecasts.* Oct. 2006. Disponível em: <http://www.zenithoptimedia.be/pdfs>.

---

[6] ZENITH OPTIMEDIA. *Advertising expenditure forecasts.* Oct. 2006. Disponível em: <http://www.zenithoptimedia.be/pdfs>.

Capítulo 7 — A internet como canal de comunicação interativa

No Brasil, a Associação de Mídia Interativa[7] calcula que, em 1999, quando se iniciou o acompanhamento dos investimentos em propaganda on-line, foram investidos R$ 80 milhões. Em 2000, o volume dobrou, totalizando R$ 160 milhões. Em 2005, segundo dados do Projeto Inter-Meios[8], foram R$ 226 milhões investidos em propaganda on-line, representando um crescimento de 19,1% em relação ao ano anterior e cerca de 1,7% do total investido em propaganda no País.

Segundo Turban et al[9], fazer propaganda na internet oferece algumas vantagens em relação à mídia tradicional, a saber:

> **Baixo custo de colocação:** é relativamente mais barato o espaço de propaganda na internet. Além disso, o custo de atualização também é relativamente baixo e rápido, permitindo que os anúncios estejam sempre atuais.

- **Baixo custo de colocação:** é relativamente mais barato o espaço de propaganda na internet. Além disso, o custo de atualização também é relativamente baixo e rápido, permitindo que os anúncios estejam sempre atuais.

- **Formas múltiplas de mensuração**: a internet oferece flexibilidade para avaliar uma propaganda. Os métodos incluem a análise de *click-through* (número de cliques dados pelos internautas no anúncio), custo por clique e volume de venda dos produtos.

- **Marketing um a um**: o grau de personalização é bem maior. Internautas podem receber tratamento diferenciado com base nas suas características e preferências individuais.

- **Utilização de informação**: por meio das diversas tecnologias existentes, a empresa pode facilmente capturar informações dos usuários à medida que estes usam a internet.

- **Distribuição da informação irrestrita**: não há mais limitações temporais ou geográficas, embora o acesso à internet ainda seja relativamente restrito em relação a outras mídias.

- **Aumento do uso da internet**: o uso da internet aumenta muito rapidamente, havendo migração de pessoas que só assistiam à televisão.

Em oposição às vantagens anteriormente citadas, os autores reconhecem que a propaganda na internet apresenta também algumas limitações, por exemplo: formas ainda não completamente

---

[7] ASSOCIAÇÃO DE MÍDIA INTERATIVA. *Visão geral da publicidade online no Brasil*. Jul. 2005. Disponível em: <http://www.ami.org.br>.

[8] PROJETO INTER-MEIOS. *Relatório de investimentos*. Dez. 2005. Disponível em: <http://www.projetointermeios.com.br>.

[9] TURBAN, E. et. al. *Electronic commerce:* a managerial perspective. New Jersey: Prentice-Hall, 1999.

> Com o rápido desenvolvimento e a crescente convergência das tecnologias de **comunicação interativa** surgem **novas ferramentas para criação,** produção e mensuração dos resultados da propaganda on-line.

desenvolvidas de mensuração; audiência ainda relativamente pequena; e dificuldades em medir o tamanho do mercado e o perfil psicográfico dos usuários.

No entanto, com o rápido desenvolvimento e a crescente convergência das tecnologias de comunicação interativa (telefonia celular, TV, música, cinema, vídeo, jornais, revistas e rádios digitais, entre outras), surgem **novas ferramentas para criação,** produção e mensuração dos resultados da propaganda on-line, a qual se torna cada vez mais importante na **estratégia de comunicação** das marcas e das empresas.

7.4.1 Formatos de propaganda na internet

Existem diversos formatos para a realização de propaganda on-line, os quais foram padronizados mundialmente pela Interactive Advertising Bureau (IAB) (www.iab.net), uma associação sem fins lucrativos dedicada a maximizar o uso e a eficácia da propaganda na internet. Ela patrocina pesquisas e eventos relacionados à indústria da propaganda on-line.

No Brasil, a Associação de Mídia Interativa (AMI) (www.ami.org.br) divulga os padrões da IAB para os profissionais (webmasters) e para as empresas (webpublishers) que publicam sites na internet.

Com a crescente utilização de conexão de banda larga e de novas tecnologias de distribuição de conteúdo multimídia (podcasts, música em formato MP3, vídeos on-line etc.), os anunciantes cada vez mais descobrem os benefícios das campanhas na web com som, imagem e animação. O consenso é que, no mundo virtual, o internauta não se satisfaz em ver o anúncio, ele quer participar. Portanto, o desafio é criar **propaganda interativa**, que permita a participação do público.

Segundo a classificação da IAB, existem oito **formatos de propaganda on-line**: banners ou anúncios *displays*; patrocínio de websites (*sponsoring*); link patrocinado (*search*); e-mails e newsletters; propaganda rich media; anúncios classificados; indicação de clientes (*referrals*) e propaganda em local determinado (*slotting fee*). Esses formatos serão detalhados a seguir.

Pesquisa da IAB[10], mostra a participação de cada formato no total dos investimentos em propaganda on-line nos Estados Unidos. Os dois formatos mais utilizados pelos anunciantes e que recebem a maior parte dos investimentos são o link patrocinado (41%) e os banners (21%), conforme mostra o Gráfico 7.1.

---

[10] INTERNET ADVERTISING BUREAU. *Internet Advertising Revenue Report 2005.* Disponível em: <http://www.iab.net/resources/adrevenue/pdf/IAB_PwC_2005full.pdf>.

Capítulo 7 – A internet como canal de comunicação interativa

Gráfico 7.1 *Investimentos em propaganda on-line, por formato, nos Estados Unidos*

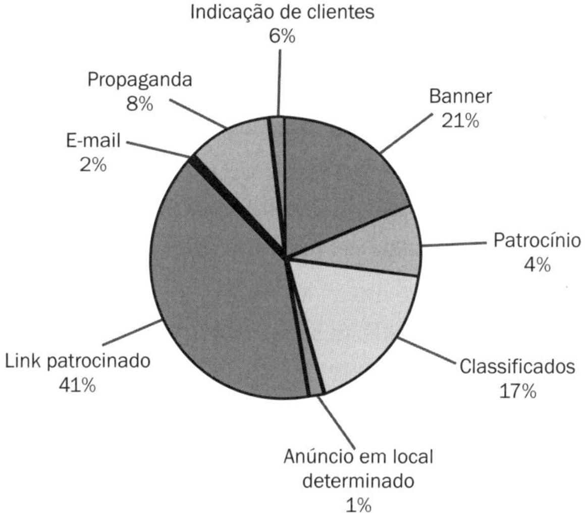

- Indicação de clientes 6%
- Propaganda 8%
- E-mail 2%
- Banner 21%
- Patrocínio 4%
- Classificados 17%
- Anúncio em local determinado 1%
- Link patrocinado 41%

Fonte: INTERNET ADVERTISING BUREAU. *Internet Advertising Revenue Report 2005.* Disponível em: <http://www.iab.net/resources/adrevenue/pdf/IAB_PwC_2005full.pdf>.

7.4.1.1 Banners ou anúncios *displays*

O **banner** é um tipo de propaganda de exposição (*display*), feito por meio de cartazete retangular (formato mais comum), colocado em uma página web. Alguns podem ser clicados, levando o usuário ao site da empresa ou marca anunciada; outros possuem movimento e mostram imagens com *slogan* ou mensagem do produto. O **botão** é um tipo de anúncio similar a um banner, mas em tamanho menor e em formato quadrado, geralmente localizado na parte inferior do site, à direita ou à esquerda.

O primeiro banner foi veiculado pela empresa de telecomunicações AT&T, em outubro de 1994, no site da revista Wired (www. wired.com). A partir de 1995, o portal Yahoo! começou a veicular as primeiras campanhas de mídia on-line.

O objetivo principal de um **banner** é fazer que a pessoa clique nele e obtenha mais informações relacionadas ao produto ou ao serviço anunciado e, assim, venha a concretizar a compra. Existem diversos tipos e formatos de banners. Recentemente, têm sido criados banners diferenciados, com som, fotos, imagens em movimento ou jogos para chamar a atenção do internauta e estimular o clique.

O **banner rotativo**, por exemplo, é aquele que divide o espaço da página com outros banners e muda freqüentemente, ou seja, a cada visita à página, mudam o banner e o link a ele relacionados. Já o **banner estático** aparece em todos os acessos à página e é exclusivo.

> **Banner** é um tipo de propaganda de exposição (*display*), feito por meio de cartazete retangular (formato mais comum), colocado em uma página web.

> O objetivo principal de um **banner** é fazer que a pessoa clique nele e obtenha mais informações relacionadas ao produto ou ao serviço anunciado e, assim, venha a concretizar a compra.

O **banner segmentado** pode ser veiculado em páginas selecionadas, que mais se adaptam ao perfil do público-alvo do produto.

O **banner ROS** (*Run-of-site*, veiculação indeterminada no site) é veiculado aleatoriamente, sem áreas predefinidas de inserção. O anunciante determina o período e a quantidade de impressões que os banners vão ser veiculados em quaisquer páginas do site.

O *keyword banner* é aquele que surge quando uma palavra, antes definida, é utilizada em um mecanismo de busca. Esse tipo é utilizado quando a empresa deseja focar um determinado público-alvo.

O **áudio ou vídeo banner** são aqueles que permitem ao usuário clicar no anúncio e assistir às imagens do filme ou ouvir sua trilha sonora.

O **banner na sala de bate-papo** é aquele que tira proveito do grande tempo de permanência do internauta na sala, aumentando o tempo de exposição da mensagem. As salas de bate-papo podem ser customizadas. A customização da sala de bate-papo dá ao anunciante o direito de personalizar a sala inteira, alterando as cores de fundo e inserindo imagens, por exemplo, a logomarca.

Além da iserção de um **banner**, alguns sites oferecem o **robô no bate-papo**. Robô é o nome do mecanismo automático que envia uma mensagem a todo usuário que entra na sala de bate-papo. A cada vez que um novo internauta entrar na sala, ele receberá a mensagem do anunciante, como se tivesse sido enviada por alguém que já estava naquela sala. Ao incluir o robô nas ações de propaganda, o anunciante procura combinar as vantagens do elemento surpresa com a eficiência da mensagem percebida pelo internauta como personalizada, aproveitando o impacto de comunicar determinada oferta diretamente a cada internauta que entrar na sala.

Os banners são vendidos por volume de impressões (número de vezes em que é visualizado na tela do computador do usuário) ou *click-throughs* (número de vezes que foi clicado). Quando em uma página de um site há dois banners, são consideradas duas **impressões**.

O custo de um conjunto de mil impressões é denominado **CPM** (custo por mil), mas o anunciante deve considerar apenas uma parcela, a cada mil internautas atingidos, a se interessar pelo banner. O resultado esperado não é apenas o clique, mas também a visibilidade da marca do produto ou serviço, que ocorre mesmo que o internauta não clique no banner.

Capítulo 7 — A internet como canal de comunicação interativa

A Figura 7.4 mostra o exemplo de um banner no site Yahoo!

Figura 7.4 *Banner no site Yahoo!*

Fonte: YAHOO! Disponível em http://br.noticias.yahoo.com/ciencia_saude.

O preço do banner varia de acordo com o tipo da mensagem e a audiência da página na qual se quer veiculá-lo. Outra maneira de contratação é a veiculação por tempo determinado. Nesse caso, o banner fica no site durante certo período de tempo, independentemente do número de impressões. O anunciante pode ainda entrar em acordo com o site e fechar cotas de patrocínio com preços especiais, como no caso de um evento específico (Copa do Mundo, por exemplo).

O anunciante pode encontrar, com certa facilidade, os preços de propaganda na internet. Os portais oferecem tabelas detalhadas de preços, de acordo com o conteúdo e a audiência de cada seção do site.

Quanto aos formatos e aos tamanhos dos banners, cada site pode utilizar as medidas que desejar. No entanto, muitos se utilizam dos padrões definidos pelo IAB, conforme apresentado no Tabela 7.2. As medidas dos tamanhos dos banners são definidas em **pixel**, uma medida equivalente a 0,010 mm, que é o menor ponto de uma imagem na tela do monitor.

> As medidas dos tamanhos dos banners são definidas em **pixel**, uma medida equivalente a 0,010 mm, que é o menor ponto de uma imagem na tela do monitor.

Tabela 7.2 *Alguns formatos padronizados de banners*

Tipo do banner	Tamanho em pixels	Altura mínima	Altura máxima	Largura mínima	Largura máxima
Banner completo	468 x 60	0	90	431	-
Pequeno banner	392 x 72	0	90	314	430
Meio banner	234 x 60	0	90	178	313
Banner vertical	120 x 240	183	-	0	177
Botão alto	125 x 125	108	182	0	177
Médio botão	120 x 90	76	107	0	177
Botão curto	120 x 60	46	75	0	177
Botão micro	88 x 31	0	45	0	177

Fonte: INTERNET ADVERTISING BUREAU. *Interactive marketing units*. Disponível em: <http://www.iab.net/standards/adunits.asp.>.

Na Figura 7.5, aparecem alguns formatos de banners e botões.

Figura 7.5 *Alguns formatos de banners e botões*

Banner completo

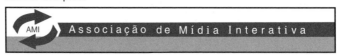

Meio Banner

Botão Médio

Banner Vertical

Fonte: ASSOCIAÇÃO DE MÍDIA INTERATIVA. Nov. 2005. Disponível em: <http://www.ami.org.br>.

Capítulo 7 – A internet como canal de comunicação interativa

A seguir, são relacionados modelos de anúncios *displays*:

- **Micro-site:** são, normalmente, pequenos sites de marcas que ficam como links em sites conhecidos de conteúdo. Permitem ao anunciante comunicar os benefícios do produto e coletar informações dos consumidores sem o custo de um *destination site*, isto é, o site institucional do produto ou da empresa.

- **Hot site ou Sitelet:** uma página especial que é acessada por um clique do internauta em um banner e que oferece mais detalhes da campanha promocional, em vez de levar o internauta diretamente para a página principal do site. Seu objetivo é ficar no ar por curto período de tempo e comunicar, de modo claro e objetivo, informações sobre o produto ou sobre a promoção realizada.

Na Figura 7.6, temos um exemplo de hot site da Brastemp, especial para o Dia das Mães, com criação e planejamento da Agência Click. O site buscava fortalecer o relacionamento entre o cliente e a marca, utilizando o aspecto emocional. O usuário podia, neste caso, enviar *e-cards* homenageando as mães.

> **Micro-site** são, normalmente, pequenos sites de marcas que ficam como links em sites conhecidos de conteúdo.
>
> **Hot site ou Sitelet** é uma página especial que é acessada por um clique do internauta em um banner e que oferece mais detalhes da campanha promocional.

Figura 7.6 *Hot site Brastemp*

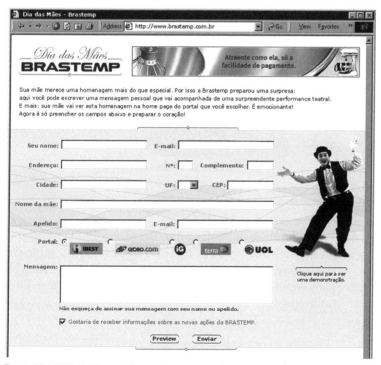

Fonte: BRASTEMP. Disponível em: <http:www.maebrastemp.com.br>.

- **Splash Page**: também conhecida como *jump page*, é uma página especial que faz os internautas prenderem-se, por um

Parte III — Comunicando na internet e criando um website

> **Pop-up** é uma janela independente e flutuante que se abre quando o internauta visualiza uma determinada página em um site.

pequeno período de tempo, a uma determinada promoção — ou guia-os, muitas vezes, para a página principal do site da empresa que a promove.

- **Pop-up:** é uma janela independente e flutuante que se abre quando o internauta visualiza uma determinada página em um site e que se sobrepõe à tela do *browser*, sendo muito utilizada para notícias importantes ou promoções. Para serem consideradas *pop-up*, devem ser menores que a tela do *browser*. É um formato de impacto, pois a janela é aberta sobre o conteúdo da página. É vendido por dia ou por faixas horárias.

Na Figura 7.7, verifica-se um exemplo de anúncio *pop-up* que surgiu enquanto o visitante acessava a primeira página do portal Terra (www.terra.com.br).

Figura 7.7 *Anúncio pop-up no portal Terra*

Fonte: TERRA. Disponível em: <http://www.terra.com.br>.

> **Floater,** como o nome diz, é uma figura que "flutua" na página do site, movimentando-se sobre o conteúdo.

- **Floater:** como o nome diz, é uma figura que "flutua" na página do site, movimentando-se sobre o conteúdo. Assim como em um banner, o *floater* pode ter link para o site do anunciante ou para uma oferta especial. Cada inserção de *floater* ocorre em intervalos de 24 horas, visando não cansar o internauta.

7.4.1.2 Propaganda rich media

Rich media é o termo utilizado para descrever uma variedade de propagandas on-line que se utilizam de **recursos multimídia**, ou seja, imagem e áudio de alta qualidade (fotos, vídeos, filmes, animações, músicas, aulas, palestras). O internauta pode ser exposto a essa propaganda sem sair da página web em que é apresentado o anúncio.

Os recursos de vídeo e áudio são transmitidos com a tecnologia de *streaming*, entre outras.

Streaming é a tecnologia de transmissão de imagem dinâmica e som pela internet, exatamente como na TV, em que o conteúdo é transferido para o computador durante a sua exibição. De outro modo, o usuário teria de esperar pela transferência de, pelo menos, parte do conteúdo para uma área do computador, chamada *cache*, até visualizá-lo, o que reduz a velocidade e aumenta o tempo para visualização.

> *Streaming* é a tecnologia de transmissão de imagem dinâmica e som pela internet, exatamente como na TV, em que o conteúdo é transferido para o computador durante a sua exibição.

Essa tecnologia permite que o internauta assista pela internet a um show de música ao vivo ou a um programa de TV ou rádio no momento em que são transmitidos. Alguns formatos de *streaming* são: Windows Media Player, RealPlayer, Apple QuickTime e Macromedia Flash.

Com essa tecnologia, o anunciante pode veicular, por exemplo, comerciais ou vinhetas produzidos para a TV; ou ainda áudios *streaming spots* para emissoras de rádio — o *spot* é transmitido entre as músicas apresentadas nas rádios.

A propaganda interativa em vídeo feita para a internet é, de modo geral, uma forma de proporcionar uma experiência lúdica, ativa e personalizada para o público. Isso porque ele pode definir a forma e o momento de interagir e, dependendo do anúncio, define até o conteúdo. O **vídeo interativo** oferece as ferramentas para o público criar o filme de uma marca. E ainda possibilita que o envie a seus amigos, multiplicando o alcance da mensagem[11].

Um tipo de propaganda rich media é o **intersticial,** que, ao surgir na tela do computador, interrompe a visão e a navegação do usuário. Ele aparece conforme o internauta sobe e desce na página. A situação é similar à da propaganda nos intervalos dos programas de televisão; a diferença é que o usuário pode interromper a propaganda clicando em qualquer espaço da página. Geralmente, contém grandes gráficos (*rich graphics*) e *streaming video*.

> O **intersticial**, que, ao surgir na tela do computador, interrompe a visão e a navegação do usuário.

O **supersticial** é um arquivo de 100kb e imagem de vídeo ampla, permitindo espaço suficiente para movimentação das imagens, com áudio de alta qualidade, animação e *rich graphics*. O *supersticial* é uma tecnologia, patenteada pela empresa norte-americana Unicast (www.unicast.com), denominada *push-polite*, que permite ao internauta navegar por um site, enquanto o filme é carregado sem que o usuário perceba, não interferindo em sua conexão. Só, então, depois de totalmente carregado, o usuário assiste à propaganda.

---

[11] ECKERSDORFF, Roberto. *A força do vídeo interativo na publicidade on-line.* 30 jan. 2006 Disponível em: <http://webinsider.uol.com.br/vernoticia.php/id/2711>.

Tal propaganda tem duração de 20 segundos e combina som e imagens gráficas, criando uma mensagem de impacto. Diferentemente dos *pop-ups*, que mostram uma tela em branco enquanto carregam a imagem, o supersticial não interfere com o conteúdo e causa um impacto maior.

> De acordo com os padrões definidos pela IAB, uma propaganda **rich media** do modelo ***within-the-page*** (dentro da página web) e ***over-the-page*** (sobre a página web) não pode ultrapassar 15 segundos.

De acordo com os padrões definidos pela IAB, uma propaganda **rich media** do modelo ***within-the-page*** (dentro da página web) e ***over-the-page*** (sobre a página web) não pode ultrapassar 15 segundos, ao passo que as propagandas *between-pages* (entre duas páginas web) e anúncios *in-stream* (com tecnologia de *streaming*) não podem ultrapassar 30 segundos de duração.

Na Figura 7.8, vê-se um exemplo de anúncio intersticial *over-the-page*, veiculado pela Microsoft no portal da *Revista Exame*, o qual transmite um vídeo e interrompe a navegação do internauta.

Figura 7.8 *Exemplo de anúncio intersticial over-the-page*

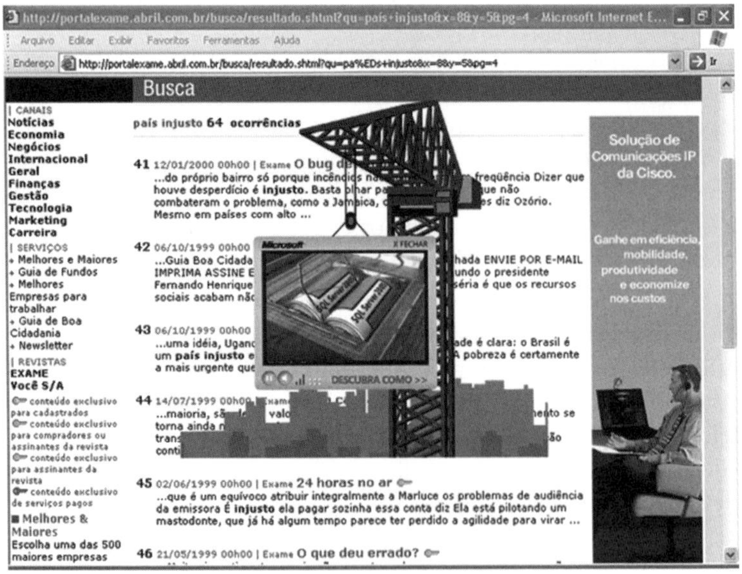

Fonte: PORTAL EXAME. Disponível em: <http://portalexame.abril.com.br/edicoes/855/tecnologia/conteudo_102030.shtml>.

7.4.1.3 Propaganda em local determinado (*slotting fee*)

O anunciante paga uma taxa para um website que veiculou seu anúncio com exclusividade ou em determinado local de uma página web. A escolha do local da página web visa obter maior probabilidade de o anúncio ser visto pelos internautas. Em geral, têm maior probalidade de serem vistos os anúncios no topo, ou no centro da página web, ou no meio de um texto de interesse do internauta.

7.4.1.4 Patrocínio (*sponsoring*)

É a associação entre uma marca e um site. O objetivo é associar o conteúdo oferecido na página ao patrocinador desta. O **patrocinador** pode escolher uma página, um tema, uma seção dentro de um site ou pode patrocinar todo o site, ou ainda um boletim (*newsletter*) ou e-mail. Geralmente, os patrocínios incluem banners e são baseados em um *fee*, pagamento fixo durante um determinado período.

Como exemplo, as Figuras 7.9 e 7.10 mostram que, no portal de notícias Valoronline, o site de agenda virtual Elefante (www.elefante.com) patrocina o conteúdo da página de notícias e a *newsletter* que é enviada aos assinantes por e-mail.

> O **patrocinador** pode escolher uma página, um tema, uma seção dentro de um site ou pode patrocinar todo o site, ou ainda um boletim (*newsletter*) ou e-mail.

Figuras 7.9 e 7.10 *Patrocínio de conteúdo no portal Valoronline*

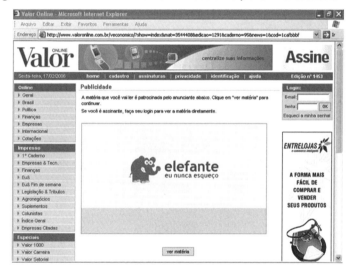

Fonte: VALOR ONLINE. Disponível em: <www.valoronline.com.br>.

7.4.1.5 Anúncios classificados

Como nos **jornais impressos**, os **anúncios classificados** têm um formato reduzido e padronizado e são veiculados em portais, sites de leilões, shoppings ou lojas virtuais. É um formato bastante utilizado por pequenos varejistas ou por pessoas que desejam comercializar produtos ou serviços de forma simples, rápida e econômica. A Figura 7.11 mostra um exemplo de anúncios classificados no site do shopping virtual ShopFácil (www.shopfacil.com.br).

Figura 7.11 *Classificados do site ShopFácil*

Fonte: SHOPFÁCIl. Disponível em: <www.shopfacil.com.br>.

7.4.1.6 Indicação de clientes (*referrals*)

A indicação de clientes (referência ou *referral*) refere-se a um programa, também denominado **afiliação,** em que um website ou loja virtual participante (afiliados) são remunerados (*referral fee*) quando um visitante seu clica em um anúncio que o remete ao site do anunciante.

O site de busca Google tem um programa de afiliação chamado AdSense, o qual permite aos proprietários de sites aumentarem a sua receita ao veicularem anúncios do Google em seus sites. Os proprietários serão remunerados pelo número de vezes que seus usuários clicarem nesses anúncios.

Os anúncios Google são contextuais, ou seja, estão relacionados ao que os visitantes procuram no site, ou a algo que combine com suas características e interesses. À medida que o conteúdo do

Capítulo 7 – A internet como canal de comunicação interativa

site afiliado muda, os anúncios do Google também se alternam para possibilitar maior correspondência. Assim, o site afiliado, além de melhorar seu conteúdo, obtém receita de anúncios sem estar diretamente relacionado com os anunciantes.

Com o AdSense, os anúncios da base de anunciantes do Google são veiculados nas páginas de diversos sites de conteúdo, como essa página do Valoronline (www.valoronline.com.br), mostrada na Figura 7.12.

Figura 7.12 **Anúncios Google no site Valoronline**

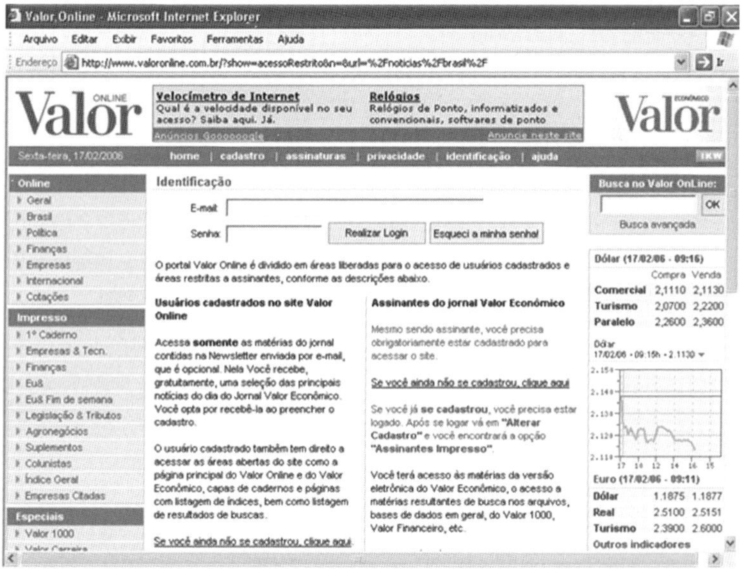

Fonte: VALOR ONLINE. Disponível em: <www.valoronline.com.br>.

7.4.1.7 Link patrocinado (*search*)

A busca patrocinada ou **link patrocinado** é a forma de propaganda on-line que mais cresceu nos últimos anos, devido à maior eficácia e ao menor custo. Consiste em pagar a um site de busca para que o link (nome e endereço web) da empresa anunciante seja apresentado no início da lista de links, resultantes da busca por palavra-chave, realizada pelos internautas. Isso porque, apesar de milhões de links serem apresentados como resultado da busca, a maioria dos usuários só verifica aqueles que estão entre as primeiras posições na listagem.

> A busca patrocinada ou **link patrocinado** é a forma de propaganda on-line que mais cresceu nos últimos anos, devido à maior eficácia e ao menor custo.

Por exemplo, uma empresa de consultoria compra a palavra "consultoria" em algum site de busca. Dessa forma, toda vez em que alguém digitar essa palavra, o link da empresa aparece em lugar de destaque na página de resultados, permitindo expor uma mensagem dirigida ao público-alvo.

A posição na página de resultados depende da negociação feita em uma espécie de leilão, promovido pelas empresas que comercializam o espaço dos links patrocinados nos portais e sites de busca. Ao iniciar uma campanha de links patrocinados, o anunciante abre uma espécie de conta corrente, cujos valores são debitados quando os links são clicados. Quanto maior o valor pago por uma palavra, melhor é a posição do link na página de resultados. O site Overture é um dos que oferecem o serviço de comercialização e administração de links patrocinados dos sites de busca.

A eficácia dessa propaganda decorre do fato de os internautas que vão ser expostos ao anúncio serem aqueles mais interessados e mais propensos a realizar a compra daquele produto ou serviço. Além disso, é possível fazer uma medição mais minuciosa dos resultados e da rentabilidade da campanha, medindo as atividades pós-click, as vendas realizadas, o valor do *ticket* médio e, conseqüentemente, o valor ideal para se investir em cada campanha ou palavra-chave. Assim, a evolução da campanha pode ser monitorada em tempo real pelo anunciante, que pode tomar decisões com base nos resultados efetivos.

O site de busca UOL, por exemplo, oferece três formas de links patrocinados:

- **link por busca**: o link do anunciante aparece com os resultados requisitados pelo internauta na busca por palavra-chave;
- **link por assunto**: aparece quando o usuário acessa uma notícia ou página com informações do tema relacionado ao produto ou serviço anunciado;
- **link por perfil**: serve a um determinado público, de acordo com idade, sexo e localização geográfica. O anunciante escolhe, em uma base de 7 milhões de clientes ativos, o perfil de quem ele quer que veja seu anúncio.

Custo por clique (CPC): valor que o anunciante paga quando seu anúncio é clicado.

Quanto ao custo, o anunciante só paga por clique realizado, o que é um grande atrativo, especialmente para os pequenos e médios anunciantes. O valor que o anunciante paga quando seu anúncio é clicado chama-se **custo por clique (CPC).** E o custo total equivale ao valor do CPC médio multiplicado pelo número de cliques efetuados, durante um determinado período.

A Figura 7.13 apresenta a página de resultados de busca com a palavra "educação" no site UOL, e as dicas oferecidas pelo site sobre o tipo de texto a ser publicado no link patrocinado.

Figura 7.13 *Resultados de busca no site UOL e dicas de anúncios*

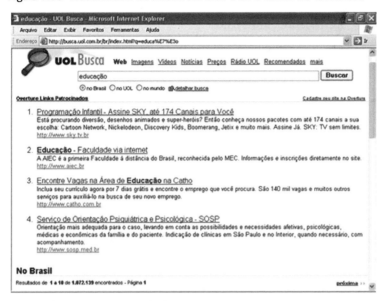

Dicas — Como tornar seu anúncio atraente:
- descreva com clareza seu produto/serviço;
- enfatize os benefícios exclusivos do seu produto/serviço;
- seja objetivo e conciso.

Fonte: BUSCA UOL. Disponível em: <http://busca.uol.com.br>.

7.4.1.8 E-mail marketing

O **e-mail marketing,** isto é, o envio de mala direta eletrônica, é uma ferramenta bastante utilizada de propaganda on-line e integra a estratégia de *database marketing* ou marketing direto. Essa estratégia refere-se a um conjunto de ferramentas de marketing que visa criar relacionamento direto entre a empresa e seus clientes, utilizando-se de banco de dados com informações detalhadas sobre os clientes.

De acordo com a IAB[12], os investimentos em e-mail marketing estão se expandindo, num volume estimado de US$ 4 bilhões em 2007, no mundo todo.

> **E-mail marketing** é o envio de mala direta eletrônica, uma ferramenta bastante utilizada de propaganda on-line. Integra a estratégia de *database marketing* ou marketing direto.

---

[12] INTERNET ADVERTISING BUREAU, 2005.

Além das vantagens de rapidez e praticidade, o serviço referido proporciona a vantagem de baixo custo. Segundo dados da IMT Strategies[13], o custo de aquisição de um novo cliente no mercado americano é de US$ 100 com a utilização de web banners, de US$ 30 a 40 para mala direta tradicional e de US$ 5 a 10 para e-mail marketing.

A prática recomendada é o chamado **opt-in e-mail,** isto é, a lista de e-mails criada com nomes de pessoas que deram permissão para o gerenciador da lista enviar mensagens a elas. Essas listas são originadas geralmente por meio de um formulário de cadastro, publicado nos sites e preenchido pelos usuários. Ao preencher esses formulários, os usuários dão ou não permissão para as empresas enviarem informações de interesse deles.

> **Opt-in e-mail** é uma lista de e-mails criada com nomes de pessoas que deram permissão para o gerenciador da lista enviar mensagens a elas.

Um bom exemplo é quando um usuário preenche um formulário para um serviço específico, e o site faz a pergunta: "Você gostaria de receber informação adicional desse site ou dos seus anunciantes?". Se o usuário aceitar e der permissão, eles estarão inseridos na lista de e-mail *opt-in*. Isso é o oposto do **spam,** que é o envio de e-mails sem a solicitação dos usuários. O envio de spams é uma prática cada vez mais rejeitada pelo público.

> **Spam** é o envio de e-mails sem a solicitação dos usuários.

Conforme a Associação Brasileira de Marketing Direto (ABEMD)[14], uma campanha de **marketing de permissão na internet,** baseada em *opt-in* e-mail, é semelhante à da mala direta tradicional, mas com diferenças no formato, na linguagem, nos custos, na rapidez e, principalmente, no uso de listas. Ao contrário da mala direta, o e-mail segue as regras de etiqueta determinadas pela internet, mais rígidas se comparadas às que regem as mensagens por correio. Nesse negócio, a palavra mágica é permissão. O consumidor deve ser sempre consultado se deseja receber e-mails de determinado remetente.

A maioria das mensagens de e-mail traz notícias em seu conteúdo, unindo informação à marca da empresa que a está enviando. Os boletins eletrônicos ou *newsletters* são muito utilizados por veículos de comunicação, sites de conteúdo e empresas interessadas em comunicar novidades diárias ou semanais aos seus assinantes, estabelecendo um vínculo mais estreito com eles. Também as redes de varejo tradicionais e as lojas virtuais estão utilizando os e-mails para enviar ofertas promocionais a seus clientes cadastrados, o que estimula o consumidor a agir por impulso.

---

[13] IMT STRATEGIES. *Successful email strategies*. Sep. 2001. Disponível em: <http://www.imtstrategies.com>.

[14] ASSOCIAÇÃO BRASILEIRA DE MARKETING DIRETO. "Boas maneiras" nas ações de e-mail marketing. Disponível em: <http://www.abemd.org.br/boasmaneiras.htm>.

Muitas empresas estão apostando no e-mail marketing e criando um conteúdo personalizado, diferenciado e relevante para seu público-alvo ao utilizar as novas ferramentas de propaganda rich media. O e-mail pode ser eficaz em qualquer tipo de negócio, desde que seja utilizado de forma apropriada.

Quanto ao formato do e-mail, estes podem ser em HTML ou texto. Em geral, os **e-mails em formato HTML** permitem incluir, além do texto, ilustrações, fotos e recursos multimídia, com melhor efeito gráfico e com aparência mais atraente e fácil de ler. Segundo a ABEMD, a eficácia desse formato é comprovada pelas taxas de cliques, que são geralmente três a cinco vezes maiores em e-mails HTML, além de ser possível destacar palavras e criar visuais que fazem os pontos importantes se sobressaírem ao longo do texto.

> **E-mails em formato HTML** permitem incluir, além do texto, ilustrações, fotos e recursos multimídia, com melhor efeito gráfico e com aparência mais atraente e fácil de ler.

Profissionais experientes concluíram que, para o sucesso de uma campanha de e-mail marketing, os três principais elementos são **personalização**, **foco** e **relevância**. Personalizando a comunicação e focando as mensagens ou ofertas de venda nos interesses da audiência, as pessoas sentem que estão recebendo informações nas quais estão interessadas, e o retorno obtido pelo anunciante é maior. A relevância, por sua vez, significa dar às pessoas um motivo para abrir os e-mails, em lugar de enviar a informação repetidas vezes sobre assuntos de pouco ou nenhum interesse para o público.

Serviços de e-mail marketing

Para realizar uma campanha de e-mail bem-sucedida, o profissional de marketing deve conseguir uma boa lista de nomes ou **e-mailing list**, uma relação de assinantes corretamente segmentada para o envio de seus e-mails.

Diversas empresas oferecem serviços de listas de e-mail e gerenciamento da campanha de e-mail marketing, incluindo a seleção das listas por segmentos de usuários, o envio dos e-mails, o acompanhamento das respostas, a remessa de respostas aos usuários, o controle e a avaliação do retorno da campanha. Nos Estados Unidos, algumas dessas empresas são:

- **Opt-in Source** (www.optinsource.com): site que indica relação de empresas fornecedoras de listas de e-mail e serviços de e-mail marketing (*opt-in e-mail providers*), totalizando acesso a 150 milhões de endereços de e-mail e nomes de assinantes de *newsletters*.
- **Abacus** (www.abacus-us.com): é uma divisão da empresa DoubleClick Inc., oferecendo serviços de e-mail marketing, incluindo listas de endereços segmentadas por uma rede de bancos de dados oriundos de pesquisas com usuários da

internet, contendo registros de cerca de 3,5 bilhões de transações entre clientes e empresas, de mais de 90 milhões de residências nos Estados Unidos. Segundo a empresa, conhecendo o comportamento de compra passado dos indivíduos, pode-se aumentar a probabilidade de acertar o público-alvo e aumentar o retorno das campanhas de e-mail marketing.

- **Yesmail** (www.yesmail.com): empresa que integra uma rede de fornecedores de listas de endereços de e-mail segmentadas (*permission e-mail networks*), incluindo cerca de 25 milhões de nomes.

No Brasil, também já existem diversas empresas que oferecem serviços de listas de e-mail e de gerenciamento de campanhas de e-mail marketing. Alguns portais, como o Yahoo!, têm uma base de dados de usuários cadastrados que é utilizada para ações de e-mail marketing.

A Datalistas, empresa do Grupo Editorial Abril, oferece serviços de *database* marketing, utilizando um banco de dados com 11 milhões de nomes, 7,7 milhões de domicílios e 4,4 milhões de e-mails permitidos, qualificados. A Datamídia, agência especializada em marketing de relacionamento, oferece os serviços de desenvolvimento, implementação e gerenciamento de programas de marketing de relacionamento, com o uso das ferramentas e técnicas de marketing direto e *database* marketing.

Políticas de privacidade e ética

> As empresas que se utilizam de e-mail marketing devem seguir as regras da **política de privacidade** vigentes em cada país.

As empresas que se utilizam de e-mail marketing devem seguir as regras da **política de privacidade** vigentes em cada país. Nos Estados Unidos, 16 das principais empresas de serviços de e-mail marketing criaram a aliança Responsible Electronic Communication Alliance (RECA) (www.responsibleemail.org), que tem por objetivo estabelecer padrões para que a comunicação on-line respeite a privacidade do consumidor. Pelas normas da entidade referida — baseadas em premissas da Federal Trade Commission, que regulamenta o mercado norte-americano —, as empresas somente poderão enviar mensagens para consumidores que concordem em figurar nas listas de e-mail marketing.

No Brasil, a Fundação Vanzolini, ligada à Escola Politécnica da Universidade de São Paulo (USP), também criou um conjunto de normas que preserva a privacidade na internet. Os sites que adotarem esse padrão não poderão manter nenhum sistema de captação de dados sem o conhecimento do usuário. O consumidor também deverá ser informado de que seus dados podem ser compartilhados, com o direito de impedir esse compartilhamento.

Capítulo 7 – A internet como canal de comunicação interativa

Também se tornou um padrão da internet a publicação pelos websites de suas **políticas de privacidade**, solicitando aos usuários o "de acordo", antes de iniciar ações de e-mail marketing ou outros tipos de serviços, como salas de bate-papo e mensagens instantâneas.

A ABEMD possui um padrão de "boas maneiras" para contribuir na estruturação de ações de e-mail marketing. Trata-se de uma série de recomendações que conduzem a uma utilização ética, pertinente e responsável do e-mail como ferramenta de marketing. Essas orientações fundamentam-se no respeito aos destinatários das ações e também no uso adequado da internet. No Quadro 7.5, estão alguns desses procedimentos recomendados pela associação.

> Também se tornou um padrão da internet a publicação pelos websites de suas **políticas de privacidade**, solicitando aos usuários o "de acordo", antes de iniciar ações de e-mail marketing ou outros tipos de serviços.

Quadro 7.5 *Procedimentos a serem seguidos pelas empresas de marketing direto*

- **Opt-in:** o primeiro recebimento é muito importante, porque marca o início da relação. É preciso ter permissão para prosseguir o relacionamento, por meio do *opt-in* do receptor, tanto quando ele procura como quando é procurado.

  Quando é a pessoa quem procura a empresa, o campo em que é feita a opção pelo recebimento da mensagem deve estar visível e com descrição clara do produto ou serviço oferecido.

  Quando é a empresa quem procura a pessoa, tratando-se do primeiro contato, é necessário informar como foi possível chegar a ela, explicitar o produto ou serviço oferecido e apresentar de forma visível a alternativa *opt-in*. Se a pessoa não responder o e-mail com essa alternativa assinalada, deve-se entender que não deseja receber novas mensagens.

- **Opt-out:** toda mensagem precisa ter *opt-out*. É prerrogativa do receptor decidir o momento em que não quer mais receber mensagens de determinado emissário.

- **Uso do endereço eletrônico:** quando houver cadastro prévio, deve ficar claro que o endereço eletrônico poderá ser utilizado para o envio de mensagens comerciais. O receptor deve manifestar sua concordância com isso.

- **Tamanho dos arquivos:** sempre limitar o tamanho dos arquivos enviados, seja no corpo das mensagens, seja nos anexos. Deve-se ter em mente um público com capacitação tecnológica média ou inferior. Sugere-se mensagens no formato TXT ou HTML, este último com tamanho máximo de 12kb, e que as figuras GIF não estejam anexadas na mensagem, mas, sim, localizadas em servidor próprio.

Fonte: ABEMD — Associação Brasileira de Marketing Direto. *Boas maneiras.* Disponível em: <http://www.abemd.org.br>.

7.4.1.9 Outras formas de propaganda on-line

Muitas empresas anunciantes estão buscando novas formas de comunicação com o seu público-alvo, além dos formatos tradicionais

Advergame é o nome da estratégia de comunicação que usa jogos virtuais como ferramentas para divulgar e promover marcas, produtos, organizações e/ou pontos de venda.

de propaganda on-line. Uma dessas formas são os chamados *advergames*, as propagandas nos games virtuais, em que participam milhares de internautas simultaneamente.

Advergame (fusão das palavras inglesas *advertising* e *videogame*) é o nome da estratégia de comunicação que usa jogos virtuais como ferramentas para divulgar e promover marcas, produtos, organizações e/ou pontos de venda. Podem ser considerados *advergames* desde jogos desenvolvidos exclusivamente com fins publicitários até jogos diversos que contenham mensagens publicitárias em sua interface, sem ter uma relação direta com sua estratégia de "jogabilidade" ou com seu conteúdo.

Como exemplo, a Adidas, multinacional de artigos esportivos, construiu uma réplica digital de sua loja no game *Second life*, no qual disponibiliza versões virtuais de seus produtos para serem usadas pelos jogadores. O ambiente da loja virtual, que reproduz estantes e provadores, servirá para promover um novo tênis da empresa, o modelo a3 Microride, entre outros itens. Outro exemplo é a fabricante japonesa de automóveis Toyota, que disponibilizou uma versão do Scion — um veículo compacto voltado para jovens motoristas — para ser visto e testado pelos participantes do jogo. A Radio One, uma das estações da British Broadcasting Corporation (BBC), também usou a estratégia: transmitiu um festival de música ao vivo no game *Second life*[15].

Outro tipo de *advergame* são os anúncios de serviços e produtos realizados dentro do game. Por uma pequena taxa, pode-se comprar um espaço na página web do game *Second life*[16] e atingir possíveis consumidores. Foi o que fez a estilista Aimee Weber (ou Torrid Midnight, como é conhecida no game) quando lançou sua grife de roupas virtuais PREEN. A aceitação ocorreu tão rapidamente que em pouco tempo a loja tornou-se referência de moda digital. Cerca de 3 mil empreendedores já abriram as portas de suas lojas virtuais no game. Muitas vezes, anunciam-se produtos virtuais, como roupas; outras vezes, são abertas lojas virtuais, que são réplicas perfeitas das lojas físicas.

O *advergame* é equivalente ao chamado **product placement** em filmes cinematográficos, ou seja, a inserção de produtos nas cenas dos filmes, quando os produtos são usados pelos atores.

---

[15] AURICCHIO, Jocelyn. Ganhando dinheiro com negócios reais no mundo virtual. *O Estado de S.Paulo*, São Paulo, 25 set. 2006. Caderno LINK. Disponível em: <http://www.link.estadao.com.br/index.cfm?id_conteudo=8759>.

[16] SECOND LIFE. Disponível em: <http://secondlife.com>.

7.4.2 Seleção dos meios e mensuração dos resultados

Após a definição do conteúdo e do formato da propaganda online, o profissional de marketing deve selecionar os **meios de veiculação** da propaganda, isto é, os sites e as páginas web para publicação dos anúncios.

Para tanto, será necessário analisar os websites com base nos indicadores a seguir, comparando-os com os objetivos de comunicação do anunciante:

- **Ad views (*page views*, impressões** ou **impactos**): número total de vezes que os usuários acessaram uma página web, na qual há uma propaganda do anunciante, durante um período específico de tempo. Por exemplo, 12 milhões de *ad views* significa que a página foi aberta 12 milhões de vezes pelo total de visitantes em um dado período de tempo.
- **Ad clicks (*click-throughs* ou cliques**): número de vezes que os usuários clicam sobre o banner ou sobre outro elemento de propaganda na página web.
- **Alcance (*reach*)**: cobertura ou número total de pessoas expostas a um anúncio, ao menos uma vez, durante um período específico de tempo.
- **Audiência**: porcentual de pessoas atingidas. Por exemplo, 48 pontos de audiência significam que 48% da população assistiu a um programa, no caso da televisão, ou visualizou uma página web, no caso da internet.
- **Click rate (*click-through* ou taxa de cliques**): taxa de cliques. Índice que indica o sucesso de um banner ou outro elemento de propaganda para atrair visitantes. Por exemplo, se um banner teve mil *ad views* e 100 cliques, então, sua *click rate* foi de 10%.
- **Click stream**: é o caminho percorrido, ou seja, a seqüência de passos dados pelo internauta ao clicar nos links das *webpages* e anúncios on-line.
- **Custo por clique (CPC)**: custo do anúncio baseado no resultado de número de cliques, em que o anunciante só paga pelo número de cliques que um banner específico recebe.
- **Custo por mil (CPM)**: custo por mil impressões, ou seja, o custo para conseguir uma audiência de mil visitantes ao site ou à propaganda em uma página web.
- **Custo por visitantes (CPV)**: custo de um anúncio dividido pela quantidade de visitantes de um site.
- **Duração da visita**: tempo que o usuário fica conectado a um anúncio, página web ou website.

> **Ad views (*page views*, impressões** ou **impactos**): número total de vezes que os usuários acessaram uma página web, na qual há uma propaganda do anunciante, durante um período específico de tempo.

- **Freqüência efetiva**: o número de vezes que um indivíduo é exposto a uma propaganda específica, em certo período de tempo.

- **Gross exposures**: indica a quantidade total de vezes que um anúncio é visto, isto é, o número de impressões de um anúncio.

- **Hit**: termo usado para qualquer atividade realizada pelo internauta. Toda vez que um servidor da web enviar um arquivo a um internauta, esta atividade é gravada no arquivo de registro do servidor, gerando um *hit*.

- **Page views**: o mesmo que *ad views*. É número total de vezes que as páginas são visualizadas pelos internautas. Para ser contabilizada, a página precisa ser aberta totalmente. Por exemplo, *page views* de 12 milhões significa que a página foi aberta 12 milhões de vezes pelo total de visitantes em um dado período de tempo.

- **Visita**: é a visita de um usuário a um site, quando ocorre uma seqüência de atividades (*hits*), requisições ou pedidos do usuário. Uma vez que um visitante pára de fazer pedidos a um site por certo tempo (chamado *time-out*), o próximo pedido (*hit*) do visitante é considerado uma nova visita.

- **Visitantes únicos:** o número de diferentes indivíduos que visitam um site por um período de tempo. Os sites podem medir isso por meio de arquivos de registro do servidor, um sistema de identificação com o uso de *cookies*.

> **Visitantes únicos:** número de diferentes indivíduos que visitam um site por um período de tempo.

> *Cookie* é um programa de computador (software) utilizado para mensurar o tráfego dos websites.

O *cookie* é um programa de computador (software) utilizado para mensurar o tráfego dos websites. Ele é automaticamente instalado no disco rígido do usuário, sem o consentimento deste, quando se conecta a um site. É utilizado para identificar os usuários e monitorar o seu comportamento ao navegar; assim, as informações coletadas pelo *cookie* só podem ser acessadas pelo site que o enviou ao computador do usuário.

A **seleção dos sites** para a realização da propaganda on-line é baseada nos critérios de custo, audiência no público-alvo e adequação do conteúdo do site ao tipo de produto e de interesse do público-alvo.

As diversas empresas de pesquisa e de auditoria realizam estudos e fornecem dados sobre esses indicadores de resultados da propaganda on-line. O Ibope//NetRatings, por exemplo, realiza pesquisas mensais sobre audiência dos websites (ver Tabela 7.3).

Capítulo 7 — A internet como canal de comunicação interativa

Tabela 7.3 *Audiência dos sites no público jovem (8 a 24 anos)*

SITE	Audiência única (000)
MSN Messenger	3.852
UOL	3.487
Google	3.370
Microsoft Passport	3.310
Orkut	3.219
MSN Hotmail	3.119
Terra	3.017
Windows Media Player	2.860
Yahoo!	2.822

Fonte: IBOPE//NETRATINGS. *Os 10 maiores sites em audiência no segmento de jovens 8 a 24 anos*. Out. 2005. Disponível em: <http://www.ibope.com.br>.

Os portais de conteúdo e sites de busca também divulgam os seus indicadores para os anunciantes, como audiência, alcance, *page views* etc. Como exemplo, o Gráfico 7.2 mostra alguns indicadores do portal UOL.

Um dos pontos bastante discutidos quando se avalia a **propaganda na internet** é como **medir os resultados** e quanto pagar por eles. A visão comum aos diversos institutos de pesquisa é que a avaliação de uma campanha de propaganda somente pelo número de *click-throughs* é errônea. Estudos iniciais indicam que um banner, por exemplo, pode gerar conscientização da marca (*brand awareness*) independentemente de o internauta ter ou não clicado nele.

> Um dos pontos bastante discutidos quando se avalia **a propaganda na internet** é como **medir os resultados** e quanto pagar por eles.

Turban et al[17] analisaram a dificuldade em avaliar os resultados da propaganda na internet e sugeriram os seguintes métodos:

- **Método baseado em CPM**: a eficiência da propaganda é medida pelo custo por mil impressões, isto é, o número de exposições ao anúncio é a medida de desempenho. É o método mais usado.

- **Método baseado em *click-through***: a eficiência é medida pelo número de vezes que os visitantes clicaram, de fato, no anúncio ou banner.

- **Métodos baseados na interatividade**: método mais sofisticado, sugere que a eficiência seja medida pela interatividade do usuário com a propaganda, por meio de métricas como o tempo de exposição e o número de visitas repetidas ao mesmo anúncio.

- **Método baseado na compra efetiva**: em última instância, o que se procura com uma propaganda é o resultado positivo nas vendas da empresa. Assim, muitos argumentam que *page views* ou outras medidas semelhantes não são os fatores mais

---

[17] TURBAN et al, 1999.

importantes, mas, sim, o número de pessoas que de fato compram o produto anunciado, e quanto elas gastaram.

Gráfico 7.2 *Indicadores do portal UOL*

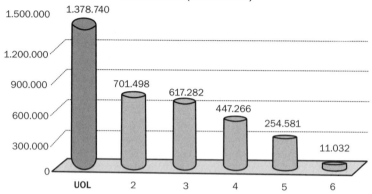

Fonte: Ibope//NetRatings — Outubro 2006.

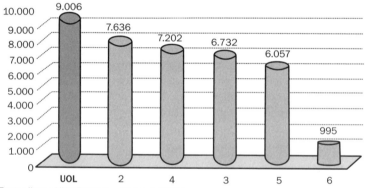

Fonte: Ibope//NetRatings — Outubro 2006.

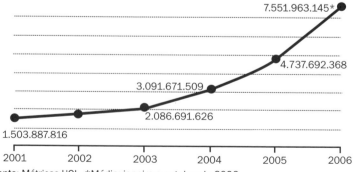

Fonte: Métricas UOL. *Média: janeiro a outubro de 2006.

Fonte: UOL. *Publicidade*. Disponível em: <http://publicidade.uol.com.br/1.2.jhtm>.

Capítulo 7 — A internet como canal de comunicação interativa

Para estabelecer o pagamento pela propaganda na internet, as empresas recorrem a três métodos alternativos, a saber:

- **pagamento por desempenho:** consiste no pagamento de uma taxa (*fee*) por clique dos usuários no anúncio (taxa de *click-through*);

- **pagamento por impressões:** é o método que considera o número de exposições dos usuários ao anúncio (número de vezes que o anúncio é visto por internautas, tendo sido clicado ou não);

- **acordos híbridos:** os dois métodos anteriores são utilizados para determinar a forma de pagamento da propaganda na internet.

> **Pagamento por desempenho** é o pagamento de uma taxa (*fee*) por clique dos usuários no anúncio (taxa de *click-through*).

Visando avaliar a eficácia da propaganda na internet, a IAB[18] realizou um estudo utilizando as medidas conhecidas de marketing, como reconhecimento de marca, comunicação dos atributos do produto e intenção de compra. Tal estudo foi desenvolvido no contexto real com os consumidores acessando, normalmente, os sites que eram monitorados, incluindo os sites CNN, CompuServe, ESPN SportsZone, Excite, Geocities, HotWired, Looksmart, Lycos, MacWorld, National Geographic Online, Pathfinder e Ziff-Davis.

O que se concluiu desse estudo é que, em geral, a propaganda on-line, como os banners, possui poder de comunicação, aumenta a lembrança da propaganda, a consciência da marca (*brand awareness*), os atributos do produto e também a lealdade à marca.

Os principais resultados do estudo referido são:

- o grau de aceitação dos consumidores da propaganda on-line é comparável ao da mídia tradicional;

- a propaganda on-line aumenta o reconhecimento da marca (*brand awareness*), mesmo após uma única exposição;

- a propaganda on-line tem potencial de aumentar as vendas do produto;

- *click-throughs* não são necessários para uma efetiva comunicação da marca;

- a propaganda on-line tem maior probabilidade de ser notada pelo consumidor do que a propaganda na televisão.

---

[18] INTERNET ADVERTISING BUREAU. *Advertising effectiveness study*. Mar. 1999. Disponível em: <http://www.iab.net>.

O Gráfico 7.3, apresentado no referido estudo, demonstra um crescimento médio de lembrança da propaganda de 30%, após uma exposição aos anúncios na web.

Gráfico 7.3 *Propaganda on-line aumenta a lembrança da propaganda*

Índice médio das 12 marcas testadas.
**Estatisticamente significante no intervalo de confiança de 95%.

Fonte: INTERNET ADVERTISING BUREAU. *Advertising effectiveness study.* Mar. 1999. Disponível em: <http://www.iab.net>.

Quanto à consciência da marca (*brand awareness*), para os 12 banners testados, na média, houve um crescimento de 5%, como demonstrado no gráfico a seguir.

Gráfico 7.4 *Propaganda on-line aumenta consciência de marca em média de 5%*

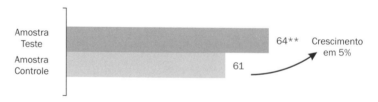

Índice médio das 12 marcas testadas.
**Estatisticamente significante no intervalo de confiança de 95%.

Fonte: INTERNET ADVERTISING BUREAU, mar. 1999.

O referido estudo também constatou 4%, em média, de aumento da lealdade à marca em nove das 12 marcas testadas, como demonstrado no Gráfico 7.5.

Ainda sobre a questão da eficácia da propaganda, para Hofacker[19] a internet não é uma **mídia de massa,** mas de nicho, no sentido de que a audiência é muito fragmentada, se comparada com outras

---

[19] HOFACKER, 2001.

mídias de massa, sendo difícil para cada marca atingir uma grande participação ou índice de consciência.

Gráfico 7.5 *Propaganda on-line aumenta lealdade à marca em 4%, em média*

*Média obtida nas 12 marcas testadas.
Fonte: INTERNET ADVERTISING BUREAU, mar. 1999.

Sites com grandes audiências, como os portais MSN, Yahoo! ou UOL, não são comuns nem fáceis de reproduzir ou copiar por outras empresas. Estes sites lançam extensões de marca, sites dirigidos a certos segmentos de público, como fez o Yahoo! com os sites Dailynews (dailynews.yahoo.com), o Yahooligans (www.yahooligans.com) e inúmeros sites regionais.

Para Hofacker, a **força da internet** está em possibilitar, a baixo custo, uma **comunicação dirigida e customizada** para uma audiência selecionada, constituída de clientes leais que realizam visitas repetidas e freqüentes ao site da empresa ou da marca. Essa audiência permite à empresa cobrar um *premium*, um adicional de preço pelo serviço ou produto dos clientes, ou, então, de anunciantes que desejam fazer propaganda no site para aquela audiência específica. E, quanto mais específica for a audiência, mais a empresa pode cobrar pelos seus produtos e serviços, ou pelo número de impressões e *click-throughs* no público-alvo do anunciante. Portanto, adquirir a lealdade dos usuários é fator indispensável para o sucesso das empresas na internet.

Para Hartman e Sifonis[20], a maior dificuldade não é atrair os usuários para a internet, mas, sim, retê-los de modo lucrativo. As empresas da internet procuram realizar investimentos em marketing dirigidos a reter os usuários, tornando o site *sticky* ou "pegajoso", na linguagem da internet. Para os autores, um site pode criar lealdade em seus usuários se oferecer os três "C"s: conteúdo, comunidade e contexto.

Como se pôde ver neste tópico, a internet provoca o repensar das práticas de marketing, por parte dos pesquisadores e gestores.

> Para Hofacker, a **força da internet** está em possibilitar, a baixo custo, uma **comunicação dirigida e customizada** para uma audiência selecionada, constituída de clientes leais que realizam visitas repetidas e freqüentes ao site da empresa ou da marca.

---

[20] HARTMAN; SIFONIS, 2000.

Parte III – Comunicando na internet e criando um website

E, por ser essa realidade muito nova, não existem ainda conclusões consensuais sobre as melhores práticas e metodologias do uso do marketing pela internet.

> **Propaganda on-line:** atividade especializada em comunicação de marketing, para a qual os anunciantes preferem contratar prestadores de serviços especializados, que são as agências de propaganda interativa.

7.5 AGÊNCIAS DE PROPAGANDA INTERATIVA

Sendo a **propaganda on-line** uma atividade especializada de comunicação de marketing, os anunciantes, em geral, preferem contratar prestadores de serviços especializados, que são as agências de propaganda interativa.

Essas são empresas independentes ou um departamento especializado das agências de propaganda tradicionais, responsáveis pelo planejamento estratégico da campanha, pela criação das peças de comunicação, pelo planejamento e pela execução de mídia, bem como pela avaliação dos resultados das campanhas realizadas.

A lista das empresas prestadoras de serviços de propaganda interativa pode ser obtida nos sites da Associação de Marketing Interativo (AMI) (www.ami.org.br), Associação de Marketing Direto (www.abemd.org.br), Associação Brasileira de Propaganda (ABAP) (www.abap.com.br) e da publicação *Meio & Mensagem* (www.mmonline.com.br). A seguir, vêm a descrição de algumas delas.

- **Rapp Digital (www.rappcollins.com):** empresa do Grupo Omnicom, a Rapp Digital é uma agência de relacionamento on-line criada em setembro de 2000. Trabalha de forma integrada com a Rapp Collins, agência de marketing direto, e a Rapp Data, empresa de banco de dados, no desenvolvimento de campanhas de marketing na internet.

  A empresa possui estrutura para o envio de 1 milhão de e-mails por dia e considera o e-mail marketing não como uma ação pontual, mas integrada em uma estratégia mais completa de relacionamento entre as empresas e seus clientes.

- **Ogilvy Interactive Brasil (www.ogilvy.com.br):** agência digital especializada na criação de soluções de marketing e campanhas para uso em meios digitais, como sites para internet, CD-ROM, DVD, quiosques, multimídia etc. Faz parte do grupo Ogilvy & Mather Worldwide, que, por sua vez, é parte integrante do WPP Group, um dos maiores grupos de comunicação no mundo.

- **AgênciaClick (www.agenciaclick.com.br):** a AgênciaClick é uma agência de propaganda especializada em internet. Sua proposta de trabalho parte da premissa de que um projeto sólido de internet depende de uma estratégia consistente, um desenvolvimento impecável de ações que façam o público utilizar os serviços oferecidos, os quais são:

Capítulo 7 — A internet como canal de comunicação interativa

- **formulação de estratégia:** definir a estratégia de presença do cliente na internet, identificando pontos de contato e a natureza das relações estabelecidas com clientes e parceiros;
- **desenho de presença:** detalhar ações e elaborar estratégias criativas e tecnológicas;
- **construção:** desenvolver o projeto pelas especificações técnicas e criativas. Inclui a produção de arte e mídias, modelagem de dados e processos, bem como a programação de software;
- **arquitetura de informação:** modelar bancos de dados, definir a organização de conteúdos e o fluxo de navegação;
- **engenharia de sistemas:** criar e desenvolver software orientado ao desempenho, à escalabilidade e à usabilidade;
- **lançamento:** aplicar testes sistemáticos visando à homologação do produto final e à implementação das iniciativas de comunicação e divulgação on-line;
- **data intelligence:** analisar os resultados das ações do *page view* à transação comercial efetuada; dessa forma, avalia-se o retorno do investimento dos clientes.

É fator importantíssimo para o sucesso da campanha de comunicação na internet a seleção da agência de propaganda, pois esta se responsabiliza pelo planejamento, pela criação, pelo desenvolvimento, pela implementação e pela avaliação de resultados.

SITES SOBRE O TEMA

AGÊNCIACLICK — http://www.agenciaclick.com.br
ASSOCIAÇÃO BRASILEIRA DE PROPAGANDA — http://www.abap.com.br
ASSOCIAÇÃO DE MARKETING DIRETO — http://www.abemd.org.br
ASSOCIAÇÃO DE MARKETING INTERATIVO — http://www.ami.org.br
DATALISTAS — http://datalistas.abril.com.br
DATAMÍDIA — http://www.datamidia.com.br
INTERNET ADVERTISING BUREAU — http://www.iab.net
MEIO & MENSAGEM — http://www.mmonline.com.br
OVERTURE — http://www.overture.com

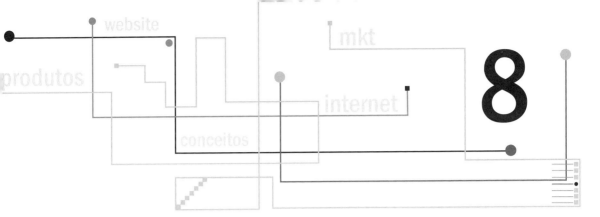

Implementando um website

- *Objetivos do capítulo*

  Depois de concluir este capítulo, você deverá ser capaz de:

  1. Conhecer os tipos de sites e os passos para a implementação de um site institucional.

  2. Conhecer as alternativas de conteúdo e os recursos de interatividade para um site.

  3. Entender os recursos necessários para implementação e gerenciamento do site

- *Visão geral do capítulo*

  Neste capítulo, detalharemos as ações e as decisões necessárias para a criação e a implementação de um site institucional, que atenda aos objetivos de comunicação de marketing da empresa ou da marca de produto.

8.1 MODELOS DE SITES

Um **site institucional** é uma ferramenta de comunicação de marketing que tem a função de divulgar informações sobre os produtos ou serviços de uma empresa, de uma organização ou de um profissional. Esse modelo de site também possibilita o relacionamento com clientes, parceiros e outras pessoas de interesse (*stakeholders*).

Existem diversos modelos de sites, com diferentes conteúdos e funcionalidades, para os mais diversos segmentos de usuários, como os listados a seguir.

- **Sites pessoais**: são os blogs, escritos por qualquer internauta, como meio de expressar livremente suas opiniões e idéias sobre qualquer assunto. Sendo aberto à participação

> **Site institucional** é uma ferramenta de comunicação de marketing que tem a função de divulgar informações sobre os produtos ou serviços de uma empresa, de uma organização ou de um profissional.

192

Parte III – Comunicando na internet e criando website

> O site em que os internautas podem publicar imagens e fotos digitais é chamado de **fotolog** ou de **flog**.

de qualquer pessoa e fácil de acessar e de atualizar, pode ser lido e comentado publicamente por amigos ou pessoas desconhecidas. Os blogs passaram a ser utilizados com fins profissionais e comerciais por pessoas que querem divulgar seus trabalhos e tornarem-se conhecidas. O site em que os internautas podem publicar imagens e fotos digitais é chamado de **fotolog** ou de **flog**. Exemplos de sites que oferecem o serviço de elaboração e hospedagem de blogs são Blogger, Geocities, UOL e Tripod. A facilidade que os internautas encontram para a criação de suas páginas pessoais é o que está determinando a grande expansão desse estilo de site na rede.

- **Sites de comunidades**: oferecem aos usuários a possibilidade de fazer amizades e conhecer pessoas que tenham interesses comuns e buscam desenvolver redes sociais para relacionamento ou colaboração em projetos. Exemplos de sites de comunidade são Flickr, Friendster, Orkut, Beltrano. Outro exemplo é o site chamado **wiki**, que permite adicionar ou modificar conteúdos facilmente, de forma colaborativa, em que diversas pessoas dão sua contribuição livremente. Como exemplo, os sites para desenvolvimento de enciclopédias abertas (wikipedia) ou de software não-proprietários com código fonte aberto, como o site Phpbrasil.

> **Sites de conteúdo** têm por objetivo fornecer informações, que podem ser gratuitas ou pagas.

- **Sites de conteúdo:** têm por objetivo fornecer informações, que podem ser gratuitas ou pagas. Nessa categoria, existem especializações, por exemplo: **sites horizontais** ou **portais** — oferecem grande variedade de assuntos, como negócios, esportes, lazer, saúde etc. (UOL, Terra, IG); **sites verticais** — fornecem informações sobre um assunto específico, como imóveis (Planetaimóvel) e automóveis (Webmotors); **sites de busca** ou **buscadores** (Google, Yahoo! UOL busca, Cadê?); **sites de notícias** (Folha On-line, Veja On-line etc.); **sites de cursos on-line** (Englishtown); **sites de pesquisas on-line** (Ibope); **sites de download** (Superdownloads, Tucows, iTunes). Um dos sites de cópia (download) com grande popularidade é o **iTunes Music Store**, da Apple, que disponibiliza o serviço de baixar músicas digitais (podcast) e vídeos musicais (*videocast*) a preços reduzidos, para serem arquivados, ouvidos ou vistos em computadores, tocadores de música ou de vídeo digitais portáteis, como o iPod.

- **Sites institucionais**: sua finalidade é divulgar a empresa e fornecer informações e serviços aos clientes, contribuindo para a construção da imagem da marca da empresa e para a fidelização dos clientes. Esses sites não realizam vendas, e as informações fornecidas, em geral, são catálogos de produtos, listas de revendedores, balanços e relatórios financeiros, notícias para a imprensa (*press-releases*), artigos técnicos, programação de eventos, ofertas promocionais, entre outras. Podem ou não ser interativos, estabelecendo relacionamento com os visitantes por meio de salas de bate-papo, grupos de discussão, e-mails, *blogs* etc. Podem ser de dois tipos: **sites de empresa** (como o da Nestlé) e **sites de marca de produto** (como os do Nescau ou do OMO).

Como exemplo de um site de marca de produto, a Figura 8.1 apresenta a primeira página do site do produto Nescau, achocolatado da Nestlé, focado no público-alvo de jovens do sexo masculino de 15 a 21 anos, que praticam esportes ao ar livre, como *skating*, *biking* e *surfing*.

Figura 8.1 *Primeira página do site da marca Nescau*

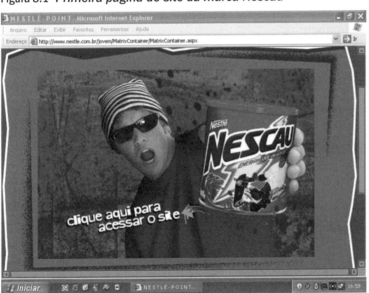

Fonte: NESCAU. Disponível em: <http://www.nescau.com.br>.

- **Site promocional ou *hot site*:** é um site temporário que objetiva divulgar informações e obter a participação do público-alvo na campanha promocional da empresa ou da marca. É desenvolvido para suportar ações promocionais com elevado número de acessos de internautas. Em geral, o site dura o período da promoção, que é de alguns meses. Por exemplo, o *hot site* da promoção "Dê asas pro seu sonho", do cartão de crédito American Express, que aparece na tela do computador depois que o internauta clica no banner, publicado na página do portal Exame, conforme demonstram as Figuras 8.2 e 8.3.

> **Site promocional ou *hot site*:** é um site temporário que objetiva divulgar informações e obter a participação do público-alvo na campanha promocional da empresa ou da marca.

Figuras 8.2 e 8.3 *Hot site da promoção do cartão AMEX no portal Exame*

Página do Portal Exame

Hot site do cartão AMEX.
Fonte: PORTAL EXAME. *Hot site AMEX*. Disponível em: <portalexame.abril.uol.com.br>.

- **Sites de entretenimento**: sua finalidade é oferecer entretenimento, como os jogos on-line, em que diversos internautas participam, interagindo com outros jogadores on-line. Exemplos de sites: MSN Games e Banana Games.

Capítulo 8 – Implementando um website

- **Lojas virtuais**: sites destinados a vender produtos ou serviços pela internet. Podem ter foco no mercado organizacional (*business to business* ou B2B, empresas que vendem produtos ou serviços para outras empresas) ou no mercado consumidor (*business to consumer* ou B2C — venda de produtos diretamente ao consumidor). Por exemplo, o site da loja virtual Submarino e o da Livraria Saraiva.

- **Intermediário de negócios**: conhecido como *broker*, tem como objetivo intermediar a compra e a venda de mercadorias pela internet. É o caso dos sites de leilão on-line, em que os produtos são relacionados por categoria, em alguns casos com foto — os produtos podem ser desde uma moeda antiga até um automóvel. Os compradores escolhem o produto e fazem sua oferta de preço (lance). Em um período estipulado de tempo, o melhor lance leva o produto. Alguns leilões cobram uma taxa do vendedor (em média 5% do valor do produto), e outros, por exemplo o Yahoo!, não cobram.

- **Cooperativas ou grupos de compradores**: são sites criados para reunir pessoas ou empresas que tenham interesse de adquirir um determinado bem ou serviço. O usuário filia-se ao grupo de seu interesse e, quando esse atinge um número significativo de usuários, a compra do bem é realizada. A vantagem é a redução do preço do produto, pois geralmente a compra é feita em grande volume, diretamente com o distribuidor ou produtor. Por exemplo, o portal de compras da Federação Brasileira das Redes Associativistas de Farmácias (Febrafar), que reúne e negocia as compras das redes de farmácias associadas.

8.2 PLANEJAMENTO, OBJETIVOS E PÚBLICO-ALVO

Para implementar um site institucional como canal de informação, comunicação interativa e relacionamento, a primeira etapa é detalhar o **plano de implementação,** o qual, como vimos no Capítulo 4, integra o plano de marketing da empresa.

> Para implementar um site institucional como canal de informação, comunicação interativa e relacionamento, a primeira etapa é detalhar o **plano de implementação.**

Para ilustração, usaremos o exemplo, já utilizado em outras partes do livro, de uma empresa que atua no mercado de bens de consumo vendendo aparelhos eletrodomésticos — ferros, forno de microondas e fogões — para donas de casa, no território nacional.

Roteiro do plano de implementação do site institucional

- objetivos de comunicação;
- público-alvo do site;
- conteúdo do site;
- plano operacional-tático;
- meios de divulgação e atração de público;
- investimentos e orçamentos;
- meios de avaliação de resultados.

> A definição dos **objetivos** e do **público-alvo** é a etapa inicial do trabalho de desenvolvimento e implementação de um site institucional.

A definição dos **objetivos** e do **público-alvo** é a etapa inicial do trabalho de desenvolvimento e implementação de um site institucional, devendo estar coerentes e integrados com os objetivos e as estratégias de marketing da empresa.

Os objetivos do site institucional são de três tipos: fornecer informação; possibilitar comunicação interativa; e promover o relacionamento da empresa com seus públicos-alvo. Para a definição desses objetivos, a empresa pode responder às seguintes perguntas:

- Qual o alcance da comunicação? Quantas pessoas deverão ser expostas ao site?
- Qual a audiência esperada para o site?
- Qual o número de *page views* desejado para o site?
- Que tipo de resposta dos clientes é esperada?
- Que tipo de relacionamento a empresa espera construir com os clientes ou outros públicos por meio do site?
- Que tipo de informações a empresa pretende divulgar por meio do site?

No exemplo da empresa de eletrodomésticos, os objetivos do site são:

- **Objetivo de alcance**: 50% do público-alvo faça uma visita ao site nos três primeiros meses após o seu lançamento.
- **Objetivo de *page views***: atingir dois milhões de *page views* por mês, no público-alvo, após o segundo mês.
- **Objetivo de freqüência**: o público-alvo deverá visitar o site pelo menos duas vezes por mês, para obter informações úteis para o seu dia-a-dia.
- **Objetivo de relacionamento**: 50% do público-alvo considerem o site o melhor meio de relacionamento com a empresa, para tirar dúvidas sobre os produtos, obter informações diversas, fazer reclamações e sugestões, bem como indicar o site para outros clientes.

Além de definir os objetivos, a empresa deve escolher o **público-alvo** para o qual o site será desenvolvido. Para isso, devem ser respondidas as seguintes perguntas:

- Qual o perfil do público a ser atendido (faixa etária, nível de renda, tipo de ocupação, grau de escolaridade, estilos de vida, estado civil, personalidade etc.)?
- Deverão ser atendidos outros públicos, como órgãos da imprensa, entidades e representantes do governo, concorrentes,

Capítulo 8 – Implementando um website

parceiros, fornecedores, vendedores, funcionários, acionistas e investidores?

No caso exemplificado, o público-alvo de clientes pode ser definido como:

Público-alvo de clientes

Donas de casa de 25 a 49 anos, com renda familiar entre 10 e 15 salários mínimos, com filhos entre 5 e 20 anos, residentes nas dez maiores capitais brasileiras, usuárias ativas da internet, em casa ou no trabalho, e que buscam qualidade, preço justo e modernidade na compra de eletrodomésticos.

8.3 O CONTEÚDO E A INTERATIVIDADE DO SITE

O **conteúdo do site** é o primeiro fator de atração do público-alvo e um recurso importante para a manutenção de relacionamento duradouro com os clientes e parceiros da empresa. Também os recursos de interatividade do site são importantes para a fidelização dos clientes e dos parceiros.

A definição do **conteúdo do site**, isto é, o que será comunicado e oferecido para o público-alvo, é responsabilidade do profissional de marketing, e não da agência de propaganda, e deve considerar:

- os objetivos do site;
- as características do público-alvo;
- os elementos da oferta da empresa que sejam importantes para a decisão do cliente na compra de um determinado produto;
- as necessidades de informação e relacionamento dos diversos públicos-alvo.

> **Conteúdo do site** é o primeiro fator de atração do público-alvo e um recurso importante para a manutenção de relacionamento duradouro com os clientes e parceiros da empresa.

As perguntas a serem respondidas nessa etapa são as seguintes, entre outras:

- O que deverá ser comunicado sobre a empresa e seus produtos e serviços para cada segmento de público-alvo?
- Quais informações serão fornecidas (textos, documentos, entrevistas, artigos, gráficos, imagens, fotos, ilustrações, vídeos, música etc.)?
- Quais serviços serão oferecidos (e-mails, salas de bate-papo, fóruns, mensagens instantâneas, mecanismo de busca, podcasts etc.)?
- Quais links serão oferecidos com outros sites e páginas web?
- Quais informações serão coletadas do público?

- Quais são os parceiros e colaboradores que fornecerão conteúdo para o site?
- Quais as respostas para as perguntas mais freqüentes — *Frequently Asked Questions* (FAQs) — dos clientes?

Quanto à **interatividade do site**, a internet oferece diversos recursos para estabelecer uma comunicação direta e personalizada entre a empresa e seus clientes. A estratégia de conteúdo do site deve explorar todas as possibilidades de interação, com base nos recursos a serem mencionados a seguir e os discutidos anteriormente.

- salas de bate-papo;
- mensagens instantâneas;
- podcasts;
- e-mail;
- pesquisas com os usuários;
- grupos de discussão;
- fóruns;
- perguntas e respostas (FAQs);
- web *call center*;
- Voip — telefone pela internet;
- formulários autopreenchidos;
- mecanismos de busca;
- sites pessoais (blogs, fotologs e videologs);
- jogos on-line (games digitais).

> O profissional de marketing precisa definir que **estratégia de relacionamento** pretende desenvolver com seu público-alvo por meio da internet.

Para tanto, o profissional de marketing precisa definir que **estratégia de relacionamento** pretende desenvolver com seu público-alvo por meio da internet, decidindo sobre o tipo de atendimento e os serviços a serem prestados. As perguntas a seguir servem de roteiro para a definição dessa estratégia:

- Que tipo de relacionamento será estabelecido com o cliente (padronizado, parcialmente customizado, personalizado) e os outros públicos?
- O atendimento ao cliente será ininterrupto?
- Quais os meios de atendimento: e-mail, salas de bate-papo, mensagens instantâneas, tecnologia Voip etc.?
- Qual o tempo de resposta para cada comunicação recebida do cliente?
- Que tipos de serviços serão oferecidos: respostas a dúvidas, atendimento a reclamações, suporte a problemas técnicos, consultoria sobre como otimizar o uso do produto, treinamento on-line etc.?

- Qual a contribuição esperada do público-alvo para a construção do conteúdo do site?
- Qual nível de compartilhamento de dados da empresa será oferecido ao cliente?
- Será construída e gerenciada uma comunidade de clientes e usuários?
- Será oferecido um canal para clientes e usuários trocarem informações?

Quanto maior a interatividade com o público, mais se exigirá da empresa uma adequada estrutura de sistemas e de recursos humanos para dar conta da quantidade e da imprevisibilidade das respostas dos seus clientes e usuários.

8.3.1 Segmentação do conteúdo

O **conteúdo do site** deverá ser segmentado para cada perfil de público-alvo, com a seleção de assuntos de relevância e interesse de cada segmento. Como exemplo, na primeira página do site institucional da empresa American Express, na Figura 8.4, verifica-se que a empresa identificou os seguintes públicos: pessoas usuárias ou não dos produtos; profissionais liberais; pequenas empresas; médias empresas; grandes empresas e estabelecimentos comerciais.

> O **conteúdo do site** deverá ser segmentado para cada perfil de público-alvo, com a seleção de assuntos de relevância e interesse de cada segmento.

Figura 8.4 *Home page do site institucional da American Express*

Fonte: AMERICAN EXPRESS. Disponível em: <http://www.americanexpress.com/br/homepage.shtml>.

Para cada um dos segmentos de público, a American Express criou páginas ou sites específicos, de acordo com as necessidades desses segmentos. Como se pode observar na Figura 8.5, a página dirigida a profissionais liberais e pequenas empresas inicia-se com a apresentação clara e resumida dos três principais benefícios oferecidos, a saber: controle e conveniência; flexibilidade financeira; economia e recompensas.

Figura 8.5 *Página do site institucional da American Express para pequenas empresas e profissionais liberais*

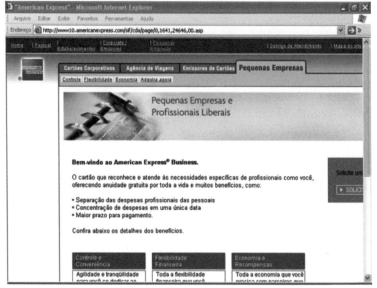

Fonte: AMERICAN EXPRESS. Disponível em: <http://www.americanexpress.com/br/homepage.shtml>. Acesso em: 18 fev. 2006.

No **hot site** da promoção "Dê asas pro seu sonho", da American Express, mostrado na Figura 8.3, são oferecidos sete diferentes roteiros de viagem, para cada um dos perfis de público-alvo: romântico, exótico, aventureiro, *relax*, moderno, curioso e *gourmet*. Com isso, a empresa espera motivar cada segmento de público a participar da promoção.

Outro exemplo é o site da Nestlé dirigido a crianças, denominado Mais Divertido, que visa fortalecer o vínculo da marca Nestlé com o público infantil, de 5 a 12 anos. O site oferece entretenimento e informação de modo didático, como álbum de figurinhas virtuais, joguinhos, jornalzinho com matérias de interesse infantil e tirinhas. O conteúdo é ilustrado pelos personagens dos produtos como Passatempo, Chambinho, Chamyto, Neston, Farinha Láctea, Galak, Nesquik, entre outros.

Capítulo 8 – Implementando um website

Figura 8.6 *Site da Nestlé para o público infantil*

Fonte: NESTLÉ — SITE MAIS DIVERTIDO. Disponível em: <http://www.nestle.com.br/maisdivertido>.

Quando há a segmentação do conteúdo e as informações são restritas a alguns públicos-alvo, torna-se necessário que o acesso aos sites seja controlado por meio de cadastramento prévio e da posse de uma **senha** fornecida pelo sistema do site. Dessa forma, mantém-se controle das informações e evita-se a divulgação do conteúdo exclusivo a públicos não qualificados.

8.3.2 Tipos de conteúdo e recursos de interatividade

Em geral, o conteúdo do site pode ser construído por quatro fontes:
- conteúdo elaborado pela própria empresa;
- conteúdo ligado a outros sites;
- conteúdo elaborado por terceiros;
- conteúdo elaborado pelos usuários do site.

Independentemente das fontes, o conteúdo pode ser de:
- informações de **utilidade**, que satisfazem às necessidades práticas do público;
- informações de caráter **hedonista**, que procuram agradar, divertir e envolver emocionalmente o público.

Também se classifica o conteúdo como estático ou dinâmico, a saber:

- **Conteúdo estático**: baseado em textos, gráficos, fotos, desenhos e ilustrações, sem movimento de imagem nem som, semelhante à mídia impressa, como jornais e revistas.

- **Conteúdo dinâmico**: refere-se à inclusão de imagens que se movimentam, vídeos, sons e música, aproximando o site à televisão e ao rádio, com base nas tecnologias de mídia rica (*rich media*), áudio ou vídeo contínuos em tempo real (*streaming*) e *webcasting*.

> *Webcasting* designa as tecnologias de distribuição ao vivo (*streaming*) ou de versões gravadas de som e vídeo pela web (arquivos de podcasts e *videocasts* com a tecnologia RSS).

A palavra **webcasting** designa as tecnologias de distribuição ao vivo (*streaming*) ou de versões gravadas de som e vídeo pela web (arquivos de podcasts e *videocasts* com a tecnologia RSS). É a forma de qualquer pessoa com um computador conectado à internet poder assistir a um programa ao vivo ou a uma apresentação gravada de qualquer lugar em que ela esteja. Existem empresas prestadoras de serviços de *webcasting* que providenciam o vídeo de interesse do cliente para download, ou a sua transmissão pela web, ao vivo, ao mesmo tempo em que o evento se realiza.

8.3.2.1 Conteúdo elaborado pela própria empresa

Este é o conteúdo exclusivo da empresa, originado pelos seus colaboradores e inerente à sua atividade. Os tipos de conteúdo originados dessa fonte estão descritos a seguir.

- **Institucional**: quem é a empresa, suas áreas de atividade, divisões organizacionais, quem são os funcionários, quais são os resultados alcançados, a missão da empresa e seus valores, os objetivos, a metodologia de trabalho, a tecnologia, a localização dos escritórios, quem são investidores e acionistas etc.

- **Produtos e serviços**: diretório das linhas de produtos, descrição funcional detalhada dos produtos, formulação dos produtos, modo de usar, como realizar manutenção, especificações técnicas, embalagens, tamanhos, preços, prazos de validade etc.

- **Parceiros**: quem são os parceiros da empresa, representantes de vendas, prestadores de serviços, fornecedores, consultores etc.

- **Políticas da empresa**: código de ética, política comercial, tecnológica, de recursos humanos, de qualidade, de segurança etc.

- **Políticas do site**: segurança, privacidade, termos e condições de uso etc.

- **Sistema de vendas**: onde e como comprar os produtos, sistemas de pagamento, política de devolução, política de garantias, locais de venda etc.

- **Artigos úteis**: textos úteis e informativos sobre temas relacionados aos produtos e às atividades da empresa, como depoimentos de clientes, entrevistas, artigos de jornais e revistas etc.

- **Novidades**: informações sobre lançamentos de produtos, notícias recentes publicadas na imprensa, promoções de produtos etc.

Como exemplo, a home page da American Express, na Figura 8.4, contém um menu que apresenta a lista de produtos e serviços oferecidos (cartões, seguros, produtos financeiros, *travelers* cheques, serviços de câmbio etc.) e também ofertas e novidades. Na seção "Novidades", a empresa comunica aos estabelecimentos comerciais os novos serviços de prevenção de estorno e prevenção à fraude, entre outros.

No site institucional da companhia aérea TAM, como ilustrado nas Figuras 8.7 e 8.8, o menu principal apresenta as seguintes seções: sobre a TAM; visita virtual às aeronaves; galeria TAM; diferenciais TAM; relação com investidores; imprensa; responsabilidade social; nova campanha; museu TAM; gestão de pessoas; endereços e telefones. A escolha desse conjunto de conteúdos está orientada a atender as principais necessidades de informação dos seus clientes e potenciais clientes.

Figura 8.7 *Site institucional da TAM com fotos do interior dos aviões*

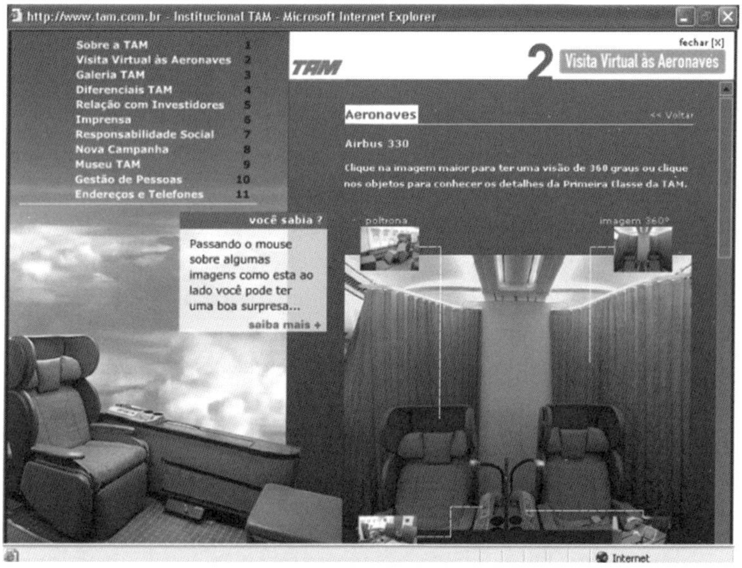

Fonte: TAM. Disponível em: <http://www.tam.com.br>.

Na seção "Visita virtual às aeronaves", a empresa procura tangibilizar o serviço, ou seja, apresenta fotos do interior dos seus aviões, como forma de concretizar e materializar as características das suas aeronaves e dos seus serviços de bordo, a fim de atrair mais clientes.

No site da TAM, há um exemplo de recurso de interatividade: os clientes com cartão fidelidade TAM podem conversar, em tempo real, com os atendentes da empresa por meio de um web *call center*, enviando curtas mensagens de texto, que são respondidas instantaneamente, como na Figura 8.8.

Figura 8.8 *Web call center no site da TAM*

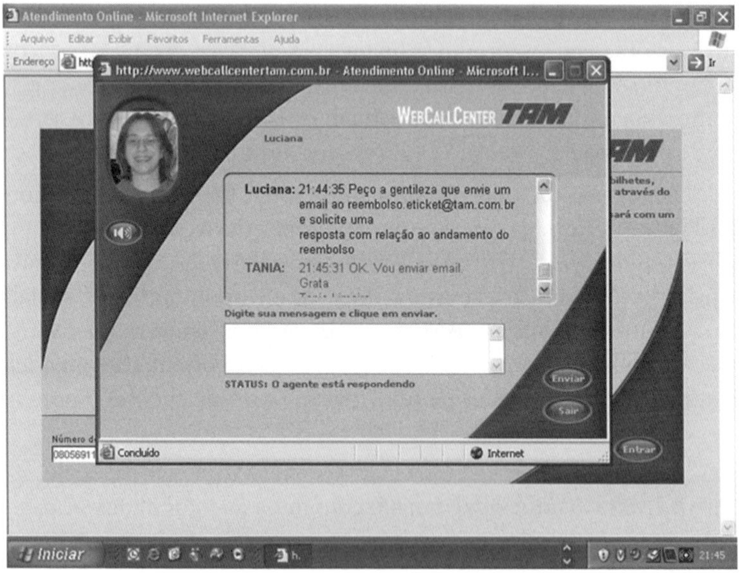

Fonte: TAM WEB CALL CENTER. Disponível em: <webcallcentertam.com.br>.

No site da Nescau, na Figura 8.1, pode-se verificar que a forte e colorida imagem no centro da página objetiva atrair e despertar o interesse dos jovens, que são o público-alvo do produto. No site Mais Divertido Nestlé, procura-se chamar a atenção e envolver as crianças com desenhos coloridos e divertidos. Esses são exemplos de conteúdo de caráter hedonista.

O **conteúdo** com a finalidade hedonista apresenta informações em texto, desenhos, imagens em movimento, vídeos e sons que despertam o interesse e a curiosidade dos usuários, que os emocionam e os entretêm. São também muito importantes para criar vínculo com a empresa e com os produtos dela.

No site Mais Divertido da Nestlé, na seção "Superfigurinhas virtuais", o seguinte texto procura envolver e engajar as crianças:

> O **conteúdo** com a finalidade hedonista apresenta informações em texto, desenhos, imagens em movimento, vídeos e sons que despertam o interesse e a curiosidade dos usuários, que os emocionam e os entretêm.

Capítulo 8 – Implementando um website

Quadro 8.1 *Site Mais Divertido da Nestlé – texto promocional*

Superfigurinhas Virtuais
Álbum 18 – Fantasias de Carnaval

Caia na folia com os personagens Nestlé! Cada um escolheu uma fantasia: tem a Colombina, o Arlequim, o Pierrô, a Carmen Miranda, o pirata e seus marinheiros e os havaianos. Essas são as atrações da nova coleção de Superfigurinhas Virtuais do Mais Divertido. Você já tem o álbum? Não perca mais tempo: faça o download e comece agora sua coleção "Fantasias de Carnaval".

Fonte: NESTLÉ — SITE MAIS DIVERTIDO. Disponível em: <http://www.nestle.com.br/maisdivertido/site/home>.

No site da American Express, na seção "Restaurantes", há ofertas especiais que visam sugerir momentos agradáveis e prazerosos e associá-los ao uso do cartão de crédito. O Quadro 8.2 apresenta uma dessas ofertas de refeições em restaurantes associados ao cartão.

Quadro 8.2 *Exemplo de conteúdo hedonista – ofertas no site do American Express*

Veja ofertas para refeições em alguns dos seus restaurantes preferidos
Restaurante Bacalhau

Petit gateau de chocolate com sorvete de creme ou uma banana flambada com sorvete, em refeições acima de R$ 200,00, para Associados American Express®

O Restaurante Bacalhau tem localização privilegiada e possui em seu cardápio diversas receitas e, em especial, o bolinho do peixe que batizou o restaurante. Carnes e alguns frutos do mar também são fortes atrativos aos clientes. O bar surpreende a cada pedido e a carta de vinhos é bem diversificada. Durante o dia, o movimento concentra-se na praia e no deck, onde a reserva é recomendável em dias ensolarados. À noite, é possível escolher entre a área externa do restaurante ou o salão à luz de velas, decorado com o seu toque rústico mineiro. Entre os pratos mais requisitados está o Bacalhau Grelhado, uma posta retirada dos melhores exemplares do peixe, passada na grelha com bastante azeite.

Fonte: AMERICAN EXPRESS. Disponível em: <www.americanexpress.com/br>.

Aproveitando o recente desenvolvimento da tecnologia *streaming media*, para transmissão de vídeos e imagens pela internet, diversos sites dirigidos a crianças e a jovens oferecem conteúdo multimídia, visando possibilitar experiências lúdicas e prazerosas. O site da Coca-Cola Light, por exemplo, mostra os filmes da campanha de televisão, para reforçar a lembrança da propaganda da marca. No site do *fast food* McDonald's, dirigido a crianças e a jovens, é apresentado um vídeo do show do grupo musical Ara Ketu, como mostra a Figura 8.9.

Figura 8.9 *Site do McDonald's com vídeo*

Fonte: MCDONALD'S. Disponível em: <www.mcdonalds.com.br/canaljovem>.

8.3.2.2 Conteúdo ligado a outros sites

Para aumentar o interesse pelo site institucional, as empresas utilizam-se do recurso de estabelecer **links** com outros sites ou páginas web que contenham **assuntos de interesse** do público-alvo. Entretanto, a desvantagem desse recurso está na perda da atenção do usuário, já que este é dirigido para outros sites.

Cada empresa deve elaborar sua **estratégia de parceria** com sites e portais provedores de conteúdo, principalmente aqueles especializados em temas de interesse dos diversos públicos-alvo ou que possam produzir conteúdo com exclusividade. Um exemplo é o site Comendo e aprendendo do McDonald's (www.comendoeaprendendo.com.br), que divulga os links dos sites da Secretaria de Estado da Saúde de São Paulo, da Agência Nacional de Vigilância Sanitária e do Ministério da Saúde, entre outros.

Uma outra forma de diversificar o conteúdo é associar o site a um **programa de afiliação**, para que o público possa acessar conteúdo de outros sites. Adicionalmente, esse programa é uma fonte de receita, porque a empresa pode ser remunerada quando seu cliente adquirir um produto de outro site. Esse tipo de programa é oferecido por portais de conteúdo como o Google ou lojas e leilões virtuais, como o MercadoLivre.

Figura 8.10 *Links divulgados no site Comendo e aprendendo do McDonald´s*

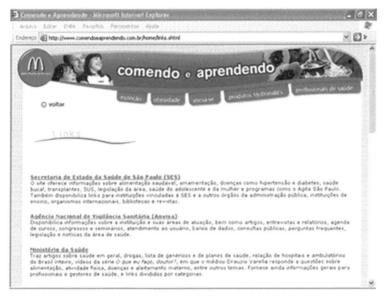

Fonte: MCDONALD'S. *Comendo e aprendendo*. Disponível em: <www.comendoeaprendendo.com.br>.

Pelo programa de afiliação MercadoSócios, do leilão virtual MercadoLivre, os sites afiliados inserem banners de ofertas do MercadoLivre em suas páginas e são remunerados de acordo com o número de usuários cadastrados e compras realizadas por eles (ver Figura 8.11).

Figura 8.11 *Programa de afiliação MercadoSócios do site MercadoLivre*

Fonte: MERCADOLIVRE. Disponível em: <http://www.mercadolivre.com.br>.

8.3.2.3 Conteúdo elaborado por terceiros

Para enriquecer
a **experiência do
público,** as empresas
podem utilizar
conteúdos como
artigos jornalísticos,
relatórios técnicos,
desenhos e
fotografias,
fornecidos por
terceiros.

Para enriquecer a **experiência do público,** as empresas podem utilizar conteúdos como artigos jornalísticos, relatórios técnicos, desenhos e fotografias, fornecidos por terceiros, principalmente pessoas conhecidas do público, como escritores e jornalistas, artistas, personalidades, humoristas etc.

Nesse caso, a empresa estabelece uma **estratégia de parceria** com os provedores de conteúdo, de modo a diferenciar o site e a aumentar valor para o cliente. Quanto mais exclusivo for o seu conteúdo, maior é a probabilidade de atrair público e fidelizá-lo ao site.

Como exemplo, a seção "Nutrição e Saúde" do site do McDonald's (www.mcdonalds.com.br/vidasaudavel) é dirigida aos profissionais dessa área e oferece um conteúdo de interesse científico elaborado por terceiros, conforme é demonstrado no Quadro 8.3 a seguir.

Quadro 8.3 *Conteúdo do site McDonald´s elaborado por terceiros*

Bem-vindo, profissional de saúde

O canal de "Nutrição e Saúde" do site McDonald's é uma área de acesso restrito aos profissionais de saúde, nutrição e educação física. Aqui você encontra artigos, teses e reportagens de reconhecido interesse científico, para manter-se atualizado sobre as tendências, as novidades e as pesquisas relacionadas à nutrição e à alimentação. Os trabalhos estão distribuídos em três áreas de interesse: Saúde Pública, Segurança Alimentar e Nutrição. A seleção do material é coordenada pela C2, uma das mais conceituadas consultorias em nutrição do País. A empresa participou da elaboração da tabela nutricional dos produtos McDonald's, lançada na internet em 2002. Para ter acesso às informações basta digitar, nos campos à esquerda, seu login e sua senha. Caso ainda não seja cadastrado, clique aqui para preencher o formulário com dados sobre formação acadêmica e registro profissional. Após a validação de seu cadastro, em um prazo de até 72 horas, você receberá um e-mail com login e senha para acesso ao conteúdo exclusivo.

Fonte: MCDONALD'S. Disponível em: <http://www.mcdonalds.com.br/vidasaudavel>.

8.3.2.4 Conteúdo elaborado pelos usuários do site

Como mídia interativa, o grande potencial da internet está na oportunidade, oferecida por diversos sites, de participação e contribuição dos usuários na criação do conteúdo de um site. Como exemplo, no site da promoção "80 anos da Nestlé, 80 casas pra você", realizada em 2001, foram publicados os recados e os bilhetes enviados pelas consumidoras.

Capítulo 8 – Implementando um website

Figura 8.12 *Promoção "80 anos" da Nestlé — participação das consumidoras no site*

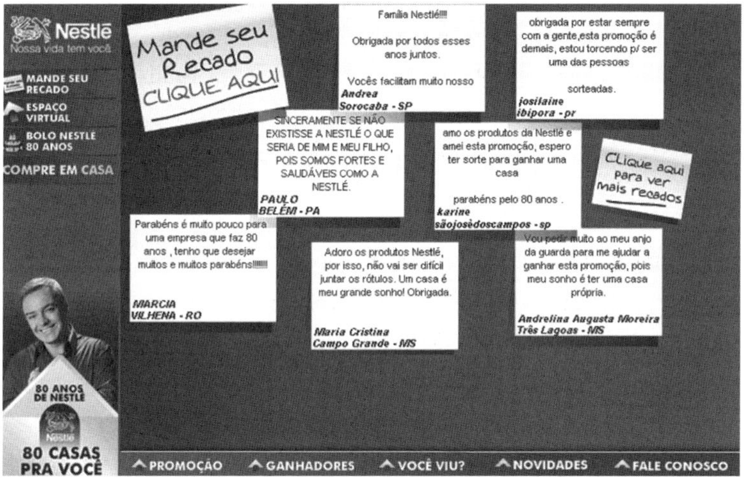

Fonte: NESTLÉ. *Promoção "80 anos"*. Disponível em: <http://www2nestle.com.br/80anos>.

O site da Coca-Cola Light divulgou, em 2002, a promoção "Sua Festa Coca-Cola Light", que estimulava os participantes a enviarem uma redação sobre o tema "Por que a Coca-Cola Light vai invadir a minha festa?". O prêmio dessa promoção consistia na oferta, sem custo para o ganhador, de um DJ profissional, com equipamento de som e luz, além de uma equipe para oferecer a bebida como degustação a todos os convidados da festa. Os ganhadores tiveram as fotos da sua festa publicadas no site (ver Figura 8.13).

Em 2005, o site da marca foi reformulado para se alinhar à nova campanha de propaganda, cujo conceito é "a vida é você quem faz". Como parte da campanha, uma nova seção ("Experimente a mudança") foi criada para o site, na qual os visitantes contam experiências em que tomaram atitudes que modificaram completamente suas vidas. As histórias mais populares e mais votadas pelos internautas são transformadas em filmes, que são exibidos no site.

O site estimula o internauta a tomar atitudes que melhorem o seu dia-a-dia e, para isso, oferece a seção "Eu faço", na qual os visitantes inserem as metas que desejam cumprir e recebem e-mails lembrete, de acordo com a periodicidade escolhida. Toda vez que uma meta for cumprida, o site parabeniza o usuário com papéis de parede (*wallpapers*) exclusivos. E, para mostrar o benefício funcional da nova Coca-Cola Light, os visitantes encontram na seção "Menos de 1 caloria" uma brincadeira: levantar um haltere, desenhado na página, utilizando apenas o *mouse*, queimando assim 1 caloria, mais do que todo o conteúdo calórico de uma lata de Coca-Cola Light[1] (ver Figura 8.14).

Figura 8.13 *Site da Coca-Cola Light*

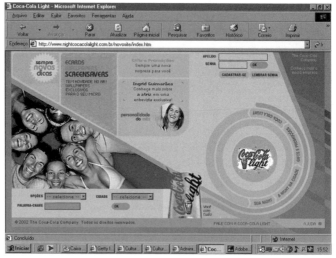

Fonte: COCA-COLA LIGHT. Disponível em: <http://nightcocacolalight.com.br>.

Figura 8.14 *Novo site da Coca-Cola Light*

Fonte: COCA-COLA LIGHT. Disponível em: <www.cocacolalight.com.br/br/index.jsp>.

---

[1] AGÊNCIA CLICK. *Aplausos para o novo site da Coca-Cola Light.* Disponível em: <http://www.agenciaclick.com.br/br/empresa/noticia_1668.asp>.

8.4 PLANO OPERACIONAL-TÁTICO

A implementação de um site de sucesso requer o planejamento de um conjunto de ações e decisões, relativas às perguntas a seguir:

- Que empresa ou equipe será responsável por criar, implantar, suportar e gerenciar o site?
- Qual o perfil da equipe para gerenciar o site?
- Qual a infra-estrutura necessária para implementar o site?
- Qual será o provedor de acesso à internet?
- Qual será o provedor de hospedagem do site?
- Qual será o nome de domínio a ser registrado?
- Que tecnologia de informação e comunicação será implantada?
- Qual a política de privacidade? Serão utilizados *cookies*?
- Qual a política de segurança e os sistemas a serem implantados?
- Será construído e mantido um banco de dados de clientes e de usuários cadastrados?
- O que será oferecido para os clientes se cadastrarem no site?
- Que incentivos adicionais serão oferecidos aos clientes para retornarem ao site ou indicarem o site para seus amigos?
- Como será feito o atendimento aos clientes: *call center*, resposta a e-mails, suporte técnico etc.?
- Como o site será divulgado para os diversos públicos-alvo?
- Qual o montante de investimento a ser realizado anualmente?
- Como serão medidos e avaliados os resultados? Que métricas serão usadas?

A seguir serão apresentados alguns dos diversos itens que compõem o plano operacional para implementação do site.

8.4.1 Registro de domínio

Para ter um site na internet, é necessário **registrar o domínio** ou nome do site no serviço Registro.br, administrado pelo Comitê Gestor da Internet no Brasil. Pode registrar um domínio qualquer entidade legalmente estabelecida no Brasil como pessoa jurídica ou física, que possua um contato em território nacional. Esse serviço é pago.

> Para ter um site na internet, é necessário **registrar o domínio** ou nome do site no serviço Registro.br, administrado pelo Comitê Gestor da Internet no Brasil.

O domínio é um nome que serve para localizar e identificar o site, com o formato www.suaempresa.com.br. Ele está associado a um **endereço IP**, que é um conjunto de números de até 12 dígitos ou 32 bits, separados por pontos — conforme foi explicado no Capítulo 2 deste livro.

São necessários pelo menos dois servidores Domain Name System (DNS), configurados para o domínio, para que o registro seja efetivado. Em geral, quem deve fornecer os servidores DNS é o provedor de hospedagem, caso a empresa não tenha infra-estrutura própria. Pode-se informar a identificação desses servidores no ato ou no prazo de duas semanas do pedido de registro.

> O **servidor DNS** é o equipamento responsável por permitir que os demais computadores conectados à internet consigam acesso aos computadores do domínio.

O **servidor DNS** é o equipamento responsável por permitir que os demais computadores conectados à internet consigam acesso aos computadores do domínio. Para o registro do domínio, é necessário que seja cadastrada uma pessoa como usuário do sistema de registro, a qual receberá uma Identificação de Usuário (ID). Uma vez cadastrado, o usuário será o contato responsável pelo domínio.

Como se pode observar, o registro de domínio na internet é bastante simples. Qualquer pessoa, empresa ou instituição pode fazer um registro de domínio, desde que pague a quantia estabelecida, que é relativamente baixa. Essa facilidade está favorecendo a prática de "cibergrilagem", em que alguém faz o registro do nome de uma celebridade ou de uma marca famosa com a pretensão de lucrar, posteriormente, com a venda desse registro. Isso aconteceu com o domínio Madonna.com, registrado, antes da cantora, pelo dono do site Whitehouse.com[2].

O **nome de domínio** deve ter identidade com a marca da empresa ou dos seus produtos ou, ainda, com a atividade da empresa. Deve-se procurar um nome fácil de pronunciar ou memorizar e que, ao mesmo tempo, possa ser diferenciado e exclusivo em relação a outros. Monossílabos como UOL e AOL são mais fáceis de memorizar do que palavras longas ou expressões, como Companhiadasartes. com.br ou Escolapassarinhoazul.com.br.

Se a empresa quiser registrar o nome do domínio com o nome da marca do seu produto, vai precisar recorrer aos serviços do Instituto Nacional de Propriedade Industrial (INPI)[3] para saber se um registro de marca está disponível ou não.

8.4.2 *Hospedagem do site*

As empresas especializadas em serviços na internet, como acesso, hospedagem e outros, são chamadas de Provedores de Serviços de Internet (PSI). Decidir o provedor de serviços e o local de hospedagem

---

[2] PROBLEMA para ricos e famosos: o controle do próprio nome. *Jornal da Tarde*, São Paulo, 13 out. 2000.

[3] INSTITUTO NACIONAL DE PROPRIEDADE INDUSTRIAL. *Fluxograma do exame de pedidos de registro de marca.* Disponível em: <http://www.inpi.gov.br>.

Capítulo 8 – Implementando um website

do site da empresa são decisões estratégicas. Um **site lento e instável** pode rapidamente afastar clientes potenciais; portanto, torna-se de extrema importância escolher o **provedor de serviço** mais capacitado para garantir a disponibilidade do seu conteúdo.

> Um **site lento e instável** pode rapidamente afastar clientes potenciais; portanto, torna-se de extrema importância escolher o **provedor de serviço** mais capacitado para garantir a disponibilidade do seu conteúdo.

As alternativas de serviços de hospedagem são as seguintes:

- **Infra-estrutura própria**: dependendo do tipo de uso e dos retornos esperados com o site, essa pode ser uma alternativa viável. O custo para implantar a estrutura tecnológica e operacional é alto, envolvendo instalações físicas apropriadas, aquisição de equipamentos e softwares, remuneração de equipe especializada, custos da conexão com a internet (conexão com o *backbone*, linhas telefônicas, cabos ou outros meios). A vantagem dessa alternativa é o controle total do negócio.

- **Hospedagem dedicada ou *co-location***: contratar um provedor de serviços com um servidor exclusivo para a empresa (hospedagem dedicada) ou ter um servidor da empresa nas instalações do provedor (*co-location*). Em ambos os casos, os custos de manutenção são altos. Contratando um servidor dedicado, a empresa deve adaptar-se aos softwares usados pelo provedor. Com um servidor próprio, é possível escolher os softwares, porém deve-se arcar com os custos destes. A vantagem de ambos os serviços é não precisar se preocupar com a implementação da infra-estrutura na empresa, nem ter custos com equipes especializadas.

- **Hospedagem compartilhada**: contratar espaço de hospedagem de um provedor. A maior parte dos sites existentes na internet é hospedada dessa maneira. Nesses casos, a infra-estrutura do provedor é compartilhada com outros sites. O custo desse tipo de hospedagem é baixo. A solução é interessante para pequenas e médias empresas iniciantes nos negócios on-line. Deve-se tomar cuidado ao selecionar o provedor. Quanto maior o número de linhas e quanto maior a velocidade de transmissão, menor é a chance de ocorrer congestionamento. Outro cuidado é verificar a existência de software *firewall* para garantir a segurança do site.

Algumas perguntas importantes para avaliar as diversas alternativas de provedores são apresentadas a seguir:

- O provedor tem experiência e infra-estrutura para disponibilizar aplicações e serviços na internet com qualidade consistente?

- O provedor de serviço oferece soluções e orientações técnicas que terão impacto direto no seu negócio?

- O provedor oferece avançadas soluções de segurança para proteger suas informações?
- O provedor está preparado para atender suas necessidades de expansão na internet?

Portanto, a seleção do provedor deve considerar critérios como a tecnologia disponível, os serviços oferecidos, a qualidade do atendimento, a capacidade financeira, a experiência, a reputação no mercado, o tipo de contrato e os preços cobrados pelos serviços efetuados.

Os outros serviços oferecidos por esses provedores estão detalhados a seguir:

- **Acesso à internet**: consiste em interligar um computador, ou mesmo uma rede de computadores, à internet, permitindo a comunicação com todos os computadores que também estão conectados à rede. Esse acesso pode ser de dois tipos:
  - **usuários individuais**: acesso entre o computador pessoal e as instalações de um provedor, por *modems* conectados a linhas telefônicas analógicas ou digitais, com velocidades determinadas pelo tipo de tecnologia. Também é oferecido acesso por conexão de banda larga ou sem fio;
  - **usuários institucionais**: acesso dedicado ou compartilhado para empresas que conectam sua rede à internet, com o objetivo de obter acesso para seus funcionários, comunicar-se com clientes ou realizar vendas.
- **Atendimento ininterrupto**: os serviços estão disponíveis a todo instante, durante todos os dias.
- **Espaço em disco de 100 MB ou mais**: permite que o site contenha pelo menos quatro mil páginas.
- **Transferência mensal de dados**: o site pode transferir 2GB ou mais de informação durante o mês, o que equivale a, pelo menos, 20 mil *page views* por mês para páginas com tamanho médio de 100KB.
- **Relatórios semanais**: apresentam, por exemplo, o número de *hits* e *page views* das páginas mais acessadas por país de origem, dia da semana, hora, número de visitas provenientes de links de outras páginas e mecanismos de busca, disponibilizados na web por meio de painel de controle.
- **Múltiplos endereços de e-mail**: com 20 ou mais caixas postais POP3, permitindo habilitar o correio eletrônico para os funcionários da empresa.
- **Caixas postais separadas**: cada uma com uma senha individual, com acesso por qualquer programa de e-mail com

POP3 (Outlook Express, Eudora, Netscape Messenger etc.). Configuração ilimitada de apelidos, que são endereços alternativos para outras caixas postais ou endereços externos em outro provedor.

- **Webmail**: possibilidade de terceirizar a infra-estrutura de servidor de e-mail e acessar mensagens por meio de qualquer computador com acesso à internet.

- **Segurança**: a tecnologia *firewall* possibilita conexões seguras à internet. O acesso às páginas é feito por meio do uso de *Secure Sockets Layer* (SSL), que é o padrão de segurança da web. O SSL é um protocolo de segurança desenvolvido para proteger informações que trafegam de um navegador até o servidor que armazena o site. Além disso, são utilizados softwares antivírus para evitar a difusão de vírus, o que pode destruir todos os arquivos de um site.

- **Distribuição de conteúdo**: serviço de *caching*, que permite acelerar a disponibilização do conteúdo para o usuário final. A empresa pode aumentar o desempenho do seu site ao replicar o conteúdo em servidores de *caching* espalhados na internet.

- **Largura de banda**: possibilidade de comprar largura de banda adicional de acordo com a utilização, para atender a picos ou aumentos repentinos no tráfego e não afetar o desempenho do site.

- **Lista de bloqueio**: pode-se usar o bloqueador de e-mails para excluir mensagens indesejadas.

- **Painel de controle**: serviço utilizado para configurar e-mails, apelidos e redirecionamentos, ver relatório de visitas, atualizar cadastro, checar e imprimir cobranças, assim como utilizar o *help desk* para fazer sugestões, solicitar ajuda e monitorar os chamados.

- **Atualização FTP**: atualizar e colocar no ar as páginas sempre que necessário, utilizando o protocolo de transferência de arquivos *File Transfer Protocol* (FTP), que é um conjunto de regras de transmissão de informações desenvolvido para transferência de arquivos pela internet. É muito utilizado por aqueles que desenvolvem sites, para atualizar páginas web.

- **Bate-papo**: permite que os visitantes do site se comuniquem, criando um ambiente de comunidade virtual ou possibilitando o atendimento aos clientes da empresa. O provedor gerencia as comunicações entre os diversos visitantes.

- **Contador de acessos**: pode ser incluído em qualquer página, de forma simples.

- **Suporte a WAP e WML**: o *Wireless Application Protocol* (WAP), um protocolo de comunicação sem fio, permite que os celulares e outros aparelhos portáteis naveguem pela internet. Com a linguagem *Wireless Markup Language* (WML), pode-se construir as páginas web, visualizadas pelo celular.

A Associação Brasileira de Provedores de Internet (Abranet) publica em seu site a lista de provedores de serviços de internet disponíveis no País.

8.4.3 *Desenvolvimento do site*

O **desenvolvimento** e a **publicação de um site institucional** na internet exigem investimentos em instalações, equipamentos, softwares e profissionais especializados. Para desenvolver o site, o profissional de marketing pode contar com as seguintes alternativas:

- **Contratar equipe própria:** para a empresa desenvolver o site internamente, deve contratar profissionais especializados e experientes, como os web masters, para desenvolver as especificações técnicas, a programação e a codificação; e os web designers, para a definição da interface gráfica e a programação visual do site. Nessa alternativa, a empresa deve arcar com os custos de salários, encargos trabalhistas, aquisição de softwares, treinamento e outras despesas relativas à manutenção de profissionais especializados.

  O desenvolvimento do site requer softwares específicos. Existem softwares editores de páginas eletrônicas que utilizam HTML para editoração das páginas. O grau de dificuldade desses softwares dependerá do grau de experiência que o usuário tiver com informática. A Microsoft oferece algumas alternativas de software, como o Microsoft FrontPage, o Microsoft Visual Studio e o Microsoft Visual Basic, entre outros. A Macromedia disponibiliza softwares para desenvolvimento, por exemplo Macromedia Flash, Macromedia Dreamweaver e Macromedia Studio.

  Além de um software editor de HTML, será necessário ainda um programa de diagramação e editoração eletrônica de páginas e imagens, como Corel Draw, Adobe Photoshop e Adobe Pagemaker, para criar estruturas gráficas próprias para a internet, como botões, logotipos, banners animados ou estáticos etc.

  Existem soluções prontas para criar lojas virtuais para pequenas empresas. Uma das empresas que fornece soluções desse tipo é a IBM.

---

*O **desenvolvimento** e a **publicação de um site institucional** na internet exigem investimentos em instalações, equipamentos, softwares e profissionais especializados.*

- **Contratar empresa especializada**: existem empresas especializadas em desenvolvimento de sites e alguns provedores que oferecem esse serviço. Há diversas agências de propaganda interativa que desenvolvem sites, tanto nos aspectos técnicos quanto nos de programação visual.

Há também os **shoppings virtuais,** que são provedores especializados em hospedar lojas virtuais e que fornecem uma estrutura pré-moldada para montagem de sites. Em poucas horas, pode-se colocar uma loja na rede, compartilhando o uso de servidores e de softwares com várias empresas. Esses serviços fornecem segurança para pagamento com cartão e fazem a divulgação do site nos mecanismos de busca. A desvantagem é a falta de personalização do site.

> **Shoppings virtuais** são provedores especializados em hospedar lojas virtuais e que fornecem uma estrutura pré-moldada para montagem de sites.

8.4.3.1 Planejamento do site

A primeira etapa do desenvolvimento do site é o seu planejamento. Um dos recursos utilizados nesta etapa é a elaboração de um *storyboard*, que é uma representação gráfica da seqüência de páginas e documentos que estarão no site. O *storyboard* funciona como um roteiro para o desenvolvimento do site, permitindo que várias pessoas trabalhem separadamente em páginas diferentes, otimizando a produção e economizando tempo[4], como ilustra a Figura 8.15.

Figura 8.15 Storyboard *para planejamento do site*

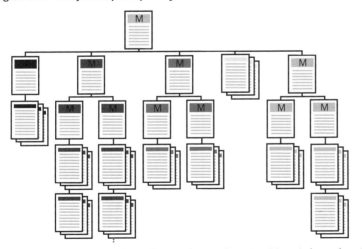

Fonte: MANTA, André. *Guia do jornalismo na internet*. Out. 1999. Disponível em: <http://www.facom.ufba.br/pesq/cyber/manta/Guia/index.html>.

---

[4] MANTA, André. *Guia do jornalismo na internet*. Out. 1999. Disponível em: <http://www.facom.ufba.br/pesq/cyber/manta/Guia/index.html>.

8.4.3.2 *Design* e usabilidade

Não há um padrão definido para o *design* de sites, mas existem algumas regras básicas para produção do estilo das páginas, por exemplo:

- não utilizar imagens em excesso para que os documentos não demorem a ser carregados pelo navegador (*browser*);
- colocar um menu de navegação em todas as páginas, para que seja possível ir de um ponto a outro sem passar por muitos níveis de hipertexto;
- utilizar um *layout* padrão em todas as seções.

> **Usabilidade do site** é a forma com que o usuário vai navegar e interagir com o site.

Outro aspecto importante a ser considerado é a **usabilidade do site,** ou seja, a forma com que o usuário vai navegar e interagir com o site. Como as páginas na web não são organizadas seqüencialmente, como em uma revista ou jornal impresso, o web designer deve desenvolver um **design de navegação** eficiente para que o internauta encontre rapidamente aquilo que procura. Um bom *design* deve oferecer ao internauta várias possibilidades de navegação, as quais serão selecionadas conforme seus interesses no momento[5].

Assim, ao construir o *design* do site, deve-se ter em mente que a usabilidade é uma medida relativa, podendo ser boa para uns, mas ruim para outros. A interface ideal é aquela que está adaptada às necessidades dos seus usuários. O usuário de terceira idade, por exemplo, pode precisar de textos com letras maiores, e o usuário com algum tipo de defasagem/dificuldade cognitiva, de textos de ajuda mais detalhados. Durante a construção do site, é indispensável a realização de testes de usabilidade, em que os internautas são convidados a navegar no site para avaliar o grau de facilidade para encontrar aquilo que procuram.

> Por **acessibilidade** entende-se a possibilidade de qualquer usuário, com ou sem deficiências físicas, acessar a internet, sem que tenha de enfrentar barreiras.

8.4.3.3 Acessibilidade

Recentemente, adquiriu relevância o fator de **acessibilidade** do site. Por acessibilidade entende-se a possibilidade de qualquer usuário, com ou sem deficiências físicas, acessar a internet, sem que tenha de enfrentar barreiras de acesso físico, de equipamentos e programas adequados, de conteúdo e apresentação da informação.

Segundo a Iniciativa para a Acessibilidade na Rede (*Web Accessibility Initiative* — WAI)[6], um programa do World Wide Web

---

[5] MANTA, 1999.

[6] WEB ACCESSIBILITY INITIATIVE. *Resources on introducing web accessibility.* Disponível em: <http://www.w3.org/WAI/gettingstarted/Overview.html>.

Capítulo 8 – Implementando um website

Consortium (W3C)[7], existem situações e características diversas que o usuário da web pode apresentar, como as seguintes:

- incapacidade de ver, ouvir ou deslocar-se, ou grande dificuldade — quando não a impossibilidade — de interpretar certos tipos de informação;
- dificuldade visual para ler ou compreender textos;
- incapacidade para usar o teclado ou o *mouse*, ou não dispor deles;
- dificuldade para falar ou compreender, fluentemente, a língua em que o documento foi escrito;
- desatualização pelo uso de navegador com versão muito antiga ou navegador completamente diferente dos habituais.

Essas diferentes situações precisam ser levadas em conta pelos criadores de conteúdo durante a concepção de uma página para a internet, conforme recomenda a organização Acessibilidade Brasil[8], que apóia projetos de inclusão social para pessoas portadoras de necessidades especiais. Assim, cada página web deve proporcionar respostas simultâneas a vários grupos usuários da internet que tenham incapacidade ou apresentem algum tipo de deficiência.

A empresa Tetra Pak, por exemplo, desenvolveu a nova versão do seu site com base nos conceitos de acessibilidade. O site possui uma série de funcionalidades entre ferramentas de atualização de conteúdo e visualização de produtos em 3D; no entanto, o destaque é a preocupação da Tetra Pak em torná-lo acessível a portadores de deficiência visual, criando uma estrutura fácil e intuitiva, que facilita a navegação e é baseada no software JAWS, o qual gera informação para telas especiais em braille[9].

8.4.3.4 Bancos de dados

"Informação é a alma do negócio". Esse dito popular é cada vez mais verdadeiro no mundo da internet. Para construir vantagem competitiva na nova economia, é de vital importância o processo implementado pela empresa para coletar, armazenar, tratar, analisar e usar informações dos seus clientes, parceiros, colaboradores e concorrentes.

---

[7] WORLD WIDE WEB CONSORTIUM. Disponível em: <http://www.w3.org/Consortium>.

[8] ACESSIBILIDADE BRASIL. *O que é acessibilidade?* Disponível em: <http://www.acessobrasil.org.br>.

[9] SOLUÇÕES de acessibilidade. Disponível em: <http://www.eyedea.com.br/solucoes_acessibilidade.php>.

Para tanto, a empresa deve investir na construção, implementação, manutenção e operação de bancos de dados, por meio da instalação de sistemas comercializados por empresas como a Microsoft, IBM e Oracle, entre outras. Existem diversas opções no mercado, as quais devem ser avaliadas pela equipe de informática com base nos critérios de desempenho definidos pelos objetivos e pela estratégia de marketing da empresa. Os novos sistemas de bancos de dados oferecem diversas funcionalidades, como as citadas a seguir:

- **Análise de click stream**: funcionalidade que permite utilizar os dados coletados por meio dos fluxos de cliques do usuário da web para obter um profundo entendimento do comportamento do consumidor. Os dados gerados cada vez que o consumidor clica em um site (*click stream*) podem ser coletados, armazenados e gerenciados para análise. Ao analisar esses dados, as empresas podem aprender rapidamente sobre o comportamento dos clientes, incluindo o que eles gostam e o que não gostam e, conseqüentemente, podem tornar seus investimentos web mais efetivos.

- **Data mining**: tecnologia para análise de dados visando descobrir padrões e tendências de comportamento dos usuários que podem ser usados para fazer previsões. A capacidade de *data mining* requer algoritmos. Existe um tipo de algoritmo que constrói árvores de decisão, usadas para identificar indivíduos com maior probabilidade de clicar em um anúncio particular ou de comprar um produto específico de um site de comércio eletrônico.

- **Algoritmos**: outro tipo de algoritmo é o que permite *clustering*, agrupando registros em *clusters* que exibem algumas características similares previsíveis, as quais freqüentemente podem estar escondidas ou não serem intuitivas. Esse algoritmo poderia ser usado, por exemplo, para agrupar compradores de carros potenciais e determinar como criar campanhas de marketing endereçadas a cada segmento desses compradores.

> Uma alternativa para a empresa é terceirizar a gestão do seu banco de dados, contratando um provedor que realiza o serviço chamado de **outsourcing** de aplicações.

Uma alternativa para a empresa é terceirizar a gestão do seu banco de dados, contratando um provedor que realiza o serviço chamado de **outsourcing de aplicações.** Diversas empresas decidem terceirizar (*outsourcing*) suas aplicações de comércio eletrônico, de recursos humanos e de armazéns corporativos on-line, por meio dos provedores de serviços de aplicações (PSAs).

Por hospedarem e operarem múltiplas aplicações de diversos clientes em seus sistemas servidores, os PSAs alcançam economias de

8.4.3.5 Política de segurança

Uma das barreiras para o internauta realizar compras na rede e divulgar seus dados pessoais, como RG, CPF e número do cartão de crédito, é a segurança na transmissão de dados. Essa preocupação por parte do usuário tem fundamento, uma vez que essas transmissões por meio de redes de comunicação, como é o caso da internet, muitas vezes são vítimas de falhas técnicas e humanas ou interceptadas por *hackers*, gerando grande transtorno aos usuários de serviços virtuais. Mas tudo isso pode ser evitado por meio da utilização de algumas tecnologias que, em diversos níveis, fornecem segurança de fato.

Em geral, as falhas de segurança ocorrem no local de armazenamento do site. Isso porque o usuário digita o número do seu cartão e o envia para a empresa vendedora do produto, que o arquiva em seu banco de dados; este é um local de risco, pois se não houver um sistema de segurança eficaz, os dados do cliente podem ser acessados por pessoas estranhas e mal-intencionadas.

Os sistemas de segurança disponíveis utilizam-se de diversas tecnologias, sendo uma delas o protocolo *Secure Electronic Transaction* (SET), desenvolvido pela empresa de cartão de crédito Visa, com o objetivo de implementar segurança nas transações eletrônicas, principalmente em pagamentos com cartões de crédito.

> **SET** está baseado na distribuição de certificados digitais para as partes envolvidas na transação, evitando que seja divulgado o número do cartão de crédito.

O **SET** está baseado na distribuição de certificados digitais para as partes envolvidas na transação, evitando que seja divulgado o número do cartão de crédito. Os certificados digitais são usados para autenticar todas as partes envolvidas na transação. Tanto o site quanto o consumidor recebem certificados. O SET garante que todas as partes envolvidas na transação (o portador da carteira eletrônica, o estabelecimento, as instituições financeiras e a empresa de cartão de crédito) sejam reconhecidas e verificadas antes de a transação se efetivar.

A transação é realizada por meio de uma **carteira eletrônica**, um software fornecido ao usuário pelo banco ou empresa de crédito, para que este o instale em seu navegador, dando acesso ao servidor do banco ou empresa de crédito, em que estão armazenados dados como os números dos cartões de crédito e os certificados digitais dos usuários e das lojas virtuais.

Os sistemas de segurança, como o protocolo SET, utilizam a **criptografia**, palavra que significa a arte ou ciência de escrever em cifras ou em códigos, utilizando um conjunto de técnicas que torna a mensagem incompreensível, ou seja, um texto cifrado. Por meio dos processos de cifragem e decifragem, permite que apenas o destinatário da mensagem consiga decodificá-la e lê-la com clareza.

Outro protocolo utilizado é o *Secure Socket Layer* (SSL), criado pela Netscape para solucionar o problema de segurança que envolve transações com cartão de crédito. Com esse protocolo, as informações transmitidas são encriptadas para que somente o computador do usuário e o servidor das empresas envolvidas na transação possam interpretar seu conteúdo, assegurando a privacidade da transação.

O **certificado digital** pode ser considerado a carteira de identidade virtual do cliente, a ser utilizada para identificá-lo com absoluta segurança. Esse serviço transmite confiança não só para a empresa, mas também para o cliente, pois este não fará negócio com uma empresa falsa, inexistente no mercado. Esse certificado é emitido por uma autoridade certificadora digital, uma empresa que atribui as identidades, as quais contêm nome do proprietário, data de expiração desse certificado, assinatura, número serial etc.

No Brasil, o Comitê Gestor da ICP (Infra-estrutura de Chaves Públicas)[10], um órgão do governo federal, estabelece a política, os critérios e as normas para licenciamento de Autoridades Certificadoras, Autoridades de Registro e demais prestadores de serviços de suporte em todos os níveis da cadeia de certificação, credenciando as respectivas empresas na emissão de certificados no ambiente digital brasileiro.

Outros softwares utilizados para aumentar a segurança do site são o **antivírus** (eliminar vírus que entram nos computadores pela internet), o **anti-spam** (bloquear mensagens de e-mail não autorizadas), o **anticookie** (bloquear entrada de *cookies*) e o ***firewall*** (conjunto de software e hardware utilizado para controlar o acesso na rede da empresa de pessoas/computadores não autorizados).

> **Certificado digital** pode ser considerado a carteira de identidade virtual do cliente, a ser utilizada para identificá-lo com absoluta segurança.

8.4.4 *Política de privacidade*

A política de privacidade compreende as regras que visam proteger a privacidade dos usuários do site, além de esclarecer como serão utilizadas suas informações. Essa política abrange todos os aspectos relacionados aos serviços on-line providos pelo site, devendo ser acessada pelo usuário por meio de link na home page do site.

O Quadro 8.4 apresenta um exemplo de alguns itens que devem constar na política de privacidade do site.

---

[10] COMITÊ GESTOR DA ICP-BRASIL. Disponível em: <http://www.icpbrasil.gov.br>.

Capítulo 8 – Implementando um website

Quadro 8.4 *Política de privacidade do site MeuGrupo*

O site MeuGrupo entende que o usuário, registrando-se e usando os serviços disponíveis no site, leu e aceitou os termos descritos nessa política de privacidade.

Sugerimos que o usuário leia a política de privacidade do site esporadicamente, pois pode haver mudanças que serão devidamente anunciadas por meio de link no site: www.meugrupo.com.br.

O site utiliza *cookies*, arquivos de controle que são gravados na máquina dos usuários, visando identificar cada usuário que entra no site no momento em que faz o *login*.

Alguns materiais no MeuGrupo podem não ser apropriados para menores. Crianças com idade igual ou inferior a 13 anos devem receber a autorização dos pais antes de acessar ou utilizar os serviços fornecidos pelo site.

Ao autorizar a participação do seu filho, ou menor sob sua responsabilidade, você deve memorizar o e-mail e a senha de acesso dele, fornecida no momento do cadastro, para que possa realizar o *login*, acompanhar e alterar a qualquer momento os dados fornecidos por ele. Existem várias formas de controlar o acesso dos seus filhos, limitando o tempo de conexão ou restringindo o conteúdo a ser visto na internet.

O site não controla e não é responsável pelo conteúdo transmitido por seus usuários.

O site lembra aos usuários que é crime publicar pornografia ou cena de sexo explícito envolvendo criança ou adolescente. Pornografia infantil é crime e os infratores estão sujeitos à pena de prisão.

Todas as informações obtidas no momento do cadastro serão utilizadas para fins de e-mail marketing, provenientes do MeuGrupo, o qual poderá divulgá-las para empresas terceiras com fins comerciais de segmentação de perfis. O MeuGrupo compromete -se a não veicular e preservar os endereços de e-mail e todas as demais informações obtidas no momento do cadastro.

Fonte: adaptado de MEUGRUPO. Disponível em: <http://www.meugrupo.com.br>.

Um item importante de decisão no desenvolvimento do site é a utilização de *cookies*, que são pequenos textos, geralmente de 1 KB, colocados no disco rígido do computador do internauta pelos sites visitados. Os *cookies* contêm informações do internauta, como: nome, e-mail, itens preferidos, últimas compras etc. Ao analisar esses dados, o gestor do site pode ajustar sua oferta ao gosto dos internautas e personalizar o atendimento.

Por exemplo, o usuário entrou em uma livraria virtual e comprou um livro. Pagou com cartão de crédito e forneceu seu nome e mais alguns dados para que a compra pudesse ser efetivada. Em seu próximo acesso a esse site, o usuário receberá uma mensagem em sua tela dizendo: "Bom dia fulano, que tal conhecer o novo livro do mesmo autor, lançado agora?". O usuário foi reconhecido e um livro, provavelmente do seu agrado, foi a ele oferecido.

A utilização de *cookies* é um tema bastante polêmico, e muito discutido atualmente, pois alguns consideram que a sua utilização fere o princípio da privacidade. No site da ABEMD, é possível encontrar a legislação brasileira referente à privacidade na internet.

Existem organizações que prestam o serviço de certificar sites que possuam política de privacidade nos padrões aceitos no País e internacionalmente. Esse é o caso da BBBOnline — Council of Better Business Bureau[11], que audita os sites e atribui os Selos de Privacidade on-line e infantil.

8.4.5 Legislação

> O site a ser desenvolvido deve basear-se na **legislação brasileira,** inclusive nas leis e nos decretos específicos voltados para as atividades na internet.

O site a ser desenvolvido deve basear-se na **legislação brasileira,** inclusive nas leis e nos decretos específicos voltados para as atividades na internet.

O direito da internet é uma nova área de especialização profissional que vem se desenvolvendo em decorrência do crescimento dos negócios e do número de usuários na rede mundial. O site do Centro Brasileiro de Estudos Jurídicos da Internet (CBEJI) divulga as principais leis e decretos que regulam as atividades na internet no País. Alguns desses estão listados no Quadro 8.5.

Quadro 8.5 *Legislação brasileira sobre informática e internet*

LEI n. 12.228, de 11 de janeiro de 2006

Dispõe sobre os estabelecimentos comerciais que colocam à disposição, mediante locação, computadores e máquinas para acesso à internet e dá outras providências.

PARECER de orientação CVM n. 32

Dispõe sobre o uso da Internet em ofertas de valores mobiliários e na intermediação de operações.

DECRETO n. 5.542, de 20 de setembro de 2005

Institui o Projeto Cidadão Conectado — Computador para Todos, no âmbito do Programa de Inclusão Digital, e dá outras providências.

(continua)

---

[11] BBBONLINE. *Reliability seal program*. Disponível em: <http://www.bbbonline.org>.

Capítulo 8 – Implementando um website

(continuação)

LEI n. 10.695, de 1º de julho de 2003

Dispõe sobre o combate à pirataria na internet, atingindo os sites que oferecem músicas através de pagamento de pequenas taxas de adesão, sem o devido consentimento dos autores. Quem violar direitos autorais poderá sofrer pena de detenção de 3 meses a 1 ano e ainda pagará multa. Porém, se a violação for constatada na reprodução total ou parcial de uma obra intelectual e ela for feita com intuito de lucro direto ou indireto, a pena subirá para reclusão de dois a quatro anos, além do pagamento de multa.

DECRETO n. 4.414, de 7 de outubro de 2002

Altera o Decreto n. 3.996, de 31 de outubro de 2001, que dispõe sobre a prestação de serviços de certificação digital no âmbito da Administração Pública Federal.

LEI n. 9.609, de 19 de fevereiro de 1998

Dispõe sobre a proteção de propriedade intelectual de programa de computador, sua comercialização no País, e dá outras providências.

Fonte: CENTRO BRASILEIRO DE ESTUDOS JURÍDICOS DA INTERNET. Disponível em: <http://www.cbeji.com.br>.

O Brasil ainda não tem uma legislação específica para crimes pela internet. Um projeto de lei (Projeto n. 89/2003) tramita no Congresso e, se for aprovado, o País terá a primeira lei de crimes digitais. A demora para sua aprovação não impede, no entanto, o julgamento e a punição daqueles que cometem infrações pela internet, como calúnia, difamação, ameaça, estelionato, violação de direitos autorais e pedofilia. Para especialistas, a aprovação do projeto não deve causar muito impacto na maneira como o País combate os crimes virtuais, visto que, com base nas leis tradicionais, diversos golpistas já cumpriram pena. Outros acreditam que a novidade possa agilizar o julgamento de processos e até mesmo afugentar os criminosos que agem no Brasil.

8.5 MEIOS DE DIVULGAÇÃO E ATRAÇÃO DE PÚBLICO

Para atrair o público-alvo e convencê-lo a visitar o site, o profissional de marketing precisa implementar um conjunto de ações que divulguem o site e motivem as pessoas a utilizá-lo freqüentemente.

Algumas ações de divulgação são simples e não necessitam de muitos recursos, como incluir o endereço do site em todos os materiais de comunicação impressos e eletrônicos da empresa ou instruir os funcionários a informar o público sobre o site.

Há empresas que utilizam links em outros sites relacionados ou em portais de notícias com grande audiência, com a intenção de facilitar o acesso ao site delas. Outras empresas oferecem benefícios para seus clientes se comunicarem por meio do site, como sorteio de brindes ou um sistema de pontuação que reduz o custo de certos serviços (tarifas bancárias reduzidas, por exemplo) para aqueles que mais utilizam o site, ou, então, quando há um orçamento aprovado para a divulgação do site na mídia, é veiculada propaganda em jornais e revistas.

No entanto, é um grande desafio implantar um site que dê retorno para a empresa e crie valor para os clientes e parceiros. Esse desafio é igual para qualquer empresa, independentemente do seu porte. Para ilustrar isso, a revista *Exame Negócios* publicou a matéria "3 aulas digitais", a qual trata desse tema e explica o desafio enfrentado pela Johnson & Johnson para desenvolver marketing e negócios pela internet (ver Quadro 8.6).

Quadro 8.6 *Desafio das empresas na internet*

Em 2001, se a Johnson & Johnson colecionava histórias de sucesso na produção e na realização de negócios, não dava para dizer o mesmo das iniciativas na internet. "Não houve nenhum retorno sobre o que investimos até agora na web", disse o diretor de tecnologia da empresa, naquela ocasião. Mais de 900 mil reais já tinham sido gastos no Brasil com a internet.

Como outras empresas, a Johnson & Johnson encarou a rede de computadores como uma nova vitrine. Lançou dezenas de sites para apresentar a linha de produtos aos internautas. Chegou até a manter por dois anos um site para vender fraldas, que saiu do ar em 2000.

"Havia a necessidade de conhecer de perto o consumidor e atingi-lo sem intermediários, até que percebemos que o cliente final da marca dificilmente compraria os produtos pela web", disse o diretor de tecnologia.

Ao longo da fase de experimentação, a empresa declinou vários convites para ingressar em portais de comércio eletrônico e adiou seus próprios projetos de envergadura para a internet.

Fonte: adaptado de REBOUÇAS, Lídia. 3 aulas digitais. *Exame Negócios*, São Paulo, ano 2, n. 11, p. 26-36, Nov. 2001.

8.6 ORÇAMENTO E AVALIAÇÃO DE RESULTADOS

As duas últimas etapas de elaboração do plano operacional para implantação de um site é a definição do orçamento de despesas e investimentos e também os meios de avaliação dos resultados. As perguntas a serem respondidas nesta etapa são as seguintes:

- Qual o montante dos gastos a serem realizados na construção, implementação, manutenção e gerenciamento do site?

- Quais serão os indicadores de resultados a serem medidos e controlados?

Capítulo 8 – Implementando um website

- Que relatórios de pesquisas serão obtidos para medir os resultados?

O orçamento de despesas e de investimentos do site pode ser desenvolvido por três enfoques: como parte do orçamento total de marketing da empresa; como uma parcela do orçamento total de tecnologia e sistemas de informação; ou, ainda, como decisão estratégica de uma unidade de negócios independente, a qual precisa gerar receitas para cobrir custos e despesas.

Independentemente do enfoque a ser considerado, a elaboração do orçamento é uma atividade complexa, que necessita ser realizada por uma equipe de profissionais com conhecimento de marketing, de finanças e de tecnologia de sistemas.

Quanto à mensuração e à avaliação de resultados de um site, nos Capítulos 6 e 7 deste livro foram apresentados alguns indicadores, como audiência, número de visitantes únicos e de cliques, tempo médio de duração das visitas, custo por mil impressões, entre outros.

Além dos indicadores referidos, vale ressaltar que pode ser calculada a economia obtida pela empresa em conseqüência da utilização do site, como redução dos custos de visitas ou telefonemas a clientes, por exemplo. Também se mensura o grau de satisfação dos clientes com o atendimento e com os serviços prestados pela empresa por meio do site.

SITES SOBRE O TEMA

ASSOCIAÇÃO BRASILEIRA DOS PROVEDORES DE INTERNET — http://www.abranet.org.br
ACESSIBILIDADE BRASIL — http://www.acessobrasil.org.br
AGÊNCIA CLICK — http://www.agenciaclick.com.br
BBBONLINE — http://www.bbbonline.com
CENTRO BRASILEIRO DE ESTUDOS JURÍDICOS DA INTERNET — http://www.cbeji.com.br
COMITÊ GESTOR DA ICP-BRASIL — http://www.icpbrasil.gov.br
INSTITUTO NACIONAL DE PROPRIEDADE INDUSTRIAL — http://www.inpi.gov.br
MERCADOLIVRE — http://www.mercadolivre.com.br
TAM WEB CALLCENTER — http://webcallcentertam.com.br
WEB ACCESSIBILITY INITIATIVE — http://www.w3.org/WAI

PARTE IV
Desenvolvendo negócios na internet

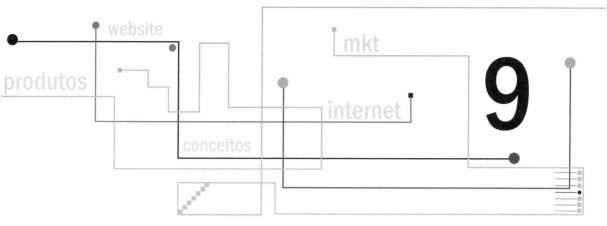

Como vender produtos e serviços na internet

- *Objetivos do capítulo*

  Depois de concluir este capítulo, você deverá ser capaz de:

  1. Entender a aplicação de um plano estratégico de negócios para uma loja virtual.

  2. Descrever os modelos de negócios de uma loja virtual.

  3. Identificar estratégias e programas operacionais para implementar uma loja virtual.

  4. Discutir as formas para atrair e manter clientes de uma loja virtual.

- *Visão geral do capítulo*

  Neste capítulo, serão detalhadas as ações necessárias para a criação e a implementação de uma loja virtual, visando à realização de transações comerciais e à prestação de serviços por meio da internet.

9.1 DEFINIÇÃO DO MODELO DE NEGÓCIOS

A internet como espaço virtual de transação, para negociação e fechamento de vendas, proporciona o desenvolvimento do comércio eletrônico. Como vimos no Capítulo 3, o comércio eletrônico no mercado consumidor (B2C) cresceu rapidamente nos últimos anos no País, atingindo receitas totais de R$ 13,3 bilhões em 2006, incluindo as vendas on-line de automóveis, pacotes turísticos e bens de consumo.

Considerando somente os bens de consumo, o total foi de R$ 4,4 bilhões[1] (ver Tabela 9.1).

Tabela 9.1 *Evolução do faturamento on-line por segmentos*

(R$ milhões)	2002	2003	2004	2005	2006
Automóveis	2.920	3.200	4.277	5.140	6.400
Bens de consumo	926	1.500	2.065	2.880	4.400
Turismo	319	454	1.150	1.870	2.500
TOTAL	4.200	5.200	7.492	9.900	13.300

Fonte: CÂMARA BRASILEIRA DE COMÉRCIO ELETRÔNICO. *Varejo on-line atinge volume de R$ 13, 3 bi em 2006.* Disponível em: <http://www.camara-e.net>.

A Tabela 9.2 mostra os tipos de produtos mais vendidos no varejo on-line. Verifica-se que, em 2005, houve maior diversificação dos produtos, incluindo eletroeletrônicos (aparelhos de televisão e DVDs, consoles de videogame, celulares, câmeras digitais e tocadores de música MP3), informática (computadores, impressoras e softwares) e saúde e beleza (perfumes, cosméticos etc.).

Tabela 9.2 *Participação dos produtos no varejo virtual*

Produto	2003	2004	2005
CD e DVD	32,0%	26,0%	21,0%
Livros e revistas	26,0%	24,0%	18,0%
Eletrônicos			9,0%
Saúde e beleza	3,3%	7,2%	8,0%
Informática	4,7%	6,0%	7,0%
Outros			37,0%

Fonte: PESQUISA E-BIT 2005. Disponível em: <http://www.ebitempresa.com.br>.

Segundo a Câmara de Comércio Eletrônico, na internet brasileira operavam 2.500 lojas virtuais, com 7 milhões de itens à venda, em 2005. A estimativa é que o impacto na economia, considerando as vendas on-line e a influência da internet sobre a compra dos clientes nas lojas físicas, possa chegar a R$ 50 bilhões por ano[2]. Esse novo

---

[1] CÂMARA BRASILEIRA DE COMÉRCIO ELETRÔNICO. *Pesquisa varejo on-line no Brasil em 2005.* Disponível em: <http://www.camara-e.net>.

[2] FERNANDES, Manoel; DITOLVO, Mariana. Os reis das vendas na internet. *Revista IstoÉ Dinheiro*, n. 417, 7 set. 2005. Disponível em: <http://www.terra.com.br/istoedinheiro/417/indice/index.htm>.

ambiente exige o repensar das práticas tradicionais de negócios e de marketing, dentre elas, a definição de produtos e preços, a estratégia de canal e o tipo de relacionamento das empresas com seus parceiros e clientes.

No Capítulo 4, apresentamos o exemplo do planejamento de uma **loja virtual** para venda de produtos e prestação de serviços pela internet. Vimos que, por se tratar de um novo modelo de negócios, sua implementação requer um completo **plano estratégico de negócios**, incluindo as etapas de análise de mercado e das oportunidades e riscos, definição dos objetivos do negócio e formulação de todas as estratégias e planos operacionais.

Neste capítulo, detalharemos o processo de implementação de uma loja virtual com base no roteiro de planejamento apresentado no Capítulo 4.

9.1.1 *Análise de mercado e das oportunidades e riscos*

O desenvolvimento de qualquer negócio inicia-se com a análise do mercado e dos pontos fortes e fracos da empresa ou do empreendedor, seja pessoa jurídica, seja física. A **análise de mercado** visa identificar novas oportunidades de negócios e as condições necessárias para obter uma vantagem competitiva sustentável em curto e médio prazos.

> A **análise de mercado** visa identificar novas oportunidades de negócios e as condições necessárias para obter uma vantagem competitiva sustentável em curto e médio prazos.

No roteiro de planejamento apresentado no Capítulo 4, foram apresentadas as perguntas principais a serem respondidas pelo empreendedor nessa etapa, as quais estão listadas a seguir:

- Quem são os **clientes potenciais** e quais suas necessidades, problemas e características?
- Quem são os **concorrentes** atuais e potenciais (características, produtos, tecnologias, pontos fortes e fracos)?
- Quais são as **tecnologias** disponíveis ou em desenvolvimento pelos concorrentes, parceiros e pela empresa?
- Qual a disponibilidade de **recursos humanos** qualificados?
- Qual o *know-how* necessário para desenvolver o negócio?
- Quais os potenciais **parceiros** de negócios (canais de vendas, fornecedores, parceiros tecnológicos etc.)?
- Qual a **integração** do novo empreendimento com os negócios atuais da empresa? Qual a sinergia?
- Quais os **conflitos** potenciais com os clientes, parceiros e fornecedores atuais?
- Quais as **competências** da empresa ou empreendedor (capital, recursos humanos, tecnologia, capacidade produtiva, parcerias, conhecimento, ativos fixos, crédito, acionistas etc.)?

Parte IV — Desenvolvendo negócios na internet

- Quais são os **pontos fracos** da empresa ou do empreendedor (recursos humanos, tecnologia, capital, capacidade produtiva, parcerias, conhecimento etc.)?
- Qual o montante de **investimentos** necessários e de retornos esperados para o empreendimento?

> Para realizar a **análise de mercado,** o empreendedor precisa se basear na sua própria experiência e na capacidade de intuição e de observação, bem como em pesquisa de dados secundários, como os divulgados por institutos de pesquisa.

Para realizar a **análise de mercado,** o empreendedor precisa se basear na sua própria experiência e na capacidade de intuição e de observação, bem como em pesquisa de dados secundários, como os divulgados por institutos de pesquisa, associações e organizações setoriais (do setor de negócio em estudo), conforme discutido no Capítulo 6.

Pode-se também encomendar estudos específicos, feitos sob medida por empresas especializadas em pesquisas de marketing ou por consultores com conhecimento do setor em questão.

O primeiro passo é identificar quem são os **clientes potenciais** e quais são seus desejos e necessidades. Por exemplo, no caso de pessoas físicas, o público potencial deve ser segmentado por características demográficas e psicológicas, como sexo, faixa etária, escolaridade, nível de renda e estilo de vida. Assim, crianças, jovens e adultos compõem três segmentos diferentes de clientes com características e necessidades bastante distintas.

Segundo pesquisa do Ibope[3], o total de internautas brasileiros que declararam ter realizado compras on-line em 2005 foi de 3,5 milhões. No entanto, o total de clientes potenciais é representado por 32 milhões de usuários que acessam a internet em casa, nos cibercafés e nas empresas.

Escolhido um segmento de clientes, como mulheres entre 19 e 29 anos, com renda familiar mínima de dez salários mínimos e que tenham acesso à internet, o próximo passo é identificar quais são suas necessidades ainda não satisfeitas. Por exemplo, na área de beleza, que tipos de necessidades as mulheres desse segmento possuem quanto a produtos e serviços? E ainda: qual sua predisposição para adquirir tais produtos pela internet?

Para conhecer melhor o público-alvo, é necessário realizar pesquisas formais ou informais, ou seja, é imprescindível a conversa com os clientes potenciais para conhecer o que desejam, suas insatisfações e expectativas. Essa pesquisa pode ser feita direta e informalmente, por meio de contatos e conversas pessoais, ou por pesquisa estruturada em questionários, como a amostra representativa do público-alvo.

---

[3] IBOPE//NETRATINGS. *Número de usuários domiciliares da web.* 3º trimestre 2005. Disponível em: <http://www.ibope.com.br>.

Capítulo 9 – Como vender produtos e serviços na internet

O passo seguinte é analisar quais são os **concorrentes** atuais e potenciais. Com a internet, essa atividade ficou mais fácil, já que por meio dos sites das empresas concorrentes podem ser conhecidos seus produtos e serviços, políticas comerciais, preços e demais condições operacionais.

Utilizando os sites de busca —, por exemplo, o Google ou o Bondfaro —, pode-se identificar e acessar os sites e as lojas virtuais de interesse. O tema "corpo e pele", por exemplo, foi pesquisado no Bondfaro e diversas lojas virtuais foram identificadas, tais como Nutravita, Sacks, Pronatural e E-perfumes, entre outras.

Além dos clientes e concorrentes, a análise de mercado deve considerar os outros fatores críticos relacionados ao novo negócio, como **tecnologia,** *know-how***, investimentos** e **parceiros.** Sobre tecnologia, por exemplo, é necessário conhecer a evolução recente das tecnologias de criação e produção de sites (softwares de web design), hospedagem e gerenciamento de sites (softwares e hardwares), sistemas de processamento e controle de pagamentos, gerenciamento de bancos de dados de clientes e segurança de sites, entre outras.

> Além dos clientes e concorrentes, a análise de mercado deve considerar os outros fatores críticos relacionados ao novo negócio, como **tecnologia,** *know-how*, **investimentos** e **parceiros.**

Após a análise do mercado, é feita a avaliação das **competências e das fraquezas** da empresa ou empreendedor, visando verificar se existem as condições necessárias para o desenvolvimento de um novo negócio e, conseqüentemente, estimar quais e quantos recursos humanos e financeiros serão necessários para sua viabilização.

Essas análises iniciais permitirão que o empreendedor identifique e quantifique as oportunidades para um novo negócio, bem como os riscos envolvidos. Ao final desse processo, o empreendedor terá condições de selecionar e definir o modelo de negócio. Em outras palavras, será definido como serão realizadas as vendas em curto e médio prazos, com base nas respostas às perguntas a seguir:

- Que tipo de negócio representa a melhor oportunidade?
- Quem é o cliente-alvo? (detalhar suas características)
- Que necessidade dos clientes será atendida?
- Quais os diversos segmentos do mercado a serem atendidos? (existem grupos de clientes com características distintas exigindo produtos e serviços distintos, que poderão ou não ser atendidos pela empresa)
- Quais produtos ou serviços serão oferecidos? A que preço?
- Quais os parceiros de negócios a serem envolvidos?
- Qual a tecnologia e a infra-estrutura a serem utilizadas?
- Qual o volume de investimentos necessário?
- Qual a margem e o retorno esperado sobre o investimento?

9.1.2 *Tipos de modelo de negócios*

No Capítulo 4, foi comentado que a internet possibilitou o surgimento de seis novos modelos de negócios, sendo três adotados pelas empresas no mercado consumidor (B2C), envolvendo a comercialização de produtos e serviços, a saber: os infomediários, os intermediários de negócios e as lojas virtuais. Esses modelos de negócios virtuais apresentaram significativo crescimento em receitas mundialmente, com a rápida difusão de novas tecnologias de banda larga, *streaming media*, *webcasting* e telefonia celular, entre outras.

9.1.2.1 Infomediários

Os **infomediários**, que oferecem os mais diversos conteúdos de interesse do público, obtiveram grande crescimento de receita com a venda de propaganda on-line (links patrocinados e banners) e serviços pagos (acesso em banda larga a conteúdos exclusivos, e-mails protegidos com anti-spam e antívirus, blog, fotoblog, videopapo, videomail, site pessoal, disco virtual, Voip, atendimento e suporte on-line etc.). São exemplos de informediários os sites de busca Google e Yahoo! e os portais UOL e Terra.

O Google obtém sua receita com a venda, em leilões on-line, de anúncios ou links patrocinados, que aparecem ao lado dos resultados de busca do site. Os anunciantes fazem lances por certos termos de busca e pagam quando os usuários do site clicam em seus anúncios.

De acordo com a empresa Nielsen//NetRatings[4], o Google obteve 48,8% do total de 5,1 bilhões de buscas realizadas na internet, nos Estados Unidos, em dezembro de 2005, enquanto o Yahoo! ocupou o segundo lugar, com 21,4% do total. O Google faturou US$ 3,2 bilhões em 2004 e US$ 6,1 bilhões em 2005, sendo o líder no mercado de propaganda on-line no mundo, que atingiu US$ 18,5 bilhões em 2005. O Quadro 9.1 apresenta o conteúdo e os serviços oferecidos pelo Google.

Quadro 9.1 *Conteúdo e serviços do site de busca Google*

Google™	**Google** Potente mecanismo de busca da web, com mais de 8 bilhões de páginas indexadas.
orkut	**Orkut** Comunidade on-line com mais de 6,5 milhões de membros.

(continua)

---

[4]   NIELSEN//NETRATINGS *MegaView search*. Feb. 2006. Disponível em: <http://www.nielsen-netratings.com>.

Capítulo 9 — Como vender produtos e serviços na internet

(*continuação*)

Gmail	**Gmail** E-mail gratuito com capacidade de armazenamento superior à da maioria dos e-mails (2 GB).
Blogger	**Blogger** Um dos programas mais populares para a criação de diários na web (*blogs*).
Google News	**Google News** Principais notícias do dia, organizadas de acordo com a popularidade dos assuntos.
Froogle	**Froogle** Serviço de comparação de preços em sites de comércio eletrônico.
Google Earth	**Google Earth** Localizador e visualizador com fotos de satélite de toda a superfície da Terra.
Google Desktop	**Google Desktop** Mecanismo de busca capaz de indexar e localizar todos os arquivos do micro.
Google Print	**Google Print** Mecanismo de busca interna em livros escaneados e digitalizados.
Google Video	**Google Video** Mecanismo de busca em vídeos, capaz de encontrar frases e exibir clipes de filmes.

Fonte: PORTAL EXAME. *O Google quer dominar o mundo*. 4 nov. 2005. Disponível em: <http://portalexame.abril.com.br/edicoes/855/tecnologia/conteudo_102030.shtml>.

O portal brasileiro UOL alcançou, em 2005, a receita líquida de R$ 444 milhões, com 1,45 milhão de usuários pagantes, sendo 586 mil de banda larga. Outros exemplos de infomediários são os sites de entretenimento on-line, como os de games e os sites de notícias.

9.1.2.2 Intermediários de negócios

Os **intermediários de negócios** ou *brokers* facilitam transações on-line aproximando compradores e vendedores. A receita desses sites decorre de comissões sobre as intermediações e as transações realizadas, bem como da venda de propaganda no site.

> Intermediários de negócios ou *brokers* facilitam transações on-line aproximando compradores e vendedores.

Exemplos de sites que adotam esse modelo são os **leilões virtuais**, como o MercadoLivre e o Arremate, que facilitam as trocas entre vendedores e compradores, principalmente as pessoas físicas e pequenas empresas. O MercadoLivre pertence ao site americano de leilão virtual eBay, o qual também adquiriu o Arremate, no final de 2005.

O **eBay** tem mais de 180 milhões de usuários no mundo e divulga cerca de 440 milhões de anúncios, que oferecem desde selos até aviões. Em 2005, o site obteve receitas de US$ 4,5 bilhões e lucro líquido de US$ 1 bilhão. Na pesquisa realizada pela ComScore, o e-bay é o quinto maior site em audiência no mundo, com 75,8 milhões de visitantes únicos no mês de julho de 2006[5] (ver Tabela 9.3).

Tabela 9.3 *Os maiores sites em audiência no mundo*

	SITES	Visitantes únicos (000)
1	Yahoo!	129.439
2	Time Warner sites	121.068
3	Microsoft sites	117.791
4	Google	103.860
5	eBay	75.814
6	MYSPACE	54.522
7	Ask Network	52.061
8	Amazon sites	46.788
9	New York Times	38.133
10	Verizon	36.605

Fonte: COMSCORE, 2006

O **MercadoLivre** opera em oito países da América Latina, tem 9 milhões de usuários e obteve 54% de suas receitas no Brasil em 2004. Uma pesquisa recente com seus usuários brasileiros revelou que 40% das transações feitas por meio do site envolvem pequenos empreendedores. A mesma pesquisa aponta que, dos 4,5 milhões de usuários cadastrados no País, quase 15 mil usuários vivem das vendas feitas no site de leilões[6] (ver Figura 9.1).

O **Arremate** tem 4,7 milhões de usuários na região e pertencia ao grupo argentino La Nacion, que manteve as operações do site na Argentina e no Chile. No Brasil, o site reúne mais de 1 milhão de usuários e contém cerca de 216 mil anúncios em suas páginas.

---

[5]   COMSCORE. *Top web sites in July 2006*. Disponível em: <http://blogs.zdnet.com/ITFacts/index.php>.

[6]   ARAUJO, Marilu. O shopping do internauta descolado. *O Estado de S.Paulo*, São Paulo, 3 out. 2005. Disponível em: <http://txt.estado.com.br/suplementos/info/2005/10/03/info009.html>.

Capítulo 9 – Como vender produtos e serviços na internet

Figura 9.1 *Home page do site de leilões MercadoLivre*

Fonte: MERCADOLIVRE. Disponível em: <http://www.mercadolivre.com.br>.

Existem quatro modelos de **leilões virtuais:** a venda direta com preço fixo, o leilão tradicional, o leilão com preço de reserva e o leilão reverso. A **venda direta com preço fixo** é bastante comum nos anúncios de produtos em grandes quantidades. O vendedor estabelece o preço e o comprador só precisa clicar em "comprar" para ficar com o item. Cerca de 60% das vendas do Arremate são feitas com preço fixo.

No **leilão tradicional**, o vendedor determina um preço inicial baixo e os potenciais compradores concorrem entre si fazendo suas ofertas. Vence aquele que permanecer com o lance mais alto até o prazo de encerramento do leilão.

O leilão com **preço de reserva** permite que o vendedor estabeleça um valor mínimo de venda. O site não divulga aos compradores qual é o valor de reserva. Caso os lances oferecidos não atinjam o valor de reserva determinado, a venda do produto anunciado não é realizada[7].

Os sites colocam à disposição uma ferramenta de lances automáticos a ser usada nos leilões tradicionais e naqueles com preço de reserva. O comprador fixa o valor máximo que deseja pagar pelo item; em seguida, o site dá o menor lance possível. Se os lances dos

> Existem quatro modelos de **leilões virtuais:** a venda direta com preço fixo, o leilão tradicional, o leilão com preço de reserva e o leilão reverso.

---

[7] ANTES de bater o martelo, conheça os tipos de leilão. *O Estado de S.Paulo*. Disponível em: <http://txt.estado.com.br/suplementos/info/2005/10/03/info011.html>.

concorrentes ultrapassarem o valor predeterminado como oferta máxima, o site avisará o comprador por e-mail.

O quarto modelo é o **leilão reverso ou pregão eletrônico**, no qual o comprador especifica o produto ou serviço a ser adquirido, determina os fornecedores a serem convidados e as regras do leilão, incluindo o preço inicial de compra. Os participantes apresentam propostas de preço abaixo do valor determinado e, ao longo do leilão, poderão oferecer preços abaixo da melhor oferta já apresentada. É um modelo de negócios bastante utilizado no mercado B2B (vendas para empresas) e no B2G (vendas para o governo).

Há uma diferença entre os leilões reversos da área pública e os do setor privado. Os primeiros são abertos a todas as empresas que queiram participar e estão de acordo com as exigências especificadas. Já nos leilões das empresas privadas, em geral os compradores pré-selecionam os potenciais vendedores; assim, só podem participar as empresas vendedoras convidadas pelos compradores. O site Mercado Eletrônico oferecia soluções de leilão reverso e realizava cerca de 100 leilões desse tipo por mês em 2005.

> A **receita dos leilões virtuais** é obtida com a cobrança de uma porcentagem sobre o preço do produto anunciado.

A **receita dos leilões virtuais** é obtida com a cobrança de uma porcentagem sobre o preço do produto anunciado. O site MercadoLivre cobra 0,5% sobre o preço inicial do produto. Esse valor tem limite mínimo de R$ 0,20 e máximo de R$ 5, devendo ser pago mesmo quando a negociação não é concluída. Se o negócio for concretizado, é cobrada uma comissão de 4,5% sobre o valor da venda.

O site Arremate funciona de maneira semelhante, mas o usuário não paga para publicar os anúncios mais simples; porém, só é possível publicar uma foto do produto (contra seis fotos no MercadoLivre), e as opções para aumentar a divulgação dos produtos são pagas. Para publicar um anúncio com título destacado em negrito era preciso pagar uma taxa de R$ 1,98 (março de 2005). Vale destacar que os dois sites citados também oferecem planos de seguro para reembolsar possíveis prejuízos nas transações[8].

Outros exemplos são o site Webmotors, no mercado de automóveis, e o Planeta Imóvel, no mercado imobiliário. Esses sites são conhecidos como *brokers* verticais, que prestam serviços para compradores e vendedores de uma particular área de interesse e de negócio.

O Webmotors foi lançado em 1995 e tornou-se um dos maiores portais do segmento automotivo no País, oferecendo informações, serviços, venda de veículos novos e usados, financiamento, seguro, consórcio, peças e acessórios, serviços a concessionárias e oficinas,

---

8   SAIBA como participar dos sites de leilão. *Folha de S.Paulo*. Disponível em: <http://www1.folha.uol.com.br/folha/informatica/ult124u18214.shtml>.

entre outros. Em 2002, foi adquirido pelo banco ABN AMRO. Com cerca de 3,5 milhões de usuários e 2.200 mil oficinas cadastradas, obteve, em 2005, aproximadamente 72 mil visitantes diários e 50 mil anúncios de veículos seminovos por mês, em média, conforme apresenta a Figura 9.2.

Figura 9.2 *Home page do broker vertical Webmotors*

Fonte: WEBMOTORS. Disponível em: <http://www.webmotors.com.br>.

Apesar das facilidades tanto para quem compra como para quem vende, os sites de leilão virtual são alvo de golpistas virtuais. Entre os problemas mais comuns, estão o cadastro de usuários fantasmas para inflacionar os lances, a falta de entrega do item negociado e casos de roubo de informações por meio de páginas falsas e e-mails enviados por fraudadores. Os sites de leilões têm trabalhado para eliminar os maus usuários, mantendo equipes para monitoramento das atividades em suas páginas e oferecendo canais de comunicação para a denúncia de ações suspeitas.

9.1.2.3 Loja virtual

A **loja virtual** é o modelo de negócios que está se desenvolvendo aceleradamente no Brasil. Engloba empresas que realizam vendas pela internet para seus clientes, oferecendo produtos, serviços e informações, tanto no mercado organizacional (B2B) quanto no mercado consumidor (B2C).

No entanto, as vendas no comércio eletrônico continuam concentradas em poucas e grandes lojas virtuais, como Submarino, Lojas

> A **loja virtual** é o modelo de negócios que está se desenvolvendo aceleradamente no Brasil. Engloba empresas que realizam vendas pela internet para seus clientes.

Americanas, Pão de Açúcar, Shoptime, Livraria Saraiva, Ponto Frio, Magazine Luiza e Lojas Colombo. Cerca de 25 empresas controlam 80% do varejo eletrônico, mas a tendência é que a concentração diminua, visto que diversos pequenos varejistas já iniciaram negócios on-line por meio de leilões, shoppings virtuais e *brokers*. Para exemplificar, os pequenos anunciantes respondem por metade do faturamento da Overture, empresa de links patrocinados do Yahoo!, que vincula palavras-chave a anúncios de sites ou outras empresas.

As alternativas de modelos de negócios para uma loja virtual estão resumidas no Quadro 9.2.

Quadro 9.2 *Os diferentes modelos de loja virtual*

- Loja puramente virtual.
- Loja virtual de varejista.
- Loja virtual de fabricante.
- Loja participante de shopping virtual.
- Loja virtual de empresa de venda direta.
- Loja virtual de prestador de serviços.
- Loja virtual de atacadista.

Fonte: elaborado pela autora.

Loja puramente virtual

Esse modelo é o da empresa que realiza vendas apenas pela internet, disponibilizando produtos, serviços e informações tanto no mercado organizacional quanto no mercado consumidor.

Essas lojas virtuais, como a brasileira Submarino e a americana Amazon, sofrem forte concorrência dos varejistas tradicionais, que têm marcas bastante conhecidas, muita experiência de mercado e abriram lojas virtuais como parte de uma estratégia de multicanal, integrando-as ao seu sistema de logística e marketing.

> Para sobreviver no mercado, as **lojas puramente virtuais** têm procurado oferecer preços vantajosos, atendimento diferenciado ao cliente, prazos de entrega rápidos e sistemas de pagamento confiáveis.

Para sobreviver no mercado, as **lojas puramente virtuais** têm procurado oferecer preços vantajosos, atendimento diferenciado ao cliente, prazos de entrega rápidos e sistemas de pagamento confiáveis. Oferecer preços competitivos é uma estratégia importante, que deve estar sustentada por um sistema de operação de baixo custo, rápido e eficiente.

O Submarino, por exemplo, que é a maior loja puramente virtual brasileira, lançada em 1999, comercializa cerca de 65 mil produtos e já vendeu mais de 1,5 milhão de itens, como livros, CDs e eletrônicos. Esses produtos foram enviados para mais de 2.500 municípios. O Submarino possui em estoque 90% dos produtos expostos no site. Apenas em casos excepcionais utiliza o serviço de busca para encontrar fornecedores para o restante dos produtos. Em 2005, alcançou faturamento de R$ 574,2 milhões e R$ 18,7 milhões de lucro líquido. A base de clientes ativos cresceu 48%, totalizando 1,4 milhão.

O Submarino também oferece o serviço de operação de lojas virtuais de terceiros. O controle das operações de e-commerce de 24 lojas representou 6,9% da receita líquida do Submarino no primeiro trimestre de 2005. Entre essas lojas virtuais, estão as da Natura, Nokia, Palm e MTV, as quais divulgam em seus sites o selo "powered by Submarino".

Outro exemplo é a Flores Online, floricultura virtual que vende arranjos de flores desde 1998. O site, que tem 350 mil usuários cadastrados, faturou, em 2005, cerca de R$ 9 milhões, o equivalente a 300 mil buquês de rosas a um preço de R$ 30.

Loja virtual de varejista

São exemplos de modelo de empresas de negócios de varejo as lojas Magazine Luiza, Americanas e Ponto Frio. Essas empresas vêm crescendo em vendas on-line devido à marca conhecida, à experiência de mercado e aos menores custos operacionais.

A loja virtual integra a **estratégia multicanal** das empresas varejistas tradicionais, como as já citadas. De acordo com Roseli M. Porto[9], com a consolidação da web como um importante canal de vendas, surge o conceito de varejo multicanal, definido como a oportunidade dada ao consumidor de obter um produto por meio de múltiplos canais de compra. Para implementar essa estratégia, a empresa pode escolher entre os vários formatos de loja (especializada, supermercado, hipermercado etc.) e entre os diversos tipos de canais varejistas, por exemplo: loja de rua, loja em shopping centers, loja virtual, venda direta porta a porta, venda direta por telefone ou televendas, venda direta por catálogos, lojas-quiosques, TV Home Shopping, TV interativa etc.

> A loja virtual integra a **estratégia multicanal** das empresas varejistas tradicionais.

A entrada dos varejistas de "cimento e tijolo" na internet ocorreu de várias formas: por site independente (Livraria Cultura, site Amélia do Pão de Açúcar), em alianças com varejistas puramente virtuais (Amazon e Submarino), aluguel de espaço em provedores de acesso e conteúdo (IG, MSN, UOL), leilões virtuais (Arremate), *brokers* verticais (Webmotors) e/ou adesão a programas de visibilidade em agregadores de lojas, os chamados shopping centers virtuais (ShopFácil)[10].

---

[9] PORTO, Roseli M. Varejo multicanal. *Revista GV Executivo*, v. 5, n. 1, fev./abr. 2006.
[10] Ibid.

Ainda de acordo com a autora, a loja virtual de redes varejistas tem vantagem competitiva, pois o consumidor sente-se confiante comprando no respectivo site, uma vez que tem um local físico e funcionários para fazer suas reclamações, se precisar. Para o consumidor, é indiferente o canal a ser utilizado na realização da compra. Seja ele qual for, a transação é realizada com a empresa, percebida como uma entidade única. Outra vantagem para o consumidor é a conveniência, facilitando a pesquisa de preço e o acesso a informações sobre produtos.

Entretanto, a integração entre os diversos canais não é uma tarefa fácil. Com muitos varejistas oferecendo múltiplas avenidas e formatos para compras, os desafios e a complexidade nas decisões dos investimentos de marketing aumentam significativamente. Além do desafio de operarem centrais de atendimento e sites ininterruptamente, a complexidade da infra-estrutura de sistemas e da tomada de decisão aumenta em um ambiente multicanal, segundo a referida autora.

A rede varejista Magazine Luiza, com sede na cidade de Franca, interior de São Paulo, é uma das maiores redes do País, com 350 lojas e cerca de 10 mil colaboradores. O site Magazine Luiza oferece 3 mil itens e faturou R$ 110 milhões em 2004, o equivalente a 12% do faturamento anual da rede. O site fechou um acordo comercial com a UOL para se transformar em uma das lojas-âncoras do shopping virtual do provedor de acesso, conforme se verifica na Figura 9.3

Figura 9.3 *Home page da loja virtual Magazine Luiza*

Fonte: MAGAZINE LUIZA. Disponível em: <http://www.magazineluiza.com.br>.

Presente na internet desde 1999, o site não é a única operação de vendas eletrônicas da empresa. Desde 1992, é desenvolvido o projeto "Lojas Virtuais Luiza", que engloba lojas físicas em que os compradores escolhem e adquirem a mercadoria em computadores multimídia e com a ajuda de vendedores treinados. Esses estabelecimentos não têm estoque de produtos.

A rede varejista Lojas Americanas tem 193 lojas e obteve receita líquida de R$ 2,76 bilhões em 2005. O site Americanas.com, que faturou R$ 434 milhões em 2004, oferece variedade de produtos, com 25 mil itens. As seis principais categorias de produtos vendidos são: computadores, softwares, eletrônicos, CDs, brinquedos e eletrodomésticos. Em agosto de 2005, a Americanas adquiriu o canal de TV e site de comércio eletrônico Shoptime. A aquisição fez a receita bruta da loja virtual crescer 99,3% sobre 2004, alcançando R$ 864,8 milhões.

A rede Ponto Frio lançou seu site em 1995, inicialmente para consultas sobre os produtos comercializados e informações corporativas. A partir de 1997, o site tornou-se um canal de vendas on-line, oferecendo mais de 70 mil produtos, nos segmentos de vídeo, informática e eletrodomésticos. Em 2002, o site fechou o ano com 110 mil itens vendidos e um faturamento de R$ 53 milhões, enquanto o setor de televendas faturou R$ 32 milhões. Mensalmente, são feitas 500 mil visitas ao site.

Loja participante de shopping virtual

Shoppings virtuais são os sites de comércio eletrônico que reúnem diversas lojas virtuais em um único endereço na internet. Incluem serviços aos lojistas associados e aos consumidores, como sistemas seguros de pagamento, webmail gratuito, fóruns, serviços de atendimento ao consumidor e outros. O **shopping virtual** cobra uma taxa por transação efetuada por meio do site.

> **Shoppings virtuais** são os sites de comércio eletrônico que reúnem diversas lojas virtuais em um único endereço na internet.

Existem dois tipos de shoppings virtuais: aqueles que se limitam a oferecer o espaço para hospedagem dos sites e páginas web dos lojistas, sem oferecer serviços de garantia das transações realizadas, como o Shopping UOL (ver Figura 9.4); e aqueles que oferecem serviços aos lojistas e consumidores, incluindo algumas garantias de segurança e privacidade nas transações, como é o caso do ShopFácil, do Banco Bradesco.

Figura 9.4 *Home page do shopping virtual UOL*

Fonte: SHOPPING UOL. Disponível em: <http://shopping.uol.com.br>.

A seguir, descrevemos alguns dos serviços oferecidos por esses shoppings virtuais.

Quadro 9.3 *Serviços do shopping UOL*

Shopping UOL

O Shopping UOL é um canal de compras virtual, dedicado à exposição e à disponibilização de lojas virtuais a seus usuários, na qual são ofertados produtos e serviços, cuja compra ou aquisição pode ser efetuada de acordo com condições previamente estabelecidas pelo lojista e expostas na respectiva loja.

Todas as transações on-line, efetuadas por meio do Shopping UOL, são de responsabilidade integral do lojista envolvido nesta relação. O Shopping UOL atua nessas relações apenas como veículo de exposição das lojas virtuais.

O Shopping UOL e/ou o UOL não se responsabilizam pela entrega, pela qualidade, pelas características ou pelas condições de qualquer produto e/ou serviço adquirido por meio do Shopping UOL, e também pelos termos e condições de oferta, venda ou entrega destes produtos e/ou serviços.

Há nove anos no mercado, o Shopping UOL é uma completa vitrine para e-commerce do Brasil, reunindo cerca de cem lojas dos mais variados segmentos.

Fonte: SHOPPING UOL. Disponível em: <http://shopping.uol.com.br>.

Capítulo 9 – Como vender produtos e serviços na internet

Quadro 9.4 *Serviços do site ShopFácil*

ShopFácil

O objetivo do ShopFácil é dar maior visibilidade às lojas conveniadas e oferecer todo apoio e facilidade para a venda dos seus produtos e serviços, como divulgação nas diversas mídias, facilidade e segurança no pagamento, espaço para ofertas e garantia de grande volume de visitantes. As condições para os varejistas participarem do ShopFácil são as seguintes:

- ser conveniado ao Bradesco para recebimento dos créditos dos pagamentos das compras;
- possuir loja estabelecida no comércio tradicional. Lojas somente virtuais terão critério de análise diferenciado;
- possuir loja virtual e mantê-la atualizada;
- aceitar uma das formas de pagamento disponíveis no Sistema de Pagamento Seguro;
- garantir o atendimento aos pedidos, em qualidade e prazo de entrega;
- prover meios próprios de atendimento aos consumidores ou por meio do ShopFácil;
- assinar o Convênio para Participação no ShopFácil;
- o desenvolvedor da loja virtual deve ser credenciado ao ShopFácil.

O ShopFácil oferece aos varejistas muitas oportunidades:
- ofertas na home page do portal;
- ofertas nas áreas de categorias de produtos;
- divulgações especiais;
- campanhas sazonais;
- shopMail (e-mail marketing);
- sistema de busca e comparação de preços.

Fonte: SHOPFÁCIL. Disponível em: <http://www.shopfacil.com.br>.

Loja virtual de fabricante

São os sites de vendas pela internet dos fabricantes de produtos, como a empresa General Motors e a Dell. A General Motors, por exemplo, criou um site para o lançamento do carro Celta, possibilitando aos clientes realizar pela internet a compra, o financiamento, o *leasing* ou o consórcio do automóvel, como podemos ver no Quadro 9.5 a seguir.

Quadro 9.5 *Serviços do site do carro Celta*

Comprar um Celta on-line é muito rápido, fácil e, acima de tudo, seguro. Nesta seção, você pode configurar seu carro do jeito que quiser, escolher a forma de pagamento, fazer a reserva e comprar o veículo escolhido. Você vai receber informações passo a passo durante todo o processo e, para manter sua privacidade e garantir o máximo de segurança, vai precisar escolher um Nome de Usuário e uma Senha.

(continua)

(continuação)

Financiamento

O Banco GM criou o Financiamento Celta, com planos que se encaixam perfeitamente no seu bolso. Financiando com o Banco GM, você tem à disposição várias opções de entrada, prazos, taxas e prestações prefixadas de acordo com sua condição financeira.

Além dessas vantagens, o Financiamento Celta oferece a possibilidade de financiar o Seguro SBGM Celta e o Seguro GM Plus, de proteção financeira.

A pré-aprovação de crédito pela internet é o seu primeiro passo para obter o seu financiamento.

Leasing

O Leasing do Banco GM é o plano perfeito para quem quer prazos longos e prestações reduzidas, sem o Imposto sobre Operações Financeiras (IOF). Quando você adquire o Celta por meio de uma operação de *leasing*, o veículo é registrado em nome da GM Leasing até o fim da operação, quando ele será transferido para o seu nome.
A pré-aprovação de crédito pela internet é o primeiro passo para obter o seu Leasing Celta.

Consórcio

O Consórcio Chevrolet é a reunião de um grupo de pessoas (físicas e/ou jurídicas) com o objetivo de se autofinanciarem para a aquisição de um Chevrolet, por meio de contribuições mensais de cada participante.

Mensalmente, são contemplados, por meio de sorteio ou lance, os participantes que terão direito ao crédito disponível para a compra de um Chevrolet. Uma vez contemplado, você informa a série, o grupo, a cota e o dígito, confirma on-line o valor do crédito e pronto! Você terá um Celta novinho!

Fonte: CHEVROLET. Disponível em: <http://www.chevrolet.com.br/celta>.

Em 2003, segundo o levantamento da revista INFO100[11], a General Motors tornou-se a maior empresa de B2C do País, com um volume de vendas on-line de R$ 1,4 bilhão, correspondendo a 30% dos veículos comercializados pela montadora. Foram 70 mil unidades vendidas pela internet; deste total, 50 mil foram Celtas. De 2000 (ano em que foram iniciadas as operações de comércio eletrônico) a 2004, já haviam sido vendidos 310 mil veículos pela web. Além disso, a internet é uma ferramenta de pré-compra, visto que 60% dos clientes consultam a web antes de finalizar a compra.

---

[11] INFO ON-LINE. *Os reis do e-commerce no Brasil 2004*. 6 maio 2004. Disponível em: <http://info.abril.uol.com.br/ecommerce/2004>.

Um dos primeiros passos para garantir o sucesso do site foi familiarizar consumidores e distribuidores ao novo serviço. Para isso, foram instalados quiosques nas revendas. Neles, os usuários podiam realizar suas compras por meio do site e serem auxiliados pessoalmente por um vendedor. Com base em pesquisas de satisfação, a GM descobriu que o prazo máximo para a entrega de um veículo não poderia passar de sete dias.

Assim, para aumentar a agilidade na entrega, foram espalhados cinco centros de distribuição em pontos diferentes do País: Manaus (AM), Suape (PE), Anápolis (GO), São Bernardo do Campo (SP) e Gravataí (RS). Com a estrutura montada, a empresa foi capaz de atender alguns compradores em, no máximo, três dias.

Outro exemplo é o site **iTunes Music Store**, da Apple, a fabricante de computadores e tocadores de música digital. Esse site alcançou receita de US$ 220 milhões em 2004, com o download pago de músicas. Em fevereiro de 2006, vendeu a sua bilionésima canção desde que o serviço foi criado em 1993. A Apple já tinha vendido, até então, cerca de 42 milhões de tocadores de música iPods[12].

Figura 9.5 *Site iTunes Music Store*

Fonte: ITUNES MUSIC STORE. Disponível em: <http://www.apple.com/br/itunes/download>.

---

[12] EXAME ON-LINE. *O que pode o iPod*. 3 mar. 2004. Disponível em: <http://app.exame.abril.com.br/tecnologia/conteudo_97038.shtml>.

Loja virtual de empresa de venda direta

Empresas que vendem seus produtos apenas de forma direta, sem a intermediação de canais como lojas e distribuidores, também estão realizando vendas pela internet. Este é o modelo de negócios das empresas Shoptime, Avon e Natura.

Segundo pesquisa da Associação Brasileira de Marketing Direto, o setor de marketing direto no País gerou receita de R$ 12,8 bilhões em 2005, apenas considerando a receita de serviços das empresas[13]. No segmento de vendas diretas virtuais, as receitas foram de R$ 2,5 bilhões, representando 19,5% do total do setor (ver Gráfico 9.1).

Gráfico 9.1 *Receitas das empresas de marketing direto em 2005*

Fonte: ASSOCIAÇÃO BRASILEIRA DE MARKETING DIRETO. *Indicadores de 2005*. Disponível em: <http://www.abemd.org.br/interno/indicadores_15-12-05.ppt>.

A Avon tem 900 mil revendedoras autônomas que comercializam seus produtos para aproximadamente 19 milhões de brasileiros, atendidos a cada 19 dias, periodicidade em que são veiculados os folhetos de vendas com novas ofertas. A Avon imprime, todos os anos, mais de 600 milhões de folhetos de venda em mais de 12 idiomas. Além desse recurso, os clientes podem adquirir os produtos Avon por telefone ou pela internet, no site da empresa (ver Figura 9.6).

---

[13] ASSOCIAÇÃO BRASILEIRA DE MARKETING DIRETO. *Indicadores de 2005*. Disponível em: <http://www.abemd.org.br/interno/indicadores_15-12-05.ppt>.

Figura 9.6 *Loja virtual da Avon*

Fonte: AVON. Disponível em: <http://store.avon.com.br/avonstore>.

A Natura comercializa seus produtos cosméticos por meio de 430 mil consultoras ou por sua loja virtual. A loja virtual da Natura tem o selo "powered by Submarino", ou seja, é operada pelo site Submarino. Assim, todo o processo de compra, pagamento e entrega do pedido é realizado pelo Submarino[14].

A linha de produtos que a Natura vende pela internet é a mesma dos catálogos divulgados pelas consultoras. Entretanto, a empresa oferece um diferencial para as consultoras, que têm exclusividade nas promoções, inexistentes no site. Mensalmente, a Natura escolhe determinados produtos e oferece descontos em torno de 20% (ver Quadro 9.6).

O Shoptime é um canal de *homeshopping*, isto é, um canal de vendas pela televisão e pela internet, que foi comprado pela Americanas.com. O canal de TV atinge cerca de 8,5 milhões de residências em todo o Brasil, com TV a cabo ou antenas parabólicas, vendendo mais de 3 mil itens de produtos, entre eletrodomésticos, eletrônicos, informática e produtos para condicionamento físico. A empresa envia catálogos pelo correio para os domicílios cadastrados.

---

[14] NATURA. *Loja virtual*. Disponível em: <http://www.natura.net/port/produtos/ce/html/loja_virtual.asp>.

Quadro 9.6 *Texto de apresentação da loja virtual da Natura*

Parceria Natura e Submarino
Pensando em oferecer a você uma ótima experiência durante sua compra virtual, firmamos uma parceria com um dos melhores sites de comércio eletrônico do Brasil, o Submarino. Agora a loja virtual da Natura com venda direta ao consumidor é *powered by Submarino*, ou seja, operada pelo Submarino. Assim, todo o processo de compra, passando pela navegação, pagamento e entrega do pedido da loja virtual Natura, será realizado pelo Submarino.

Nesta loja virtual, a Natura oferece os serviços de entrega nacional e internacional. Agora, brasileiros que residem no exterior podem comprar os produtos Natura, pois serão entregues em vários países no mundo. Além disso, se você mora no Brasil e quer presentear uma pessoa querida que more nos Estados Unidos ou no Japão, também poderá usar esse serviço.

Nossos produtos são fabricados, comercializados e fornecidos tendo em vista a legislação e normas regulatórias brasileiras. Caso haja incidência de impostos no país destinatário, o custo será honrado pelo comprador.

Encontrar os Produtos Ao acessar esta loja, você estará na Home Page da Loja Virtual Natura, a página principal da loja. Nela você sempre encontra os produtos de maior destaque da loja, além de obter acesso a todas as páginas do site. Esta página está dividida da seguinte forma:

Menu Superior Localizado no topo da página, nesse Menu você encontra todas as categorias de produtos da loja clicando no botão "Produtos". Ao lado desse botão de Produtos você também pode conferir informações sobre seu cadastro, seus pedidos, obter ajuda e acessar o seu carrinho de compras.

Página das Categorias A loja virtual Natura está dividida em categorias. Cada categoria tem uma página principal. Estas páginas principais estão organizadas da seguinte forma:

Menu Esquerdo Subcategorias Algumas categorias possuem subcategorias específicas. Por meio desse menu, será possível navegar pelas linhas de produtos de cada categoria ou pelo tipo de produto contido em cada categoria.

Fonte: NATURA. *Loja virtual*. Disponível em: <http://www.natura.net/port/produtos/ce/html/loja_virtual.asp>.

Loja virtual de prestador de serviços

A internet é também um espaço virtual de distribuição, em que se realiza a entrega eletrônica e a customização de produtos e serviços, ou seja, conteúdos digitalizados, como livros, jornais, revistas, fotografias, músicas, sons, imagens, vídeos, passagens aéreas, *tickets* de cinema e de teatro, ou serviços financeiros, de consultoria, de aconselhamento, de treinamento, de ensino, de assistência técnica, entre outros.

Assim, diversas prestadoras de serviços já estão usando a internet para vender e realizar serviços. As empresas pioneiras que mais oferecem serviços pela internet são os bancos, com suas soluções de *internet banking*, as empresas desenvolvedoras de softwares, as escolas e as universidades, as companhias áreas, os hotéis e as agências de viagens.

Para o setor de serviços financeiros, a internet representa a oportunidade de realizar vendas e entregas de serviços customizados aos clientes. No Brasil, esse foi o setor que mais se desenvolveu no comércio eletrônico. De acordo com os balanços divulgados pelos bancos Bradesco, Itaú, Banco do Brasil e Caixa Econômica Federal, o volume de contas-correntes cadastradas no *internet banking* atingiu R$ 22,7 milhões em 2005, o que representa 39,2% da base de 57,9 milhões de correntistas dos quatro bancos. O número de contas cadastradas on-line aumentou 14,6 % em relação ao total de 19,8 milhões em 2004[15].

O site Shopinvest, pertencente ao Grupo Bradesco, oferece serviços financeiros como diversas alternativas de investimentos. No Quadro 9.7, a seguir, um exemplo das ofertas de investimentos oferecidas nesse site.

Quadro 9.7 *Exemplo do site de serviços financeiros ShopInvest*

SALAS DE INVESTIMENTOS

O ShopInvest possui um portfólio completo de produtos e serviços que atendem às suas necessidades, seja qual for o seu perfil de investidor: conservador, moderado ou arrojado. Veja o que oferecemos nas seguintes salas de investimentos:

(continua)

---

[15] BRAUN, Daniela. Quatro maiores bancos têm 22,7 milhões de clientes on-line. *IDG Now!* 23 fev. 2006. Disponível em: <http://beta.idgnow.com.br/internet/2006/02/23/idgnoticia>.

Parte IV — Desenvolvendo negócios na internet

(continuação)

Sala de Ações: você pode efetuar o cadastramento on-line na Bradesco Corretora e, após a aprovação desse cadastro por sua Agência, é possível comprar e vender ações por meio do Home Broker — um sistema conectado diretamente à Bovespa, com cotações em tempo real. Passo a passo você aprende como enviar uma ordem, conhece as normas para investir em ações e as principais notícias do mercado, obtém os fatos relevantes sobre as companhias listadas na Bovespa, participa das principais Ofertas de Ações do Mercado e obtém outras informações imprescindíveis para a educação do investidor, seja iniciante ou experiente.

Sala de CDB: você efetua simulação de aplicação e obtém informações sobre o perfil básico das operações. Pelo ShopInvest, você investe em CDB Fácil Bradesco, e em CDB Bradesco Prefixado, pode escolher o prazo de sua aplicação, sendo o mínimo 31 e o máximo 180 dias.

Sala de Imóveis: você fica por dentro de todas as ofertas de imóveis comerciais, residenciais e áreas rurais, que são comercializados por meio de Leilão, Venda Direta e Licitação. É possível obter o edital completo de venda, informações detalhadas sobre as condições de pagamento e fotos dos imóveis.

Fonte: SHOPINVEST. Disponível em: <http://www.shopinvest.com.br>.

No setor educacional, também está em grande expansão a utilização da internet. Como exemplo, o site da Escola 24 horas oferece diversos serviços a alunos e professores das escolas de ensino fundamental e médio, conforme mostra o Quadro 9.8.

Quadro 9.8 *Exemplo de site Escola 24 horas*

Equipe de professores
Os alunos da sua escola passam a contar com uma equipe de professores que esclarece dúvidas em poucos minutos, a qualquer hora do dia ou da noite, pela internet.

Acesso a material educacional
Os alunos têm acesso a sites de qualidade selecionados por profissionais da **Escola 24 horas**. Além disso, são disponibilizados recursos avançados para pesquisa e formatação de trabalhos, ampliando o interesse e facilitando a construção do conhecimento.

Intercâmbio de informações
Sua comunidade escolar pode trocar idéias, informações e até material didático com as outras instituições que oferecem os serviços da **Escola 24 horas**. Esse intercâmbio acontece entre todas as regiões do Brasil e também com o México.

Acompanhamento escolar e aproximação da família com a escola
As instituições que oferecem os serviços da **Escola 24 horas** permitem o acompanhamento, pelos pais, pela internet, das notas e da agenda de deveres de casa dos alunos.

(continua)

Capítulo 9 – Como vender produtos e serviços na internet

(*continuação*)

Capacitação dos professores e responsáveis

Os responsáveis recebem treinamento sobre internet para facilitar seu acesso à Rede. Os professores de sua escola têm oportunidade de aperfeiçoamento contínuo, por meio de cursos realizados on-line ou não.

Atendimento 24 horas

Plantão de atendimento ininterrupto, por telefone ou por e-mail, para esclarecer aos usuários dúvidas sobre a internet e sobre o funcionamento dos serviços da **Escola 24 horas**.

Fonte: ESCOLA24H. Disponível em: <http://www.escola24h.com.br>.

A empresa GOL, em 2005, comercializou R$ 2,6 bilhões em venda de passagens pela internet, o equivalente a cerca de 80% das vendas totais da empresa. Ao longo de 2005, seu site teve 7,9 milhões de visitantes únicos e 1,4 bilhão de cliques. A empresa atribuiu o sucesso das operações on-line ao fato de ter estimulado seus clientes a utilizar a internet como ferramenta de compra.

Para as companhias aéreas, a prestação de serviços via web traz vantagens para a empresa e para os usuários. Além de diminuir a burocracia e agilizar o processo de reserva, a venda da passagem e o *check-in*, a venda on-line traz economia para as empresas com impressão de papel e recursos humanos em postos de atendimento. No caso da Gol, por exemplo, a economia obtida no processo de venda on-line viabilizou a promoção realizada no mês de março de 2006, que oferecia passagens para qualquer lugar do Brasil a R$ 50. A empresa afirmou que só foi possível praticar esse preço via internet. Nas primeiras 12 horas dessa ação de marketing, foram comercializados 55 mil bilhetes[16].

Loja virtual de atacadista

Empresas atacadistas que vendem produtos para redes de varejistas também estão realizando vendas para seus clientes cadastrados pela internet. Um exemplo dessa iniciativa é o site da empresa Martins, que vende cerca de 20 mil produtos com diversas condições de pagamento, sem interrupção. Para facilitar a compra dos clientes, o site oferece um tutorial, que explica passo a passo quais são os procedimentos a serem seguidos. Além disso, divulga um FAQ, que é uma lista com as respostas para as dúvidas mais freqüentes[17].

[16] JANUÁRIO, Larissa. Gol vende passagens aéreas a R$ 1 via web. *WNews*. 1 ago. 2006. Disponível em: <http://wnews.uol.com.br/site/noticias/materia.php?id_secao=4&id_conteudo=5531>.

[17] MARTINS B2B. Disponível em: <http://www.martins.com.br>.

9.2 DEFINIÇÃO DE OBJETIVOS E ESTRATÉGIAS

Após a definição do modelo de negócios, o empreendedor detalhará o plano estratégico-operacional para implementar o negócio. O primeiro passo é definir os **objetivos de mercado e financeiros**, de curto e médio prazos, que são, entre outros, os mencionados a seguir:

- receitas de vendas e volume de unidades a serem vendidas;
- participação de mercado;
- número de clientes e de pedidos atendidos;
- índice de retenção e fidelização de clientes;
- volume e margem de lucros;
- índices de lucratividade, rentabilidade e retorno sobre o investimento.

Essas metas poderão ser definidas com base em dados pesquisados na etapa anterior (análise de mercado), como o tamanho atual do mercado, as projeções de crescimento da economia e do setor, dados de vendas da concorrência e outros indicadores, por exemplo, vendas no varejo e na internet, número de clientes potenciais etc.

> Os **objetivos** deverão ser compatíveis com a realidade do mercado e o volume de investimentos a ser realizado pela empresa.

Os **objetivos** deverão ser compatíveis com a realidade do mercado e o volume de investimentos a ser realizado pela empresa.

Após a definição dos objetivos, o empreendedor estará em condições de detalhar as estratégias e os programas operacionais para as diversas áreas funcionais.

9.2.1 Estratégia de produtos e serviços

A primeira estratégia refere-se à seleção dos produtos e serviços a serem oferecidos, o que dependerá da correta identificação do público-alvo e da avaliação das ofertas dos concorrentes. O objetivo é criar uma oferta diferenciada e valorizada pelos clientes, de modo a obter vantagem competitiva duradoura.

Diversos autores têm afirmado que a internet possibilitará a **customização** rápida e econômica de produtos e de serviços para uma grande quantidade de clientes. As empresas que não explorarem esse potencial adequadamente estarão correndo sério risco de perder vantagem competitiva e participação de mercado.

Nesse sentido, Drucker[18] considera que o impacto da internet e das Tecnologias de Informação e Comunicação sobre a estratégia de desenvolvimento de produtos ocorre, pelo menos, de três formas:

---

[18] DRUCKER, Peter et al. Competing in the information economy. *Harvard Business Review*, Estados Unidos, p. 18-32, Sep./Oct. 1997.

a aceleração do desenvolvimento e lançamento de novos produtos; o aumento da quantidade de novos produtos e serviços lançados; a estratégia de customização de massa.

Segundo esse autor, a redução do ciclo de desenvolvimento de produto é possível em decorrência das novas Tecnologias de Informação e de Comunicação. Como exemplo, empresas como a Sony conseguem lançar milhares de novos produtos em um ano, na medida em que reduzem os custos e o tempo de desenvolvimento de anos para meses. Os lançamentos de produtos seguem a idéia predominante de "torne seu produto obsoleto senão outros o farão".

A **convergência tecnológica**, com a fusão das empresas de software, hardware, telecomunicações e entretenimento, amplia as possibilidades de lançamento de produtos, como a TV digital, os tocadores de música digital e os telefones celulares com acesso à internet, bem como serviços decorrentes de novas formas de entretenimento (música digital, games virtuais, vídeo *on demand*), informação (blogs, fotologs) e conteúdos digitais (*e-books*).

A **customização em massa**, adotada pioneiramente pela fabricante de computadores Dell, tem sido considerada uma estratégia de se obter mais crescimento e vantagem competitiva. O objetivo é oferecer opções de escolha aos clientes, que podem selecionar os componentes para um produto ou serviço sem precisar pagar mais por isso. As meninas podem encontrar milhares de bonecas Barbie e escolher aquela que desejam ganhar de presente dos seus pais, como exemplificado na Figura 9.7.

Figura 9.7 *Catálogo de produtos no site da boneca Barbie*

Fonte: BARBIE. Disponível em: <http://barbie.everythinggirl.com/catalog>.

Assim como os fabricantes de brinquedos, outras empresas oferecem a customização de seus produtos e serviços pela internet, como é o caso da General Motors, cujo site exclusivo para o carro Celta representou uma inovação, uma vez que foi a primeira montadora no País a vender seus carros pela internet, oferecendo a customização para o cliente.

A Figura 9.8 reproduz a página inicial do site, que oferece a possibilidade de o cliente "montar" o seu próprio Celta, de acordo com as opções fornecidas, bem como de escolher a forma de pagamento e, ainda, acompanhar o pedido depois de ele ter sido efetuado. Na época do lançamento, a proposta diferenciada do site era assim comunicada: "Não existe ninguém no mundo exatamente igual a você. Por isso, nesta seção, você pode montar o seu Celta do jeito que você quiser: cor, opcionais e itens de personalização".

Figura 9.8 *Site do Celta*

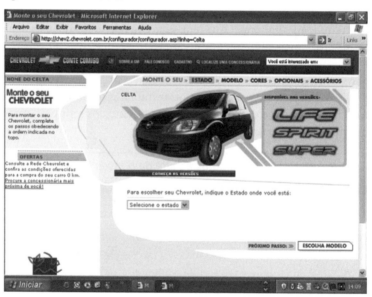

Fonte: CELTA. Disponível em: <http://www.chevrolet.com.br/celta/index.shtm>.

9.2.1.1 Venda de serviços

As lojas virtuais de fabricantes oferecem a venda não só de produtos mas também de **serviços complementares**, por exemplo: frete, troca e devolução de produtos, extensão de garantia de produtos, conserto e manutenção de produtos, seguros, embalagem, central de atendimento para dúvidas, treinamento, entre outros.

Para os prestadores de serviços, a internet possibilita dois modelos de negócios: vendas on-line com entregas off-line, como consultas

Capítulo 9 – Como vender produtos e serviços na internet

médicas e *tickets* de teatro; ou vendas on-line com entregas on-line, no caso de serviços que podem ser digitalizados ou transmitidos on-line, como aulas e consultoria.

De qualquer modo, a internet é um ótimo canal para tangibilizar e **customizar serviços**. A Figura 9.9 mostra o site da seguradora Porto Seguro, em que se verifica a tentativa de customizar os serviços aos clientes, oferecendo opções de contratos, prazos, preços e condições de pagamento.

> A internet é um ótimo canal para tangibilizar e **customizar serviços**.

Figura 9.9 *Site da seguradora Porto Seguro*

Fonte: PORTO SEGURO. Disponível em: <http://www.portoseguro.com.br>.

A **tangibilidade dos serviços** com a internet significa adicionar a eles, que são intangíveis, aspectos concretos e claros, para transmitir imagem de qualidade e possibilitar ao cliente reduzir sua percepção de risco ao contratá-los. A home page do site da empresa, as informações e o atendimento fornecido pela internet têm essa função de facilitar o entendimento dos serviços.

> A **tangibilidade dos serviços** com a internet significa adicionar a eles, que são intangíveis, aspectos concretos e claros, para transmitir imagem de qualidade e possibilitar ao cliente reduzir sua percepção de risco ao contratá-los.

9.2.2 Estratégia de preços

Que preço estabelecer para cada produto ou serviço vendido na internet? Essa é uma decisão bastante estratégica, que afeta diretamente os resultados a serem alcançados. Em decorrência dos recursos da internet, os clientes já se acostumaram a pesquisar e a comparar preços entre os diversos sites. Além disso, eles têm a expectativa de encontrar preços inferiores aos das lojas convencionais devido à esperada redução dos custos de vendas e de comunicação.

A determinação de preços de produtos e serviços vendidos pela internet é um assunto bastante polêmico. Existem muitas discussões sobre qual a tendência duradoura e qual a estratégia eficaz. Algumas evidências indicam uma tendência à **queda de preços**, principalmente para produtos pouco diferenciados. Essa, porém, não pode ser generalizada, porque as reduções de custos propiciadas pela internet são, em alguns casos, neutralizadas por mais custos de tecnologia, logística e mão-de-obra especializada.

A queda de preços tem maior probabilidade de ocorrer para produtos e serviços que podem ser digitalizados e entregues eletronicamente, como softwares, informações, treinamento, serviços financeiros etc. Os ganhos de custos nesses setores têm variado entre 2 e 40% do total dos custos de produção e distribuição, segundo relatório da OCDE[19].

Nos mercados de CDs e livros, por exemplo, segundo o mesmo relatório da OCDE, os preços de tais produtos vendidos pela internet estavam, em média, 10% mais baratos no mercado dos Estados Unidos, em 2000. No entanto, como as músicas podem ser digitalizadas e baixadas da internet a preços reduzidos, a indústria fonográfica, que produz CDs e DVDs musicais, sofreu significativas quedas de vendas desde 2001.

Em compensação, os sites que oferecem download pago de música, como o iTunes, alcançaram grande crescimento de vendas. No caso dos livros, diversos sites, como o Google e a Amazon, já estão digitalizando os textos de milhares de livros para oferecer cópia eletrônica de livros ou capítulos a preços reduzidos.

Duas maneiras opostas de se estabelecer preços têm dominado a venda de produtos e serviços na internet, segundo relatório da McKinsey[20]. Na primeira, na tentativa de capturar a chamada "vantagem de ser o primeiro", várias empresas oferecem preços abaixo do custo, pois, uma vez que a internet tornou o mercado mais transparente e eficiente, os preços baixos são mais importantes que outros fatores, como benefícios do produto, qualidade e atendimento. Esta é a realidade para os produtos *commodities* (matérias-primas, produtos naturais) ou produtos industrializados indiferenciados (refrigerantes de baixo preço).

Uma segunda maneira é o que fazem as empresas que não distinguem preços on-line dos preços praticados na economia tradicional e simplesmente aplicam na internet os valores normalmente praticados. Acreditam na força das suas marcas contra novos concorrentes,

---

[19] ORGANISATION FOR ECONOMIC CO-OPERATION AND DEVELOPMENT, 2000.
[20] McKINSEY, 2000.

além de visualizarem desvantagens em lidar com as complexidades de uma política de preços para cada canal de vendas.

O já citado relatório da OCDE revelou que somente 30% dos gerentes de compras de empresas identificaram a variável preço como o principal benefício da compra pela internet. Outros fatores, como melhoria da informação sobre diversos produtos e facilidade na efetuação das transações, foram mais valorizados.

Entretanto, os internautas tomam decisões de compra com base em **pesquisa de preços.** Para isso, utilizam-se de sites especializados, como o Bondfaro e o Buscapé. O site Buscapé compara os preços das lojas virtuais e reais ao mesmo tempo; para isso, mantém uma equipe nas ruas para atualizar os preços não disponíveis on-line. O site recebeu 12 milhões de consultas por mês em 2005.

> Os internautas tomam decisões de compra com base em **pesquisa de preços.** Para isso, utilizam-se de sites especializados, como o Bondfaro e o Buscapé.

Em síntese, para se determinar o preço, é preciso atentar para os seguintes fatores:

- características e posicionamento dos produtos e serviços oferecidos;
- percepção de valor dos clientes-alvo, isto é, que preço os clientes estariam dispostos a pagar e qual a sua percepção de valor do produto, se comparado com outras alternativas disponíveis;
- preços dos produtos concorrentes;
- custos dos produtos e serviços oferecidos;
- objetivos de lucro e retorno dos investidores.

9.3 IMPLEMENTAÇÃO E GERENCIAMENTO DA LOJA VIRTUAL

Após a definição dos objetivos e das estratégias de produtos, de serviços e de preços, devem ser definidas as estratégias e os programas operacionais para cada área funcional da loja virtual, como operações, logística, tecnologia, finanças, contabilidade, recursos humanos e marketing, detalhados a seguir.

9.3.1 Financiamento da loja virtual

Qual o montante de investimento necessário para desenvolver o negócio? Quais são as fontes de financiamento para a operação do negócio? Quem são os investidores? Como atraí-los para o negócio? Qual a política de relacionamento com os investidores? Qual o retorno a ser oferecido? Essas são algumas das questões-chave a serem respondidas e implementadas pelo empreendedor para viabilizar a implantação e a operação do negócio.

Existem empresas privadas e órgãos governamentais que realizam investimentos em **novos negócios** na internet. Os bancos de investimentos e as empresas de capital de risco têm linhas de financiamento para tais negócios. A seguir, estão listadas algumas delas.

> Existem empresas privadas e órgãos governamentais que realizam investimentos em **novos negócios** na internet.

- **Banco Santander Central Hispânico (BSCH):** a maior instituição bancária da Espanha e uma das maiores da Europa. O BSCH dedica-se a operações bancárias comerciais na Espanha e em outros 31 países. Também realiza investimentos em empresas de internet. Com um fundo de investimentos criado em julho de 1999, investiu em mais de 12 empresas de internet, das quais mais da metade eram latino-americanas.

- **Chase Capital Partners:** organização global de capital privado com recursos administrados e investimentos em empresas de tecnologia e de internet. É o principal investidor de capital de risco na América Latina. Entre os investimentos latino-americanos de internet estão: StarMedia, Patagon, SportsJá, Viajo, Submarino, Webmotors, Gratis1, Intermanagers, MercadoLivre e Americanas.com.

- **Goldman Sachs:** um dos maiores e mais antigos bancos de investimento global. Fundado em 1869, oferece serviços financeiros de investimento e assessoria a uma base de clientes diversificada, como corporações, instituições financeiras e governos. Com sede em Nova York, a empresa também tem escritórios em São Paulo.

- **GE Capital:** empresa de capital privado do grupo General Electric, com ativos de US$ 500 bilhões e atuando em 47 países. É uma empresa global de serviços financeiros diversificados, com sede nos Estados Unidos, que proporciona financiamentos, seguros e uma variedade de serviços, como arrendamento de automóveis, hipotecas de casas e cartões de crédito para empresas e pessoas físicas em todo o mundo.

- **Flatiron Partners:** uma das principais empresas de capital de risco com ênfase em investimentos na internet. Fundada em 1996, ajudou a estabelecer e a desenvolver mais de 30 empresas conhecidas da internet, como: GeoCities, ITXC, Ixl Enterprises, Liveprint.com, Multex.com, Kozmo.com, StarMedia, TheStreet.com, VerticalOne, Yoyodyne, MercadoLivre e Americanas.com.

- **IdeiasNet:** holding de participação em empresas de tecnologia da informação, com investimentos de longo prazo. Tem como objetivo investir e agregar valor a estas organizações, bem como vender participações delas, quando conveniente para os acionistas. Atualmente, tem participação em 18 empresas nos segmentos de comércio eletrônico, tecnologia *wireless* e infra-estrutura, como iMusica e iLogistica.

> Por meio do Banco Nacional de Desenvolvimento Econômico e Social (BNDES), são oferecidos **programas de financiamento** para novos projetos de tecnologia e internet.

No âmbito do governo, por meio do Banco Nacional de Desenvolvimento Econômico e Social (BNDES), são oferecidos **programas de financiamento** para novos projetos de tecnologia e internet, para micro, pequenas e médias empresas.

9.3.2 *Desenvolvimento e hospedagem da loja virtual*

No Capítulo 8 deste livro, foram detalhadas as atividades de desenvolvimento e de hospedagem de um site, que são equivalentes para uma loja virtual. Neste capítulo, vamos abordar alguns aspectos adicionais para o desenvolvimento de uma loja virtual.

O **desenvolvimento da loja virtual** está baseado na estratégia de negócios, ou seja, deve levar em consideração as características do público-alvo (idade, estilo de vida, motivações, expectativas etc.) e os objetivos empresariais (receitas, custos, orçamentos, fidelidade dos clientes). Além disso, exigem-se conhecimento e experiência de profissionais especializados, como o desenvolvedor de sistemas e o designer.

Pesquisas indicam que as três características mais importantes de um site para atrair e reter os internautas estão relacionadas ao seu design: facilidade de uso, tempo de download e atualidade. Um estudo de Bacellar e Prado[21] confirma esta constatação. Os autores consideram que a **interface com o usuário** — a parte visível do site, por meio da qual os usuários se comunicam com o sistema a fim de executar tarefas — deve ser **amigável**, ou seja, de fácil utilização e de acordo com as expectativas e com as necessidades dos usuários. Para construir essa interface, deve-se dar atenção especial à usabilidade do site.

> **Usabilidade do site** é a característica que determina se o seu manuseio é fácil e rapidamente aprendido.

Segundo os autores, a **usabilidade do site** é a característica que determina se o seu manuseio é fácil e rapidamente aprendido, não provoca erros operacionais, oferece alto grau de satisfação para seus usuários e resolve, eficientemente, as tarefas para as quais ele foi projetado.

Assim, os requisitos desejáveis em uma boa interface, de acordo com os autores, estão relacionados à exibição de informação e à entrada de dados. Quanto à exibição da informação, a consistência da interface requer dos menus, dos comandos de entrada, das exibições de informação e de todas as outras funções apresentação visual e comportamento iguais. Como exemplo, a combinação de cores deve ser cuidadosamente escolhida para provocar percepções e emoções que agradem o usuário.

A loja virtual Submarino, por exemplo, padronizou a apresentação dos produtos para facilitar a visualização e a compreensão por parte dos internautas. Os produtos são mostrados com foto, um texto curto sobre suas características em cor preta e o preço na cor azul. Na coluna esquerda da página, está o menu com a lista de produtos da seção visitada (eletrônicos, produtos para bebês, brinquedos e moda). Na coluna direita, são mostrados os anúncios classificados.

---

[21] BACELLAR, Simone; PRADO LEITE, J. C. S. Avaliação da usabilidade em sistemas de informação: o caso do sistema Submarino. *Revista RAC*, v. 7, n. 2, p. 115-136, abr./jun. 2003.

As cores predominantes são as mesmas do logotipo da marca, ou seja, o azul e o branco. Mas as cores podem variar em cada seção — por exemplo, na seção de brinquedos, as cores predominantes são vermelho e branco.

Figura 9.10 *Apresentação de produtos da loja virtual Submarino*

Seção de eletrônicos

Seção de produtos para bebê

(continua)

(*continuação*)

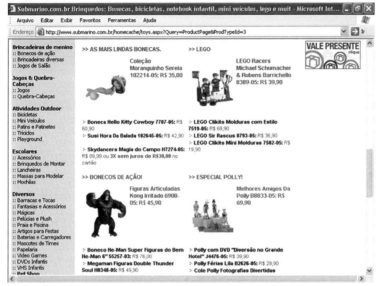

Seção de brinquedos

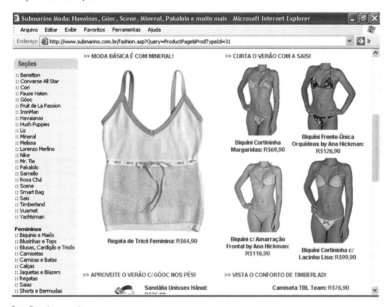

Seção de moda
Fonte: SUBMARINO. Disponível em: <http://www.submarino.com.br>.

Diversos provedores de serviços na internet e shoppings virtuais oferecem não só os serviços de hospedagem mas também o de desenvolvimento da loja virtual, ou, então, indicam empresas e profissionais especializados. O Shopping UOL, por exemplo, disponibiliza o serviço Clicloja para que pequenas e médias empresas iniciem suas operações no comércio eletrônico de forma simples e prática, sem exigir conhecimentos especializados de tecnologia.

A Interlize, provedora de serviços para internet, oferece o sistema Direct Commerce para criação de loja virtual. O sistema possibilita administração do conteúdo pelo painel de controle, diversas formas de pagamentos on-line, carrinho de compras, estoque, integração com telefonia móvel celular e sistema antifraude. A empresa Locaweb, de hospedagem de sites, tem um cadastro de desenvolvedores que podem realizar a criação/manutenção das páginas de lojas virtuais.

> A **logística** um dos maiores desafios do comércio eletrônico de fornecimento e distribuição dos produtos comercializados pela internet

9.3.3 *Logística*

Um dos maiores desafios do comércio eletrônico é a **logística** de fornecimento e distribuição dos produtos comercializados pela internet. Segundo o Council of Supply Chain Management Professionals[22], associação norte-americana desse setor, a logística é o processo de planejar, implementar e controlar, eficientemente, pelo custo correto, o fluxo e a armazenagem de matérias-primas, estoques de produtos em produção e acabados e as informações relativas a essas atividades, desde o ponto de origem até o ponto de consumo, com o propósito de atender aos requisitos do cliente.

Em que local ficarão armazenados os produtos? Haverá estoque? Como será feita a entrega? Quais os procedimentos, do momento da compra até a entrega da mercadoria ao cliente, como embalagem, instruções de instalação e uso, transporte, nota fiscal, devoluções, garantias etc.? Essas são algumas das questões principais a serem respondidas e implementadas pelo empreendedor do negócio.

A logística das empresas virtuais é de grande complexidade. O Submarino, por exemplo, construiu um centro de distribuição na cidade de São Paulo, com área de 15 mil m², com capacidade de armazenar 340 mil produtos e 12km de prateleiras. O processo de armazenagem, preparação e despacho estão automatizados, dando agilidade e precisão ao atendimento de pedidos. O funcionamento em três turnos, seis dias por semana, garante a agilidade do processamento.

Além disso, possui serviço de entrega dos Correios, o **e-Sedex**, bem como das empresas de logística Total Express e Intecom. Com essa infra-estrutura, o cliente acompanha a trajetória do pedido até a hora da entrega, por meio de um sistema individual, personalizado e seguro, disponível no site. Em 2004, o Submarino entregou 1,8 milhão de pedidos para 914 mil clientes.

---

[22] COUNCIL OF SUPPLY CHAIN MANAGEMENT PROFESSIONALS. *Glossary of terms*. Feb. 2005. Disponível em: <http://www.cscmp.org>.

Capítulo 9 – Como vender produtos e serviços na internet

Os **serviços de logística** poderão ser terceirizados para empresas especializadas. Como exemplo, o shopping virtual ShopFácil indica os serviços das empresas citadas a seguir.

> Os **serviços de logística** poderão ser terceirizados para empresas especializadas.

Quadro 9.9 *Exemplo de serviços de logística*

O ShopFácil coloca à disposição das empresas conveniadas os serviços da Metropolitan Logística e da VirtuaLog. Por meio desses serviços, o lojista poderá contar com toda a infra-estrutura logística para o seu negócio, compreendendo uma série de produtos.

A parceria com a Metrolog e a VirtuaLog disponibiliza para a sua loja eletrônica a mais moderna infra-estrutura de apoio ao comércio eletrônico. Não importa o tamanho de sua loja, temos serviços a um custo extremamente baixo para atendê-lo. Tudo isso totalmente integrado ao seu site e com todas as informações disponíveis on-line e em tempo real. Conheça, abaixo, um pouco mais sobre os serviços disponíveis.

Armazenagem: guarda de produtos nos depósitos da Metropolitan Logística contando com segurança 24 horas, seguro contra roubo e incêndio e equipamentos adequados de guarda e movimentação. Tudo isso com custo variável, calculado de acordo com a área utilizada.

Manuseio: recebimento dos produtos, conferência, montagem de kits promocionais, uso de embalagens especiais, etiquetagem, expedição, além de outros serviços de manuseio.

Controle de estoque: disponibilização de estoque e de saldos de estoque on-line via internet, contando com ferramentas de apoio à decisão para reposição ou promoção de produtos em estoque.

Otimização do transporte: seu produto chega ao destino final da forma mais eficiente e com um melhor custo-benefício, por meio da VirtuaLog e seus sistemas de última geração MOT (Módulo de Otimização de Transporte). Além disso, seus módulos permitem a otimização do cálculo do frete e o gerenciamento de transportadoras, direcionando cada pedido para a transportadora cadastrada especializada por região e modal, minimizando, assim, o custo e maximizando a eficiência.

Rastreamento total dos pedidos: por meio do Módulo de Rastreamento de Carga, é possível rastrear os pedidos, além de otimizar e acompanhar todas as etapas do processo de venda, desde a disponibilização do produto no armazém até a entrega final ao cliente, inclusive com a assinatura digitalizada de quem recebeu o produto.

Transformação dos custos fixos em custos variáveis: proporcionamos a redução de custos mediante a terceirização de serviços logísticos, pois não há necessidade de armazéns dedicados e custos decorrentes de seus serviços.

Contrato personalizado: o contrato será feito respeitando as particularidades do negócio de cada empresa, proporcionando a melhor solução de custeio e forma de pagamento (semanal, quinzenal, mensal ou outra que melhor se adequar).

(continua)

(continuação)

Atendimento personalizado: uma linha 0800 de nosso Serviço de Atendimento ao Cliente, para as empresas que aderirem a esses serviços, contando com a atenção de nosso ombudsman. Além disso, você pode tirar suas dúvidas com relação à operação com a nossa Central de Apoio Logístico (CAL), uma equipe de técnicos especializados, que analisa as melhores soluções para cada cliente.

Fonte: SHOPFÁCIL. Disponível em: <http://www.shopfacil.com.br>.

O serviço e-Sedex dos Correios também está viabilizando a distribuição física dos produtos comercializados nas lojas e nos shoppings virtuais, de forma rápida e segura, incluindo a possibilidade de serviço de cobrança dos valores contra-entrega.

9.3.4 *Parcerias estratégicas*

> O sucesso de uma loja virtual dependerá também das **empresas parceiras,** como os provedores de serviços e as empresas de logística.

O sucesso de uma loja virtual dependerá também das **empresas parceiras,** como os provedores de serviços e as empresas de logística, que participam da rede de entrega de valor do novo negócio. Portanto, os empreendedores devem desenvolver parcerias com empresas que possam agregar valor ao negócio e ao cliente final, como empresas de tecnologia, de atendimento ao cliente, de suporte e assistência técnica, desenvolvedores de sistemas, agências de propaganda, fornecedores de produtos e serviços etc.

A **parceria ou aliança estratégica**, segundo George Day[23], envolve uma associação formal de longo prazo, baseada em investimentos e colaboração das empresas parceiras, as quais reúnem capacidades e recursos complementares para atingir objetivos estabelecidos de comum acordo.

Um exemplo de parceria é a realizada entre a fabricante de cosméticos Natura e a loja virtual Submarino, por meio do programa "powered by Submarino", em que a loja virtual da empresa é operacionalizada pelo Submarino. Outro exemplo são os programas de afiliação, como o do site MercadoLivre e do Google, que possibilitam aos sites afiliados divulgarem os anúncios do MercadoLivre ou do Google, visando enriquecer o conteúdo do site e obter receita adicional, a cada vez que o usuário clica no anúncio.

---

[23] DAY, George S. *Market driven strategy*: process for creating value. New York: The Free Press, 1990, p. 272.

Os sites que desejam oferecer uma ferramenta de busca poderosa para seus usuários podem fazer parceria com o site de busca Google, para que seus usuários acessem o serviço de busca "powered by Google".

Para enriquecer o conteúdo do site e atrair a atenção dos usuários, podem ser feitas parcerias com provedores de conteúdo, como universidades, jornais, revistas, editoras de livros, produtoras de música etc., visando divulgar esses conteúdos no site.

9.3.5 *Sistemas de pagamentos*

A loja virtual deverá oferecer aos seus clientes **diversas formas seguras de pagamento.** As mais utilizadas são o boleto bancário, o cartão de crédito, o depósito bancário e o pagamento contra-entrega nos Correios.

> A loja virtual deverá oferecer aos seus clientes **diversas formas seguras de pagamento.**

O uso do boleto bancário é amplamente aceito pelas lojas virtuais, porque há internautas que não possuem cartão de crédito ou têm receio de utilizá-lo nas compras on-line. Os cartões de crédito, por sua vez, são bastante utilizados nas compras on-line, o que exige do varejista a contratação de operadoras, como a Visanet ou a Redecard, entre outras.

A Visanet é a empresa responsável pelo relacionamento com as lojas que operam com o cartão Visa. Para vendas na internet, ela oferece o programa "Verified by Visa", em que as transações ocorrem on-line, em tempo real. Para trabalhar com os cartões Visa, a loja virtual deve se afiliar ao sistema Visanet, devendo, para isso, possuir conta-corrente em um dos bancos acionistas da Visanet — o qual receberá os créditos das vendas realizadas com os cartões Visa.

A Redecard é a empresa responsável pela captura e transmissão de transações dos cartões de crédito e débito MasterCard, RedeShop, Maestro e Diners. Quando é feita a opção pelo pagamento com os cartões de crédito, nas modalidades rotativo ou parcelado, a operação é automaticamente direcionada para um ambiente seguro da Redecard, sem que a loja virtual tenha acesso ao número completo do cartão do seu cliente, garantido assim a confidencialidade dos dados.

O cartão American Express desenvolveu o serviço WebPOS para pagamentos on-line, usando a tecnologia de criptografia SSL. Quando os compradores on-line digitam os dados do seu cartão American Express, o WebPOS realiza a conferência e a autorização da compra em poucos segundos.

Os bancos também ofertam soluções para pagamento eletrônico. O Banco Itaú possui a plataforma Shopline, que dispõe de diversas formas de pagamento, conforme apresentado no Quadro 9.10. O Banco do Brasil desenvolveu seu sistema de meios de pagamentos eletrônicos para os lojistas virtuais correntistas do banco.

O Banco Bradesco também desenvolveu um sistema para comércio eletrônico, oferecendo quatro alternativas de pagamento: com cartões de crédito ou débito; financiamento eletrônico (parcelamento das compras em até 24 vezes); transferência on-line entre contas (transferência do valor da compra diretamente para a loja virtual); boleto bancário (pagamento em agência bancária, nos equipamentos de auto-atendimento ou pelo telefone).

Quadro 9.10 *Formas de pagamento pelo Shopline do Banco Itaú*

Pagamento à vista por transferência

Esta opção é uma transferência eletrônica de fundos (TEF), em que o comprador efetua o pagamento à vista do valor da compra, apenas digitando sua agência, conta-corrente e senha eletrônica, quando solicitado. O valor da compra é debitado de sua conta-corrente e creditado na conta-corrente do estabelecimento comercial em que a compra foi realizada.

Crediário Automático Itaú

Esta opção é um empréstimo à pessoa física, em que o comprador, cliente Itaú, com crédito pré-aprovado efetua o financiamento do valor da compra, com ou sem entrada, podendo definir ainda a quantidade de parcelas, apenas digitando sua agência, conta-corrente e senha eletrônica, quando solicitado.

Cartão ItauCard

Esta é uma opção de pagamento para o comprador cliente Itaú que possui cartão ItauCard (MasterCard, Diners ou Visa). Basta digitar sua agência, conta-corrente e senha eletrônica, escolher a opção cartão ItauCard e selecionar um dos cartões listados pelo Banco Itaú para efetuar o pagamento. Ao digitar sua senha do banco para confirmar a operação, o Itaú Shopline se comunica com a operadora do cartão, que autoriza o pagamento ao estabelecimento comercial no qual a compra foi feita. Em nenhum momento o número de seu cartão será divulgado ao site do lojista, toda a operação é feita em ambiente seguro Itaú.

Boleto Bancário

Esta opção de pagamento está disponível tanto para clientes quanto para não-clientes Itaú. Basta imprimir o boleto gerado na tela e pagá-lo em qualquer agência bancária, sistema de *home banking*, equipamento de auto-atendimento ou serviço de atendimento por telefone. O comprador cliente Itaú com acesso ao Itaú Bankline pode contar com mais uma facilidade oferecida pelo Itaú: pagar ou agendar o boleto automaticamente após sua geração, apenas digitando sua agência, conta-corrente e senha eletrônica.

Fonte: ITAÚ SHOPLINE. Disponível em: <http://www.itaushopline.com.br>.

Para pagamento de compras em sites estrangeiros, algumas lojas virtuais aceitam o **PayPal,** um sistema seguro de processamento de pagamentos por cartão de crédito pela internet. Além de utilizar os avançados recursos de criptografia, aceita simultaneamente todos os principais cartões de crédito. O PayPal pertence ao site americano de leilões e-Bay. Outro serviço de pagamento e transferência de recursos para sites estrangeiros é o WorldPay, do grupo Royal Bank of Scotland, da Escócia.

> Para pagamento de compras em sites estrangeiros, algumas lojas virtuais aceitam o **PayPal,** um sistema seguro de processamento de pagamentos por cartão de crédito pela internet.

9.3.6 *Sistemas de segurança*

No Capítulo 8 deste livro, foram apresentadas brevemente as principais tecnologias de segurança na internet. Neste tópico, apresentaremos mais detalhes sobre a certificação e a assinatura digital.

9.3.6.1 Certificação

De acordo com Felipini[24], uma questão central para o internauta é ter certeza de que ele está transacionando com a loja correta, ou seja, não está trocando informações com um site desconhecido, não-confiável. Para isso, existe a **certificação**, processo no qual as empresas reconhecidas como autoridades certificadoras desempenham papel semelhante ao do tradicional cartório de registro. Elas vão certificar a identidade do site, isto é, garantir a segurança e a confiabilidade deste.

A **certificação** é baseada em um processo complexo de troca de chaves pública e privada, mas o que o usuário vê é um selo que atesta a identidade do site. Ao clicar no selo, o visitante pode conferir se os dados do certificado, como nome da empresa, endereço completo, URL, conferem com os do site que ele está visitando. A certificação do site pode ser obtida diretamente com a autoridade certificadora, ou indiretamente, pelo fornecedor de hospedagem do site.

> **Certificação** é baseada em um processo complexo de troca de chaves pública e privada, mas o que o usuário vê é um selo que atesta a identidade do site.

No site Flores Online, por exemplo, ao clicar no selo de certificação da VeriSign, entidade certificadora, o internauta pode visualizar a página com o **certificado** do site, como apresentado na Figura 9.11.

---

[24] FELIPINI, Dailton. *ABC do e-commerce*. Disponível em: <http://www.e-commerce.org.br>.

Figura 9.11 *Certificação VeriSign do site Flores Online*

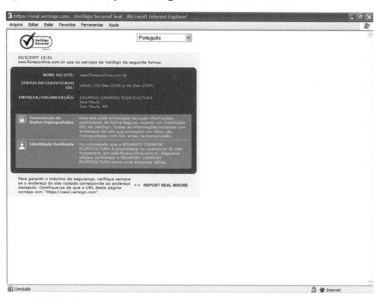

Fonte: FLORES ONLINE. Disponível em: <http://www.floresonline.com.br>.

> Os negócios realizados por meio da internet geram **documentos eletrônicos,** definidos como a representação de um fato concreto em meio eletrônico.

9.3.6.2 Assinatura digital

De acordo com Gouvea[25], os negócios realizados por meio da internet geram **documentos eletrônicos,** definidos como a representação de um fato concreto em meio eletrônico. A característica dos documentos eletrônicos é a ausência de um suporte físico para o seu registro, o que traz à tona a questão de como garantir a vontade das pessoas na contratação digital.

Visando substituir a assinatura manuscrita, foram criados alguns mecanismos, como as senhas, nas quais o usuário apenas digita caracteres secretos. A criptografia assimétrica, também conhecida como criptografia de chaves públicas ou **assinatura digital**, é considerada o método mais eficaz para a celebração de contratos eletrônicos. Esta tecnologia destina-se a atender três condições: confidencialidade, integridade das mensagens, pois qualquer alteração do documento eletrônico ao longo de sua transmissão pode ser detectada, e possibilidade de autenticação das partes contratantes.

A assinatura digital requer que cada signatário possua duas chaves de criptografia, expressas em códigos matemáticos: uma chave

---

[25] GOUVEA, Sandra. *O contrato eletrônico e a assinatura digital.* Disponível em: <http://www.federativo.bndes.gov.br/bf_bancos/noticias/n0002319.pdf>.

privada e uma chave pública. Na prática, a pessoa assina o documento incluindo a sua chave privada secreta no arquivo eletrônico; assim, esse documento passa a ser ilegível e a assinatura digital fica vinculada àquele documento. O receptor pode acessar o documento e conferir a identidade do emissor, por meio da chave pública deste, que fica arquivada em sites especializados. A criptografia pode ser comparada a um cadeado que possui duas chaves: uma é usada para trancá-lo e outra para abri-lo.

A Medida Provisória n. 2.200-2, de agosto de 2001, instituiu a Infra-estrutura de Chaves Públicas Brasileira (ICP-Brasil), que normatiza um conjunto de técnicas a serem implementadas, com o objetivo de estabelecer um **sistema de certificação digital** baseado em chave pública. O interessado em utilizar essa tecnologia deve procurar uma empresa que atue como certificadora digital. O ICP-Brasil credenciou algumas empresas que podem emitir certificados obtidos na Autoridade Certificadora Raiz oficial, exercida pelo Instituto de Tecnologia da Informação (ITI), uma autarquia federal. As autoridades certificadoras credenciadas pelo ICP-Brasil são: a Serasa, a CertiSign, a Caixa Econômica Federal, a Presidência da República, a Secretaria da Receita Federal, o Serpro e a AC-Jus, da Justiça Federal.

Diversas instituições financeiras, como o Banco Bradesco e o Visa, desenvolveram soluções que viabilizam transações seguras pelas lojas virtuais. A seguir, aparecem resumidamente algumas dessas soluções apresentadas nos sites das empresas.

> A Infra-estrutura de Chaves Públicas Brasileira (ICP-Brasil), que normatiza um conjunto de técnicas a serem implementadas, com o objetivo de estabelecer um **sistema de certificação digital** baseado em chave pública.

Quadro 9.11 *Sistema de segurança do Banco Bradesco*

As transações entre o consumidor e o lojista contam com sistemas de segurança desenvolvidos pela Scopus Tecnologia S.A., que utilizam as mais recentes tecnologias de criptografia. Ou seja, tanto o consumidor quanto o lojista recebem do Bradesco o seu respectivo "Certificado", o qual garante a sua identificação e o sigilo das informações transmitidas durante as transações realizadas no ShopFácil.

O Pagamento Fácil Bradesco oferece aos lojistas a garantia de recebimento das transações de pagamento autorizadas pelo Bradesco. O sistema que estabelece a comunicação entre a loja virtual e o Bradesco fornece apenas uma confirmação de que o pagamento da compra foi autorizado ou não. Dessa forma, a loja não recebe os números de cartões dos consumidores. Assim que o sistema da loja virtual receber a autorização (que ocorre, instantaneamente, no momento da compra), a mercadoria pode ser enviada, pois o crédito é garantido e será realizado de acordo com o prazo de cada cartão.

Fonte: SHOPFÁCIL. Disponível em: <http://www.shopfacil.com.br>.

Parte IV — Desenvolvendo negócios na internet

Quadro 9.12 *Sistema de segurança do Visa*

As empresas de cartão de crédito Visa e a MasterCard desenvolveram o SET (Secure Electronic Transaction), um protocolo de transações seguras com criptografia de 1.024 bits, que codifica todas as transações e faz uso de certificados digitais, tornando desnecessário o tráfego do número de cartões de crédito na rede.

As funcionalidades do SET proporcionaram confidencialidade nas informações transitadas, no pagamento e na garantia da integridade de todos os dados transmitidos e de todas as partes envolvidas por meio de certificados digitais.

O cliente autentica seu cartão instalando um pequeno software e criando um nome de usuário e uma senha para que em suas compras, utilizando os cartões Visa, não haja a necessidade de fornecer os dados do cartão. A loja cria alguns comandos para fornecer ao MUP (Modulo Único de Pagamento) as informações da compra, que vai, por sua vez, enviá-las ao Servidor de Pagamento do Visa. O servidor do Visa processa os dados da compra e manda a resposta ao cliente.

Fonte: VISANET. Disponível em: <http://www.visanet.com.br/comercioeletronico>.

Além dos itens apresentados, a implementação da loja virtual requer estratégias e programas para as áreas de sistemas de informação e comunicação, recursos humanos, meios de avaliação e controle dos resultados, marketing, entre outros.

9.4 ATRAINDO E MANTENDO CLIENTES PARA A LOJA VIRTUAL

Outro grande desafio para as lojas virtuais é atrair os clientes e torná-los fiéis, visto que o ambiente da internet é muito competitivo e dinâmico, com poucas barreiras à entrada de novos sites. Uma prova disso é que diariamente surgem várias páginas na web.

Algumas das atividades que podem ser desenvolvidas para esse objetivo são mecanismos de busca, propaganda on-line e off-line, o e-mail marketing, as promoções de vendas, as campanhas de fidelidade e os programas de afiliação, entre outras.

9.4.1 Mecanismos de busca

> Como qualquer negócio, a loja virtual necessita de **permanente divulgação.**

Como qualquer negócio, a loja virtual necessita de **permanente divulgação.** Para tanto, o primeiro trabalho a ser feito é inscrever o site em mecanismos de busca como Yahoo!, Cadê?, Google, UOL, MSN e outros.

Ao cadastrar o site nos mecanismos de busca, o importante é escolher as palavras-chave que caracterizarão o site e a categoria à qual ele pertence. Também é preciso verificar nos mecanismos de busca as palavras mais solicitadas pelos internautas e registrar o site baseado nelas.

Outro aspecto importante para o site obter uma boa posição na lista de resultados do mecanismo de busca é a sua descrição. Qualquer palavra da descrição é usada na busca. Por isso, é necessário colocar o máximo de palavras-chave que possam estar relacionadas a isso. Os diversos sites de busca fornecem orientações de como selecionar os termos de busca a serem associados à loja virtual. O Quadro 9.13 mostra um exemplo de orientação do site Yahoo!

Quadro 9.13 *Ajuda do site Yahoo! para seleção de termos de busca*

O Yahoo! pode fornecer uma lista de termos de busca para os quais devo fazer ofertas?

Se você deseja obter ajuda para escolher termos de busca, recomendamos o uso da nossa Ferramenta de Sugestão para Termos de Busca. Localizada na seção "Adicionar Listagens de Busca" do Minhas Contas, nosso selecionador de palavra-chave oferece uma lista de termos de busca populares. Quando uma palavra é digitada, nosso selecionador oferece uma lista de termos de busca relacionados que foram pesquisados e que você pode adicionar à sua conta. Essa ferramenta também informa quantas vezes um determinado termo de busca foi pesquisado no mês anterior. Se você encontrar termos de busca relevantes para seu site, faça ofertas para esses termos! Não se esqueça de que todos os termos para os quais você fizer ofertas, mesmo se forem obtidos em nosso selecionador de palavra-chave, deverão estar em conformidade com nossas diretrizes sobre relevância e ser aprovados pela equipe editorial.

Fonte: YAHOO! Disponível em: <http://searchmarketing.yahoo.com.br>.

Outro tipo de mecanismo de busca bastante popular são os sites de comparação de preço, como o Bondfaro e o Buscapé, que têm grande audiência de consumidores predispostos à compra. Os anúncios veiculados nesses sites resultam em maior taxa de conversão em vendas.

9.4.2 *Propaganda na internet*

No Capítulo 7, mostramos as diversas formas de realizar propaganda na internet, as quais têm atraído crescentes investimentos das empresas devido ao seu importante papel para a construção de imagem de marca.

A colocação de banners em sites de grande audiência, como os provedores de acesso UOL e Terra, bem como a realização de links patrocinados nos sites de busca, como o Yahoo! e o Google, são as formas de propaganda mais utilizadas na internet.

A **propaganda on-line** é importante para atrair clientes, porém sua eficácia depende da maneira como é realizada.

A **propaganda on-line** é importante para atrair clientes, porém sua eficácia depende da maneira como é realizada. A Associação de Mídia Interativa (AMI) divulga algumas práticas que podem orientar o profissional de marketing a realizar propaganda com maior eficácia. Entre as práticas a serem adotadas para obter uma propaganda eficaz, está anunciar em um site que ofereça o maior número possível de facilidades, como as **estatísticas de acesso** atualizadas freqüentemente e a possibilidade de substituição de banners. Assim, o anunciante e a agência podem acompanhar as estatísticas de visitação e o número de vezes que o banner foi clicado, ajustando as táticas em curtos períodos de tempo.

Na internet, existem sites e seções dedicados a assuntos específicos, por exemplo, esportes, saúde, culinária e notícias. Ao selecionar as seções nas quais a propaganda será publicada, pode-se direcionar a mensagem levando em consideração o maior interesse e o envolvimento do público que freqüenta essas seções.

A propaganda on-line pode ser adquirida de diversas maneiras. A primeira delas é muito parecida com a de outros meios: o custo por mil; no caso da web, considera-se a quantidade de vezes que um banner é visto pelo internauta. O preço da impressão varia de acordo com o tamanho da mensagem e da audiência da página em que se quer veicular o anúncio.

Outra maneira é a veiculação por tempo predeterminado. Nesse caso, o banner fica no site durante certo período de tempo, independentemente do número de impressões. É possível, ainda, entrar em acordo com o veículo e fechar cotas de **patrocínio** com preços especiais, como no caso de um evento específico (por exemplo, a Copa do Mundo).

Se a opção escolhida for o **custo por mil**, deve-se considerar que apenas uma parcela, a cada mil internautas atingidos, vai se interessar pelo banner exposto. Essa parcela que clicou no banner forma o *click-through*, ou seja, a quantidade de vezes que o banner foi clicado. Deve-se lembrar, porém, que não é apenas o clique que conta; a visibilidade da marca, produto ou serviço está garantida mesmo que o internauta não clique no banner.

Existem, ainda, duas opções que interferem no custo de veiculação: se o banner será fixo ou rotativo. O espaço do banner rotativo é dividido com outros anúncios, ou seja, a cada visita à página, mudam o banner e o link relacionados a ele. Já o banner estático é exclusivo, aparecendo em todos os acessos à página.

Os **preços de veiculação** na internet podem ser encontrados com facilidade. Boa parte dos sites de conteúdo oferece tabelas de preços, de acordo com o conteúdo e com a audiência de cada seção. Com exceção dos banners, os custos e a programação dos outros tipos de propaganda interativa dependem de negociação entre a empresa anunciante e o site onde será veiculada a propaganda.

As **diretrizes da propaganda** on-line, segundo a Associação de Mídia Interativa[26], são as seguintes:

- todo anúncio deve estar de acordo com as leis do País e deve ainda ser honesto e verdadeiro;
- todo anúncio deve ser da responsabilidade do anunciante, da agência de publicidade e do veículo de divulgação com o consumidor;
- todo anúncio deve respeitar os princípios da leal concorrência geralmente aceitos no mundo dos negócios;
- nenhum anúncio deve fornecer ou estimular qualquer espécie de ofensa ou discriminação racial, social, política, religiosa ou de nacionalidade;
- os anúncios não devem conter afirmações ou apresentações visuais ou auditivas que ofendam os padrões de decência que a publicidade pode atingir;
- os anúncios devem ser realizados de forma a não abusar da confiança do consumidor, não explorar sua falta de experiência ou de conhecimento e não se beneficiar de sua credulidade;
- os anúncios devem conter uma apresentação verdadeira do produto oferecido;
- no anúncio, todas as descrições, alegações e comparações que se relacionem com fatos ou dados objetivos devem ser comprobatórios, e cabe aos anunciantes e agências fornecer as comprovações, quando solicitadas.

As estatísticas de resultados da propaganda on-line são fornecidas pelos sites nos quais a propaganda foi veiculada, bem como por institutos de pesquisa independentes. Como exemplo, o serviço Search Marketing, do Yahoo!, fornece ferramentas para gerenciamento dos resultados das campanhas de propaganda no site.

Quanto aos investimentos em propaganda na internet, em 2005, segundo os dados do Projeto Inter-Meios[27], foram R$ 226 milhões, representando um crescimento de 19% sobre o ano anterior e cerca de 1,7% do total investido em propaganda no País.

---

[26] ASSOCIAÇÃO DE MÍDIA INTERATIVA. *Código de ética.* Disponível em: <http://www.ami.org.br>.

[27] PROJETO INTER-MEIOS, 2005.

9.4.3 Propaganda off-line

Essa é a propaganda veiculada na mídia tradicional, como televisão, jornais, revistas, rádios, *outdoors* e outros meios. Essa mídia continua sendo importante para divulgar o site, captar novos clientes e fixar a marca.

Para veicular a propaganda na mídia tradicional, o empreendedor deve contratar uma agência de propaganda, que se encarregará do planejamento, da criação, da produção e da autorização de mídia, além de outras atividades operacionais. No site do Ibope, podem ser encontradas informações úteis sobre a propaganda na mídia tradicional.

Na Tabela 9.4, verificam-se os 10 maiores anunciantes em 2005, no País, destacando-se as maiores redes varejistas (Casas Bahia e Pão de Açúcar), os fabricantes de automóveis (Fiat, General Motors e Ford) e a fabricante de produtos de consumo (Unilever).

Tabela 9.4 *Os 10 maiores anunciantes*

	ANO 2005	
ANUNCIANTE	**Investimento R$ (000)**	**Ranking**
Casas Bahia	2.396.183	1
Unilever Brasil	491.712	2
Ambev	423.772	3
General Motors	387.572	4
Grupo Pão de Açúcar	343.644	5
Fiat	323.462	6
Vivo	308.184	7
Ford	302.959	8
Tim Brasil	280.441	9
Liderança	279.991	10

Fonte: IBOPE MONITOR. *Ranking dos maiores anunciantes em 2005.* Disponível em: <http://www.sindapro-mg.com.br/briefing/2006-02-24.htm>.

Esses dados de investimento em mídia são úteis para mensurar a ação da concorrência e estimar o montante de recursos necessários para a veiculação de uma campanha de propaganda na mídia.

A Tabela 9.5 mostra a distribuição do total de investimentos publicitários por tipo de mídia, no acumulado de 2005. Esses dados revelam que a televisão aberta e o jornal concentram 81% do total dos investimentos publicitários.

Tabela 9.5 *Distribuição dos investimentos publicitários em 2005*

MEIO	Investimento R$ (000)	PART (%)
TOTAL	34.469.048	100
TV	16.510.909	48
Jornal	11.266.022	33
Revista	3.225.738	9
TV Assinatura	2.324.100	7
Rádio	965.676	3
Outdoor	176.604	1

Fonte: IBOPE MONITOR.

9.4.4 *E-mail marketing*

No Capítulo 7, também foram expostas as diversas formas de realizar e-mail marketing, para divulgar o site e criar relacionamento com os clientes. O e-mail marketing, ou seja, a mala direta eletrônica, é uma nova ferramenta de comunicação e de marketing direto; cada vez mais usado pelas empresas, deve ser visto não como uma ação pontual, mas integrado em uma estratégia mais completa de relacionamento com os clientes. Além disso, a empresa não deve realizar *spam*, que é o envio de e-mails sem a permissão expressa do usuário, conforme já explicamos, respeitando, assim, o conceito de marketing de permissão.

No site da ABEMD, são divulgadas informações úteis para a realização de e-mail marketing, incluindo a lista de agências de propaganda e promoção especializadas nessa atividade.

9.4.5 *Promoções e incentivos*

Realizar promoções e concursos com premiação ao consumidor são exemplos de atrativos que motivam o internauta a voltar ao site. Como exemplo, vamos apresentar duas promoções da Coca-Cola, que estavam em divulgação no site da marca na primeira semana de outubro de 2006.

A promoção "Coke Ring", como mostra a Figura 9.12, é um concurso cultural de *blogs* dirigido a jovens de 12 a 24 anos, com duração de 13 meses, a contar de março de 2006. Os participantes inscrevem seus *blogs* e aqueles que forem considerados os melhores, pelo júri do concurso e pelo voto dos internautas, ganharão os seguintes prêmios: classificados do 4º ao 10º lugar, uma camiseta exclusiva "Coke Ring"; classificado em 3º lugar, um MP3 Player; classificado em 2º lugar, uma câmera digital; e o 1º lugar, um iPod Vídeo.

Visando envolver os participantes ao longo dos meses, o concurso desenvolve-se em várias etapas.

Para divulgar a promoção, foram inseridos banners nos principais sites de blogs e de comunidades. Os participantes do concurso também divulgam a promoção ao solicitarem aos amigos que votem neles.

Figura 9.12 *Promoção Coke Ring da Coca-Cola*

Fonte: COCA-COLA. *Promoção Coke Ring.* Disponível em: <http://www.cocacola.com.br/fe/index.jsp>.

A promoção "Beleza em Dobro" (ver Figura 9.13), patrocinada conjuntamente pela Coca-Cola e a Avon, é dirigida às mulheres, que deverão juntar 7 pontos em tampinhas de refrigerantes Coca-Cola a partir de 1 litro, mais a quantia de R$ 7,50, e contatar uma das cerca de 1 milhão de revendedoras da Avon para escolher um kit de produtos de sua preferência: uma tigela com decoração exclusiva e um cosmético Avon (Colônia Essência ou Loção Hidratante Erva Doce ou Brilho Rollette Color Trend). A expectativa é que sejam distribuídos 4,5 milhões de kits. A divulgação da promoção foi feita pelos sites das duas empresas e também por meio de campanha publicitária na televisão.

A promoção, que tem como objetivo estreitar o relacionamento das duas marcas com suas consumidoras, consolida a parceria entre as empresas, realizada em 2005, com a promoção "Coca-Cola e Avon de Coração", que distribuiu mais de 4,2 milhões de kits promocionais e gerou um aumento de vendas acima do esperado para ambas as marcas.

Capítulo 9 – Como vender produtos e serviços na internet

Figura 9.13 *Promoção Beleza em Dobro*

Fonte: COCA-COLA. *Promoção Beleza em Dobro*. Disponível em: <http://www.cocacola.com.br/fe/index.jsp>.

As promoções com descontos de preços e as liquidações também atraem os internautas, visto que eles esperam comprar na internet a preços menores do que os das lojas físicas. Por exemplo, a promoção "Liquidaweb", realizada por 12 das maiores lojas virtuais, entre elas, Americanas, Submarino, Extra, MagazineLuiza, Livraria Saraiva, Livraria Siciliano, Som Livre e Tok&Stok, em que foram comercializados livros, roupas, produtos eletrônicos e móveis com descontos de até 50%, visando acabar com os estoques. A quinta edição da "Liquidaweb", realizada em julho de 2005, proporcionou um aumento de 60% no faturamento das lojas virtuais participantes, em relação ao mesmo período de 2004.

Na Figura 9.14, uma promoção do site Submarino, oferecendo descontos de até 50% na compra de instrumentos musicais.

Figura 9.14 *Promoção do site Submarino*

Fonte: SUBMARINO. *Promoção de descontos em instrumentos musicais.* Disponível em: <http://www.submarino.com.br/musical.asp>.

9.4.6 Programas de fidelidade

Os programas de fidelidade visam atrair clientes e mantê-los fiéis ao site por meio de estímulos e de recompensas relacionados à repetição de uso ou compra. Usamos como exemplo o programa de fidelidade do site Submarino.

Quadro 9.14 *Programa de fidelidade do site submarino*

Programa de Fidelidade Léguas Submarinas
Para realizar compras no mundo real, em todos os estabelecimentos cadastrados com a bandeira Visa, de qualquer parte do mundo, e ainda ampliar suas chances de acumular Léguas Submarinas a fim de ganhar descontos e viagens, conheça agora as vantagens do seu cartão Submarino Unibanco Visa. Faça suas compras com qualquer um dos cartões Submarino, acumule léguas e ganhe descontos e viagens internacionais. Quanto mais você compra, mais léguas você acumula. Veja como é fácil: No Submarino: R$ 20,00 em compras = 1 légua = R$ 1,00 de desconto no Submarino.com. Nos demais estabelecimentos em todo o mundo: R$ 100,00 em compras = 1 légua = R$ 1,00 de desconto no Submarino.com. E acumulando 750 léguas, você automaticamente ganha duas passagens aéreas para Miami (para você e um acompanhante). Não é sorteio: acumulou, ganhou. Ou seja, além de suas léguas valerem cupons de descontos no Submarino.com, também se transformam em pontos para você ganhar a viagem; mesmo utilizando suas léguas como cupons de desconto, elas continuam acumuladas para você poder ganhar a viagem para Miami.

Fonte: SUBMARINO. Disponível em: <http://www.submarino.com.br/cartoes/ecardsubmarino/UnibancoVisa_FrameSet.htm>.

9.4.7 Programas de afiliação

O programa de afiliação consiste em oferecer recompensas para outros sites de grande tráfego, para que estimulem seus visitantes a entrarem no site da empresa. O objetivo é atrair o público visitante desses outros sites.

Os sites que se afiliarem a esse programa são estimulados a divulgar, por meio de banners, ofertas e outras ações, os produtos do site da empresa, recebendo remuneração para esta atividade. A seguir, o exemplo do programa de afiliação do Submarino.

Quadro 9.15 *Programa de afiliação do site Submarino*

Bem-vindo ao Programa de Afiliados do Submarino

Com o Programa de Afiliados do Submarino, você pode gerar lucros reais para o seu site. É muito simples. Você oferece nossos produtos ao seu público por meio de banners, ofertas, links e outras ações em sua página. A cada venda faturada realizada por meio desse canal, você ganha uma comissão.
Seu negócio se torna muito mais competitivo e rentável. Você pode escolher quais produtos ou categorias quer expor de acordo com o perfil do seu público, o que aumenta ainda mais os seus ganhos.

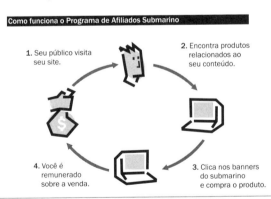

Fonte: SUBMARINO. *Programa de afiliados*. Disponível em: <http://afiliados.submarino.com.br/affiliates/default.asp>.

SITES SOBRE O TEMA

AMERICANAS — http://www.lojasamericanas.com.br
ASSOCIAÇÃO DE EMPRESAS DE MARKETING DIRETO — http://www.abemd.org.br

ASSOCIAÇÃO DE MÍDIA INTERATIVA — http://www.ami.org.br
BNDES — http://www.bndes.gov.br
BONDFARO — http://www.bondfaro.com.br
BUSCAPÉ — http://www.buscape.com.br
CELTA — http://www.chevrolet.com.br/celta
COUNCIL OF SUPPLY CHAIN MANAGEMENT PROFESSIONALS — http://www.cscmp.org
DELL — http://www.dell.com.br
FLATIRON PARTNERS — http://www.flatironpartners.com
FLORES ONLINE — http://www.floresonline.com.br
GE CAPITAL — http://www.gecapital.com
GOL — http://www.voegol.com.br
GOLDMAN SACHS — http://www.goldmansachs.com
IBOPE — http://www.ibope.com.br
IDEIASNET — http://www.ideiasnet.com.br
LOCAWEB — http://www.locaweb.com.br
MAGAZINE LUIZA — http://www.magazineluiza.com.br
MERCADOLIVRE — http://www.mercadolivre.com.br
NATURA — http://www.natura.net/port/produtos/ce/html/loja_virtual.asp
WEBMOTORS — http://www.webmotors.com.br
PLANETA IMÓVEL — http://www.planetaimovel.com.br
PONTO FRIO — http://www.pontofrio.com.br
SHOPFÁCIL — http://www.shopfacil.com.br
SHOPPING UOL — http://www.shopping.uol.com.br
SUBMARINO — http://www.submarino.com.br

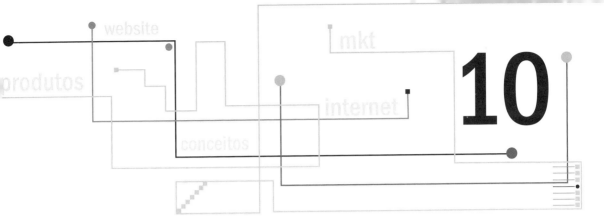

Casos de sites brasileiros

Este capítulo tem como objetivo possibilitar a aplicação prática dos conceitos discutidos neste livro, a partir de casos de sites brasileiros.

As informações sobre os sites foram obtidas por meio de notícias e dados publicados em jornais, revistas, relatórios de pesquisas e nos próprios sites. Para cada caso, são apresentadas questões para que o conhecimento adquirido possa ser aplicado.

Os casos englobam as seguintes empresas que atuam na internet brasileira: Submarino, Saraiva, MercadoLivre, Mercado Eletrônico e IMusic.

CASO 1 SUBMARINO — LOJA PURAMENTE VIRTUAL

A empresa

A Submarino é uma empresa de varejo puramente virtual, que oferece cerca de 700 mil itens em 20 categorias de produtos e que tem mais de mil fornecedores. Também disponibiliza serviços de comércio eletrônico para algumas empresas na área de bens de consumo, incluindo Natura, Nokia e Motorola.

A empresa foi fundada em junho de 1999, com a aquisição da livraria virtual Booknet, que pertencia a Jack London, um dos pioneiros da internet brasileira. O grupo GP Investimentos realizou investimento inicial de US$ 2,5 milhões. Além disso, foi feita uma capitalização de US$ 14,3 milhões pelos sócios e outros investidores.

Em março de 2005, a Submarino realizou uma oferta pública de ações nas Bolsas de Valores de São Paulo e Nova York. Os grupos GP Investimentos, TH Lee Putnam e Janus Capital são alguns dos sócios da Submarino, que incluem fundos de investimentos e outros investidores. Fazem parte do mesmo grupo de empresas o site Ingresso.com, de venda de entradas de shows, e o portal de vendas de viagens e passagens aéreas TravelWeb, desde o ano de 2005.

Em junho de 2006, a Submarino passou a administrar o site Terra Ofertas por um período de 30 meses, respondendo por todo o processo de negócios, incluindo armazenagem e entrega dos produtos.

Em novembro de 2006, a Submarino e a Americanas.com anunciaram a fusão de suas operações. A empresa resultante alcançou faturamento de R$ 1,6 bilhão nos primeiros nove meses de 2006.

Resultados alcançados

A Submarino tem crescido significativamente desde o início das suas operações. Em 2005, registrou receita bruta de R$ 574,2 milhões, com crescimento de 59% em relação a 2004. Também em 2005 sua participação no varejo on-line de bens de consumo (B2C) foi de 23%, com a entrega de cerca de 2,6 milhões de pedidos para 1,3 milhão de clientes. A receita por cliente ativo foi de R$ 423,00 (ver Gráficos 10.1 e 10.2)

Gráfico 10.1 *Evolução do número de clientes ativos*

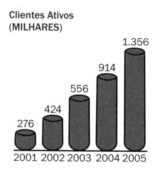

Fonte: SUBMARINO. Disponível em: <http://www.submarino.com.br/ri>.

Gráfico 10.2 *Evolução da receita e participação de mercado*

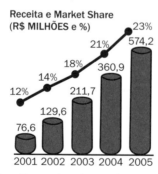

Fonte: SUBMARINO. Disponível em: <http://www.submarino.com.br/ri>.

Tendo iniciado suas operações no terceiro trimestre de 1999, a Submarino alcançou lucro líquido, pela primeira vez, no terceiro trimestre de 2003. Em 2005, o EBITDA (lucro líquido antes de deduzir as despesas com juros, impostos, depreciação e amortização) foi de R$ 44,6 milhões (10,6% da receita líquida) no ano, com aumento de 68% em relação a 2004.

Capítulo 10 – Casos de sites brasileiros

A empresa investiu R$ 6 milhões para a ampliação do centro de distribuição e a aquisição de novos servidores e outras funcionalidades tecnológicas[1].

Objetivos e estratégia de marketing

O posicionamento estratégico do site Submarino é ser a loja preferida dos clientes pelo serviço diferenciado, conveniência, variedade e segurança, oferecendo a melhor solução de comércio eletrônico do mercado. A empresa acredita deter cinco vantagens competitivas, a saber:

- **Pioneirismo**: foi uma das primeiras empresas de comércio eletrônico no País, o que permitiu a construção de uma marca reconhecida, uma ampla carteira de clientes e uma posição de liderança no varejo on-line.

- **Sortimento de produtos**: seleção diversificada de produtos em 24 categorias, como livros, roupas, CDs de músicas, DVDs, eletrônicos, computadores, hardware, câmeras e filmadoras digitais, telefones celulares, entre outros artigos. Para aproveitar oportunidades de venda para a sua base de clientes, oferece serviços on-line adicionais, incluindo viagens, ingressos para shows e revelação de fotos digitais.

- **Qualidade de serviço**: oferece um processo de compra simples e ágil, com entrega rápida, apoiando seus clientes ao longo da experiência de compra on-line. É incentivado o envio de sugestões pelos clientes a fim de melhorar continuamente os serviços. Implementou também processos de detecção de fraude, que permitem manter os prejuízos decorrentes de fraude em menos de 0,1% das vendas.

- **Soluções locais**: adaptação do modelo de comércio eletrônico para atender às condições locais. Como exemplo, na maioria das categorias de produtos, não há grandes distribuidores, de modo que a empresa precisa comprar produtos diretamente dos fabricantes e mantê-los em estoque próprio.

- **Baixo custo operacional**: a empresa opera de um único local e utiliza tecnologia, de forma intensa, para gerenciar suas operações. Emprega tecnologia de baixo custo operacional para minimizar despesas com vendas, como o *chat* e o e-mail, para atender os clientes. As despesas com vendas caíram de 21,5% da receita líquida em 2002 para 14,7% em 2004.

O objetivo geral da Submarino é aumentar as vendas e a posição de liderança no varejo eletrônico no País. Nos primeiros nove meses de 2006, a empresa alcançou faturamento de R$ 555,7 milhões, com crescimento de 45% sobre o ano anterior. Para alcançar suas metas de negócios, definiu as estratégias de marketing listadas no Quadro 10.1 a seguir.

---

[1] CÂMARA BRASILEIRA DE COMÉRCIO ELETRÔNICO. *Panorama anual do comércio eletrônico*. Disponível em: <http://www.camara-e.net>.

Quadro 10.1 *Metas e estratégias de marketing da Submarino*

Metas	Estratégias
Atrair e manter clientes	Fortalecer sua marca e aumentar sua visibilidade por meio de contínuas ações promocionais, incluindo publicidade em sites líderes de audiência e em outras mídias off-line inovadoras. Desenvolver alianças e parceiras comerciais.
Aumentar a freqüência e o valor médio de compras	Utilizar tecnologia de *data mining* e personalização para identificar os produtos de maior interesse para os clientes. Enviar e-mails personalizados aos clientes com ofertas de produtos.
Aumentar o sortimento de produtos e serviços	Lançar três novas categorias de produtos por ano. Continuar a agregar parceiros aos programas "Lojas" e "Portais", para ampliar as possibilidades de escolha e a satisfação do cliente. Realizar projetos-piloto para vendas de serviços de viagem e serviços de impressão de fotografias digitais.
Continuar reduzindo custos operacionais	Aumentar receita para atingir economias de escala, mantendo controle rígido sobre os custos fixos e reduzindo os custos variáveis mediante utilização de tecnologia, sempre que possível. Mudar para um novo depósito e centro de distribuição, para atender a demanda em longo prazo e automatizar ainda mais as operações.
Buscar alianças e aquisições estratégicas	Desenvolver novas oportunidades de receita, firmando relacionamentos de longo prazo com empresas de marcas reconhecidas, mas com experiência limitada de comércio eletrônico. Desenvolver formatos de vendas alternativos e aquisições de negócios complementares, produtos e tecnologias.

Fonte: SUBMARINO. *Relações com investidores.* Disponível em: <http://www.submarino.com.br/ri>.

O mercado de varejo eletrônico no Brasil

Segundo pesquisa da E-bit[2], em 2005, as vendas do varejo on-line com bens de consumo aumentaram 45% em relação a 2004, totalizando R$ 2,8 bilhões. O número de consumidores on-line cresceu na mesma proporção, atingindo o total de 4,7 milhões. A pesquisa indicou que os brasileiros gastaram, em média, R$ 321 por compra na internet. Os produtos mais vendidos foram CDs e DVDs, com 21% do total das vendas. Em 2006, o total das vendas foi de R$ 4,4 bilhões, crescendo 57% em relação a 2005[3].

---

[2] E-BIT. *Pesquisa web shoppers.* 13. ed. Jan. 2006. Disponível em: <www.camara-e.net/_upload/Web Shoppers13.pdf>.

[3] E-BIT. *Vendas pela internet atingem R$ 4,4 bi em 2006.* Disponível em: <http://www.ebit.com.br.>.

Gráfico 10.3 *Ranking dos produtos mais vendidos na internet em 2005*

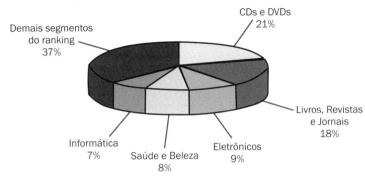

Fonte: E-BIT. *Pesquisa web shoppers.* 13. ed. Jan. 2006. Disponível em: <www.camara-e.net/_upload/WebShoppers13.pdf>.

Cerca de 80% das vendas no varejo on-line de bens de consumo estão concentradas em 14 varejistas, a saber: Submarino, Lojas Americanas, Grupo Hermes, Grupo Pão de Açúcar, Livraria Cultura, Magazine Luiza, Marisa, Pernambucanas, Livraria Saraiva, Shoptime, Livraria Siciliano, Tok & Stok, Som Livre/Videolar e AutoZ (Grupo Dpaschoal). A maioria desses grandes varejistas adota a estratégia de multicanal, operando lojas físicas e loja virtual simultaneamente.

Esses varejistas eletrônicos ou lojas virtuais possuem vantagens competitivas em relação aos varejistas tradicionais; entre elas, o potencial para interação personalizada a baixo custo com os clientes e a capacidade de atender um grupo de clientes amplo e geograficamente disperso, com eficiência, a um custo menor de gerenciamento e de manutenção do site, em comparação aos custos de manutenção de lojas físicas.

As lojas virtuais podem coletar dados demográficos e sobre comportamento de compras rapidamente, para responder às mudanças de hábitos e preferências dos consumidores, ajustando, eficientemente, sua seleção de produtos, conteúdo editorial, interfaces de compra, preço e apresentação visual.

Estratégia de produtos

Visando ampliar as vendas e satisfazer seus clientes, a Submarino tem uma linha diversificada de produtos, incluindo: livros nacionais; livros raros e importados; CDs e instrumentos musicais; DVDs; eletrônicos; eletrodomésticos; utilidades domésticas; cama, mesa e banho; informática; games; produtos para esporte; telefonia; produtos para bebês; brinquedos; moda; jóias e relógios; ferramentas e automotivos; pet shop; produtos para beleza e saúde, entre outros.

Também comercializa serviços on-line, incluindo viagens, ingressos para shows e revelação de fotos digitais. Por exemplo, a loja virtual realiza a venda de ingressos para o time de futebol do Internacional em Porto Alegre, comercializando 1 milhão de ingressos em 30 jogos por ano.

Estratégia e políticas de serviços

A Submarino objetiva oferecer um site de fácil navegação, com um conjunto de serviços que facilite o processo de compra e o atendimento pós-venda. A seguir, estão descritas as várias características do site e dos serviços oferecidos.

Busca e navegação

Para que os clientes encontrem produtos no site, há campos específicos que correspondem a cada uma das categorias de produto e um campo de busca no topo de cada página do site. Para realizar uma busca, os clientes selecionam uma das categorias de produto ou palavras-chave no campo de busca e, então, especificam o nome do produto ou outras informações.

Os clientes podem clicar no catálogo virtual de produtos, pesquisando todas as ofertas. Alternativamente, podem entrar em uma das muitas "lojas" ou "departamentos", dedicados a um determinado tipo de produto de um dado fabricante. Recebem destaque na home page os produtos que são oferecidos com desconto (ver Figura 10.1).

Figura 10.1 *Home page do site Submarino na semana da criança*

Fonte: SUBMARINO. Disponível em: <http://www.submarino.com.br>.

O site oferece conteúdo que ajuda a incentivar os clientes a fazerem compras, incluindo sinopses e avaliações do produto pelos clientes.

Pedidos

Para comprar um produto no site, basta os clientes clicarem em um botão para adicionar o produto a seus carrinhos de compra virtuais. Os clientes podem remover produtos dos

Capítulo 10 – Casos de sites brasileiros

carrinhos à medida que navegam, antes de tomar a decisão final de compra. Para finalizar seus pedidos, clicam no botão de compra e são orientados a fornecer as informações de entrega e pagamento.

As informações de entrega são armazenadas em um servidor protegido e não precisam ser fornecidas novamente quando o cliente realiza outra compra. Cada cliente escolhe uma senha pessoal que lhe permite acessar o seu perfil, o qual inclui seu histórico de pedidos, suas instruções de entrega e outras preferências pessoais.

O sistema confirma cada pedido ao cliente enviando a ele um e-mail alguns minutos após a realização do pedido — e o avisa por e-mail quando os pedidos são enviados. Os clientes também podem rastrear o *status* do seu pedido em qualquer ocasião por meio do site.

Pagamento

Há diversas opções de pagamento, incluindo cartões de crédito, transferências eletrônicas, boletos bancários, pagamento no recebimento, vales-presente e *vouchers*. Em 2004, aproximadamente 80% das vendas foram realizadas com cartão de crédito. As operadoras de cartão de crédito e algumas empresas de financiamento oferecem a possibilidade de pagamento de compras em quatro ou mais parcelas, incluindo juros.

No segundo semestre de 2006, em parceria com a financeira Cetelem, a empresa Submarino lançou o cartão de crédito próprio com a marca Aura, o qual permitirá parcelamentos em até 24 vezes nas compras realizadas na loja virtual. O cliente poderá receber um limite de crédito três vezes superior ao aplicado para as compras à vista. O objetivo é que as vendas de produtos mais caros, como TVs de plasma e *notebooks*, possam crescer de forma significativa. A empresa espera que sejam emitidos de 100 mil cartões nos primeiros 12 meses após o lançamento.

Além disso, a Submarino estabeleceu um plano de fidelidade para os portadores do novo cartão. Para cada R$ 1 gasto na loja, o cliente receberá 3 "léguas submarinas", as quais poderão ser trocadas por vale-presentes a partir de 150 "léguas submarinas".

Disponibilidade e logística

Após o cliente fazer o pedido, esse é transmitido ao sistema de suporte, no qual os dados do pedido são confirmados. O pedido é processado, o que envolve a verificação de disponibilidade do produto, a cobrança vai para o cliente e uma nota fiscal preenchida é encaminhada ao centro de distribuição. Os itens pedidos são, então, retirados do estoque, embalados e enviados ao cliente. As informações de entrega estão disponíveis a cada cliente no site, e a descrição de cada produto inclui o tempo de entrega estimado, dependendo do local do comprador e da disponibilidade do produto.

A maioria dos produtos está disponível para entrega imediata. Aproximadamente 96% dos pedidos são remetidos aos clientes em um prazo de 24 horas da entrada do pedido e 52% são entregues aos clientes no dia útil posterior ao da realização do pedido. Para isso, a empresa tem parcerias com o e-Sedex e outras empresas de entrega expressa, facilitando a chegada do produto ao cliente no dia seguinte à solicitação do pedido, se a entrega for na região metropolitana de São Paulo, ou com dois dias úteis, caso o destino da encomenda seja para outras grandes cidades.

Em 2005, a empresa investiu R$ 800 mil para dobrar a capacidade do seu centro de distribuição, passando de 4 mil m^2 para 8 mil m^2. Em 2006, houve a mudança para um novo centro de distribuição com capacidade de 15 mil m^2 e maior grau de automação no processo de separação de pedidos.

Política de trocas e devoluções

A Submarino restitui integralmente o valor pago ou oferece um crédito no valor de qualquer produto devolvido em sua embalagem original, incluindo acessórios e manuais relacionados, no período de uma semana do recebimento do produto pelo cliente. Conforme as leis de proteção ao consumidor, a empresa arca com o custo do envio em relação a devoluções do produto feitas no período de uma semana da entrega.

Programas de afiliados

Estruturado para proporcionar receitas a outros sites que participam do programa. O site afiliado oferece os produtos Submarino ao seu público por meio de banners, ofertas, links e outras ações em sua página. A cada venda faturada o site afiliado ganha uma comissão.

Programa professor afiliado

Oferece ao professor a possibilidade de montar listas de livros para suas turmas, facilitar a comunicação com os alunos e ainda proporcionar ganhos a serem investidos em sua profissão.

Programa de fidelidade e incentivo para empresas

A área de vendas corporativas tem como objetivo atender as empresas que desejam adquirir produtos em grande quantidade com negociação diferenciada ou presentear seus funcionários e clientes. As empresas podem aproveitar a tecnologia e a qualidade dos produtos Submarino para o desenvolvimento de programas de fidelidade, programas de incentivo e resgate de prêmios.

Banco de dados de clientes

A empresa utiliza tecnologia de *data mining* e de personalização para identificar os produtos de maior interesse aos clientes. Usa as informações do banco de dados para enviar e-mails personalizados com ofertas de produtos a 1,3 milhão de clientes que optaram por receber tais promoções. Ao extrair os dados das sessões do usuário e das informações do pedido do cliente, esses são adicionados ao banco de dados, o que resulta em outras oportunidades para identificar produtos de venda cruzada ou venda induzida aos clientes.

Marketing

A empresa tem realizado investimentos em propaganda na mídia tradicional, como jornais e revistas, e no e-mail marketing, que possui cerca de 1,5 milhão de clientes cadastrados. Também são realizadas promoções periódicas no site, para incentivar os clientes a comprarem em ocasiões especiais, como Dia dos Namorados, Dia das Mães, Dia dos Pais, Dia das Crianças e Natal.

Figura 10.2 *Anúncio do Submarino em revistas*

Fonte: SUBMARINO. *Relações com investidores*. Disponível em: <http://www.submarino.com.br/ri>.

REFERÊNCIAS

CÂMARA BRASILEIRA DE COMÉRCIO ELETRÔNICO. *Panorama anual do comércio eletrônico*. Disponível em: <http://www.camara-e.net>.

E-BIT. *Pesquisa web shoppers*. 13. ed. Jan. 2006. Disponível em: <www.camara-e.net/_upload/WebShoppers13.pdf>.

E-BIT. *Vendas pela internet atingem R$ 4,4 bi em 2006*. Disponível em: <http://ebit.com.br.>.

SUBMARINO. *Relações com investidores*. Disponível em: <http://www.submarino.com.br/ri>.

QUESTÕES

Com base nos conceitos discutidos no livro, nas informações divulgadas a seguir e acessando o site Submarino, responda às seguintes questões:

1. Explique o modelo de negócios do site Submarino, analisando a origem das receitas, o público-alvo e os serviços oferecidos. Fundamente sua exposição com base nos conceitos apresentados nos Capítulos 4 e 9.

2. Analise a vantagem competitiva atual e futura da empresa, comparando-a com outras lojas virtuais concorrentes e as lojas tradicionais.

3. Com base nos conceitos apresentados nos Capítulos 5 e 6, analise como a empresa pode conhecer melhor seus clientes e desenvolver ofertas que agregam valor.

4. Dê exemplos de iniciativas de marketing que a empresa realiza e pode realizar para auxiliar os clientes potenciais a superar suas resistências em relação à compra pela internet. Fundamente sua resposta com os conceitos discutidos no Capítulo 5.

5. Na sua opinião, quais são os três principais desafios de marketing a serem enfrentados pela empresa no próximo ano?

CASO 2 SARAIVA — LIVRARIA VIRTUAL

A empresa

O Grupo Saraiva, fundado em 1914, atua nos mercados de edição de livros e de conteúdo editorial, por meio da Editora Saraiva, e de comercialização no varejo de livros e outros artigos, por meio da Livraria Saraiva, que possui uma rede com 31 lojas físicas e uma livraria virtual.

A Editora Saraiva (www.editorasaraiva.com.br) é a líder no segmento de edição de livros jurídicos e está entre as líderes nos segmentos de livros didáticos e paradidáticos. Também comercializa conteúdo editorial jurídico por meio do portal SaraivaJur (www.saraivajur.com.br). Recentemente, passou a oferecer programas de ensino a distância por meio da marca ViaSaraiva (www.viasaraiva.com.br), com o curso telepresencial "Jornadas Jurídicas Saraiva", transmitido por satélite para instituições de ensino.

A Livraria Saraiva, a maior rede de livrarias em faturamento, possui uma área total de vendas de 20 mil m², distribuída em 31 lojas localizadas em 10 cidades espalhadas pelo País, sendo 15 megastores e 16 lojas tradicionais. Em 2005, as vendas foram de R$ 11,3 mil por m², com um aumento de 5,6% em relação a 2004. O *ticket* médio foi de R$ 54,60, com aumento de 8,8%. As megastores têm áreas de vendas de 460m² a 1.800m² e oferecem até 54 mil itens, nas categorias livros, CDs, DVDs, periódicos, softwares de multimídia, artigos de papelaria, eletrônicos e brinquedos educativos, entre outros. As lojas tradicionais, com áreas de vendas de 110m² a 480m², disponibilizam até 26 mil itens, entre livros e artigos de papelaria.

A Livraria Virtual (www.livrariasaraiva.com.br), inaugurada em 2000, possibilita ao cliente pesquisar e comprar livros e produtos eletrodomésticos importados, brinquedos na área de multimídia por um catálogo com mais de 50 mil títulos em português (ver a Figura 10.3).

O SaraivaUni (www.saraivauni.com.br) é um site dedicado a professores, a alunos universitários e também a profissionais que buscam atualização de conhecimentos, oferecendo informações sobre livros e materiais de apoio aos professores, bem como agenda de eventos e artigos de interesse em diversas áreas.

Em 2000, a Livraria inaugurou, em São Paulo, um centro de distribuição exclusivo para produtos adquiridos pela internet.

Figura 10.3 *Home page do site da Livraria Saraiva*

Fonte: LIVRARIA SARAIVA. Disponível em: <www.livrariasaraiva.com.br>.

Resultados alcançados

O Grupo Saraiva obteve receita líquida de R$ 477,2 milhões em 2005, com aumento de 9% em relação ao ano anterior, e o lucro líquido (EBITDA) totalizou R$ 76,3 milhões, contra R$ 50,4 milhões, também equiparado a 2004. A Livraria (rede de lojas físicas e virtual) obteve receita líquida de R$ 253,1 milhões em 2005, crescendo 13,4% em relação a 2004. O seu lucro líquido (EBITDA) foi de R$ 15,9 milhões.

O destaque de 2005 foi o desempenho da divisão do comércio eletrônico, a Livraria Virtual, que expandiu 25,4% da receita bruta em comparação a 2004, atingindo R$ 63,8 milhões. Seu lucro líquido (EBITDA) foi de R$ 8,5 milhões. O valor do *ticket* médio foi de R$ 81,00 no mesmo ano, e o número de visitantes à Livraria Virtual foi de 24,1 milhões. O total de acessos às páginas do site foi de 1,17 bilhão e o total de pedidos de compra foi de 924 mil. O número de clientes ativos atingiu 1,8 milhão e o total de clientes cadastrados foi de 2,4 milhões.

Apesar de contar com categorias de produtos ainda limitadas, a Livraria Virtual está entre as três maiores operadoras de comércio eletrônico no Brasil, com uma participação em torno de 3,4% no comércio de bens e serviços. As vendas dessa unidade de negócios representaram 22,7% do total das vendas da Livraria em 2005.

Em 2006, a Livraria realizou acordo com a empresa Starbucks para introduzir sua loja de café nas instalações da loja Saraiva MegaStore do Morumbi Shopping, em São Paulo.

O mercado de livros no Brasil

O mercado de comercialização de livros faturou cerca de R$ 2,57 bilhões em 2005, com a venda de 270 milhões de exemplares — 61% do faturamento foi obtido por meio das livrarias. Entre as maiores em faturamento, estão a Livraria Saraiva, a Siciliano, a Cultura e a La Selva[4].

O maior segmento do mercado em faturamento e número de exemplares é o de livros didáticos. As compras governamentais de livros didáticos representaram 32,5% do total de livros vendidos no País em 2005, totalizando 87,8 milhões de unidades. As vendas de livros didáticos para o consumidor final, por meio dos diversos canais de distribuição, representaram 36,7% da receita do setor e 25,8% dos exemplares comprados no País em 2005[5].

O varejo de livros no Brasil é bastante fragmentado, caracterizando-se pela coexistência de pequenas livrarias e grandes redes de lojas. Existem aproximadamente 1.500 livrarias em todo o Brasil; mais de 70% delas estão concentradas nas regiões Sul e Sudeste. Os Estados de São Paulo e Rio de Janeiro representam 65% das vendas de livros no varejo.

Dos 5.700 municípios brasileiros, apenas 10,5%, ou seja, 600 deles, possuem livrarias regularmente instaladas. Além de livrarias, o varejo de livros desenvolve-se em papelarias, supermercados, bazares, quiosques, escolas, bancas de jornal, vendas porta a porta e pela internet.

Objetivos e estratégias do Grupo Saraiva

O Grupo Saraiva tem como objetivo crescer e consolidar sua posição no mercado editorial e na comercialização varejista de livros e outros produtos. Os segmentos em que a empresa atua são:

- livros-texto destinados a estudantes e profissionais de economia, administração e contabilidade;
- livros didáticos para os ensinos fundamental e médio;
- livros paradidáticos, que são livros de literatura destinados ao público infanto-juvenil dos ensinos fundamental e médio;
- livros jurídicos para estudantes e profissionais do direito;
- livros de interesse geral destinados a um público amplo.

Para alcançar os objetivos mencionados, foram definidas as seguintes estratégias:

- aquisição de outras editoras e catálogos editoriais, visando ampliar o catálogo oferecido e maximizar o uso da estrutura existente;

---

[4] CÂMARA BRASILEIRA DO LIVRO. *Produção e vendas do setor editorial brasileiro*. Disponível em: <http://www.cbl.org.br>.

[5] Ibid.

- utilização de novas mídias e soluções criativas, como ensino a distância, edições de livros customizadas em parceria com instituições de ensino e venda de conteúdo fracionado de obras da editora;
- fortalecimento do relacionamento com os professores, que são os responsáveis pela escolha dos livros adotados em escolas e universidades;
- aumento da eficiência operacional, investindo em tecnologia da informação, para maior produtividade e agilidade nas operações;
- expansão das operações da Saraiva.com, consolidando a posição nas categorias de produtos comercializados e diversificando o *mix* de produtos;
- oferecimento de novas categorias de produtos e lojas, nos mercados de cultura, lazer e entretenimento, como CDs, DVDs, artigos de multimídia, eletroeletrônicos e livros importados;
- fortalecimento da marca Saraiva, associando-a aos conceitos de lazer, cultura e entretenimento, por meio de campanhas publicitárias. Outra iniciativa é o cartão de fidelização "SaraivaPlus", para relacionamento com os clientes.

Estratégias da Livraria Virtual

A Livraria Virtual faz parte da estratégia de multicanal do Grupo Saraiva, com sua operação integrada à da rede de lojas físicas, para otimizar a estrutura logística, a escala de operação e a gestão de estoques.

A estratégia de marketing consiste na diferenciação de produtos e serviços, atendendo às necessidades dos clientes e valorizando sua experiência de compra, nas áreas de cultura, lazer e entretenimento.

Os principais concorrentes da Livraria Virtual são a Siciliano, a FNAC, a Livraria Cultura, a Submarino e as Lojas Americanas.

Mix de produtos e serviços

A Livraria Virtual Saraiva oferece mais de 300 mil produtos em dez diferentes categorias: livros, CDs, DVDs, papelaria, informática, eletroeletrônicos, jogos eletrônicos, software, brinquedos e revistas. Atualmente, a empresa estuda a possibilidade de vender livros por capítulo em mídia eletrônica.

Em 2005, foi implementado o projeto estratégico de ampliação do *mix* de produtos, aumentando a linha de informática e agregando as categorias de papelaria, bicicletas e *fitness*, eletrônicos e brinquedos. Apesar da falta de publicidade, as novas categorias de eletrônicos portáteis e de eletrodomésticos responderam por 2% do faturamento anual de 2005, como mostra o Gráfico 10.4. Além disso, esses produtos contribuíram para aumentar o *ticket* médio da loja virtual.

Caso a venda desses bens duráveis cresça, a empresa planeja buscar parcerias com instituições financeiras para conceder melhores condições de financiamento aos clientes, como outras empresas fazem. A Americanas, por exemplo, em parceria com o Banco Itaú, oferece a seus clientes a possibilidade de pagamento em até 21 prestações na loja virtual.

Os tipos de produtos vendidos variam de acordo com as datas especiais no decorrer do ano: Dia das Mães, Dia das Crianças, Dia dos Namorados, Natal etc. Para citar um exemplo, o período do Dia das Crianças (28 de setembro a 12 de outubro de 2005) movimentou R$ 108 milhões de vendas on-line, com aumento de 60% em relação à mesma época em 2004, segundo a empresa de pesquisa E-bit[6]. Os itens mais vendidos foram: CDs, DVDs e vídeos (19% do total das vendas); livros e revistas (14%); eletrônicos (13%); informática (7%); saúde e beleza (7%); brinquedos (6%).

Gráfico 10.4 *Participação dos produtos nas vendas da Livraria Saraiva*

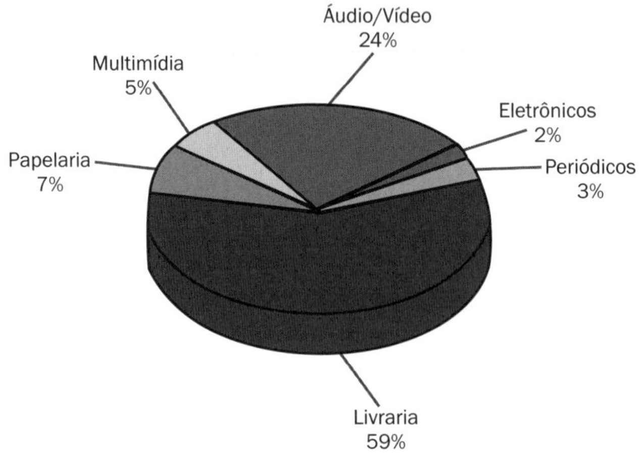

Fonte: GRUPO SARAIVA. *Relatório anual 2005.* Disponível em: <http://www.saraivari.com.br/port/apresentacoes/index.asp>.

Além de produtos, são oferecidos vários serviços. No site, há seções dedicadas a públicos específicos: "Mundo Infantil", que traz histórias e um jogo para as crianças; "A Sala do Advogado", com informações atualizadas sobre concursos públicos e a bibliografia para o exame da OAB; e o "Vestibulando", que inclui o calendário de provas das principais faculdades.

Alguns dos serviços oferecidos são os seguintes:

- **Pesquisa rápida**: a ferramenta de pesquisa do site possibilita encontrar qualquer produto com rapidez.

- **Pré-venda**: o cliente pode realizar compras antecipadas de produtos em lançamento.

- **Vale-presente**: utilizado como forma de pagamento, é trocado em qualquer Livraria Saraiva, Saraiva MegaStore, Saraiva Music Hall ou Saraiva Special.

- **Embalagem para presente**: os pedidos podem ser embalados para presente, a um custo adicional de R$ 1,30 por pedido.

- **Cartão de presente**: o cliente pode enviar uma mensagem em um cartão de presente.

- **Direito de arrependimento**: é estabelecido um período de sete dias para que o cliente manifeste a sua insatisfação e devolva o produto.

---

[6] E-BIT. *Pesquisa de comércio eletrônico no Brasil.* Dez. 2005. Disponível em: <www.ebitempresa.com.br>.

- **Garantia de produtos**: livros têm garantia por tempo ilimitado, desde que seja comprovado algum defeito de fabricação.
- **Troca de produtos**: o cliente pode realizar a troca de produtos adquiridos no site Saraiva.com de duas maneiras: pelos Correios ou nas lojas Saraiva.

Estratégia de preços e promoções

A Livraria Virtual Saraiva tem a estratégia de oferecer preços e condições de pagamentos competitivos. Como exemplo, na primeira semana de outubro de 2006, eram oferecidos descontos em vários brinquedos e games, como se verifica na Figura 10.4.

Figura 10.4 *Descontos de preço na Livraria Virtual Saraiva*

Fonte: LIVRARIA SARAIVA. Disponível em: <http://www.livrariasaraiva.com.br>.

Periodicamente, são realizadas algumas promoções especiais, como a seguinte:

Nas compras realizadas através do site www.saraiva.com.br, apenas para o livro "Cama de Gato — Histórias de Cama do Gatão de Meia Idade", o cliente ganhará um par de ingressos, válidos de segunda a quinta-feira, exceto feriados, em todos os cinemas onde o filme estiver sendo exibido. Número de ingressos sujeito à lotação de salas[7].

Nessa mesma época (abril de 2006), era oferecido o parcelamento em até 12 vezes sem juros para todos os produtos, exceto os eletrônicos da marca Sony e HP, nas compras acima de R$ 240,00, efetuadas apenas com cartão de crédito. As parcelas mensais tinham valor mínimo de R$ 20,00. O frete gratuito era garantido para pedidos acima de R$ 240,00, como exemplifica a Figura 10.5, se o endereço de entrega fosse no Brasil. Em 2005, 78% das vendas da Livraria Virtual foram realizadas por meio de cartão de crédito.

---

7   LIVRARIA SARAIVA. Disponível em: <http://www.livrariasaraiva.com.br>.

Figura 10.5 *Ofertas especiais na Livraria Virtual Saraiva*

Fonte: LIVRARIA SARAIVA. Disponível em: <http://www.livrariasaraiva.com.br>.

O site também oferece o Cupom-desconto, a ser utilizado no pagamento integral de uma compra de valor líquido total, igual ou superior a R$ 25,00, em um mesmo pedido feito pelo site ou serviço de televendas. O Cupom-desconto é válido somente para uma única compra.

REFERÊNCIAS
CÂMARA BRASILEIRA DO LIVRO. Disponível em: <http://www.cbl.org.br>.
E-BIT. Disponível em: <http://www.ebitempresa.com.br>.
GRUPO SARAIVA. Disponível em: <http://www.saraivari.com.br/port/apresentacoes/index.asp>.
LIVRARIA SARAIVA. Disponível em: <http://www.livrariasaraiva.com.br>.

QUESTÕES
Com base nos conceitos discutidos no livro e nas informações apresentadas neste caso e também acessando o site da Livraria Saraiva, responda às seguintes questões:

1. Explique como a Livraria Saraiva utiliza a web para divulgar seus produtos e serviços ao seu público-alvo.
2. Dê exemplos de como a Saraiva poderia atrair visitantes e retê-los em seu site.
3. Identifique as iniciativas da empresa para estimular a compra de produtos no site.
4. Compare os preços dos produtos no site da Livraria Saraiva com os preços dos sites concorrentes. Na sua opinião, os preços são adequados e atraem os compradores?
5. Compare os sites da Saraiva e da Submarino, identificando as diferenças e as semelhanças entre eles.

CASO 3 MERCADOLIVRE — PORTAL DE NEGÓCIOS

A empresa

O MercadoLivre (www.mercadolivre.com.br) é um portal de negócios que atua como canal de compras e vendas para pessoas físicas, pequenos comerciantes e empreendedores, importadores e distribuidores de produtos. Sua plataforma de comércio eletrônico oferece a esse público a possibilidade de comercialização de produtos de forma eficiente, rápida e segura.

Como um grande mercado, o site proporciona boas ofertas e mais de 600 mil produtos/serviços disponíveis nos 365 dias do ano, atendendo às necessidades dos consumidores de áreas afastadas das grandes cidades e dos centros de comércio.

Seu modelo de negócios é o leilão virtual. Sua receita provém de uma taxa de anúncio (1% sobre o valor do produto anunciado, sendo um mínimo de R$ 0,20 e um máximo de R$ 15), um custo de destaque do anúncio (por exemplo, R$ 49,99 para anúncio na página principal do site) e uma comissão por venda (4% do valor da venda, sendo um mínimo de R$ 1,00 e um máximo de R$ 250,00).

Freqüentemente, grandes empresas utilizam o site para vender produtos, sobras de estoque ou fazer liqüidações. Entre elas, destacam-se Philips, Compaq, Coca-Cola, IBM, Xerox, Braun, Nikon e Kodak.

O MercadoLivre integra uma rede de associados ao site de leilões americano eBay, espalhados por nove países da América Latina (Argentina, Brasil, Chile, Colômbia, Equador, México, Peru, Uruguai e Venezuela). O eBay tem mais de 180 milhões de usuários no mundo e divulga cerca de 440 milhões de anúncios, os quais oferecem desde selos até aviões. Em 2005, o eBay obteve receitas de US$ 4,5 bilhões e lucro líquido de US$ 1 bilhão[8].

Os sócios do MercadoLivre são: o J. P. Morgan Chase, o Hicks Muse Tate & Furst, o eBay, o Goldman Sachs, a GE Capital e um fundo de investimento controlado pelo Banco Santander.

Atualmente, o site MercadoLivre opera em oito países da América Latina e tem 9 milhões de usuários. Uma pesquisa recente com os usuários brasileiros revelou que 40% das transações feitas por meio do site envolvem pequenos empreendedores. A mesma pesquisa aponta que, dos 4,5 milhões de usuários cadastrados no País, quase 15 mil vivem das vendas feitas no site de leilões[9] (ver Figura 10.6).

---

[8] EBAY. Disponível em: <http://www.ebay.com>.
[9] ARAUJO, 2005.

Figura 10.6 *Primeira página do site MercadoLivre*

Fonte: MERCADOLIVRE. Disponível em: <http://www.mercadolivre.com.br>.

Histórico

Após o desenvolvimento do seu plano de negócios em março de 1999, o MercadoLivre recebeu duas rodadas de financiamento. A primeira, em novembro de 1999, representou um montante de US$ 7,6 milhões e incluiu os investidores JP Morgan Partners, Flatiron Fund e Hicks Muse Tate & Furst. Já a segunda rodada ocorreu em maio de 2000 e trouxe à empresa um capital aproximado de US$ 46,5 milhões, por meio de Goldman Sachs, Fondo CRI Banco Santander Central Hispano e GE Equity, entre outros.

O MercadoLivre foi a primeira empresa na América Latina a firmar acordo estratégico com o eBay, o que ocorreu em 2001. Como parte desse acordo, o MercadoLivre adquiriu 100% da subsidiária do eBay no Brasil, o antigo Ibazar. Em 2002, foi comprado o site Lokau.

Em 2005, o MercadoLivre comprou o site de leilões Arremate, seu principal concorrente. O objetivo é integrar a base de usuários, sistemas e gestão das duas empresas de forma gradual. O Arremate tem 4,7 milhões de usuários na América Latina e pertencia ao grupo argentino La Nácion, que manteve as operações do site na Argentina e no Chile. No Brasil, o site reúne mais de 1 milhão de usuários brasileiros e contém cerca de 216 mil anúncios em suas páginas.

Resultados alcançados

Em 2005, as vendas realizadas por meio do MercadoLivre superaram US$ 608 milhões, 43% a mais que no ano anterior. Desse total, o Brasil é responsável por cerca de 54%, e a Argentina e o México, 20% cada país; os outros 6% dividem-se entre Chile, Colômbia, Equador, Peru, Uruguai e Venezuela.

Em 2005, foram realizadas 8,5 milhões de negociações. Em média 230 mil vendedores fecharam negócios com 700 mil compradores mensalmente por intermédio do site. Os produtos mais negociados foram equipamentos de informática, eletroeletrônicos, câmeras digitais, celulares e acessórios automotivos. Apesar de o MercadoLivre ter sido popularizado como site de leilões, atualmente 87% dos produtos são negociados com preço fixo e 80% desses produtos são novos.

O MercadoLivre intermediou a venda de um celular a cada dois minutos, uma câmera digital a cada dois minutos e meio e um aparelho de som para carros a cada quatro minutos na América Latina, em 2005.

Produtos e serviços

No MercadoLivre, compra-se e vende-se todo tipo de produto, novo ou usado. De artigos colecionáveis a computadores de última geração, já foram negociados produtos como um cavalo puro sangue árabe, uma casa móvel, um piano Wurlitzer, um relógio Rolex 6698 Oyster e um Ford A de 1929, além de sapatos, computadores e câmeras digitais.

No total, estão à venda cerca de 600 mil produtos/serviços, divididos em mais de 2 mil categorias e subcategorias. As cinco categorias mais expressivas em valores movimentados são: informática; celulares e telefonia; eletrônicos, audio e vídeo; câmeras e fotos; carros, motos e outros veículos.

Os vendedores podem escolher a forma de negociação — preço fixo ou venda pelo melhor preço —, detalhar o máximo possível na descrição da mercadoria e incluir fotos e arquivos de som e de vídeo para promover seus anúncios.

Os membros do site não apenas compram e vendem, mas também interagem em espaços reservados para perguntas e respostas, comentários e fóruns de discussões. Cada membro é identificado por um pseudônimo, e sua reputação é formada pelas opiniões divulgadas pelos demais usuários com quem negociou. Tanto o pseudônimo quanto a sua reputação são ativos valiosos, pois indicam a experiência e a confiabilidade dos vendedores e compradores do ambiente on-line.

Com o sistema de pagamento seguro MercadoPago, o comprador verifica o produto adquirido antes de efetivar o pagamento e tem a opção de pagar com cartão de crédito em até seis vezes ou por transferências, depósitos e boletos bancários (ver Figura 10.7).

Figura 10.7 *Sistema de pagamento MercadoPago do site MercadoLivre*

Fonte: MERCADOLIVRE. Disponível em: <http://www.mercadolivre.com.br/jm/mercadopago>.

A empresa planeja oferecer o serviço de meios de pagamento, que hoje é restrito à plataforma de transações no portal, para qualquer transação externa. Com isso, a área de transações, que responde por 75% da receita, passaria a ter uma participação de 60%; o mercado pago saltaria de uma fatia de 20% para 30% dos negócios; e o setor de classificados, que gera 5% dos negócios, passaria a representar 10%.

Outro objetivo é gerar receitas com a publicidade on-line, que será divulgada por uma campanha de anúncios na TV a cabo.

Programa de afiliados

O MercadoSócios é um programa de afiliação que possibilita a um site pessoal ou comercial ganhar dinheiro anunciando produtos do MercadoLivre. O objetivo é gerar negócios para os vendedores do MercadoLivre e para os sites afiliados.

Criado em junho de 2000, o programa de afiliados MercadoSócios oferece a oportunidade de geração de renda a milhares de sites. Assim, possibilita que esses sites tenham uma sustentação financeira.

Por meio de diferentes ferramentas de marketing, os afiliados inserem banners de ofertas do MercadoLivre em suas páginas e são remunerados de acordo com o número de usuários cadastrados e com as compras realizadas por meio dos seus sites. Os sites afiliados ao programa oferecem conteúdo sobre os mais diversos assuntos, sendo as principais áreas: informática, música, carros, livros e filmes.

A Figura 10.8 apresenta o modelo de funcionamento do programa MercadoSócio.

Figura 10.8 *Modelo de funcionamento do programa MercadoSócio*

Fonte: MERCADOLIVRE. Disponível em: <http://www.mercadolivre.com.br>.

REFERÊNCIAS

ARREMATE. Disponível em: <http://www.arremate.com.br>.

EBAY. Disponível em: <http://www.ebay.com>

MERCADOLIVRE. Disponível em: <http://www.mercadolivre.com.br>.

QUESTÕES

Com base nos dados deste caso, nos Capítulos 4 e 9 deste livro e no próprio site do Mercadolivre, responda às seguintes questões:

1. Explique o modelo de negócios e liste as vantagens competitivas do MercadoLivre.

2. Analise os produtos e os serviços oferecidos pelo MercadoLivre, identificando as vantagens e as desvantagens para seus usuários.

3. Comente sobre o programa MercadoSócios, identificando os custos e os benefícios para o MercadoLivre e seus afiliados.

4. Elabore um plano de comunicação de marketing para divulgar o site MercadoLivre aos internautas.

5. Avalie os riscos dos leilões virtuais para os usuários e o programa de ações do site MercadoLivre visando minimizar esses riscos.

CASO 4 MERCADO ELETRÔNICO — PORTAL DE NEGÓCIOS BUSINESS-TO-BUSINESS

A empresa

O Mercado Eletrônico (www.me.com.br), fundado em 1994, oferece soluções de comércio eletrônico que aliam tecnologia e serviços especializados para as áreas de suprimentos e de logística das empresas. Como portal de comércio eletrônico B2B (*e-marketplace*), auxilia empresas de todos os portes e de diversos setores a realizar negócios de forma estruturada, proporcionando significativa redução de custos, mais eficiência operacional e transparência na realização das transações comerciais.

O portal disponibiliza serviços operacionais que desoneram a área de suprimentos das empresas participantes, como serviços estratégicos de valor agregado que incorporam metodologia e inteligência para uma melhor performance na negociação e na qualificação de parceiros comerciais. Com isso, o departamento de suprimentos das empresas pode focar uma operação mais estratégica, estreitando o relacionamento com seus parceiros comerciais para realizar bons negócios (ver Figura 10.9).

Figura 10.9 *Home page do site Mercado Eletrônico*

Fonte: MERCADO ELETRÔNICO. Disponível em: <http://www.me.com.br>.

A empresa encerrou o ano de 2005 com R$ 25 bilhões em valores transacionados, com 28 mil transações diárias entre cotações e pedidos de compras. O resultado é 56% superior ao ano de 2004, quando a empresa transacionou R$ 16 bilhões.

O crescimento dos negócios foi atribuído à estratégia de ampliar a oferta de serviços, como a terceirização de compras (*outsourcing*), responsável por 20% dos resultados, e a metodologia para redução de custos de aquisição (*sourcing*), que representou cerca de 15%. Para continuar crescendo, a empresa pretende investir na expansão desses serviços.

O portal cobra um valor fixo negociado com o cliente para a prestação dos serviços ou adota uma taxa variável, que pode basear-se na economia obtida nas compras. Em média, as empresas compradoras economizam de 10% a 15% dos gastos, havendo casos de redução de 56% no preço do produto.

O portal possui aproximadamente 38 mil fornecedores cadastrados e cerca de 300 grandes empresas compradoras, as quais atuam em 26 setores, sendo os principais: máquinas e equipamentos, informática e construção civil.

Estratégia de serviços

O Mercado Eletrônico reformulou seu portal em 2005, com novidades nos dois ambientes: o institucional, com informações sobre a empresa; e o transacional, uma área que permite acesso apenas aos usuários do site.

A nova estrutura do portal está alinhada ao atual posicionamento da empresa e, por esse motivo, apresenta uma área transacional amigável e de fácil navegação. Nesse ambiente, compradores e fornecedores podem realizar suas negociações, com estratégias bem definidas e personalizadas. A área institucional tem seções nas quais é possível conhecer o perfil e as atividades do portal.

Capítulo 10 – Casos de sites brasileiros

O Mercado Eletrônico oferece a seus clientes um conjunto de soluções de gestão do relacionamento com fornecedores — *Supplier Relationship Management* (SRM) —, que incluem serviços e tecnologias para desenvolver uma boa estratégia de aquisição de produtos e de serviços, automatizar os processos de compras e melhorar o relacionamento com os fornecedores.

Serviços oferecidos

Os serviços oferecidos pelo Mercado Eletrônico vão da análise dos gastos e dos processos de compras das empresas clientes à gestão do conteúdo, com o direcionamento das empresas clientes para o seu negócio principal e para as atividades que agregam valor aos negócios. O site também oferece serviços operacionais, como suporte a fornecedores e acompanhamento diário das transações.

Tais serviços são complementados por soluções que se apresentam como tendências nesse setor, entre elas: organização da área de compras por grau de importância dos insumos na cadeia de suprimentos; terceirização da compra de produtos e insumos não-estratégicos; gestão integrada de materiais e soluções de colaboração.

Leilão reverso

Um dos serviços oferecidos é o leilão reverso, que auxilia as empresas nos processos de aquisição de materiais e de serviços. Além de uma ferramenta de negociação, faz parte da oferta um conjunto de ações como a publicação do evento, a parametrização de regras, o monitoramento das ofertas, o suporte operacional e o treinamento para todos os participantes.

Existem dois tipos de leilão reverso: o aberto e o fechado. No leilão aberto, a necessidade de compra é comunicada a todos os fornecedores potenciais do produto. No leilão fechado, o comprador divulga a necessidade de compra apenas para uma lista de fornecedores pré-selecionados, de acordo com uma série de critérios, por exemplo, capacidade de pronta entrega, tradição de fornecimento, histórico de qualidade etc.

O Mercado Eletrônico realizou mais de 1 milhão de leilões reversos, em 2005, e movimentou mais de R$ 3 bilhões com esse serviço. Essa solução tem sido utilizada em larga escala e de forma estratégica pelas empresas para a redução de custos em compras.

Serviços para compradores e vendedores

É o cliente quem decide o grau de complexidade dos serviços a serem comprados: há desde os que optam por tarefas básicas até os que transferem partes do seu departamento de compras para o Mercado Eletrônico.

Exemplos de fornecedores do portal são as empresas Interweb, Loja do Ônibus e Pontotelecom. A Loja do Ônibus, uma pequena empresa fornecedora de peças e acessórios de carroceria, utiliza o portal para enviar cotações a mais de 20 empresas compradoras, faturando com suas vendas cerca de R$ 190 mil por ano. A Interweb System, uma empresa de produtos de informática, realiza negócios por intermédio do Mercado Eletrônico e, atualmente, a internet é responsável por 8% do total dos seus negócios. A Pontotelecom, pequena empresa fornecedora de produtos de telecomunicação, também utiliza o portal para incrementar os seus negócios e, principalmente, ter acesso a grandes empresas, como Avon, SulAmérica e Ultragaz.

Como exemplo de grande empresa compradora, a Kodak, sediada em São José dos Campos, no Estado de São Paulo, tinha o objetivo de reduzir o tempo do ciclo de pedidos e o custo da operação. Para isso, adotou as soluções de compra on-line do Mercado Eletrônico. Como resultado, o tempo para a requisição chegar ao fornecedor caiu de dois dias para menos de 12 horas. Outro benefício foi o acesso a um universo maior de fornecedores, o que aumentou a concorrência e garantiu uma redução de custo.

Serviços para pequenas empresas

Para ampliar seu foco de atuação, o Mercado Eletrônico lançou um serviço customizado para as pequenas empresas. Trata-se do "Comprador Light", um conjunto simplificado de serviços que permite a otimização dos processos de compra. Por meio desse serviço, as empresas realizam cotações e pedidos de compra pela internet usando recursos até então disponíveis apenas às empresas compradoras de grande porte.

Segundo pesquisa da Câmara Brasileira de Comércio Eletrônico, aumenta cada vez mais o número de pequenas empresas que usam a internet para ampliar os negócios e reduzir custos. O estudo, realizado com pequenas empresas de São Paulo, Campinas, Belo Horizonte e Rio de Janeiro, mostra que 77% delas possuem website; 85% acessam a internet com banda larga; e 46% realizam comércio eletrônico[10].

Atualmente, as pequenas e médias empresas representam, em média, 12% dos negócios do portal, mas o objetivo é aumentar essa participação em 50%.

REFERÊNCIAS

MERCADO ELETRÔNICO. Disponível em: <http://www.me.com.br>.
CÂMARA BRASILEIRA DE COMÉRCIO ELETRÔNICO. Disponível em: <http://www.camara-e.net>

QUESTÕES

Com base nos dados deste caso, nos Capítulos 4 e 9 deste livro e no próprio site do MercadoEletrônico, responda às seguintes questões:

1. Explique o modelo de negócios do Mercado Eletrônico analisando a origem das receitas, o público-alvo e os serviços oferecidos. Fundamente sua exposição com base nos conceitos dos Capítulos 4 e 9.
2. Com base no conceito de comunidade apresentado no Capítulo 5, analise como o Mercado Eletrônico implementa esse conceito por meio de serviços oferecidos para as empresas.
3. Analise quais benefícios o Mercado Eletrônico oferece a seus clientes (benefícios que representam valor agregado para eles).
4. Analise o site do Mercado Eletrônico quanto ao seu conteúdo, à facilidade de navegação e à forma gráfica. Compare-o a outro site concorrente.
5. Na sua opinião, quais são os três principais desafios de marketing a serem enfrentados pela empresa nos próximos dois anos?

---

[10] CÂMARA BRASILEIRA DE COMÉRCIO ELETRÔNICO. *Camara-e.net divulga dados sobre as MPMEs no mundo digital.* 19 dez. 2005. Disponível em: <http://www.camara-e.net/interna.asp>.

CASO 5 IMUSICA — LOJA VIRTUAL DE MÚSICA

A empresa

A iMusica (www.imusica.com.br) é uma empresa de distribuição e gerenciamento de música digital, criada em 2000, cujo principal acionista é a *holding* IdeiasNet, que investe em empresas de tecnologia.

Com 1 milhão de usuários, a iMusica é pioneira no serviço de download legalizado de músicas e vídeos na internet brasileira. O site segue a legislação sobre propriedade intelectual e preserva os direitos autorais dos artistas. Atualmente, o iMusica tem em catálogo cerca de 300 mil músicas licenciadas, incluindo as de artistas populares como Ivete Sangalo, Zeca Pagodinho, Marcelo D2, Chico Buarque, Rolling Stones, entre outros (ver Figura 10.10).

Figura 10.10 *Home page do site iMusica*

Fonte: IMUSICA. Disponível em: <http://www.imusica.com.br>.

Como distribuidora e loja virtual, a iMusica distribui qualquer mídia digital (música e vídeos) até o consumidor final, sendo responsável pelo gerenciamento dos pagamentos e pela segurança da operação.

O modelo de negócios é o do provedor de serviço digital — *Digital Service Provider* (DSP) —, baseado em um sistema de vendas compartilhado entre três participantes: a gravadora, dona dos fonogramas; o distribuidor digital, no caso, a iMusica; e os portais que farão a venda das canções ao consumidor final. Cabe à iMusica negociar a venda dos fonogramas com os portais, os quais compram a tecnologia de proteção de direitos autorais do site iMusica e vendem os arquivos para o público. A iMusica fechou acordo com diversos portais, incluindo MSN, Yahoo! Music, Americanas.com e Saraiva.com.

Entre os serviços oferecidos pelo iMusica, destacam-se a digitalização de conteúdo audiovisual e o serviço de proteção de conteúdo digital, baseado no sistema de proteção aos direitos autorais *Digital Rights Management* (DRM), aprovado pelas grandes gravadoras, empresas e estúdios de cinema.

A qualidade da reprodução das músicas ao consumidor é garantida pelo formato Windows Media Audio (WMA) da Microsoft, que gera arquivos menores que o MP3. O formato WMA não é executável no iPod, o tocador de música digital MP3 da Apple, o modelo mais popular do mercado.

A iMusica projetava chegar a um faturamento de R$ 1 milhão mensais ao final de 2006, quando espera ter aumentado o volume atual de 20 mil downloads de músicas por mês para 300 mil.

A IdeiasNet (www.ideiasnet.com.br), empresa controladora do iMusica, investe em empresas de tecnologia e obteve receita bruta de vendas de R$ 103,7 milhões em 2004. No entanto, a empresa ainda registra prejuízo: nesse mesmo ano, o resultado líquido foi negativo em R$ 10,2 milhões.

O mercado de música digital

De acordo com a International Federation of Phonographic Industry (IFPI), que representa a indústria fonográfica, as vendas de músicas digitais legalmente baixadas da internet atingiram US$ 1,1 bilhão em 2005, no mundo. Os internautas realizaram 420 milhões de downloads legais, um volume 20 vezes maior que o verificado há dois anos[11].

Os downloads de música e de *ringtones* para telefone celular responderam por 6% do faturamento da indústria fonográfica, também no ano referido. Esse resultado foi impulsionado pela soma dos seguintes fatores: a crescente adoção da tecnologia de banda larga, a difusão dos tocadores de música digital, a expansão das lojas virtuais legalizadas, o aumento do número de telefones celulares de terceira geração e a maior demanda por *ringtones*.

A quantidade de sites legais para downloads de música aumentou em 2005, totalizando mais de 300 lojas virtuais de música no mundo. Em junho de 2005, o número de assinantes desse serviço era de 2,2 milhões. A Loja Virtual de música iTunes já comercializou legalmente mais de 1 bilhão de músicas pela internet, ao preço unitário de US$ 0,99.

A Apple vendeu 37 milhões de iPods mundialmente em 2005. Os iPods respondem por 70% do mercado de áudio digital portátil no mundo.

---

[11] IDGNOW. *Vendas de música digital triplicam em 2005, diz associação de gravadoras.* 31 mar. 2006. Disponível em: <http://idgnow.uol.com.br/internet/2006/03/31/idgnoticia>.

As vendas "físicas" de música, representadas por CDs e DVDs, já "sentem" a concorrência da música digital. No primeiro semestre de 2005, o faturamento caiu 6,3% sobre igual período do ano anterior, somando US$ 12,4 bilhões, e a quantidade de CDs e DVDs vendidos recuou 6,6%, para 915,2 milhões de unidades. A queda das vendas também é provocada pela pirataria e pela concorrência com outras opções de entretenimento, como os videogames.

No Brasil, cerca de 2,9 milhões de pessoas utilizam a internet para fazer o download de músicas e 1,1 bilhão de canções foram baixadas no País em 2005, segundo a Associação Brasileira dos Produtores de Discos (ABPD)[12].

Os sites de música on-line, como o iMusica, apostam na nova geração de consumidores, que prefere o computador para ouvir e comprar música.

Serviços oferecidos

Para os internautas, a Loja Virtual iMusic oferece cerca de 300 mil músicas, no formato WMA, como já mencionado. A empresa espera o lançamento de mais tocadores de música digital que aceitam esse formato da Microsoft, o qual possui o *Digital Rights Management*, ou gerenciador de direitos digitais, que permite às gravadoras limitarem a cópia dos arquivos de música vendidos.

O concorrente do iMusica, no Brasil, é a Loja Virtual Megastore (www.megastore. com.br), do portal UOL, que oferece o mesmo catálogo de músicas do iMusic. A compra obedece às mesmas regras em ambos os sites, ou seja, a compra das músicas é feita por créditos, e as músicas escolhidas pelo usuário são debitadas de créditos adquiridos anteriormente. Na UOL Megastore, é possível comprar créditos de R$ 15, R$ 30, R$ 60 ou R$ 120. No iMusica, é o usuário quem define sua quantia, desde que esta não passe dos R$ 100.

Para pagar, o usuário pode usar cartões de crédito, que dão acesso instantâneo às opções oferecidas, ou boletos bancários. Integrada às operadoras de cartão de crédito sem armazenamento de dados financeiros do usuário, a iMusica implementou um sistema de micropagamento que permite a cobrança on-line de pequenos valores sem custos adicionais.

A iMusica separa seu catálogo por três preços — R$ 0,99, R$ 1,99 e R$ 2,99. As músicas de artistas de maior apelo popular, como Elis Regina, Frank Sinatra e Marcelo D2, têm a tarifa mais cara. Na UOL Megastore, as músicas têm preço inicial de R$ 2,90, mas algumas obras, como o CD "Anacrônico", da cantora Pitty, são oferecidas por R$ 1,99.

Para as gravadoras e outros portais de conteúdo, além dos serviços de tecnologia e licenciamento para comercialização on-line, a iMusica oferece diferentes modelos de parcerias, os quais variam do mais simples formato padrão de loja à integração visual

---

[12] BRASIL "baixou" mais de 1 bi de canções em 2005. *Folha de S.Paulo*, 14 set. 2006. Disponível em: <http://www1.folha.uol.com.br/folha/informatica/ ult124u20597>.

com o ambiente do site do parceiro e filtro de estilos musicais, de acordo com o perfil do cliente.

Os serviços oferecidos para seus parceiros incluem os seguintes:

- **Serviços de encoding**: digitalização, compressão e encriptação de todo tipo de conteúdo audiovisual, em diversos formatos.

- **Licenciamento de conteúdo**: disponibilização do catálogo da rede iMusica, incluindo conteúdo das maiores gravadoras e selos independentes do Brasil e do exterior.

- **Agregador de conteúdo**: exportação do catálogo brasileiro para os principais portais e ferramentas de venda de mídia digital ao redor do mundo.

- **Construção de loja digital**: criação da estrutura gráfica e tecnológica para lojas virtuais, disponibilizando o catálogo de músicas integral ou segmentado.

- **Distribuição de direitos**: gerenciamento dos pagamentos de *royalties*, comissões e direitos autorais às editoras, gravadoras e lojas virtuais.

- **Sistemas antipirataria**: como exemplo desse serviço, o álbum "Segundo" da cantora Maria Rita contém um código personalizado impresso, com o qual o cliente consegue acesso, por meio da rede iMusica, de conteúdo exclusivo, disponível apenas para quem adquiriu o CD original.

Parcerias estratégicas

No Brasil, o processo para autorização da venda de canções digitais é complexo, porque, além das gravadoras, responsáveis pelos direitos de intérprete, os direitos autorais precisam ser negociados com as editoras. Já nos Estados Unidos, a negociação de *royalties* é feita diretamente com as gravadoras.

A iMusica desenvolveu parcerias com as grandes editoras de música, como Warner-Chappel, Universal, Sony Music, EMI, BMG e mais 30 editoras nacionais. Além disso, mantém acordos de licenciamento com mais de 200 gravadoras e distribuidoras, como EMI, Warner, Trama, Indie Records, DeckDisc, Biscoito Fino, Natasha, Atração, Paradoxx, Kuarup, CID, Visom, Albatroz e Furacão, entre outras.

Além da venda de músicas no próprio site, a iMusica licencia seu sistema e catálogo para outros portais no Brasil, como MSN e Yahoo!, Americanas.com, BrTurbo, IG, Gradiente, Velox, Saraiva, Vírgula e Antena1. A empresa tem planos de levar seu modelo para outros países da América Latina.

A iMusica também realizou parceria de conteúdo com a Toing, fornecedora de serviços de personalização para celulares voltada ao público adolescente. A parceria tem o objetivo de disponibilizar uma variedade de mídias digitais para a personalização de telefonia móvel por intermédio de *ringtones*, *truetones*, imagens, *wallpapers*, ícones, etc. Essas são as variedades de novos produtos virtuais oferecidos à maior base de consumo que existe na atualidade: 80 milhões de usuários de celulares.

QUESTÕES

Com base nos dados deste caso, nos conceitos discutidos neste livro e acessando o site iMusica, responda às seguintes questões:

1. Analise o modelo de negócios da iMusica. Identifique, resumidamente, o público-alvo, os serviços oferecidos e as fontes atuais e potenciais de receitas.

2. Explique a vantagem competitiva atual e futura da empresa, comparando-a com seus principais concorrentes.

3. Compare o site da iMusica com o UOL MegaStore e analise as diferenças e semelhanças entre eles.

4. Na sua opinião, quais são os três principais desafios de marketing a serem enfrentados pela empresa nos próximos anos?

5. Comente as principais parcerias estratégicas que a iMusica deve desenvolver nos próximos anos.

REFERÊNCIAS

IMUSICA. Disponível em: <http://www.imusica.com.br>.
IDEIASNET. Disponível em: <http://www.ideiasnet.com.br>.
IDGNOW. Disponível em: <http://idgnow.uol.com.br>.
UOL MEGASTORE. Disponível em: <http://megastore.uol.com.br>.

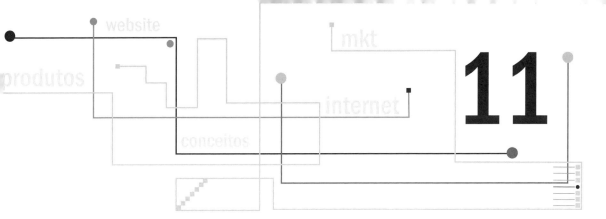

Conclusões sobre a internet como ambiente de marketing e de negócios

Os diversos estudos realizados sobre o impacto da internet no marketing estão em fase inicial de desenvolvimento, pois o ambiente da internet como meio de realização de negócios é novo e a tecnologia ainda não está acessível para grande parte da população.

Esses estudos, no entanto, revelam que os modelos de negócios das empresas e suas práticas de marketing precisam ser reestruturados para o mercado virtual, devido ao novo paradigma da relação empresa-cliente, baseado em interatividade, comunidade, velocidade, sincronicidade, personalização e maior poder do consumidor.

Na nova economia criada pela internet, as oportunidades de negócios e a nova forma de relacionamento das empresas com seus clientes e parceiros farão que as empresas revejam suas estratégias e estruturas organizacionais, para atingir o crescimento e a otimização dos resultados.

Como afirmou Tapscott[1], as mudanças estruturais da nova economia levam as empresas a repensarem continuamente seus negócios, mercados e produtos. Na nova economia, o tamanho não é o fator crítico de sucesso, mas, sim, a inovação, a agilidade e o aprendizado organizacional.

---

[1] TAPSCOTT, 1996.

Com base nas pesquisas já realizadas, pode-se identificar as mudanças ocorridas no âmbito do marketing, bem como a natureza dessas mudanças e as tendências preliminares que indicam sua direção.

Essas descobertas estimulam a curiosidade e abrem oportunidades para o desenvolvimento de estudos mais aprofundados sobre o tema, especialmente sobre questões complexas e desafiadoras, por exemplo:

- Que mudanças nos modelos de comportamento do consumidor serão provocadas pela criação de um ambiente como a internet, que possibilita a interatividade entre clientes e vendedores, clientes e clientes, clientes e parceiros?
- Que estratégias de marketing serão mais eficazes na criação de uma vantagem competitiva no novo ambiente de negócios criado pela internet?
- Qual o papel dos canais de vendas no novo modelo virtual de negócios?
- Quais as novas formas de criação de valor para os clientes e os acionistas quando a internet rompe as barreiras de entrada e equaliza as ofertas, invalidando os antigos modelos de diferenciação de produtos e de marcas?
- Quais os novos modelos de formação de preços no ambiente da internet, em que idéias e conhecimentos rapidamente se difundem? As antigas estruturas de custo são dissolvidas?
- Qual a forma de comunicação mais eficaz entre clientes e vendedores no ambiente da internet, quando o cliente tem o poder de interferir no conteúdo e na forma da comunicação?

Essas e outras questões, para serem respondidas com eficácia, exigirão curiosidade, criatividade, experiência concreta e esforço de pesquisa.

Este livro procurou dar uma contribuição aos profissionais e estudiosos de marketing ligados ao ambiente virtual para a identificação das questões relevantes e para a busca das suas respostas, que proporcionarão aos praticantes do marketing mais perspectivas de sucesso e realização.

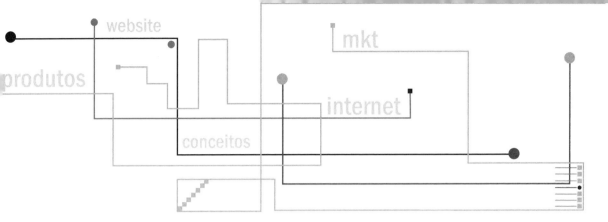

Referências

ACESSIBILIDADE BRASIL. *O que é acessibilidade?* Disponível em: <http://www.acessobrasil.org.br>.

ACNIELSEN. *Pesquisa de opinião do consumidor on-line 2005.* Disponível em: <http://www.acnielsen.com.br/imprensa/7nov05_nac.htm>.

AGÊNCIA CLICK. *Aplausos para o novo site da Coca-Cola Light.* Disponível em: <http://www.agenciaclick.com.br/br/empresa/noticia_1668.asp>.

ALBERTIN, Alberto. *Comércio eletrônico*: modelos, aspectos e contribuições de sua aplicação. São Paulo: Atlas, 2000.

AMERICAN EXPRESS. Disponível em: <http://www.americanexpress.com/br/homepage.shtml>.

ANGEHRN, A. A. Designing mature internet business strategies: the ICDT model. *European Management Journal*, Oxford, Blackwell, v. 15, n. 4, p. 361-369, Aug. 1997.

ANTES de bater o martelo, conheça os tipos de leilão. *O Estado de S. Paulo.* Disponível em: <http://txt.estado.com.br/suplementos/info/2005/10/03/info011.xml.>.

ARAUJO, Marilu. O shopping do internauta descolado. *O Estado de S.Paulo,* São Paulo, 3 out. 2005. Disponível em: <http://txt.estado.com.br/suplementos/info/2005/10/03/info009.html>.

ARIMA, Kátia. Filtre só o que interessa na web. *O Estado de S.Paulo*, São Paulo, 30 maio 2005. Disponível em: <http://www.link.estadao.com.br/index>.

ASSOCIAÇÃO BRASILEIRA DE MARKETING DIRETO. "Boas maneiras" nas ações de e-mail marketing. Disponível em: <http://www.abemd.org.br/boasmaneiras.htm>.

———. *Indicadores de 2005.* Disponível em: <http://www.abemd.org.br/interno/indicadores_15-12-05.ppt>.

ASSOCIAÇÃO DE MÍDIA INTERATIVA. *Visão geral da publicidade on-line no Brasil.* Jul. 2005. Disponível em: <http://www.ami.org.br>.

AURICCHIO, Jocelyn. Ganhando dinheiro com negócios reais no mundo virtual. *O Estado de S.Paulo*, São Paulo, 25 set. 2006. Caderno LINK. Disponível em: <http://www.link.estadao.com.br/index>.

AVON. Disponível em: <http://store.avon.com.br/avonstore>.

BACELLAR, S.; PRADO LEITE, J. C. S. Avaliação da usabilidade em sistemas de informação: o caso do sistema Submarino. *Revista RAC*, v. 7, n. 2, p. 115-136, abr./jun. 2003.

BAGOZZI, Richard P.; LEE, K. Consumer resistance to and acceptance of innovations. *Advances in Consumer Research*, Provo, Utah, Association for Consumer Research, v. 26, p. 218-224, 1999.

BARBIE. Disponível em: <http://barbie.everythinggirl.com/catalog>.

BARRETO, Juliano. *Saiba como participar dos sites de leilão*. 27 mar. 2005. Disponível em: <http://www1.folha.uol.com.br/folha/informatica/ult124u18214.shtml>.

BBBONLINE. *Reliability seal program*. Disponível em: <http://www.bbbonline.org>.

BLOGGER. Disponível em: <http://blogger.com.br>.

BOSTON CONSULTING GROUP. *The B2B opportunity*: creating advantage through e-marketplaces. Oct. 2000. Disponível em: <http://faculty.darden.virginia.edu/GBUS885-00/files/b2b.pdf>.

BRASIL "baixou" mais de 1 bi de canções em 2005. *Folha de S.Paulo*, 14 set. 2006. Disponível em: <http://www1.folha.uol.com.br/folha/informatica/ ult124u20597>.

BRASTEMP. Disponível em: <http:www.maebrastemp.com.br>.

BRAUN, Daniela. Quatro maiores bancos têm 22,7 milhões de clientes on-line. *IDG Now!* 23 fev. 2006. Disponível em: <http://beta.idgnow.com.br/internet/2006/02/23/idgnoticia>.

BURNS, Enid. *Web usage grows internationally*. 26 Sep. 2005. Disponível em: <http://www.clickz.com/stats/sectors/demographics/article.php/3551541>.

BUSCA UOL. Disponível em: <http://busca.uol.com.br>.

CÂMARA BRASILEIRA DE COMÉRCIO ELETRÔNICO. *Camara-e.net divulga dados sobre as MPMEs no mundo digital*. 19 dez. 2005. Disponível em: <http://www.camara-e.net/interna.asp>.

————. *Compras públicas on-line em 2005*. Disponível em: <http://www.camara-e.net/interna.asp>.

————. *Índice de B2B on-line*. Disponível em: <http://www.camara-e.net/interna.asp>.

————. *Panorama anual do comércio eletrônico*. Disponível em: <http://www.camara-e.net>.

————. *Pesquisa varejo on-line no Brasil em 2005*. Disponível em: <http://www.camara-e.net>.

CÂMARA BRASILEIRA DO LIVRO. *Produção e vendas do setor edi-to-rial brasileiro*. Disponível em: <http://www.cbl.org.br>.

CELTA. Disponível em: <http://www.chevrolet.com.br/celta/index.shtm>.

CENSUS BUREAU OF THE DEPARTMENT OF COMMERCE. *Retail e-commerce sales for the fourth quarter of 2005*. 17 Feb. 2006. Disponível em: <http://www.census.gov/mrts/www/data/html/05Q4.html>.

CENTRO BRASILEIRO DE ESTUDOS JURÍDICOS DA INTERNET. Disponível em: <http://www.cbeji.com.br>.

CHAUDHURI, A.; HOLBROOK, M. B. The chain of effects from brand trust to brand affect to brand performance: the role of brand loyalty. *Journal of Marketing*, v. 65, p. 81-93, Apr. 2001.

CHEN, Q.; WELLS, W. D. Attitude toward the site. *Journal of Advertising Research*, Cambridge University Press, Cambridge, v. 39, n. 5, p. 27-37, Sep./Oct. 1999.

CHEVROLET. Disponível em: <http://www.chevrolet.com.br/celta>.

CIFRACLUB. Disponível em: <http://forum.cifraclub.terra.com.br/forum/11/ 81633>.

COCA-COLA LIGHT. Disponível em: <http://nightcocacolalight.com.br>.

————. Disponível em: <www.cocacolalight.com.br/br/index.jsp>.

Referências

COCA-COLA. *Promoção Beleza em Dobro*. Disponível em: <http://www.cocacola.com.br/fe/index.jsp>.

———. *Promoção Coke Ring*. Disponível em: <http://www.cocacola.com.br/fe/index.jsp>.

COMITÊ GESTOR DA ICP-BRASIL. Disponível em: <http://www.icpbrasil.gov.br>.

COMITÊ GESTOR DA INTERNET NO BRASIL. *Pesquisa de número de hosts*. Jul. 2006. Disponível em: <http://www.nic.br/indicadores/hosts/2006/index.htm>.

———. *Pesquisa sobre o uso das Tecnologias da Informação e da Comunicação (TIC)*. Ago./set. 2005. Disponível em: <http://www.nic.br/indicadores/usuarios/index.htm>.

COMITÊ GESTOR DA INTERNET. *CGI divulga indicadores inéditos sobre a internet no país*. Disponível em: <http://www.cg.org.br/releases/2005/rl-2005-07.htm>.

———. *Nomes de domínios no Brasil*. Disponível em: <http://www.nic.br/dominios/tabela_b.htm>.

COMSCORE. *Top web sites in July 2006*. Disponível em: <http://blogs.zdnet.com/ITFacts/index.php>.

COUNCIL OF SUPPLY CHAIN MANAGEMENT PROFESSIONALS. *Glossary of terms*. Feb. 2005. Disponível em: <http://www.cscmp.org>.

CREDICARD ITAÚ. *Pesquisa de indicadores do mercado de meios eletrônicos de pagamento*. 2005. Disponível em: <http://www.itau.com.br/imprensa/confira.htm?sParam=midia/lernoticia.asp?id_noticia=3995>.

D'ANGELO, Vanessa. Fipe estuda perfil de motorista internauta; prestadores de serviços se unem. *Gazeta Mercantil*, São Paulo, 19 jun. 2001.

DATAMONITOR. The next generation consumer. *Datamonitor Impact Brief*. May 2000. Disponível em: <http://www.datamonitor.com>.

DAY, George S. *Market driven strategy*: process for creating value. New York: The Free Press, 1990.

DRUCKER, Peter et al. Competing in the information economy. *Harvard Business Review*, Estados Unidos, p. 18-32, Sep./Oct. 1997.

DSL FORUM. *DSL Drives Subscriber Growth*. Disponível em: <http://www.dslforum.org>.

———. *Thriving DSL adds almost 40 million in year*. 19 Dec. 2005. Disponível em: <http://www.dslforum.org/PressRoom/0527_Q305dsl_figures.pdf>.

EBAY. Disponível em: <http://www.ebay.com>.

E-BIT. *Comércio eletrônico cresceu 61% neste Natal*. Disponível em: <http://www.ebit.com.br/indice/html/indice.asp>.

———. *Pesquisa 2005*. Disponível em: <http://www.ebitempresa.com.br>.

———. *Pesquisa de comércio eletrônico no Brasil*. Dez. 2005. Disponível em: <www.ebitempresa.com.br>.

———. *Pesquisa web shoppers*. 13. ed. Jan. 2006. Disponível em: <www.camara-e.net/_upload/WebShoppers13.pdf>.

———. *Vendas pela internet atingem R$ 4,4 bi em 2006*. Disponível em: <http://www.ebit.com.br.>.

ECKERSDORFF, Roberto. *A força do vídeo interativo na publicidade on-line*. 30 jan. 2006. Disponível em: <http://webinsider.uol.com.br/vernoticia.php/id/2711>.

EMARKETER. *Latin American e-marketplaces*. Jun. 2001. Disponível em: <http://www.emarketer.com/analysis/elatin_america/20010614_latam.html>.

ERNST & YOUNG. *Internet shopping special report*. Jan. 1998. Disponível em: <http://www.ey.com/shopping.html>.

ESCOLA24H. Disponível em: <http://www.escola24h.com.br>.

ESOMAR. *Top 25 research companies*. Ago. 2004. Disponível em: <http://www.esomar.org>.

EXAME ON-LINE. *O que pode o iPod*. 3 mar. 2004. Disponível em: <http://app.exame.abril.com.br/tecnologia/conteudo_97038.shtml>.

FEBRABAN. *O setor bancário em 2005*. Disponível em: <http://www.febraban.org.br/Arquivo/Servicos/Dadosdosetor/2006/item01.asp>.

FELIPINI, Dailton. *ABC do e-commerce*. Disponível em: <http://www.e-commerce.org.br>.

FERNANDES, Manoel; DITOLVO, Mariana. Os reis das vendas na internet. *Revista IstoÉ Dinheiro*, n. 417, 7 set. 2005. Disponível em: <http://www.terra.com.br/istoedinheiro/417/indice/index.htm>.

FERREIRA, S. B. L.; LEITE, J. C. P. Avaliação da usabilidade em sistemas de informação: o caso do sistema submarino. *Revista RAC*, v.7, n. 2, p. 115-136, abr. 2003.

FLORES ONLINE. Disponível em: <http://www.floresonline.com.br>.

FORRESTER RESEARCH. *A five-year forecast and analysis of US online retail sales*. 14 Sep. 2005. Disponível em: <http://www.forrester.com/Research/Document/Excerpt/0,7211,37626,00.html>.

———. *Global e-commerce approaches hypergrowth*. 18 Apr. 2000. Disponível em: <http://www.forrester.com/ER/Research/Brief/Excerpt/0,1317,9229,FF.html>.

———. *Online retail's ripple effect*. 25 Sep. 2000. Disponível em: <http://www.forrester.com/ER/Press/Release/0,1769,404,FF.html>.

FOTOLOG. Disponível em: <www.fotolog.com>.

FREITAS, Lucas T. A era dos portais humanos. *Revista Exame*, ed. 736, n. 6, 21 mar. 2001.

FULANO. Disponível em: <http://www.fulano.com.br>.

GEISSLER, G.; ZINKHAN, G. Consumer perceptions of the world wide web: an exploratory study using focus groups interviews. *Advances in Consumer Research*, Provo, Utah, Association for Consumer Research, v. 25, p. 386-392, 1998.

GEORGIA INSTITUTE OF TECHNOLOGY. *GVU´s www user survey*. Graphics, visualization and utilization center. 1998. Disponível em: <http://www.gvu.gatech.edu>.

GEPPERT, Luigi. *E-marketplaces*: new models. Disponível em: <http://www.deeds-ist.org/Downloaddocs/GL-Paper.pdf>.

GLOBAL MARKET INSITE. *Soluções integradas para inteligência de mercado*. Disponível em: <http://pt.gmi-mr.com/company>.

GOOGLE. Disponível em: <www.google.com.br>.

GOUVEA, Sandra. *O contrato eletrônico e a assinatura digital*. Disponível em: <http://www.federativo.bndes.gov.br/bf_bancos/noticias/n0002319.pdf>.

GRUPO SARAIVA. *Relatório anual 2005*. Disponível em: <http://www.saraivari.com.br/port/apresentacoes/index.asp>.

HAGEL, J.; ARMSTRONG, A. G. *Net gain*: expanding markets through virtual communities. Cambridge: Harvard Business School Press, 1997.

HAMMOND, K.; McWILLIAM, G.; DIAZ, A. N. Fun and work on the web: differences in attitudes between novices and experienced users. *Advances in Consumer Research*, Association for Consumer Research, Provo, Utah, v. 25, p. 372-378, 1998.

Referências

HARRIS INTERACTIVE. *Harris poll on-line demonstration survey.* Nov. 2004. Disponível em: <http://survey.harrispollonline.com/w14975.htm>.

HARTMAN, A.; SIFONIS, J. *Net ready*: strategies for success in the economy. New York: McGraw-Hill, 2000.

HOFACKER, Charles F. *Internet marketing.* New York: John Wiley, 2001.

HOFFMAN, Donna L.; NOVAK, Thomas P. Marketing in hypermedia computer-mediated environments: conceptual foundations. *Journal of Marketing*, v. 60, n. 3, p. 50-68, July 1996.

IBOPE. *Pesquisas.* Disponível em: <http://www.ibope.com.br>.

————. *Segmentação dos internautas brasileiros.* Jun. 2001. Disponível em: <http://www.ibope.com.br>.

IBOPE MONITOR. *Ranking dos maiores anunciantes em 2005.* Disponível em: <http://www.sindapro-mg.com.br/briefing/2006-02-24.htm.>

IBOPE//NetRatings. *Número de usuários domiciliares da web.* 3º trimestre 2005. Disponível em: <http://www.ibope.com.br>.

————. *Os 10 maiores sites em audiência no segmento de jovens 8 a 24 anos.* Out. 2005. Disponível em: <http://www.ibope.com.br>.

————. *Perfil do internauta.* 2º trimestre de 2006. Disponível em: <http://www.nic.br/indicadores/usuarios/tab02-05.htm>.

————. *Web Brasil.* 1º trimestre 2005. Disponível em: <http://www.ibope.com.br>.

————. *Web Brasil.* 3º trimestre 2005. Disponível em: <http://www.ibope.com.br>.

IDG NOW. *Banco do Brasil quer 3 milhões de clientes no celular em um ano.* Disponível em: <http://idgnow.uol.com.br/telecom/2006/03/23/idgnoticia>.

————. *Vendas de música digital triplicam em 2005, diz associação de gravadoras.* 31 mar. 2006. Disponível em: <http://idgnow.uol.com.br/internet/2006/03/31/idgnoticia>.

————. *Technorati contabiliza dois novos blogs por segundo em julho.* 7 ago. 2006. Disponível em: <http://idgnow.uol.com.br/internet/2006/08/07/idgnoticia>.

IMT STRATEGIES. *Successful email strategies.* Sep. 2001. Disponível em: <http://www.imtstrategies.com>.

IMUSICA. Disponível em: <http://www.imusica.com.br>.

INFO ON-LINE. *Bradesco*: números imbatíveis em e-commerce. 6 maio 2004. Disponível em: <http://info.abril.uol.com.br/aberto/infonews/052004/06052004-10.shl>.

————. *Os reis do e-commerce no Brasil 2004.* 6 maio 2004. Disponível em: <http://info.abril.uol.com.br/ecommerce/2004>.

INSTITUTO BRASILEIRO DE GEOGRAFIA E ESTATÍSTICA. *Censo populacional.* 2000. Disponível em: <http://www.ibge.gov.br>.

————. *Pesquisa Nacional por Amostra de Domicílios.* 2004. Disponível em: <http://www.ibge.gov.br>.

————. *Pesquisa de Orçamentos Familiares.* 2002-2003. Disponível em: <http://www.ibge.gov.br>.

INSTITUTO NACIONAL DE PROPRIEDADE INDUSTRIAL. *Fluxograma do exame de pedidos de registro de marca.* Disponível em: <http://www.inpi.gov.br>.

INTERNATIONAL DATA CORPORATION. *Banda larga será grande responsável pelo crescimento da web.* Disponível em: <http://www.idcbrasil.com.br/brasil/release/2003.asp>.

———. *IDC examines the future of e-mail*. 22 Dec. 2005. Disponível em: <http://www.idc.com/getdoc.jsp>.

———. *Mercado brasileiro de equipamentos de redes locais wireless*. 16 out. 2003. Disponível em: <http://www.idclatin.com/miami/telas/pagina.asp>.

INTERNET ADVERTISING BUREAU. *Advertising effectiveness study*. Mar. 1999. Disponível em: <http://www.iab.net>.

———. *Internet Advertising Revenue Report 2005*. Disponível em: <http://www.ameinfo.com/pdf/iab/IAB_PwC_2005full.pdf>.

———. *Interactive marketing units*. Disponível em: <http://www.iab.net/standards/adunits.asp>.

INTERNET SYSTEMS CONSORTIUM. *Internet domain survey*. July 2006. Disponível em: <http://www.isc.org/index.pl?/ops/ds/>.

INTERNET WORLD STATS. *Internet usage and world population statistics*. Dec. 2005. Disponível em: <http://www.internetworldstats.com>.

IPSOS. *Pesquisas*. Disponível em: <http://www.ipsos.com>.

———. *Pesquisa sobre o uso de tecnologias da informação e da comunicação*. Ago./Set. 2005. Disponível em: <http://www.nic.br/indicadores/usuarios/index.htm>.

———. *Produtos e serviços*. Disponível em: <http://www.ipsos.com.br>.

———. *The face of the web*. 2001. Disponível em: <http://www.ipsosinsight.com>.

IPSOS ASI. *Pesquisas*. Disponível em: <http://www.ipsos.com.br>.

ITAÚ SHOPLINE. Disponível em: <http://www.itaushopline.com.br>.

ITUNES MUSIC STORE. Disponível em: <http://www.apple.com/br/itunes/download>.

JANUÁRIO, Larissa. Gol vende passagens aéreas a R$ 1 via web. *WNews*. 1 ago. 2006. Disponível em: <http://wnews.uol.com.br/site/noticias/materia.php?id_secao=4&id_conteudo=5531>.

JIMENES, Carla. Internautas ainda resistem às compras virtuais. *O Estado de S.Paulo*, São Paulo, 30 nov. 2000.

JUPITER RESEARCH. *E-mail marketing project*. July 2002. Disponível em: <http://www.jupiterresearch.com>.

———. *Improving contact center efficiencies*: identifying the role of chat-based service. 9 Oct. 2001. Disponível em: <http://www.jupiterresearch.com>.

———. Inside the mind of the on-line consumer: increasing advertising effectiveness. *Jupiter Consumer Survey*, v. 8, 19 Aug. 1999. Disponível em: <http://www.jupiterresearch.com.>.

KLEIN, S.; PIGNEUR, Y.; SCHMID, B.; *Electronic markets*: importance and meaning for Switzerland. Bern: Swiss Science Council, 1996.

KNOWLEDGE SYSTEMS RESEARCH. *Satisfied eShoppers in the US*. Mar. 2001. Disponível em: <http://www.emarketer.com/estatnews/estats/ecommerce_b2c/20010330_andersen_consume_opinion.html>.

KORGAONKAR, P.; WOLIN, L. D. A multivariate analysis of web usage. *Journal of Advertising Research*, v. 39, n. 2, p. 53-68, Mar./Apr. 1999.

———; SILVERBLATT, R.; O'LEARY, B. Web advertising and hispanics. *Journal of Consumer Marketing*, United Kingdom, Emerald Group Publishing, v. 18, n. 2, p. 134-152, 2001.

KOTLER, Philip. *Administração de marketing*. 10. ed. São Paulo: Prentice-Hall, 2000.

LEINER, Barry et al. *A brief history of the internet*. Disponível em: <http://www.isoc.org/internet/history/brief.shtml>.

LÉVY, Pierre. *O que é o virtual?* São Paulo: Editora 34, 1996.

LICITAÇÕES-E. *Compras públicas realizadas via internet*. Disponível em: <https://www.licitacoes-e.com.br>.

LISTA de categorias de domínios. Disponível em: <http://registro.br/info/dpn.html>.

LIVRARIA SARAIVA. Disponível em: <http://www.livrariasaraiva.com.br>.

LOJAS AMERICANAS. *Resultados financeiros de 2005*. Disponível em: <http://ri.lasa.com.br/site/informacoesfinanceiras/relatoriosanuaistrimestrais_resultado.php>.

MAGAZINE LUIZA. Disponível em: <http://www.magazineluiza.com.br>.

MAIA, M. C. As comunidades virtuais da região. *O Estado de S.Paulo*, São Paulo, 10 ago. 2000.

MANTA, André. *Guia do jornalismo na internet*. Out. 1999. Disponível em: <http://www.facom.ufba.br/pesq/cyber/manta/Guia/index.html>.

MARTINS B2B. Disponível em: <http://www.martins.com.br>.

McDANIEL, Carl. *Internet research*: the technology of the future. Arlington: University of Texas, 2001.

MCDONALD'S. *Comendo e aprendendo*. Disponível em: <www.comendoeaprendendo.com.br>.

———. Disponível em: <www.mcdonalds.com.br/canal jovem>.

McKINSEY. Company Segmenting the e-market. *The McKinsey Quarterly 2000*, n. 4. Disponível em: <http://www.mckinseyquarterly.com/article>.

MERCADOLIVRE. Disponível em: <http://www.mercadolivre.com.br>.

MEUGRUPO. Disponível em: <http://www.meugrupo.com.br>.

MICK, D. G.; FOURNIER, S. Paradoxes of technology: consumer cognizance, emotions, and coping strategies. *Journal of Consumer Research*, Chicago, University of Chicago Press, v. 25, p. 123-143, Sep. 1998.

MOORMAN, C.; ZALTMAN, G.; DESHPANDE, R. Relationships between providers and users of market research: the dynamics of trust within and between organizations. *Journal of Marketing Research*, v. 29, p. 314-328, Aug. 1992.

MOWEN, John C.; MINOR, Michael. *Comportamento do consumidor*. São Paulo: Prentice-Hall, 1999.

MSN MESSENGER. Disponível em: <http://messenger.msn.com/download>.

MUNIZ JR., A. M.; O`GUINN, T. C. Brand community. *Journal of Consumer Research*, Chicago, v. 27, p. 412-432, Mar. 2001.

NATURA. *Loja virtual*. Disponível em: <http://www.natura.net/port/produtos/ce/html/loja_virtual.asp>.

NATURA.NET. Disponível em: <http://www.natura.net>.

NESCAU. Disponível em: <http://www.nescau.com.br>.

NESTLÉ — SITE MAIS DIVERTIDO. Disponível em: <http://www.nestle.com.br/maisdivertido>.

NESTLÉ. *Promoção "80 anos"*. Disponível em: <http://www2nestle.com.br/80anos>.

NETCRAFT. *Web server survey*. July 2006. Disponível em: <http://news.netcraft.com/archives/web_server_survey.html>.

NIELSEN//NETRATINGS. *Brazil*: average web usage. Disponível em: <http://www.nielsen-netratings.com>.

———. *MegaView search*. Feb. 2006. Disponível em: <http://www.nielsen-netratings.com>.

———. *On-line search grow 55 percent year-over-year*. 2005. Disponível em: <http://www.netratings.com/pr/pr_060209.pdf>.

NOGUEIRA, Claudia M. *Busca de informações na internet e no processo de decisão de compras*. Dissertação (Mestrado) — Escola de Administração de Empresas de São Paulo, Fundação Getúlio Vargas, São Paulo, 2001. 193p.

OPINIA. *Pesquisas*. Disponível em: <http://www.opinia.com>.

ORGANISATION FOR ECONOMIC CO-OPERATION AND DEVELOPMENT. E-commerce: impacts and policy challenges. *Economic Outlook 2000*. Disponível em: <http://www.oecd.org/dataoecd/42/48/2087433.pdf>.

ORKUT. Disponível em: <http://www.orkut.com>.

OS 100 maiores nomes do e-commerce no Brasil. *Revista Info*, São Paulo, Abril, n. 230, maio 2005.

PEW RESEARCH CENTER. *Internet & American life project teens and parents survey*. June 2001. Disponível em: <http://www.pewinternet.org/pdfs/PIP_Teens_Report.pdf>.

_____. *Internet & American life project tracking surveys*. Disponível em: <http://www.pewinternet.org/pdfs/Internet_Status_2005.pdf>.

POLLAY, R. W.; MITTAL, B. Here's the beef: factors, determinants, and segments in consumer criticism of advertising. *Journal of Marketing*, v. 57, p. 98-114, July 1993.

PORTAL EXAME. Disponível em: <http://portalexame.abril.com.br/edicoes/ 855/tecnologia/conteudo_102030.shtml>.

_____. *Hot site AMEX*. Disponível em: <portalexame.abril.uol.com.br>.

_____. *O Google quer dominar o mundo*. 4 nov. 2005. Disponível: <http://portalexame.abril.com.br/edicoes/855/tecnologia/conteudo_102030.shtml>.

PORTAL UOL. Disponível em: <http://rss.uol.com.br>.

PORTO SEGURO. Disponível em: <http://www.portoseguro.com.br>.

PORTO, Roseli M. Varejo multicanal. *Revista GV Executivo*, v. 5, n.1, fev./abr. 2006.

PORTOWEB. *Acessibilidade*. Disponível em: <http://www.portoweb.com.br>.

PREÇO supera conforto na opinião dos internautas. *Folha de S.Paulo*, 8 abr. 2001. Disponível em: <http://www1.folha.uol.com.br/fsp/veiculos/cv0804200103.htm>.

PRICEWATERHOUSECOOPERS. *Six forces shape the future of business*. July 2000. Disponível em: <http://www.pwcglobal.com>.

_____. T*urning shoppers online*. Mar. 2001. Disponível em: <http://www.pwcglobal.com>.

PROBLEMA para ricos e famosos: o controle do próprio nome. *Jornal da Tarde*, São Paulo, 13 out. 2000.

PROJETO INTER-MEIOS. *Relatório de investimentos*. Dez. 2005. Disponível em: <http://www.projetointermeios.com.br>.

QUINTELLA, H.; CUNHA, A. *A convergência tecnológica e a percepção de valor nos serviços de telecomunicações*. Disponível em: <http://www.comciencia.br/reportagens/2004/08/11.shtml>.

Referências

RAPP, Stan; MARTIN, Chuck. *Max-e-marketing in the net future*. New York: McGraw-Hill, 2000.

REBOUÇAS, Lídia. 3 aulas digitais. *Exame Negócios*, São Paulo, ano 2, n. 11, p. 26-36, nov. 2001.

REDE NACIONAL DE PESQUISA. *Mapa do* backbone *da internet brasileira*. Disponível em: <http://www.rnp.br/*backbone*/index.php>.

REGISTRO.BR. *Lista de categorias de domínios*. Disponível em: <http://registro.br/info/dpn.html>.

ROGERS, Everett M. *Diffusion of innovations*. 4th ed. New York: Free Press, 1995.

ROPER STARCH WORLDWIDE. *New "Web Rage" phenomenon*:internet users feel technology contributes to and alleviates stress. New York, 18 Dec. 2000.

SAIBA como participar dos sites de leilão. *Folha de S.Paulo*. Disponível em: <http://www1.folha.uol.com.br/folha/informatica/ult124u18214.shtml>.

SCHIFFMAN, L. G.; KANUK, L. L. *Consumer behavior*. 7th ed. New Jersey: Prentice-Hall, 2000.

SECOND LIFE. Disponível em: <http://secondlife.com>.

SHOPFÁCIL. Disponível em: <http://www.shopfacil.com.br>.

SHOPPING UOL. Disponível em: <http://shopping.uol.com.br>.

SOLUÇÕES de acessibilidade. Disponível em: <http://www.eyedea.com.br/solucoes_acessibilidade.php>.

SUBMARINO. Disponível em: <http://www.submarino.com.br>.

SYMNETICS. *B2B portal rating Brazil*. Dec. 2000. Disponível em: <http://symnetics.com.br>.

TAM. Disponível em: <http://www.tam.com.br>.

TAM. WEB CALL CENTER. Disponível em: <webcallcentertam.com.br>.

TAPSCOTT, Don. *The digital economy*. New York: MacGraw-Hill, 1996.

TEIXEIRA, Patrícia. Grandes marcas conquistam novos clientes na web. *Jornal da Tarde*, São Paulo, 22 fev. 2001.

TEIXEIRA JÚNIOR, Sérgio. O que pode o iPod. *Revista Exame on-line*. 3 mar. 2004. Disponível em: <http://app.exame.abril.com.br/revista/exame/edicoes/0812/empresas/m0054691.html>.

TERRA. Disponível em: <http://www. terra.com.br>.

THE UNITED NATIONS CONFERENCE ON TRADE AND DEVELOPMENT. *Information Economy Report 2005*. Disponível em: <http://r0.unctad.org/ecommerce/ecommerce_en/edr05_en.htm>.

TURBAN, E. et al. *Electronic commerce*: a managerial perspective. New Jersey: Prentice-Hall, 1999.

UOL. *Publicidade*. Jul. 2005. Disponível em: <http://publicidade.uol.com.br/1.2.jhtm>.

VALOR ONLINE. *Receita bruta do Submarino cresce 59% em 2005*. Disponível em: <http://www.valoronline.com.br/valoronline/Geral/empresas/internet>.

_____. Disponível em: <www.valoronline.com.br>.

VISANET. Disponível em: <http://www.visanet.com.br/comercio eletronico>.

WARD, Michael R.; LEE, Michael J. Internet shopping, consumer search and product branding. *Journal of Product and Brand Management*, MCB University Press, v. 9, n. 1, p. 6-20, 2000.

WEB ACCESSIBILITY INITIATIVE. *Resources on introducing web accessibility*. Disponível em: <http://www.w3.org/WAI/gettingstarted/Overview.html>.

WEBMOTORS. Disponível em: <http://www.webmotors.com.br>.

WORLD WIDE WEB CONSORTIUM. Disponível em: <http://www.w3.org/Consortium>.

YAHOO FINANCE. *eBay, Inc. Income Statement.* Annual Data 2005. Disponível em: <http://finance.yahoo.com>.

————. *Amazon Income Statement.* Annual Data 2005. Disponível em: <http://finance.yahoo.com>.

YAHOO! Disponível em: <http://br.news.yahoo.com>.

YAHOO! GRUPOS. Disponível em: <http://br.groups.yahoo.com>.

YAHOO! LEILÕES. Disponível em: <http://help.yahoo.com/help/br/auct/>.

ZENITH OPTIMEDIA. *Advertising expenditure forecasts.* Dec. 2005. Disponível em: <http://www.zenithoptimedia.com/gff/pdf/Adspend%20December%2005.pdf>.

————. *Advertising expenditure forecasts.* Oct. 2006. Disponível em: <http://www.zenithoptimedia.be/pdfs>.

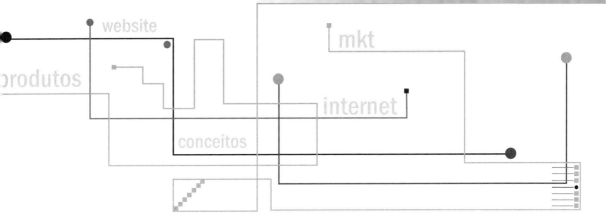

Glossário

Este glossário contém palavras que designam as tecnologias aplicadas, cita os termos mais freqüentes na linguagem da internet e também as organizações relacionadas ao meio virtual.

Para a sua elaboração, foram consultadas diversas fontes, como os sites listados a seguir e a ferramenta "Ajuda" do sistema operacional Microsoft Windows.

LINKS DE WEBSITES QUE CONTÊM GLOSSÁRIOS

http://www.ibope.com.br
http://www.br-business.com.br
http://www.e-tailing.com
http://www.ipro.com/services/glossary.asp
http://www.matrix.net/research/library/glossary.html
http://www.epaynews.com/glossary/index.html
http://www.netds.com.br/portug/glossario.htm
http://www.sunrise.com.br/html/glossario.htm
http://www.ci.rnp.br

A

AUP (Acceptable Use Policy): oferece regras de boa conduta para a utilização correta da rede internet e seus serviços. Pode ser um documento distribuído ao novo usuário de um determinado sistema.

Acessibilidade: característica do site que possibilita a qualquer usuário, com ou sem deficiências físicas, acessar a internet sem enfrentar barreiras.

Acesso à rede dial-up: é o modo de conectar um computador a outro ou à rede internet utilizando a linha telefônica e um *modem* instalado no computador. Assim, pode-se ter acesso a informações arquivadas em outro computador e utilizar seus recursos compartilhados. Veja também **Servidor**.

Acrobat Reader: programa de software distribuído gratuitamente na internet que permite a leitura de arquivos no formato PDF (Portable Document Format).

Ad: abreviatura da palavra *advertising*, que significa anúncio ou propaganda.

Ad click: a ação de clicar em uma propaganda na internet, como um banner, para entrar no website da empresa ou do produto anunciante. É um indicador ou registro de entradas no site do anunciante, ocasionadas por cliques em banners.

Ad click rate: é a taxa porcentual do número de cliques que resultaram dos *ad views*. Para calcular o *click rate*, divide-se o número de cliques pelo número de *ad views* ou exibições do banner. Por exemplo, se um banner teve mil *ad views* e 100 cliques, sua *click rate* foi de 10%. É também designado de *click-through rate*.

Ad views: é o número de vezes em que um banner ou propaganda aparece na página da internet e, possivelmente, é visto pelo usuário durante um determinado tempo. Conceito equivalente a *page views* ou *impressions*.

Address book: um utilitário que fornece aos usuários a possibilidade de arquivar endereços eletrônicos de pessoas para serem acessados durante a navegação na internet.

ADSL (Asymmetrical Digital Subscriber Line): uma conexão ADSL permite conectar o computador à rede internet com mais rapidez do que uma linha comum de telefone e, muitas vezes, mais rápido do que por meio de um *modem* a cabo. A tecnologia ADSL é uma linha assimétrica porque trabalha com velocidades diferentes nas duas direções: o usuário envia dados a uma velocidade de até 640 Kbps e recebe dados a uma velocidade superior a 1,5 Mbps.

Adware: software que coleta as informações de um usuário, sem o seu conhecimento, por meio da conexão desse usuário com a internet. Essas informações geralmente são utilizadas com o objetivo de exibir anúncios por meio de *pop-ups*, entre outros. É similar ao *cookie*.

Afiliado: um website remunerado com uma comissão para fazer divulgação ou venda de um produto de outro site.

Afinidade: programa que recompensa os usuários ou compradores por compras ou outras atividades realizadas.

Agente: um programa de computador ou processo que representa o usuário na realização de uma função específica, como trocar informações ou realizar transações.

Alcance: porcentual de usuários que acessam determinado website. É sinônimo de cobertura ou *reach*.

Angels: empresas ou pessoas que investem em empreendimentos na web.

Anonymous: termo utilizado para conexão a um servidor FTP (File Transfer Protocol) e que indica tratar-se de um usuário anônimo, ou seja, não cadastrado na máquina em questão. A *password*, ou senha, a ser fornecida deve ser o endereço eletrônico ou o termo *guest* (visitante). O sistema permitirá apenas o acesso aos arquivos públicos.

ANSI (American National Standards Institute): 1. Organização norte-americana envolvida na definição de padrões básicos (normas técnicas) para a operação da internet. 2. Conjunto de normas para a transferência de caracteres de controle. Utilizado para tratamento de atributos, cores, endereçamento do cursor etc., em terminais ou emuladores de terminais.

Aplicação: um programa aplicativo de computador que executa um conjunto de tarefas definidas pelos comandos do usuário, como transferência de arquivos, *login* remoto e correio eletrônico — por exemplo, o software Microsoft Word é um aplicativo utilizado para editar textos.

Aplicações internet: também conhecidas como aplicações TCP/IP, são os programas aplicativos que utilizam os protocolos da rede internet, tais como: FTP (File Transfer Protocol) para transmissão de arquivos; SMTP (Simple Mail Transfer Protocol) e POP (Post Office Protocol) para correio eletrônico (e-mail); HTTP e HTML em navegadores (*browsers*); IRC (Internet Relay Chat) para bate-papo, entre outros.

Glossário

Aplicações Java: são programas aplicativos desenvolvidos com o uso da linguagem Java, mas que funcionam de maneira semelhante a outras aplicações.

Aplicativo: veja **Aplicação**.

Applet: pequeno programa, escrito na linguagem Java, cuja função é animar textos e figuras na internet. O *applet* sempre aparece incorporado ao conteúdo de uma página internet e utiliza uma janela na página para interface de entrada e/ou saída com o código intermediário (*byte code*) Java, que é executado pelo navegador.

ARPANET (Advanced Research Projects Agency Network): rede de longa distância, criada em 1969 pela ARPA (atualmente Defense Advanced Projects Research Agency, ou DARPA), em consórcio com universidades e centros de pesquisa dos Estados Unidos, com o objetivo específico de desenvolver a comunicação de dados em alta velocidade para fins militares. Conhecida como a rede que originou a internet, encerrou sua operação em 1990.

Arquitetura cliente/servidor: é a arquitetura de rede em que os computadores executam programas aplicativos (clientes), os quais se utilizam de computadores servidores para transferência de dados e arquivos ou comunicação com outros computadores-clientes.

Arquitetura de rede: é o conjunto hierárquico de protocolos de comunicação de uma rede. É a coleção de regras lógicas que estabelece a comunicação entre os computadores interligados fisicamente em uma rede.

Arquivo: qualquer dado ou documento elaborado pelo usuário por meio de um software aplicativo, que é arquivado na memória do computador ou transferido entre computadores por meio da rede internet. Portanto, os dados são armazenados na forma de arquivo. Existem dois tipos de arquivo: o arquivo de programa, com instruções para o computador realizar as diversas tarefas do usuário; e o arquivo de dados, que contém apenas informações.

Article: artigo, isto é, texto existente na rede *UseNet News*.

ASCII (American Standard Code for Information Interchange): um código numérico, reconhecido pelos computadores, que é utilizado para representar letras maiúsculas e minúsculas, números e pontuação. No total, são 256 códigos. Como é um formato de arquivo que contém apenas números, pode ser transferido e decodificado por diferentes sistemas operacionais e programas de computador. Os arquivos ASCII são utilizados universalmente para troca de informações entre computadores.

ASP (Application Service Provider): empresa que licencia ou aluga softwares e sistemas de computador para outras empresas ou pessoas poderem usar em seus computadores.

ASP (Active Server Pages): linguagem de comunicação entre o computador do usuário e o banco de dados de um site ou de uma rede de computadores.

Assinatura digital: um arquivo, em geral de três ou quatro linhas, que as pessoas inserem no final das suas mensagens. Um arquivo assinado é aquele que tem a garantia de uma empresa autenticadora. A assinatura comprova que o arquivo é uma cópia inalterada do arquivo original. Também significa o ato de assinar uma lista de discussão. Ou, ainda, a informação que autentica uma mensagem.

Associação de Mídia Interativa (AMI): associação criada em 1995 para tratar de temas ligados à propaganda na internet.

ATM (Asynchronous Transfer Mode): modo assíncrono de transferência de arquivos e comunicações. É um tipo de protocolo de comunicação de alta velocidade, criado para o tráfego de dados e de aplicações multimídia. Divide a informação em pacotes, os quais são enviados sem uma seqüência, porém reorganizados quando chegam ao local de destino.

Audiência: porcentual do total de pessoas atingidas pelos veículos de comunicação. Por exemplo: 46 pontos de audiência significam que 46% da população da área em estudo assistiram a um programa, no caso da televisão, ou visualizaram uma página web, no caso da internet.

Autenticação: processo de identificação de pessoas e empresas, em uma rede de comunicação como a internet, pelo uso de certificados digitais.

Authoring tools: ferramentas de criação de conteúdos e páginas web. Programas para criar conteúdo não limitado, incluindo os editores de texto, processadores de palavras, gravação de áudio, vídeo e cinema, processando e aplicando imagens.

Avatar: é a representação digital de um usuário. São pequenos ícones gráficos (desenhos ou figuras) que representam o usuário e aparecem junto com seu nome, sempre que escrever uma mensagem.

B

B2B (business-to-business): refere-se a transações de negócios feitas entre empresas pela internet.

B2C (business-to-consumer): refere-se à venda de produtos feita diretamente para o consumidor pela internet.

Backbone: espinha dorsal de uma rede de informação e comunicação, como a internet. Estrutura de nível mais alto em uma rede composta por várias sub-redes. Como caminho principal de uma rede, o *backbone* é composto por linhas de alta velocidade que se conectam às linhas de menor velocidade, possibilitando que os servidores dos provedores de acesso conectem-se à rede mundial de computadores. No Brasil, a Embratel, a Global One e a RNP operam esse serviço.

Backend: sistema de computador que processa e controla as operações de uma empresa, como pagamentos, fluxos físicos e financeiros, sistemas produtivos etc.

Backup: ato de efetuar uma cópia de segurança de qualquer arquivo. Pode-se fazer *backup* dos arquivos no disco rígido do computador, em disquetes, em um CD ou DVD, em uma unidade de fita ou em outro computador da rede. Se os arquivos originais forem danificados ou perdidos, poderão ser restaurados pelo *backup*.

Banda larga: estrutura de transmissão de dados com grande capacidade e velocidade que permite a transmissão de imagens como as de televisão. Geralmente, é definida como a capacidade de transmissão acima de 2 Mbps (megabits por segundo).

Bandwidth: largura de banda. Termo que designa a quantidade de informação possível de ser transmitida por unidade de tempo, em um determinado meio de comunicação (fio de telefone, onda de rádio, cabo de fibra óptica etc.). Em redes analógicas, é medida em ciclos por segundo (hertz), e em redes digitais, é medida em dígitos binários (bits, kilobits ou megabits) por segundo.

Banner: propaganda em forma de imagem gráfica transmitida em uma página da internet. Normalmente em formato retangular, como um cartazete, possui um link direcionando para um site institucional ou promocional, que traz mais informações sobre o produto mencionado na propaganda. Pode ser também do tipo *keyword banner*, que aparece quando uma palavra predeterminada é utilizada em um mecanismo de busca.

Baud-rate: medida de velocidade (taxa de transmissão) de tráfego eletrônico de dados. Geralmente usada para determinar a velocidade de *modems*. Mede o número de sinais elétricos transmitidos por unidade de tempo. Veja também **Bps**.

BBS (Bulletin Board System): base de dados que pode ser acessada remotamente por um microcomputador e um *modem* utilizando a linha telefônica, em que são disponibilizados arquivos de todos os tipos, softwares de domínio público e diálogos on-line (bate-papo). Muitos BBS oferecem acesso ao correio eletrônico.

Benchmark: é o processo contínuo de monitoramento que possibilita às empresas comparar seus produtos, serviços ou práticas com aquelas de outras organizações, que mais se destacam no mercado. O objetivo é promover melhorias em seus processos e ganhar vantagem competitiva.

Beta: é uma versão preliminar de um programa de computador ou de um website usada para realizar testes em situação real, possibilitando a correção de erros e falhas antes do seu lançamento ao mercado.

Binário: número na base 2, ou número composto de zero (0) e um (1), os quais representam os dois níveis de voltagem em um dispositivo eletrônico.

Bit: a menor unidade de informação reconhecida pelo computador. É representado por um dígito binário, um número na base 2 (zero ou um). Oito bits formam um *byte*.

Bitmap: um dos formatos de arquivo de imagem utilizado na internet.

Bitnet (Because It's Time Network): criada em 1981, é uma rede educacional internacional que liga computadores em aproximadamente 2.500 universidades e institutos de pesquisa nos Estados Unidos, na Europa e no Japão. A Bitnet não usa protocolo da família TCP/IP, mas pode trocar mensagens eletrônicas com a internet. O protocolo empregado é o RSCS (Remote Spooling Communication System).

Blog: uma página pessoal na web, pré-definida, com campos para colocar textos e imagens, sem necessidade de nenhum conhecimento técnico em webdesign ou linguagem HTML. Por meio de blogs, as pessoas participam de comunidades on-line e constroem redes de relacionamento.

Bluetooth: tecnologia de transmissão sem fio de curto alcance. Possibilita eliminar os cabos de transmissão em uma área limitada, formando uma Personal Area Network (PAN) e conectando os computadores aos periféricos, como os *scanners*, as impressoras ou os *headsets*.

Bookmark: é um hyperlink no navegador que permite ao usuário ir diretamente ao seu site favorito sem precisar decorar o endereço.

Bot: abreviatura de "robot". É um programa de computador que age como uma pessoa real, aceitando certos comandos e respondendo a eles. Veja também **Robô**.

Bps (bits por segundo): é uma medida da taxa de transferência de dados de uma linha de comunicação. Assim, kbps designa 1.000 bps e mbps é igual a 1.000.000 bps.

Break even: ponto de equilíbrio financeiro. Ocorre quando as despesas igualam-se às receitas; portanto, não há lucro nem prejuízo.

Bricks-and-clicks: expressão que designa as empresas do mundo real que também realizam negócios na internet.

Bricks-and-mortar: expressão que designa as empresas tradicionais sem operações na internet.

Bridge: dispositivo que conecta duas ou mais redes de computadores, transferindo, seletivamente, dados entre ambas.

Broadband: veja **Banda larga**.

Broadcast: tecnologia de difusão de informações, como vídeos, sons e imagens, em que essas estão simultaneamente disponíveis para todos os equipamentos receptores; é a tecnologia do rádio e da televisão.

Brokers: empresas virtuais que atuam como intermediárias, aproximando grupos de compradores e vendedores. Oferecem tecnologia e serviços para facilitar as transações e os negócios, reduzindo os custos e aumentando a eficiência dos processos de procura e transação.

Browser: veja **Navegador**.

Burn rate: taxa que mede o volume de recursos próprios que a empresa necessita gastar para alcançar a lucratividade.

Byte: unidade de informação composta por oito bits usada para representar um único caracter ASCII (letra, pontuação etc.).

C

Cable modem: conjunto de hardware (placa) e software que codifica e descodifica os sinais de um computador por meio de cabo, permitindo a comunicação em rede. A transmissão de dados é similar à da TV a cabo. A velocidade de transmissão é, no mínimo, 125 vezes maior do que no *modem* comum, que utiliza a linha telefônica para transmissão de dados.

Cache: sempre que uma página web é visitada pelo usuário, um conjunto de texto, gráficos, imagens e sons é transferido para uma área de arquivo no computador do usuário, chamada *cache*. Assim, na segunda vez que o usuário abre a página, ela aparece mais rapidamente.

Cadeia de valor: o processo de desenvolvimento de negócios formado pelo conjunto de: atividades que agregam benefícios aos participantes; informações que unem essas atividades; e agentes envolvidos (clientes, fornecedores e intermediários).

Comité Consultatif Internationale de Telegraphie et Telephonie (CCITT): órgão da International Telecommunications Union (ITU) das Nações Unidas responsável pelo estabelecimento de normas e padrões em telecomunicações. Em 1993, foi extinto e suas atribuições passaram para o Telecommunications Standards Section (TSS).

CDMA (Code-Division Multiple Access): um tipo de tecnologia de rede de telefonia móvel, sem fio, para telefones celulares.

CD-ROM (Compact Disk/Read Only Memory): disco de acrílico que contém uma película capaz de receber e armazenar arquivos de som, imagem e texto.

CERN: trata-se do European Laboratory for Particle Physics, possivelmente o mais importante centro para pesquisas avançadas em física nuclear e de partículas, localizado em Genebra, Suíça. O nome CERN relaciona-se ao seu nome anterior, Conseil Européen pour la Recherche Nucleaire. Para os usuários da internet, o CERN é conhecido como o local em que foi desenvolvida a web.

Certificado digital: é uma identificação que autentica os clientes e as empresas nas transações pela internet, dando segurança às transações. A certificação é dada por uma autoridade de confiança.

CGI (Comitê Gestor da Internet): é o órgão do governo brasileiro que coordena as iniciativas na internet no País, com o objetivo de assegurar qualidade e eficiência dos serviços ofertados. Conta com a participação do Ministério das Comunicações, do Ministério da Ciência e Tecnologia, das entidades operadoras e gestoras de *backbones*, dos provedores de acesso, bem como dos representantes de usuários e da comunidade acadêmica.

CGI (Common Gateway Interface): aplicação utilizada para processar solicitações do navegador por meio de formulários HTML, enviando o resultado em páginas dinâmicas, também em HTML. Pode ser utilizado para conexão (*gateway*) com outras aplicações e bancos de dados do servidor. Exemplo de linguagens são: Perl, C e C++.

Chain letter ou chain mail: carta que é recebida por alguém e enviada para várias pessoas até que se torna excessivamente difundida. Normalmente, o seu texto incita a difusão da carta por outras pessoas.

Chat: tecnologia que permite conectar diversas pessoas simultaneamente pela rede internet, para troca de mensagens de texto em tempo real. Também é conhecido como sala de bate-papo.

Ciberespaço: conjunto das redes de computadores interligados e de toda a atividade nele existente. Termo utilizado para designar o ambiente da internet, uma analogia ao espaço sideral explorado pelos astronautas, tendo sido inventado por William Gibson no seu romance *Neuromancer*.

Click: veja **Ad click**.

Click rate (click-through ou click-through rate): veja **Ad click rate**.

Click stream: caminho percorrido pelo internauta ao clicar nos links de um ou mais sites.

Cliente: em uma rede local ou na internet, é o computador que acessa recursos fornecidos por outro computador, chamado servidor.

CMYK (Cian, Magenta, Yellow and Black): sistema de quatro cores que, quando combinadas, geram outras cores. Bastante usado em impressão de trabalhos gráficos e nas telas dos computadores.

Coins (Communities of Interest): são infomediários, que prestam serviços para grupos de compradores e vendedores de uma área particular de interesse e negócio (comunidades de interesse).

Comércio eletrônico: veja também **E-commerce**.

Compilador: programa que traduz uma linguagem de programação em código de máquina, ou seja, em código binário, que pode ser processsado/decodificado pelo computador.

Comunidade virtual: grupos de pessoas que compartilham interesses e desejos comuns e cuja integração ocorre por meio de sites, como o Orkut.

Cookie: arquivo de texto, com um número de identificação, que um site envia ao navegador (*browser*) de um usuário, a fim de reconhecê-lo em suas próximas visitas. O *cookie* permite que um site tenha um histórico da navegação do usuário e, assim, personalize o seu conteúdo de acordo com o perfil de cada internauta.

Correio eletrônico: o e-mail é um sistema de troca de mensagens eletrônicas por intermédio de redes de computadores. É um meio de comunicação baseado no envio e na recepção de textos, chamados mensagens, por uma rede de computadores. Cada usuário de e-mail possui um endereço eletrônico para se corresponder.

CPM (Custo por mil): valor cobrado por mil impressões de um banner ou outro tipo de propaganda em uma página web. É uma forma de cálculo para pagamento de anúncios na internet. Um determinado valor é cobrado a cada mil vezes que um anúncio é visto.

CPV (Custo por visitante): o valor de um anúncio é dividido pela quantidade de visitantes de um site. É uma medida para avaliação do custo e do resultado de um anúncio na internet.

Cracker: indivíduo que faz de tudo para invadir um sistema alheio, quebrando sistemas de segurança para poder espionar ou causar danos a uma determinada pessoa, empresa ou órgão governamental. Ele tem grande conhecimento de programação e de segurança de sistemas.

Criptografia: é a técnica de cifrar uma mensagem ou um arquivo utilizando um código secreto, baseado em algoritmos. Com o propósito de segurança, as informações nele contidas não podem ser utilizadas ou lidas até serem decodificadas. É necessário que os usuários (emissor e receptor) tenham o mesmo software para que o arquivo seja decodificado e compreendido.

CTI (Computer Telephony Integration): é a tecnologia que possibilita interligar os dados contidos nas centrais telefônicas com os dos computadores.

Customização: significa atender às necessidades específicas de cada cliente, oferecendo produtos e serviços ajustados às suas características e às suas expectativas.

D

Daemon: programa de um servidor que está sempre preparado para receber e executar as solicitações de outros programas, retornando a esses o serviço pronto.

Dataflow: arquitetura baseada em fluxo de dados.

Datagrama: é um pacote de informações que contém os dados do usuário, permitindo sua transferência pela rede.

Data mining: tecnologia para análise de dados visando descobrir padrões e tendências de comportamento dos usuários, dados que podem ser usados para fazer previsões. A capacidade de *data mining* requer algoritmos.

Design: é o conjunto de características que definem a aparência e o funcionamento de um site ou página na internet.

Destination site: site institucional de uma empresa que oferece informações e entretenimento com o objetivo de criar relacionamento com clientes e usuários da internet, porém não oferece a possibilidade de compra nem de venda.

DHCP (Dynamic Host Configuration Protocol): o protocolo de configuração dinâmica de *host* oferece configuração de endereços IP e informações relacionadas. Fornece uma configuração de rede TCP/IP segura, confiável e simples, evitando conflitos de endereço e ajudando a preservar a utilização de endereços IP por meio do agrupamento centralizado.

Dial-up: método de acesso a uma rede ou computador remoto por rede telefônica. Veja **Acesso à rede dial-up**.

Dinheiro eletrônico: representação virtual do dinheiro real, utilizado para aquisição de produtos e serviços na internet.

Diretório de internet: uma relação de sites separada por categorias e organizada hierarquicamente. O Yahoo! é um exemplo de diretório, por meio do qual é possível navegar e pesquisar sites e páginas. Consulte também **Mecanismo de busca**.

Domínio: nome que descreve a organização com a qual um endereço na internet está vinculado. Exemplo: uol.com.br, em que **uol** indica a organização, **com** indica comercial e **br** indica Brasil. Os domínios mais utilizados são os seguintes: .com (comercial), .edu (educacional), .net (rede), .gov (governo), .mil (militar) e.org (organização). O domínio corresponde a um endereço na internet. Veja também **Endereço**.

Domínio público: arquivo que está na rede e pode ser copiado sem que o usuário precise pagar por isso. No caso de um software, é aquele disponível publicamente, segundo condições estabelecidas pelos autores, sem custo de licenciamento para uso. Em geral, o software pode ser utilizado sem custos para fins estritamente educacionais e não tem garantia de manutenção ou atualização. Um dos grandes trunfos da internet é a quantidade praticamente inesgotável de softwares de domínio público, com excelente qualidade, que circula pela rede. Veja também **Shareware**.

DNS (Domain Name Service): é um serviço e um protocolo da família TCP/IP para armazenamento e consulta de informações sobre recursos da rede. A implementação é distribuída entre diferentes servidores e trata, principalmente, da conversão de nomes de domínio em seus endereços IP correspondentes. Veja **Endereço IP**.

DOS (Disk Operating System): programa que desempenha a função de sistema operacional com uma interface de linha de comando.

Dotcom: empresas pontocom que realizam transações na internet.

Download: processo de transferir pela internet uma cópia de um arquivo em um computador remoto para outro. O arquivo recebido é gravado em disco no computador local. O sentido literal da palavra é "puxar para baixo".

Glossário

DPI (Dots Per Inch): pontos por polegada, que é a medida da resolução da imagem de uma impressora ou monitor.

DPL-DPC: antigo protocolo para transferência de arquivos entre computadores, muito utilizado em empresas não conectadas em rede. É o conhecido "disquete-pra-lá, disquete-pra-cá".

DRM (Digital Rights Management): sigla que se refere aos sistemas digitais de gerenciamento de direitos autorais, capazes de restringir o acesso e a possibilidade de se copiar arquivos, CDs ou música digital em MP3 ou qualquer outro formato.

DSL (Digital Subscriber Line): tecnologia que utiliza a linha telefônica para transmissão de dados. O usuário recebe e envia dados sem ocupar a sua linha de telefone e sem pagar pulso durante o uso. A velocidade de conexão varia de 256 Kbps (kilobits por segundo) a 2 Mbps (megabits por segundo).

Duração da visita: tempo que o usuário fica conectado a um site.

E

E-banking: realização de transações financeiras on-line, como depósitos, investimentos e pagamentos de contas.

E-business: todas as transações de negócios feitas entre empresas pela internet. Engloba a realização de toda a cadeia de valor, em um ambiente eletrônico, não se restringindo às transações comerciais de compra e venda.

E-cash: veja **Dinheiro eletrônico**.

E-commerce: é o comércio eletrônico, ou seja, a realização de transações comerciais de venda e compra pela internet.

Economia digital: expressão utilizada para designar a economia mundial atual, em que a informação, em todas as suas formas, torna-se digital, reduzida a bits, separando-se do seu meio físico de transporte e rompendo o modo tradicional de comunicação e de formação da cadeia de valor.

EDI (Electronic Data Interchange): tecnologia para troca eletrônica de dados entre empresas, por meio de redes de comunicação privadas, chamadas *VANs (Value-Added Networks)*.

E-mail: veja **Correio eletrônico**.

E-marketing: marketing eletrônico. É o conjunto de ações de marketing intermediadas por canais eletrônicos como a internet, em que o cliente controla a quantidade e o tipo da informação recebida.

E-marketplaces: são os mercados eletrônicos, empresas que promovem o relacionamento entre compradores e vendedores de um setor de mercado para a realização de transações on-line.

Emoticon: símbolos em formatos de faces, desenhados com os caracteres do teclado, que expressam emoções nas comunicações pela internet. O símbolo : -) significa, por exemplo, um sorriso. Veja também **Smiley**. Há também desenhos animados, como bonequinhos que abrem a boca indicando sono, etc.

Endereço: é o endereço de um site ou computador conectado à internet, que identifica a sua localização na rede. No e-mail, o endereço é formado por usuário@domínio, por exemplo: ivani@uol.com.br. Para acesso às páginas de um website, utiliza-se a forma de protocolo://www.domínio, por exemplo: http://www.uol.com.br. A classificação de uma organização pode ser: .com (comercial), .edu (educacional), .gov (governo), .mil (órgão militar), .org (outra organização) e .net (rede; *gateway* ou *host*), entre outras. O identificador de país utiliza, geralmente, duas letras, como br (Brasil) ou au (Austrália), exceto para os Estados Unidos, que não têm esse identificador. Veja também **Domínio**.

Endereço IP: todo computador conectado à internet tem um endereço IP (Internet Protocol), de 32 bits, que consiste em quatro seqüências numéricas de 8 bits cada, separados por pontos, como 151.43.217.00, em que cada uma das quatro seqüências representa um número decimal entre 0 e 255. O serviço DNS converte esses números em nomes de domínio e vice-versa, de modo que o usuário não precise decorar os números para acessar os websites. Todo endereço na internet é compreendido pelos servidores da rede como uma seqüência numérica, como se fosse um número de RG. Ver também **IP**.

Ethernet: um padrão muito usado para a conexão física de redes locais, originalmente desenvolvido pelo Palo Alto Research Center (PARC), da Xerox, nos Estados Unidos. Inclui protocolo, cabeamento, topologia e mecanismos de transmissão. Os dados trafegam à velocidade nominal de 10 Mbps.

Extranet: rede de computadores interligados para comunicação e desenvolvimento de negócios entre uma empresa, seus clientes e fornecedores, usando a infra-estrutura da internet.

F

FAQ (Frequently Asked Questions): perguntas mais freqüentes. É um arquivo com uma lista de perguntas relativas às dúvidas mais comuns sobre determinado assunto. As respostas a essas perguntas são fornecidas por usuários mais antigos, experientes ou pelo responsável pelo serviço.

FDDI (Fiber Distributed Data Interface): um padrão para o uso de cabos de fibras ópticas em redes locais (LANs) e metropolitanas (MANs). A FDDI fornece especificações para a velocidade de transmissão de dados (alta, 100 Mbps), em redes em anel, podendo, por exemplo, conectar mil estações de trabalho a distâncias de até 200km.

Fibra óptica: cabo feito de fibras de vidro por meio do qual sinais são transmitidos como fachos de luz. É um meio veloz de transmissão de dados em banda larga para um grande número de canais de comunicação e computadores ligados em rede.

FidoNet: rede mundial de BBS baseada no uso do protocolo Fido, interligando computadores pessoais por linhas telefônicas.

File: veja **Arquivo**.

Finger: um serviço da internet que permite obter informações sobre usuários de uma máquina.

Firewall: sistema de hardware e software que bloqueia o acesso de usuários não autorizados a entrar em uma determinada rede.

Flash: linguagem de programação que torna possível a animação de textos e de figuras na internet, com interatividade.

Formulário: página no site que aceita a entrada de dados em formato de texto. Os formulários podem ser customizados para receber dados pessoais ou de transações comerciais, como formulários de identificação, pedido de cliente, relatório de vendas, relatório de despesas ou reclamação.

Fórum: é o serviço da internet que possibilita discussões e debates em grupo. Diversos portais, como o UOL, oferecem esse serviço.

Fotolog: é um site em que os internautas podem publicar imagens e fotos digitais. Também é conhecido como flog.

Frame: moldura ou subdivisão da tela de um site que divide a tela em seções, possibilitando a visualização de diversas páginas web simultaneamente.

Freenet: é uma rede que conecta computadores e cujo acesso é livre. Não há computadores-servidores que controlam a rede. Os computadores conectados não são identificados e podem armazenar e compartilhar dados com todos os outros. O acesso é fornecido, por exemplo, por bibliotecas públicas, as quais disponibilizam serviços de BBS e correio eletrônico.

Freeware: software de domínio público que pode ser usado por qualquer pessoa gratuitamente. Em geral, pode ser transferido pela internet para o computador do usuário.

Freqüência: é o número de vezes que um usuário acessa uma página ou visita um site.

FTP (File Transfer Protocol): protocolo padrão para transferência de arquivos entre computadores, usado normalmente para transmitir ou receber arquivos pela internet. É uma maneira mais rápida de transferir dados entre computadores interligados à internet. Os comandos estão embutidos nos navegadores e o usuário precisa apenas clicar na tela para realizar a transferência dos arquivos.

FTP anônimo: serviço que possibilita o acesso a repositórios públicos de arquivos.

Fullfilment: processo de enviar produtos e outros materiais para os clientes e parceiros por meio de atividades internas ou terceirizadas, de modo a garantir a entrega no prazo acertado.

G

Game: um software aplicativo para jogo virtual, podendo ser jogado em um computador do usuário ou pela internet, com outros participantes.

Gateway: 1. Sistema que possibilita o intercâmbio de serviços entre redes com tecnologias completamente distintas, como bitnet e internet. 2. Sistema e convenções de interconexão entre duas redes de mesmo nível e idêntica tecnologia, mas em administrações distintas. 3. Roteador (terminologia TCP/IP), ou seja, conjunto de equipamentos que traduz dados de uma rede para outra, quando as redes são diferentes.

GIF (Graphic Interchange Format): formato gráfico bastante usado na internet por sua capacidade de compressão. A maioria das imagens na internet é um arquivo GIF. Possibilita a visualização de 256 cores e tem a capacidade de compressão embutida.

Gigabyte: unidade numérica de medida de capacidade correspondente a 1.024 megabytes, ou 1 bilhão de bytes.

Gopher: é um protocolo para transferência de informações pela internet. Sistema distribuído para busca e recuperação de documentos que combina recursos de navegação por meio de coleções de documentos, com bases de dados indexadas por meio de menus hierárquicos. O protocolo de comunicação e o software seguem o modelo cliente-servidor, permitindo que usuários em sistemas heterogêneos naveguem, pesquisem e recuperem documentos armazenados em diferentes sistemas, de maneira simples e clara.

Gross exposure: expressão utilizada para indicar a quantidade total de vezes que um anúncio é visto pelo público.

Grupo de trabalho: grupo de computadores do qual um computador faz parte. Geralmente é composto pelos computadores com os quais há maior probabilidade de comunicação e por aqueles que contêm a maior parte dos recursos de rede a serem utilizados (como arquivos e impressoras).

H

Hacker: habitualmente (e erradamente) confundido com *cracker*, um *hacker* é um especialista em computação e linguagem de programação, aquele que apresenta soluções para problemas técnicos relativos à internet.

Hardware: designa qualquer tipo de equipamento eletrônico associado às tecnologias de informação e de comunicação, como os computadores, roteadores, *modems*, placas de rede, processadores, telefones celulares etc. Para funcionar, o hardware necessita de um software.

Heavy-user: cliente que se torna fiel a um determinado produto ou marca, passando a comprá-lo e a usá-lo com freqüência. Em relação à internet, refere-se ao usuário que se mantém conectado bastante tempo.

Hyperlink: é a ligação entre uma palavra ou uma imagem de uma página web com outra palavra, texto ou documento de outra página ou site, que é estabelecida por meio de um clique com o *mouse* em uma palavra sublinhada ou em uma imagem. É um importante recurso disponibilizado pela tecnologia da internet.

Hipermedia: a forma de comunicação que combina as qualidades do hipertexto e da multimídia, conciliando conteúdo estático (textos, imagens e gráficos) e dinâmico (sons, vídeos e animação).

Hipertexto: escrita de texto não-seqüencial que permite ao usuário fazer conexão de informações por meio de palavras que representam ligações (hyperlinks) com outros textos, documentos ou páginas na internet.

Hit: termo usado para qualquer requisição de informação de uma página web ou arquivo por parte do usuário. Indicador utilizado para comparar a popularidade e o tráfego de uma página web. Não deve ser confundido com *page views* (uma *page view*, dependendo de alguns fatores, como tamanho da página e qualidade do navegador, pode ter vários *hits*). Cada vez que um servidor envia um arquivo solicitado pelo usuário, essa ação é gravada no *log file* do servidor como um *hit*. Por exemplo, se um usuário vê uma página com dois gráficos, três *hits* serão contados, um para a página e dois para os gráficos.

Home page: página inicial de um website, acessada por meio de um endereço eletrônico ou por hyperlinks. É a página de apresentação de uma empresa ou de uma instituição. Escrita em HTML, pode conter textos, imagens, sons, ponteiros ou links para outras páginas ou outros servidores da internet. Veja também **Page**.

Hospedagem: é o processo de armazenagem de páginas web em um computador denominado servidor de hospedagem ou *host*. Esse equipamento está conectado, ininterruptamente, à rede internet.

Host: computador principal em um ambiente de processamento distribuído. Computador central que controla uma rede. Na internet, é qualquer computador ligado à rede, não necessariamente um servidor, que presta serviços de acesso à internet ou disponibiliza dados e informações, ou ainda hospeda o conteúdo de um site.

Hotlist: lista em uma página web que contém os endereços de sites mais populares ou mais novos.

Hot site: também chamado de *sitelet* ou "mini-site", funciona como um site comum, mas, normalmente, é menor, mais objetivo e fica no ar por um determinado período, com informações de eventos e de promoções.

Hotspot: também denominado Community Access Point Services (CAPS), são áreas, em locais como salas de aeroportos, hotéis, restaurantes, lanchonetes, cibercafés, universidades, entre outras, que oferecem o serviço de conexão à internet sem fio.

HTML (Hypertext Markup Language): linguagem-padrão de programação, usada para escrever páginas de documentos para a web. É uma variante da SGML (Standard Generalized Markup Language), bem mais fácil de aprender e utilizar; possibilita preparar documentos com gráficos e links para outros documentos, para visualização em sistemas que utilizam a web.

HTTP (Hypertext Transfer Protocol): esse protocolo é o conjunto de regras que permite a transferência de informações na web e possibilita que os autores de páginas de hipertextos incluam comandos para acesso a recursos e a outros documentos disponíveis em sistemas remotos de forma transparente para o usuário.

I

ICANN (Internet Corporation for Assigned Names and Numbers): órgão com poder para coordenar e atribuir nomes de domínios na internet mundial, entre outras responsabilidades.

ICQ: em inglês, significa *I Seek You* (Eu procuro você). É um programa de computador que oferece o serviço de envio instantâneo de mensagens, possibilitando às pessoas comunicarem-se em tempo real na internet.

IETF (Internet Engeneering Task Force): comitê aberto de pessoas que desenvolvem recursos para a internet.

Impressões: é o número de vezes que uma propaganda on-line (banner, *button* etc.) aparece integralmente para um usuário.

Infomediários: também conhecidos como agregadores de conteúdo ou corretores (*brokers*), atuam como intermediários na distribuição e na venda de conteúdo, informações, conhecimento ou experiências que adicionam valor a uma atividade ou a uma transação particular dos clientes. Agregam valor na medida em que aproximam compradores e vendedores, facilitando transações e, em geral, atuando como *buyer advocates*, isto é, defendendo os interesses dos clientes.

Infravermelho: é a luz que se localiza além do vermelho no espectro, sendo invisível ao olho humano. Existem dispositivos receptores de infravermelho que podem detectar sinais de infravermelho e responder a eles. Muitos controles remotos utilizam o infravermelho para se comunicar.

IPO (Initial Public Offering): oferta inicial pública de ações de uma empresa, representando a abertura de capital e a entrada de recursos de investidores para financiar o desenvolvimento das operações da empresa na internet.

Interativo: relativo aos meios de comunicação que permitem ao usuário participar ativamente, intervindo e controlando o curso das atividades. A internet pode ser considerada o melhor exemplo de mídia interativa.

Internauta: pessoa que navega, isto é, visita vários sites na internet.

Internet: rede mundial de computadores conectados, criada em 1969 pelo Departamento de Defesa dos Estados Unidos, que possibilita a comunicação em tempo real e provê transferência de arquivos, correio eletrônico, boletins informativos e outros serviços. Os computadores utilizam a arquitetura de protocolos de comunicação TCP/IP e podem se conectar à rede por meio de linha telefônica, TV a cabo, linhas de fibra óptica, sinais de microondas e de satélite.

Internet Advertising Bureau (IAB): uma associação entre empresas norte-americanas que estabelece um conjunto de regras e métricas para a realização e a mensuração da propaganda na internet.

Internet Data Center (IDC): empresa que gerencia computadores que hospedam programas, páginas e sites na internet.

Internet2: iniciativa norte-americana voltada para o desenvolvimento de tecnologias e aplicações avançadas de rede internet para a comunidade acadêmica e de pesquisa. A iniciativa envolve mais de 180 universidades norte-americanas, além de agências do governo e indústrias, visando ao desenvolvimento de novas aplicações, como telemedicina, bibliotecas digitais, laboratórios virtuais, por exemplo, as quais não são viáveis com a tecnologia internet atual.

InterNIC: organização que controla o registro de muitos nomes de domínio na internet. É uma atividade de cooperação entre as organizações National Science Foundation (NSF), Network Solutions e a AT&T.

Intersticial: é um tipo de propaganda que surge e preenche o espaço de uma página web. Ela vai aparecendo conforme o internauta sobe e desce a página.

Intranet: são redes corporativas privadas que se utilizam da tecnologia e da infra-estrutura de comunicação de dados da internet. São utilizadas na comunicação interna das empresas, restrita aos usuários, pois é necessário ter permissão para acesso.

IP (Internet Protocol): é uma das linguagens ou protocolos mais importantes da internet, responsável pela identificação dos computadores, redes e outros recursos compartilhados na rede e também pelo encaminhamento correto das mensagens entre eles. É o protocolo responsável pelo roteamento de pacotes entre dois sistemas que utilizam a família de protocolos TCP/IP desenvolvida e usada na internet.

iPod: é o tocador de música portátil (*music player ou MP3 player*), fabricado pela Apple, para ouvir música digital em formato MP3.

IRC (Internet Relay Chat): serviço que possibilita a comunicação escrita entre vários usuários pela internet. É a forma mais próxima do que seria uma "conversa escrita" na rede.

ISAPI (Internet Server Aplication Program Interface): são aplicações, similares às CGI, que rodam no servidor e estendem as características do Microsoft IIS (Internet Information Server) em máquinas com sistema operacional Windows NT. Essas aplicações são geralmente escritas em C ou C++.

ISDN (Integrated Services Digital Network): a Rede Digital de Serviços Integrados (RDSI) é um serviço de transmissão de dados com velocidade entre 64 Kbps e 128 Kbps, em que se pode usar os protocolos TCP/IP e PPP. Sistema telefônico digital que, mediante o uso de equipamentos especiais, permite enviar e receber voz e dados, simultaneamente, por uma linha telefônica. Integra serviços de diversas naturezas, como voz, dados, imagens etc. e deve substituir gradualmente a infra-estrutura física atual de comunicações, em que cada serviço tende a trafegar por segmentos independentes.

ISO (International Organization for Standardization): uma organização internacional formada por órgãos de diversos países, como o American National Standards Institute (ANSI), o British Standards Institution (BSI), a Association Française de Normalisation (AFNOR) e a Associação Brasileira de Normas Técnicas (ABNT). Estabelece normas-padrões para o desenvolvimento e a utilização de sistemas e tecnologias, com aceitação mundial.

ISP (Internet Service Provider): empresa que fornece serviços para os usuários da rede internet. Algumas oferecem serviços de acesso discado por meio de ligação telefônica, e outras, projetos de websites, projetos especiais que envolvem sistemas e programação, integração de redes etc. Veja também **Provedor de acesso**.

International Telecommunications Union (ITU): órgão da ONU responsável pelo estabelecimento de normas e padrões em telecomunicações.

iTunes: é o nome da loja virtual e do software de gerenciamento de arquivos musicais da Apple. Outros softwares são o iPodder e o Ziepod, ambos gratuitos.

J

Java: linguagem de programação orientada a objetos, com sintaxe similar a C++, e que permite o desenvolvimento de aplicações e *applets*. Gera códigos intermediários que são interpretados em tempo de execução, o que a torna uma linguagem multiplataforma, permitindo que seu código seja executado nas mais diversas máquinas e sistemas operacionais sem a necessidade de adaptação. A Sun Microsystems inventou a linguagem Java.

Java Script: uma linguagem de programação (software) usada para criação de desenhos, textos e pinturas animadas interativas.

JPEG (Joint Photographic Experts Group): algoritmo para comprimir imagens, criado pela associação que lhe dá nome. Existe também o Motion JPEG (MPEG), usado para comprimir imagens animadas. É um formato de arquivo de imagem utilizado com freqüência na internet.

Jogo virtual: veja **Game** e **RPG**.

K

Kbps (kilobits por segundo): unidade de velocidade de transmissão de dados, equivalente a mil bits.

Kermit: programa popular de transferência de arquivos e emulação de terminal entre computadores. Não é utilizado na internet. O programa mais utilizado para transferência de arquivos na internet é o FTP.

Keyword: palavra-chave usada em ferramentas de busca ou base de dados que permite localizar sites e arquivos sobre assuntos relacionados a essa palavra.

Killer App: expressão que designa um software aplicativo ou um sistema totalmente inovador e surpreendente.

Kilobyte (KB) é a unidade de medida equivalente a 1.024 bytes.

L

LAN (Local Area Network): uma rede formada por computadores localizados no mesmo espaço físico, como uma sala ou um prédio. Limitada a distâncias de até 10km.

LAN house: lojas em que se jogam games em computadores conectados em rede local.

Linguagem Script: são linguagens de programação cujo código fonte é interpretado pelo programa em tempo de execução. Como exemplo, o navegador interpreta as linguagens HTML, Javascript e VBscript.

Link: a conexão eletrônica entre duas páginas web ou websites. São elementos físicos e lógicos que interligam os computadores e os arquivos distribuídos na rede. É o componente de um documento de hipertexto que, quando clicado pelo *mouse*, transfere outro documento, página web ou website para a tela do computador. São ponteiros ou palavras-chave destacadas em um texto, que, quando "clicados", levam o usuário para o assunto desejado, mesmo que esteja em outro arquivo ou servidor. Veja também **Hyperlink**.

Link patrocinado: forma de propaganda on-line. Consiste em pagar a um site de busca para que o link (nome e endereço web) da empresa anunciante seja apresentado no início da lista de links, resultantes da busca por palavra-chave realizada pelos internautas.

Listserv: servidor de lista. Um software que opera por e-mail, permitindo o envio automático de mensagens para uma lista de endereços de assinantes. É o mecanismo que mantém em funcionamento os grupos de discussão (*newsgroups*). O mais famoso conjunto de grupos de discussão é a UseNet.

Log file: registro mantido pelo servidor de um site, de uma ação ocorrida, como a solicitação de um usuário por uma página ou imagem.

Login: identificação de um usuário na rede solicitada por alguns sites para serviços exclusivos ou personalizados. O *login* é formado pela senha do usuário e por uma identificação.

Logout: ação realizada para sair de uma página na qual o usuário tenha digitado seu *login*. O *logout* é uma quebra dessa identificação, o que evita outros usuários utilizarem um serviço exclusivo.

M

Mail box: caixa de correio. Veja também **Correio eletrônico**.

Mailing list: lista de endereços eletrônicos usada para distribuição automática de mensagens.

Mbps (megabits por segundo): velocidade de tráfego de dados equivalente a 1 milhão de bits por segundo.

M-commerce: comércio eletrônico móvel em que os usuários conectam-se por dispositivos sem fio, como o telefone celular.

Mecanismo de busca: é um diretório on-line utilizado pelos internautas para localizar informações, páginas e sites na internet. Utiliza programas automáticos, chamados *bots* (robôs) ou *spiders* (aranhas), para pesquisar páginas e sites. Os mecanismos de busca examinam cada página encontrada para indexar as informações dela e identificar links para páginas novas. Veja também **Diretório de internet**.

Megabyte: medida equivalente a 1.024 kilobytes ou 1 milhão de bytes.

Mensagens instantâneas: veja **ICQ**.

Micropagamento: pagamentos de valor pequeno, de centavos até US$ 10.

Micro-site: pequeno site colocado em portais de conteúdo, que estabelece um link com o site da empresa ou da marca anunciada. Permite ao anunciante comunicar os benefícios do produto e coletar informação dos consumidores sem o custo de um completo site institucional (*destination site*).

Mídia off-line: os meios de comunicação tradicionais, como televisão, rádio, jornais e revistas.

Mídia on-line: é a própria internet ou meio de comunicação pelo qual as interações e transações entre os participantes podem ser feitas de modo direto, em tempo real.

Mídia rica: refere-se a anúncios e a websites ricos em efeitos especiais, com movimento, som, imagens e ilustrações, como banner e *pop-ups*. É a tradução de *rich media*.

Mirror: um computador (ou espaço em disco) em que se guarda uma cópia da informação proveniente de outro recurso na internet.

MMOG (Massive Multiplayer On-line Games): são jogos on-line com grande número de participantes.

Modem: é a contração das palavras modulação e demodulação. Conjunto de placa e software que codifica e descodifica os sinais de computador para uma linha telefônica, permitindo a comunicação em rede. Ele converte os códigos digitais do computador para as freqüências analógicas do sistema telefônico e vice-versa. O *modem* também disca a linha, responde à chamada e controla a velocidade de transmissão em bps.

Mosaic: um software de fácil utilização, projetado para a procura de informações disponíveis na web. Distribuído como *freeware*, o Mosaic foi criado pelo National Center for Supercomputing Applications (NCSA) dos Estados Unidos e tem capacidade multimídia.

MP3: abreviatura de "MPEG Audio Layer 3", é o formato de compressão de arquivos de som para transmissão por internet. Este método de compressão pode reduzir em até dez vezes o tamanho de um arquivo de áudio digital.

MPEG (Motion Pictures Experts Group): algoritmo de compressão de arquivos de áudio e vídeo para transmissão por internet.

MUD (Multi-User Dungeon): jogos de RPG (*Role Playing Games*) usados como ferramentas de conferência ou ajuda educacional. Esse nome provém do "pai" dos RPGs, o jogo *Dungeons and Dragons*.

Multicast: processo de distribuição de informação pela internet para diversos endereços (servidores e computadores-usuários) simultaneamente. É útil para aplicações como teleconferência.

Multimídia: recurso que une textos, imagens, áudio e vídeo.

N

Navegação: ato de conectar-se a diferentes computadores da rede internet distribuídos pelo mundo usando as facilidades fornecidas por ferramentas como os navegadores. O navegante da rede realiza uma "viagem" virtual explorando o ciberespaço, da mesma forma que o astronauta explora o espaço sideral.

Navegador: programa aplicativo que permite acessar, por meio de uma interface gráfica (Microsoft Internet Explorer ou Netscape), de maneira aleatória ou sistemática, informações diversas, que contenham textos, imagens e gráficos, sons etc. na internet. O acesso ao servidor remoto, que pode ou não estar ligado à internet, pode ser feito por rede local ou *modem*.

Net: a rede internet.

Netiquette: termo que se refere às boas maneiras de usar a internet, por exemplo, evitar o envio de mensagens que possam ofender alguém. Escrever com letras maiúsculas, por exemplo, é equivalente a gritar em uma conversa.

Netnews: serviço de discussão eletrônica na internet sobre vasta gama de assuntos. Cada Netnews representa um grupo de discussão focado em um tema específico. Veja também **Newsgroup** e **UseNet**.

Network: relacionada à internet, a palavra significa rede de computadores interligados.

Newsgroup: grupo temático de discussão na internet, também conhecido como UseNet ou Netnews. Consiste em mensagens enviadas entre os participantes de um grupo por meio de BBS (Bulletin Board System). Veja também **Listserv**.

NFS (Network File System): é o protocolo de compartilhamento de arquivos remotos desenvolvido pela Sun Microsystems. Faz parte da família de protocolos TCP/IP.

NIC (Network Informations Center): centro de informação e assistência ao usuário da internet que disponibiliza documentos, como RFCs, FAQs e FYIs, realiza treinamentos etc.

NIS (Network Information System): serviço usado por administradores Unix para gerenciar bases de dados distribuídas por meio de uma rede.

Nó: qualquer dispositivo, como servidores e estações de trabalho, ligado a uma rede.

O

Off-line: desconectado, não ligado à internet.

On-line: conectado à internet, o que permite comunicação e transmissão de dados em tempo real.

OSI (Open Systems Interconnection): é um modelo conceitual de protocolo com sete camadas, definido pela ISO, para a compreensão e o projeto de redes de computadores. Trata-se de uma padronização internacional para facilitar a comunicação entre computadores de diferentes fabricantes.

P

Packet: pacote, isto é, um dado encapsulado para transmissão na rede. Conjunto de bits compreendendo informações de controle, endereço-fonte e destino dos nós envolvidos na transmissão.

Padrão IAB: de acordo com as normas do IAB, mesmo se a solicitação de uma página provocar a exibição de uma série de *frames* para que ela seja mostrada, deve ser contada apenas uma *page view*. Veja também **IAB**.

Page ou webpage: página eletrônica. São as páginas que formam um website. Cada uma é um documento em formato HTML, com textos, fotos, figuras etc. Podem ser estáticas ou dinâmicas, com movimento de imagens e textos. Cada website é uma coleção de páginas. Veja também **Home page**.

Page view: página web solicitada por ordem do usuário, por meio de um clique ou comando, também denominada *page requested*. É um indicador do número total de vezes que as páginas são visualizadas pelos internautas. Para ser contabilizada, a página precisa ser aberta totalmente. Por exemplo, *page views* de 94 milhões significa que a página foi aberta 94 milhões de vezes. Veja também **Ad view**.

Palavra-chave: veja **Keyword**.

Password: veja **Senha**.

PayPal: é um sistema para emitir e receber pagamentos por um indivíduo ou por uma empresa com um endereço de e-mail.

Pay-per-click: uma forma de calcular o preço dos anúncios. O anunciante paga com base no número de internautas que clicam em um anúncio na página web.

PDF (Portable Document Format): formato de arquivo muito utilizado na internet, principalmente por não permitir fáceis alterações. Para um arquivo PDF ser visualizado, é necessário o programa *Acrobat Reader*.

P2P (Peer-to-peer): programas de compartilhamento de arquivos, como o Napster, eMule, LimeWire, Kazaa e Soulseek. Esses programas (softwares) são utilizados para copiar e distribuir arquivos ou músicas entre computadores gratuitamente, sem o pagamento de direitos autorais, o que é considerado ilegal. Uma rede P2P é uma rede de troca de arquivos, baseada no compartilhamento de recursos entre computadores e não depende de computadores-servidores para armazenar arquivos, entre outras funções.

PIR (Ponto de Interconexão de Redes): locais previstos para a interconexão de redes de mesmo nível (*peer networks*), visando assegurar que o roteamento entre redes seja eficaz e organizado. No Brasil, os três principais PIRs estão em Brasília, no Rio de Janeiro e em São Paulo.

Pixel: sistema de medida utilizado na internet. Um pixel equivale a 0,010 mm. É o menor ponto de uma imagem no monitor do computador.

Plug-in: software utilizado para complementar as funções de outro software. Por exemplo: um software de edição de imagem pode receber um *plug-in* com um novo recurso que, originalmente, não existe nele. Esses softwares, como extensões do navegador, são fornecidos pelo fabricante ou empresas parceiras, que fornecem recursos adicionais de multimídia, facilitando a visualização de textos, som, vídeo etc. e maior interação com o usuário.

Glossário

Podcast: arquivo de áudio (sons e músicas) que pode ser baixado de websites para ser ouvido em computadores ou tocadores de música digital portáteis, como o iPod, da Apple.

Podcasting: é um mecanismo automático de transferência (download) de arquivos multimídia (sons e imagens) de um servidor para o computador do usuário. Para isso, é necessário baixar da internet os softwares agregadores.

POP (Post Office Protocol): protocolo usado por clientes de correio eletrônico para manipulação de arquivos de mensagens em servidores de correio eletrônico.

PoP (Ponto de Presença): local na espinha dorsal da rede constituído de roteadores que permite acesso a sub-redes e a provedores de serviços. Uma rede madura cobre sua região de atuação por meio de pontos de presença nas principais cidades dessa região, interligados por um conjunto de linhas dedicadas, compondo um *backbone*. É o lugar em que um provedor de acesso (ISP) conecta-se a seus clientes.

Pop-up: anúncio do tipo de janelas flutuantes que se abrem na tela do navegador. Muito utilizado para notícias importantes ou promoções. Para ser considerado *pop-up*, deve ser menor que a tela do navegador.

Porta: uma abstração usada pela internet para distinguir entre conexões simultâneas múltiplas para um único *host* de destino. O termo também é usado para denominar um canal físico de entrada e saída de um dispositivo.

Portal: sites que reúnem grande quantidade de informações e de serviços e acabam tornando-se portas de entrada para a internet. Possuem vários canais com conteúdo específico, como *chats*, shopping, notícias, busca etc. É um tipo de infomediário, como o Yahoo!, também chamado de *gateway* ou *anchor site* (site âncora).

PPP (Point-to-Point Protocol): protocolo de comunicação que transmite informações por meio de linhas telefônicas e cabos de fibra óptica. Muitos provedores de acesso à internet utilizam-se desse protocolo para conectar os computadores dos usuários na rede.

Propriedade: empresa responsável por marcas de sites na internet. Por exemplo, a empresa Yahoo! (propriedade) é dona das marcas Yahoo! e Geocities (domínios).

Protocolo: um conjunto padronizado de regras que especifica o formato, a sincronia, a seqüência e a verificação de erros em comunicação de dados. Descrição formal de formatos de mensagem e das regras que dois computadores devem obedecer ao trocar mensagens. O protocolo básico utilizado na internet é o TCP/IP. É a linguagem pela qual dois computadores interligados se comunicam.

Provedor de acesso: organização que se conecta à internet por um ponto-de-presença ou outro provedor, para obter conexão IP e repassá-la a outros indivíduos e instituições, em caráter comercial ou não. O provedor de acesso torna possível ao usuário final a conexão à internet por meio de uma ligação telefônica local.

Provedor de informação: instituição cuja finalidade principal é coletar e manter informações para acesso pela internet por parte de assinantes da rede. Essas informações podem ser de acesso público e gratuitas, ou de acesso via pagamento de tarifas ou assinaturas cobradas pelo provedor.

Provedor de serviço: engloba tanto o provedor de acesso quanto o de informação. Mantém um servidor diretamente conectado à internet. A conexão ao provedor está vinculada a chamadas telefônicas ou outros meios, bem como à configuração de uma conta PPP. Também é conhecido como ISP (Internet Service Provider).

Proxy: em português, significa procuração. Um servidor *proxy* recebe pedidos de computadores ligados à sua rede e, caso necessário, efetua os pedidos ao exterior dessa rede usando como identificação o seu próprio número IP, e não o IP do computador que requisitou o serviço. Um servidor *proxy* recupera documentos e os repassa ao computador-cliente.

Push technology: tecnologia para distribuição de informações personalizadas para o computador do assinante do serviço. Também conhecida como *webcasting*.

Q

Query: consulta ou solicitação informações de um banco de dados.

Queue: seqüência de objetos (arquivos de dados ou solicitações) que aguardam em fila para serem processados no sistema de computadores.

R

RAM (Random Acess Memory): é a memória disponível no computador para uso dos aplicativos e processamentos. Seu conteúdo volátil é perdido sempre que o computador é desligado. A quantidade de RAM, cujo limite é determinado pelo sistema operacional, é um dos componentes que contribuem para a capacidade de processamento de um computador.

Reach: cobertura ou alcance. É o índice de cobertura do público, isto é, o número de pessoas expostas a um anúncio, pelo menos uma vez durante um período específico de tempo. Tem o mesmo significado da palavra *alcance*.

Rede particular virtual: é uma nova tecnologia de rede para acessar com segurança redes empresariais por meio da internet ou de uma rede local (LAN). A rede particular virtual utiliza um protocolo de encapsulamento como o ponto a ponto (PPTP — Point-to-Point Tunneling Protocol). Por exemplo, se você levar seu computador portátil em uma viagem de negócios, poderá discar um número local para conectar-se ao seu provedor de acesso à internet e, em seguida, criar uma segunda conexão, ou túnel, até a rede de sua empresa por meio da internet. Você terá acesso à rede da sua empresa como se estivesse conectando-a diretamente do seu escritório.

Registro.br: é a entidade responsável pela atividade de registro e manutenção de nomes de domínio no Brasil, de acordo com as regras aprovadas pelo Comitê Gestor. Por meio do seu site (registro.br), as empresas podem registrar o nome de domínio para um site.

Repetidor: um dispositivo que propaga (regenera e amplifica) sinais elétricos em uma conexão de dados para estender o alcance da transmissão sem tomar decisões de roteamento ou de seleção de pacotes.

RFC (Request For Comments): é uma série de documentos editada desde 1969 que descreve aspectos relacionados à internet, como padrões, protocolos, serviços, recomendações operacionais etc. Uma RFC é, em geral, muito densa do ponto de vista técnico.

RFP (Request for Proposal): solicitação de proposta, utilizada pelo cliente para formalizar um pedido a um fornecedor.

RGB (Red, Green, Blue): método de geração de cores por meio da combinação das cores vermelho, verde e azul.

Rich media: refere-se a anúncios e websites ricos em efeitos especiais, com movimento, som, imagens e ilustrações, como banners e *pop-ups*. Veja **Mídia rica**.

RNP (Rede Nacional de Pesquisa): é um programa do Ministério da Ciência e Tecnologia (MCT) executado pelo Conselho Nacional de Desenvolvimento Científico e Tecnológico (CNPq), cuja missão principal é operar um serviço de *backbone*, voltado à comunidade de ensino e de pesquisa no Brasil.

RNP2: é um *backbone* projetado pela RNP para atender aos requisitos técnicos de aplicações avança-das, inaugurado em maio de 2000, que opera um link internacional com capacidade de conexão de até 155 Mbps, conectado ao principal *backbone* da Internet2, o Abilene, e interligando os 27 estados do País.

Robô: um pequeno programa de computador que age de acordo com os comandos do usuário, como pesquisar websites para comparar preços de um determinado produto. Veja **Bot** ou **Spider**.

Roteador: hardware e software que estabelecem conexões entre as redes que compõem a internet. Em outras palavras, esse dispositivo diz para onde devem ser enviadas as mensagens e as informações que circulam pela rede. É um nó da rede que orienta o seu tráfego. Roteadores vivem se falando aos pares, como *modems*.

RPG (Role Playing Game): jogos virtuais (games) em que o participante pode interferir na trama e tem o poder de criar seu próprio universo, assumindo o papel de personagens, criando ambientes e narrativas. Para jogar sozinho ou em grupo — pois os jogos permitem interação entre os participantes.

RSS (Really Simple Syndication): tecnologia para distribuição de conteúdo baseada no padrão XML, em que o usuário recebe, automática e gratuitamente, as informações atualizadas dos seus assuntos favoritos, fornecidas por sites que disponibilizam esse serviço. Para isso, é necessário copiar deles um programa agregador de conteúdo (*feed reader*), disponível gratuitamente.

S

Scanner: é um equipamento que, conectado a um computador com software apropriado, permite a digitalização de fotos, além de converter quaisquer documentos para o formato digital, permitindo modificá-los e arquivá-los.

Scroll: barra de rolagem, mecanismo que permite acessar o conteúdo sem precisar mudar de tela.

Search engine: ver **Mecanismo de busca**.

Senha: código para identificar um usuário quando entra na rede ou no software. Em inglês, *password*.

Servidor: em uma rede de arquitetura cliente-servidor, é o computador que administra os recursos da rede e fornece programas, dados, informações ou outros serviços para os diversos computadores in-terligados, chamados clientes.

Servidor dial-up: computador em uma rede de área local que executa um software para controlar o acesso a toda ou a parte da rede e seus recursos. Ele possibilita a conexão com outras redes e a internet por meio de ligações telefônicas. Veja também **Acesso à rede dial-up**.

Servidor internet: computador que tem uma conexão permanente com a internet, hospeda as páginas de um site e distribui as informações solicitadas para os computadores ligados à rede. Serviços como *archie*, *Gopher*, *WAIS* e *WWW* são providos por esses servidores.

SET (Secure Electronic Transaction): protocolo desenvolvido pela empresa de cartão de crédito Visa, com o objetivo de implementar segurança nas transações eletrônicas, principalmente em pagamentos com cartões de crédito.

Shareware: programa de computador fornecido gratuitamente pela empresa que o produz, por um determinado tempo, para avaliação do usuário. Passado o período predeterminado, o software pára de funcionar ou opera com restrições. Programa disponível publicamente para avaliação e uso ex-perimental, mas cujo uso contínuo requer do usuário um pagamento de licença ao autor. *Shareware* é distinto de *freeware*, porque um software em *shareware* é comercial, embora em termos e preços diferenciados em relação a um produto comercial. Veja também **Software**, **Freeware** ou **Domínio público**.

Shoppingcart: tecnologia que permite armazenar pedidos de produtos em um carrinho de compras virtual durante o processo de compra pela internet para posterior cálculo do valor total a ser pago, seguido da confirmação da compra e da autorização de pagamento por cartão de crédito.

Sistema operacional: programa que é carregado na memória do computador, logo após a inicialização (*boot*) e antes dos outros programas, com a finalidade de fornecer instruções para o computador executar os comandos e as aplicações necessárias para seu funcionamento.

Site: uma organização em que computadores são instalados e operados. Na internet, o website é um endereço na rede, cuja porta de entrada é sempre sua *homepage*, e contém uma coleção de páginas web. Veja também **Page** e **Home page**.

SKU (Stock Keeping Unit): é um código que identifica um produto específico, armazenado e comercializado por um fabricante.

SLIP (Serial Line Internet Protocol): é um protocolo serial assíncrono bastante popular, usado na internet para acesso remoto discado. É similar ao protocolo PPP em funcionalidade, porém mais antigo e não tão flexível.

Smart card: é um pequeno dispositivo eletrônico com tamanho aproximado de um cartão de crédito que contém um circuito integrado incorporado. Fornece armazenamento inviolável para a proteção de informações particulares, de registros médicos e financeiros até outras formas de identificação digital, incluindo chaves criptográficas e certificados.

Smiley: uma "carinha" construída com caracteres ASCII para ajudar a contextualizar uma mensagem eletrônica. Por exemplo, a mais comum é :-), que significa humor ou alegria. Veja também **Emoticon**.

SMTP (Simple Mail Transfer Protocol): protocolo da internet usado para correio eletrônico.

SNMP (Simple Network Management Protocol): protocolo usado para monitorar e controlar serviços e dispositivos de uma rede TCP/IP. É o padrão adotado pela RNP para gerenciar sua rede.

Socket: conector utilizado entre as aplicações e a rede.

Software: programa de computador com função lógica, isto é, de fornecer instruções para o computador executar os comandos e as aplicações solicitadas pelo usuário por meio do teclado ou do mouse. Para uso contínuo, o usuário deve pagar uma licença ao autor. Veja também **Freeware** e **Shareware**.

Spam: nome dado para os e-mails enviados pelas empresas para divulgar um produto ou serviço sem a autorização do destinatário. Essa prática não é recomendada e pode provocar atitudes negativas, prejudicando a imagem da empresa remetente.

Spider: nome dado para os sites de busca como o Yahoo! e o Alta Vista em decorrência do modo como cruzam a internet para achar informações e sites. Designa também um robô, pequeno software que pesquisa a internet em busca de sites e informações atualizadas.

Splash: páginas web dinâmicas que mudam sempre, trazendo novas notícias, promoções e informações, utilizadas pelos sites de notícia para chamar a atenção dos usuários e atrair tráfego para o site.

Sponsorship: patrocínio. É a atividade de propaganda que visa patrocinar uma página web. O objetivo é associar o conteúdo oferecido na página web ao seu patrocinador.

SQL (Structured Query Language): a linguagem de programação para inserção ou solicitação de informações de uma base de dados.

SSI (Server Side Includes): são comandos extensivos à linguagem HTML processados pelo servidor da web antes de a página HTML ser enviada. No lugar do comando, é enviado apenas o seu resultado no formato normal de texto HTML.

Glossário

SSL (Secure Socket Layer): é o padrão de segurança da web. É um protocolo de segurança desenvolvido para proteger informações que trafegam de um navegador até o servidor que armazena o site.

Start-ups: empresas iniciantes que lançam sites na internet.

Streaming: tipo de transmissão de um arquivo com áudio e/ou imagem em que não há necessidade de efetuar o download do arquivo antes de visualizá-lo. Nesse caso, pode-se ver e/ou ouvir o conteúdo do arquivo ao mesmo tempo que ele é carregado em seu computador.

Superinfovia da informação: tradução de *information super-highway*. É o conjunto de ligações entre computadores formando uma rede de redes, com meios de comunicação extremamente rápidos. Nome usado, às vezes, de maneira exagerada, para designar as redes atualmente existentes, em particular a internet, pois a maioria delas ainda tem interligações lentas.

Surfing: veja **Navegação**.

SYSOP (SYStems OPerator): pessoa responsável pela manutenção e pela operação de um BBS ou provedor de acesso à internet.

T

T-1: designa a conexão à internet por meio de linha telefônica com velocidade de 1,54 Mbps.

T-3: designa a conexão à internet por meio de linha telefônica de banda larga, com velocidade de 44,7 Mbps.

Tag: marcadores em arquivo HTML, responsáveis por definir o tipo de função de cada linha de hipertexto da página de um site. O *tag* define, na página, o que é texto, imagem, link etc. Permite que a página seja visualizada sempre da mesma forma por navegadores diferentes.

TCP/IP (Transmission Control Protocol/Internet Protocol): "família" de protocolos que torna possível a comunicação entre computadores de redes diferentes. São os dois protocolos de comunicação mais importantes da internet.

Telnet: uma das aplicações da internet que permite o *login* remoto. Torna possível a um microcomputador atuar como terminal de computadores de qualquer parte do mundo. O Telnet atua no modo texto e permite usar um computador distante como se fosse o seu próprio micro, conectando-se à internet normalmente.

TLD (Top Level Domain): o elemento do nome de domínio que identifica a organização, como o .com, .org, .br.

Transceiver: dispositivo para conexão física de um nó de uma rede local.

Transferência de arquivos: veja **Download**.

U

UDP (User Datagram Protocol): protocolo de transporte sem conexão da "família" TCP/IP, usado com aplicações, como a de gerenciamento de redes SNMP e de serviço de nomes DNS.

Unique audience: audiência de um site. Número de visitantes que acessam um site, pelo menos uma vez, em um determinado período. Por exemplo, uma *unique audience* de 3 milhões significa que 3 milhões de pessoas visitaram determinado site, no mínimo, uma vez.

Unique visitor: visitante único. Pessoa com um endereço IP (número de identificação de cada computador) que acessa um site. Se a mesma pessoa voltar a acessar o site no mesmo dia, essa visita não será contada. Para contabilizar quantas pessoas diferentes visitaram um site, é necessário um software que faça a identificação do endereço IP de cada visitante.

UNIX: sistema operacional avançado, que permite vários usuários compartilharem os recursos de um computador simultaneamente. Muito usado pelos computadores servidores na internet.

Upload: fazer o *upload* de um arquivo é o ato de transferir o arquivo para um computador remoto, utilizando qualquer protocolo de comunicação. É o contrário de download.

URL (Uniform Resource Locator): código para localização universal. Conjunto de caracteres que representa um endereço único e exclusivo atribuído a cada computador, página, site ou recurso na internet. Permite identificar e acessar um serviço na rede. Por exemplo, a URL seguinte aponta para o site UOL: http://www.uol.com.br. Veja também **Endereço** e **Domínio**.

Usabilidade: é a característica do website que possibilita ao internauta navegar na internet e interagir com o site de maneira fácil e confortável.

UseNet ou UseNet News: serviço da rede internet que consiste em um conjunto de grupos de discussão (*newsgroups*) organizado por temas. Também é o nome de uma rede de computadores, pois nem todos estão ligados à internet. Veja também **Netnews** e **Newsgroup**.

User session: usuário que entra em um site uma ou mais vezes durante certo período. Se o visitante navegar pelo mesmo endereço de manhã e à tarde, as duas visitas são contadas; mas se a volta acontecer em menos de 20 minutos, apenas uma sessão é considerada.

Usuário ativo: internautas que acessaram a web no mínimo uma vez durante o período de análise. Por exemplo, a empresa de pesquisa Emarketer considera usuário ativo da internet aquelas pessoas que acessam a internet pelo menos uma hora por dia.

V

Vendor: organização que comercializa um produto ou serviço.

Video-on-demand: vídeo transferido para o computador do usuário por sua solicitação.

Videocast: serviço de baixar vídeos digitais pela internet.

Vírus: programas que são transferidos para os computadores por meio de arquivos, de e-mails ou da internet e que podem causar danos em programas ou nas configurações e dispositivos dos computadores.

Visita: registro da entrada de um usuário no site.

Visitante único: usuário identificável que visita um site. Para identificar os visitantes, os sites utilizam sistemas por senha ou *cookies*. O número total de visitantes únicos dos sites por mês é obtido quando cada visitante é contado uma única vez no período. Veja também **Unique visitor**.

Voip (Voice over IP): é a tecnologia de voz sobre o protocolo IP, que possibilita a conversação telefônica pela internet, para curtas ou longas distâncias, em substituição à linha telefônica tradicional.

VRML (Virtual Reality Modeling Language): linguagem de programação que permite a modelagem e a navegação por meio de um ambiente 3D, em navegadores que a suportam, possibilitando o uso de animações tridimensionais na web.

W

WAIS (Wide Area Information Server): serviço que permite a procura de informações em bases de dados distribuídas, cliente/servidor, por meio de uma interface bastante simples. Sua principal peculiaridade é a conversão automática de formatos para visualização remota de documentos e dados.

WAN (Wide Area Network): rede de longa distância. Toda rede que interliga computadores distribuídos em áreas geograficamente separadas, ou seja, um conjunto de redes locais interligado por meios de comunicação remotos (*modem*s, linhas dedicadas, rádios etc.).

WAP (Wireless Application Protocol): protocolo de comunicação sem fio. Trata-se de um sistema que permite celulares e outros equipamentos sem fio navegarem pela internet.

WAV ou Wave: tipo de formato de arquivo de som do Microsoft Windows utilizado freqüentemente na internet.

Web: última palavra da expressão World Wide Web, utilizada como sinônimo de internet — representa um dos diversos serviços oferecidos por essa rede. Veja também **WWW**.

Webcasting: é a tecnologia de distribuição ao vivo ou de versões gravadas de som e de vídeo pela web. É a forma de um internauta conectado à internet poder assistir a um programa ao vivo ou a uma apresentação gravada em qualquer lugar. Veja também **Push Technology**.

Web hosting: serviço oferecido por empresas que hospedam os sites disponíveis na internet. Veja também **Hospedagem**.

Webmail: veja **Correio eletrônico**.

Web page: páginas que formam um site na internet. Cada uma é um documento em formato HTML, com textos, fotos, figuras etc. Veja também **Page** e **Home page**.

Website: conjunto de páginas eletrônicas reunidas em um só endereço na rede internet. Veja também **Site**.

Whois: serviço de diretório de usuários da internet que permite acesso a um banco de dados de informações sobre domínios, redes, *hosts* e usuários.

Wi-Fi (Wireless Fidelity): é a tecnologia que permite acessar a internet por ondas de rádio, utilizando o padrão IEEE 802.11 e que engloba diversas redes com características diferentes, como área de alcance, velocidade máxima de transferência e freqüência de sinal.

Wi-Max (Worldwide Interoperability for Microwave Access): é a tecnologia que utiliza o padrão IEEE 802.16 e oferece acesso rápido de até 70 Mbps em um raio de 50Km.

Wiki: um website que permite adicionar ou modificar conteúdos facilmente, de forma colaborativa, em que diversas pessoas dão sua contribuição livremente. Como exemplo, os sites para desenvolvimento de enciclopédias abertas (*wikipedia*).

WML (Wireless Markup Language): é a linguagem de programação utilizada para gerar conteúdo e interface de usuário para dispositivos pequenos com baixa banda de transmissão (*narrowband*), como celulares, *pages* e *palms*.

WORM (Write Once Read Many): 1. Ferramenta de busca na rede web. 2. Verme, isto é, o programa que, explorando deficiências de segurança de *hosts*, propagava-se de forma autônoma na internet, na década de 1980.

WWW (World Wide Web, Web ou W3): literalmente, teia de alcance mundial. É um serviço da rede internet baseado em hipertextos, integrando diversos serviços que oferecem acesso, por meio de hyperlinks, a recursos multimídia da internet. Responsável pela popularização da rede, que atualmente pode ser acessada por interfaces gráficas de uso intuitivo, como os navegadores Netscape ou Internet Explorer.

WYSIWYG (What You See Is What You Get): sigla atribuída a softwares que mostram na tela do microcomputador os arquivos como eles realmente são.

X

X.25: protocolo de roteamento muito utilizado em redes públicas.

X.400: protocolo que especifica serviços do tipo *store-and-forward*, sendo o serviço de correio eletrônico *Message Handle System* (MHS) o mais conhecido deles, como parte das recomendações OSI/ISO.

Y

Yahoo!: portal ou site de busca para pesquisa de assuntos variados na internet, que oferece um diretório de sites e uma ferramenta de busca para pesquisa de sites.

Yellow pages: veja **NIS**.

Z

Zine: revistas que são publicadas somente na internet.

ZIP: extensão para os arquivos compactados pelos programas "PKZip" ou "WinZip", entre outros.